W0303618

Einführung in XML

Einführung in XML

Erik T. Ray

Deutsche Übersetzung von Olaf Brodacki

O'REILLY®

Beijing · Cambridge · Farnham · Köln · Paris · Sebastopol · Taipei · Tokyo

Die Informationen in diesem Buch wurden mit größter Sorgfalt erarbeitet. Dennoch können Fehler nicht vollständig ausgeschlossen werden. Verlag, Autoren und Übersetzer übernehmen keine juristische Verantwortung oder irgendeine Haftung für eventuell verbliebene Fehler und deren Folgen.
Alle Warennamen werden ohne Gewährleistung der freien Verwendbarkeit benutzt und sind möglicherweise eingetragene Warenzeichen. Der Verlag richtet sich im wesentlichen nach den Schreibweisen der Hersteller. Das Werk einschließlich aller seiner Teile ist urheberrechtlich geschützt. Alle Rechte vorbehalten einschließlich der Vervielfältigung, Übersetzung, Mikroverfilmung sowie Einspeicherung und Verarbeitung in elektronischen Systemen.

Kommentare und Fragen können Sie gerne an uns richten:
O'Reilly Verlag
Balthasarstr. 81
50670 Köln
Tel.: 0221/9731600
Fax: 0221/9731608
E-Mail: kommentar@oreilly.de

Copyright der deutschen Ausgabe:
© 2001 by O'Reilly Verlag GmbH & Co. KG
1. Auflage 2001

Die Originalausgabe erschien 2001 unter dem Titel
Learning XML im Verlag O'Reilly & Associates, Inc.

Die Darstellung eines Küken im Zusammenhang mit
dem Thema XML ist ein Warenzeichen von O'Reilly & Associates, Inc.

Die Deutsche Bibliothek - CIP - Einheitsaufnahme

Ein Titeldatensatz für diese Publikation ist
bei der Deutschen Bibliothek erhältlich.

Übersetzung und deutsche Bearbeitung: Olaf Brodacki, Rüdersdorf
Lektorat: Christine Haite, Köln
Korrektorat: Christel Metke, Köln
Fachliche Begutachtung: Nik Klever, Augsburg, Tobias Ratschiller und Martina De Rosi, Bozen, Thorsten Steube, Osnabrück
Satz: Stefan Göbel, reemers publishing services GmbH, Krefeld; www.reemers.de
Umschlaggestaltung: Ellie Volckhausen, Pam Spremulli & Risa Graziano, Boston
Produktion: Geesche Kieckbusch, Köln
Belichtung, Druck und buchbinderische Verarbeitung:
Druckerei Kösel, Kempten; www.koeselbuch.de

ISBN 3-89721-286-2

Dieses Buch ist auf 100% chlorfrei gebleichtem Papier gedruckt

Inhalt

Vorwort

Seit ihrer Einführung Ende der 90er Jahre hat die Extensible Markup Language (XML) eine solche Fülle an neuen Abkürzungen, Standards und Regeln hervorgebracht, daß sich mancher in der Internet-Gemeinde fragte, ob dies wirklich alles notwendig ist. Schließlich gab es seit Jahren HTML, das eine vollständig neue Wirtschaft und Kultur zu Tage treten ließ. Warum also sollte man eine gute Sache nicht so lassen, wie sie ist? Die Wahrheit ist, daß die Aufgabe von XML nicht darin besteht, das zu ersetzen, was heute das Web ausmacht, sondern darin, eine solidere und flexiblere Grundlage dafür zu schaffen. Dabei handelt es sich um den beispiellosen Versuch einer Gruppe von Institutionen und Unternehmen, ein Informationsgerüst für das 21. Jahrhundert zu schaffen, und HTML war nur ein erster Meilenstein auf dem Weg dorthin.

Um die ganze Tragweite dieser Bemühungen zu verstehen, müssen wir mit einigen falschen Vorstellungen aufräumen. Zunächst einmal ist XML trotz seines Namens keine Markup- oder Auszeichnungssprache, sondern ein Werkzeug zur Schaffung, Gestaltung und Verwendung von Auszeichnungssprachen. Diese Tatsache ist gleichzeitig die Antwort auf den zweiten Irrtum: daß XML HTML verdrängen wird. Tatsächlich ist HTML auf dem Weg, in XML aufzugehen und dabei eine sauberere Version seiner selbst mit dem Namen XHTML zu werden. Und das ist erst der Anfang, denn mit XML wird es möglich sein, Hunderte von neuen Auszeichnungssprachen zu schaffen und so jede Anwendung und jeden Dokumenttyp zu erfassen.

Das Schicksal der Standards wird im Zuge der Entfaltung dieser Informationsrevolution eine bedeutende Rolle spielen. XML selbst ist ein Versuch, die unkontrollierte Entwicklung von miteinander konkurrierenden Technologien und proprietären Sprachen, die das Web zu zersplittern droht, im Zaum zu halten. XML schafft eine Spielwiese, auf der strukturierte Informationen und Anwendungen wunderschön miteinander spielen können, und so ohne Einbußen an Ausdrucksstärke eine maximale Verfügbarkeit erreichen.

Die begeisterte Annahme von XML durch die Internet-Gemeinde hat den Weg für viele begleitende Standards geebnet. Zu den neuen Spielgefährten von XML gehören Stylesheets zur Darstellung und Transformation, mächtige Methoden zur Verknüpfung von Ressourcen, Werkzeuge zum Manipulieren und Abfragen von Daten, zur Fehlerüberprüfung und zum Erzwingen von Strukturen sowie eine Fülle an Entwicklungsumgebungen. Mit diesen neuen Anwendungen ist XML eine lange und erfolgreiche Karriere als das strukturierte Informationswerkzeug der Wahl sicher.

Natürlich ist XML noch jung, und viele seiner Geschwister sind den Kinderschuhen noch nicht so recht entwachsen. Einige der in diesem Buch behandelten Themen sind gewissermaßen spekulativ, denn die entsprechenden Spezifikationen liegen bisher nur als Arbeitsentwürfe vor. Dennoch ist es immer gut, so früh wie möglich einen Fuß in der Tür zu haben, um nicht später von den Ereignissen überrascht zu werden. Wenn Sie in irgendeiner Weise mit Web-Entwicklung oder Informationsmanagement zu tun haben, dann müssen Sie über XML Bescheid wissen.

Dieses Buch soll Ihnen gewissermaßen aus der Vogelperspektive einen Überblick über die XML-Landschaft geben, so wie sie nun Form annimmt. Um den größten Nutzen aus diesem Buch ziehen zu können, sollten Sie mit strukturierten Auszeichnungen wie HTML oder TEX und mit Konzepten des World Wide Web wie Hypertext-Verknüpfung und Datenabbildung einigermaßen vertraut sein. Sie müssen jedoch kein Programmierer sein, um die Konzepte von XML zu verstehen. Wir werden uns auf die Theorie und Praxis der Erstellung von Dokumenten konzentrieren, ohne bei Themen wie dem Schreiben von Anwendungen oder der Beschaffung von Software-Tools zu sehr in die Tiefe zu gehen. Einerseits bleiben die Feinheiten der XML-Programmierung anderen Büchern überlassen, während andererseits der schnelle Wandel in der Branche dafür sorgt, daß wir niemals hoffen können, mit der neuesten XML-Software auf dem Laufenden zu bleiben. Dennoch geben Ihnen die in diesem Buch enthaltenen Informationen das nötige Rüstzeug, um sich gemeinsam mit XML in eine beliebige Richtung weiterzuentwickeln.

Was enthält dieses Buch?

Das Buch ist in die folgenden Kapitel untergliedert:

In Kapitel 1, *Einführung*, finden Sie einen Überblick über XML und einige seiner häufigsten Einsatzgebiete. Da dieses Kapitel eine Einführung in die Hauptkonzepte ist, die dann in den folgenden Kapiteln ausführlicher erläutert werden, stellt es gewissermaßen ein Sprungbrett für den Rest des Buches dar.

In Kapitel 2, *Markup und Kern-Konzepte*, werden die grundlegenden XML-Syntaxregeln beschrieben und das Fundament für das Verständnis von XML-Anwendungen und -Technologien gelegt.

In Kapitel 3, *Verknüpfen von Ressourcen mit Links*, sehen Sie, wie einfache Verknüpfungen zwischen Dokumenten und Ressourcen erstellt werden, ein wichtiger Aspekt bei XML.

Kapitel 4, *Die Präsentation: Erstellung des fertigen Produkts*, führt anhand der Cascading Style Sheets-Sprache in die Konzepte von Stylesheets ein.

In Kapitel 5, *Dokumentenmodelle: Eine höhere Stufe der Steuerung*, werden Dokumenttyp-Definitionen (DTDs) behandelt und eine Einführung in das Thema XML Schema gegeben. Dies sind die wichtigsten Techniken zur Sicherstellung der Qualität und Vollständigkeit von Dokumenten.

In Kapitel 6, *Transformation: Ein Dokument, viele Verwendungszwecke*, sehen Sie, wie ein Transformationsstylesheet erstellt wird, um eine Form von XML in eine andere umzuwandeln.

Kapitel 7, *Internationalisierung*, ist eine Einführung in die internationale Seite und Verfügbarkeit von XML, wozu etwa Unicode, Zeichenkodierungen und die Unterstützung von Sprachen gehören.

Kapitel 8, *Programmieren für XML*, gibt Ihnen einen Überblick über die Programmierung von Software zur Verarbeitung von XML.

Zusätzlich gibt es zwei Anhänge und ein Glossar:

Anhang A, *Ressourcen*, enthält eine Bibliographie von Ressourcen, in denen Sie mehr über XML erfahren können.

Anhang B, *Klassifikation der Standards*, führt mit XML in Zusammenhang stehende Technologien auf.

Das Glossar erläutert in diesem Buch verwendete Begriffe.

In diesem Buch verwendete Konventionen

Einige Textbausteine des Buchs haben ein spezielles Aussehen, damit sie sich besser von normalem Text abheben. Diese sehen folgendermaßen aus:

Kursiv
: Dieser Schrifttyp wird für Zitate aus Büchern und Artikeln, Befehle, Email-Adressen, URLs, Dateinamen, hervorgehobenen Text und Ersterwähnungen von Begriffen genutzt.

`Nichtproportionalschrift`
: Dieser Schrifttyp findet für buchstabengetreue Wiedergaben, Konstanten, Quellcode und XML-Auszeichnungen Verwendung.

`Nichtproportionalschrift kursiv`
: Bei Namen von Variablen und variablen Parametern wird dieser Schrifttyp verwendet.

`Nichtproportionalschrift fett`
: Dieser Schrifttyp hebt den gerade behandelten Teil eines Quellcodes hervor.

Beispiele

Die Beispiele aus der amerikanischen Originalausgabe können kostenlos von der Website des Buches unter *http://www.oreilly.com/catalog/learnxml* heruntergeladen werden.

Danksagung

Dieses Buch hätte niemals das Licht der Welt erblickt ohne die Hilfe meiner erstklassigen Lektoren Andy Oram, Laurie Petrycki, John Posner und Ellen Siever, der Mitarbeiter der Produktion, darunter Colleen Gorman, Emily Quill und Ellen Troutman-Zaig, meiner brillianten Rezensenten Jeff Liggett, Jon Udell, Anne-Marie Vaduva, Andy Oram, Norm Walsh und Jessica P. Hekman sowie meiner hochgeschätzten Kollegen Sheryl Avruch, Cliff Dyer, Jason McIntosh, Lenny Muellner, Benn Salter, Mike Sierra und Frank Willison. Mein Dank gilt weiterhin Stephen Spainhour, der mich beim Verfassen der Anhänge unterstützte sowie Chris Maden, der den Enthusiasmus und die Sachkunde beisteuerte, die notwendig sind, um ein solches Projekt in Angriff zu nehmen.

Zu unendlichem Dank verpflichtet bin ich meiner Frau Jeannine Bestine für ihre Geduld und ihre Unterstützung, meiner Familie (Mom 1: Birgit, Mom 2: Helen, Dad 1: Al und Dad 2: Butch, sowie Ed, Elton, Jon-Paul, Grandma und Grandpa Bestine, Mare, Margaret, Gene und Lianne) für ihre niemals abreißende Versorgung mit Liebe und allerlei Leckereien, meinen Stubenvögeln Estero, Zagnut, Milkyway, Snickers, Punji, Kitkat und Chi Chu und natürlich meinen phantastischen Freunden Derrick Arnelle, Mr. J. David Curran, Sarah Demb, Chris »800« Gernon, John Grigsby, Andy Grosser, Lisa Musiker, Benn »Nietzsche« Salter und Greg »Mitochondrion« Travis. Auch der Inspiration durch solche Größen wie Laurie Anderson, Isaac Asimov, Wernher von Braun, James Burke, Albert Einstein, Mahatma Gandhi, Chuck Jones, Miyamoto Musashi, Ralph Nader, Rainer Maria Rilke und Oscar Wilde verdanke ich viel. Mein ganz besonderer Dank gilt natürlich Weber's Senf dafür, daß er meine Sandwiches so lecker gemacht hat.

1

Einführung

XML (eXtensible Markup Language) ist ein Werkzeug für die Speicherung von Daten, ein konfigurierbares Medium für jede Art von Information sowie ein sich entwickelnder und offener Standard mit Interessentengruppen von Bankern bis hin zu Webmastern. In nur ein paar Jahren hat XML in gleicher Weise die Phantasie von Technologie-Gurus und Experten aus der Industrie entfacht. Was aber ist das Geheimnis des Erfolges dieser Sprache?

Eine kurze Liste der Leistungsmerkmale von XML sagt alles:

- Mit XML kann so ziemlich jede Art von Information in einer Form gespeichert und organisiert werden, die auf Ihren Bedarf zugeschnitten ist.
- Als offener Standard ist XML weder an das Wohl und Wehe eines einzelnen Unternehmens gebunden, noch ist es mit einer bestimmten Software verknüpft.
- Mit Unicode als Standard-Zeichensatz unterstützt XML eine Fülle von Schriften und Symbolen von skandinavischen Runen bis hin zu chinesischen Han-Ideogrammen.
- XML stellt viele Methoden zur Überprüfung der Qualität eines Dokuments zur Verfügung, darunter Regeln für die Syntax, eine interne Link-Überprüfung, den Vergleich mit Dokumentenmodellen sowie die Überprüfung nach Datentyp.
- Mit seiner klaren, einfachen Syntax und seinen eindeutigen Strukturen ist XML problemlos sowohl von Menschen als auch von Programmen zu lesen und zu analysieren.
- XML läßt sich mühelos mit Stylesheets kombinieren, um Dokumente im Format Ihrer Wahl zu erstellen. Die Reinheit der Informationsstruktur wird durch Formatumwandlungen nicht beeinflußt.

All dies geschieht zu einer Zeit, da sich die Welt für eine neue Stufe der Informationsübermittlung der Menschen untereinander bereitmacht. Der Umfang der Informationen in unserer Reichweite ist gigantisch, doch die Beschränkungen der vorhandenen Technologien machen es manchmal schwer, diese auch tatsächlich zu nutzen. Die Unternehmen drängen danach, Präsenz im Internet zu zeigen und öffnen die Schleusen des

Datenaustauschs, doch sie werden dabei durch Inkompatibilitäten mit ihren Alt-Datensystemen behindert. Die Open Source-Bewegung hat zu einer Explosion bei der Entwicklung von Software geführt, so daß eine einheitliche Kommunikationsschnittstelle zum dringenden Erfordernis geworden ist. Bei der Konzeption von XML flossen alle diese Überlegungen ein. Diese Sprache ist dazu bestimmt, die Schmiere am Rad der Informations-Infrastruktur zu sein.

Dieses Kapitel zeigt Ihnen die XML-Landschaft in einer Weitwinkel-Perspektive. Sie werden sehen, wie XML funktioniert und wie alle einzelnen Teile zusammenpassen. Dies wird uns in späteren Kapiteln, in denen die Besonderheiten von Stylesheets, Transformationen und Dokumentenmodellen näher untersucht werden, als Grundlage dienen. Bis zum Ende dieses Buchs werden Sie eine gute Vorstellung davon bekommen haben, wie XML Sie dabei unterstützen kann, die Verwaltung Ihrer Informationen zu bewältigen, und Sie werden auch eine leise Idee davon haben, wo die Reise hingehen könnte.

Was ist XML?

Diese Frage ist nicht so einfach zu beantworten. Auf einer Ebene ist XML ein Protokoll zur Aufnahme und Verwaltung von Informationen, auf einer anderen Ebene ist es eine Familie von Technologien, mit denen alles von der Formatierung von Dokumenten bis hin zur Filterung von Daten erledigt werden kann. Auf der höchsten Ebene schließlich ist XML eine Philosophie für den Umgang mit Informationen, wobei durch deren Rückführung auf ihre reinste und strukturierteste Form ein Höchstmaß an Nützlichkeit und Flexibilität erreicht werden soll. Um XML richtig zu verstehen, ist es nötig, sich all diesen Ebenen zuzuwenden.

Beginnen wir damit, die erste Ebene von XML zu analysieren: wie Informationen mit Markup aufgenommen und verwaltet werden. Dieses universelle System zur Verpakkung von Daten ist das notwendige Fundament für die nächste Ebene, auf der XML mit Begleittechnologien wie Stylesheets, Transformationen und selbstgeschaffenen Auszeichnungssprachen wirklich interessant wird. Das Verständnis der Grundlagen von Markup, Dokumenten und Präsentationen wird Ihnen dabei helfen, XML und sein Zubehör optimal zu nutzen.

Markup

Beachten Sie, daß XML trotz seines Namens selbst keine Auszeichnungs- oder Markup-Sprache ist: Es ist eine Menge von Regeln zur Schaffung von Markup-Sprachen. Was aber genau ist eine Markup-Sprache? *Markup* sind Informationen, die einem Dokument hinzugefügt werden, um auf bestimmte Weise dessen Bedeutungsgehalt zu erweitern, indem es die einzelnen Teile kennzeichnet und festlegt, wie diese zueinander in Beziehung stehen. Wenn Sie beispielsweise eine Zeitung lesen, können Sie die Artikel anhand ihrer Abstände zueinander, ihrer Position auf der Seite und der Verwendung von unterschiedlichen Schriften für Titel und Überschriften auseinanderhalten. So ähnlich funktioniert Markup, nur daß statt Zwischenräumen Symbole verwendet werden.

Eine *Markup-Sprache* ist eine Menge von Symbolen, die im Text des Dokuments plaziert werden können, um die einzelnen Teile dieses Dokuments zu benennen und sie voneinander abzugrenzen.

Die Auszeichnungen sind für elektronische Dokumente wichtig, denn sie werden von Computerprogrammen ausgewertet. Wenn ein Dokument keine Bezeichner oder Begrenzungen hat, weiß ein Programm nicht, wie es einen bestimmten Teil des Texts behandeln soll, damit dieser von anderen Teilen unterschieden werden kann. Im Prinzip müßte das Programm mit dem gesamten Dokument als einer Einheit arbeiten, wodurch dem, was Sie mit dem Inhalt anfangen können, ernsthafte Grenzen gesetzt werden. Eine Zeitung ohne Zwischenräume zwischen den Artikeln und mit nur einem Textstil wäre nichts weiter als ein riesiger, uninteressanter Textklumpen. Wahrscheinlich gelänge es Ihnen noch herausfinden, wo ein Artikel endet und der nächste anfängt, doch nur mit viel Mühe. Ein Computerprogramm wäre nicht einmal dazu in der Lage, denn es könnte nur mit den rudimentärsten Suchmustern arbeiten.

Zum Glück kann diesen Problemen mit Auszeichnungen begegnet werden. Hier sehen Sie ein Beispiel dafür, wie XML-Markup aussieht, wenn es in ein Textstück eingebettet wird:

```
<Nachricht>
  <Ausruf>Hello World!</Ausruf>
  <Absatz>XML macht <Betonung>Spaß</Betonung> und ist
    <Betonung>problemlos</Betonung> zu verwenden.
    <Graphik fileref="smiley_face.pict"/></Absatz>
</Nachricht>
```

Dieses Fragment enthält die folgenden Auszeichnungssymbole oder *Tags*:

- Die Tags `<Nachricht>` und `</Nachricht>` markieren den Beginn und das Ende des gesamten XML-Fragments.
- Die Tags `<Ausruf>` und `</Ausruf>` umgeben den Text `Hello World!`.
- Die Tags `<Absatz>` und `</Absatz>` umgeben einen größeren Bereich mit Text und Tags.
- Einige `<Betonung>` und `</Betonung>`-Tags kennzeichnen einzelne Worte.
- Ein `<Graphik fileref="smiley_face.pict"/>`-Tag markiert eine Stelle im Text, wo ein Bild eingefügt werden soll.

In diesem Beispiel erkennen Sie ein Muster: Einige Tags fungieren als Begrenzungen und markieren den Anfang und das Ende von Bereichen, während andere eine Stelle im Text markieren. Selbst das einfache Dokument hier enthält eine ganze Menge von Informationen:

Begrenzer
: Ein Stück Text beginnt an einer Stelle und endet an einer anderen. Die Tags `<Nachricht>` und `</Nachricht>` definieren den Beginn und das Ende einer als `Nachricht` gekennzeichneten Kombination aus Text und Markup.

Rollen
: Was macht ein Textbereich in dem Dokument? Hier kennzeichnen die Tags `<Absatz>` und `</Absatz>` Text als Absatz, im Gegensatz etwa zu einer Liste, einem Titel oder einem Limerick.

Positionen
: Ein Textstück erscheint vor und hinter anderen Elementen. Der Absatz steht hinter dem Text, der als `<Ausruf>` ausgezeichnet ist, also wird er wahrscheinlich auch auf diese Weise gedruckt.

Schachtelungen
: Der Text `Spaß` steht innerhalb eines `<Betonungs>`-Elements, das innerhalb eines `<Absatz>`-Elements steht, das selbst wiederum von einem `<Nachricht>`-Element umschlossen wird. Diese Schachtelung von Elementen wird von der XML-Verarbeitungssoftware berücksichtigt, die den Inhalt in Abhängigkeit davon, wo dieser auftaucht, möglicherweise unterschiedlich behandelt. Beispielsweise könnte ein Titel in Abhängigkeit davon, ob es sich um den Titel der Zeitung oder eines Artikels handelt, eine unterschiedliche Schriftgröße haben.

Beziehungen
: Ein Textstück kann mit einer Ressource an einer anderen Stelle verknüpft werden. Beispielsweise stellt die Auszeichnung `<Graphik fileref="smiley_face.pict"/>` eine Beziehung (Verknüpfung) zwischen dem XML-Fragment und einer Datei mit dem Namen *smiley_face.pict* her. Der Zweck besteht darin, die Graphikdaten aus der Datei zu importieren und sie in diesem Fragment darzustellen.

In XML tragen sowohl die Auszeichnung als auch der Inhalt zum Informationsgehalt des Dokuments bei. Die Auszeichnung ermöglicht es Computerprogrammen, die Funktionen und die Begrenzungen von Dokumententeilen zu bestimmen. Der Inhalt (normaler Text) ist das, was für den Leser wichtig ist, doch er muß so dargestellt werden, daß sein Sinn erkennbar wird. XML unterstützt den Computer dabei, das Dokument zu formatieren, damit es für Menschen leichter zu erfassen ist.

Dokumente

Wenn Sie das Wort *Dokument* hören, denken Sie wahrscheinlich an eine Folge von Wörtern, die in Absätze, Abschnitte und Kapitel unterteilt ist und eine für Menschen lesbare Aufzeichnung wie etwa ein Buch, einen Artikel oder eine Abhandlung enthält. Doch in XML ist ein *Dokument* noch allgemeiner gefaßt: Es stellt die Grundeinheit von XML-Informationen dar und ist aus Elementen und anderen Auszeichnungen in einem geordneten Paket zusammengesetzt. Es kann Text wie eine Erzählung oder einen Artikel enthalten, muß es jedoch nicht. Statt dessen besteht es vielleicht aus einer Datenbank mit Zahlen oder einigen abstrakten Strukturen, die ein Molekül oder eine Gleichung abbilden. Tatsächlich ist die Verwendung von XML als Format für den Datenaustausch von Anwendung zu Anwendung eines seiner vielversprechendsten Einsatzgebiete. Denken Sie daran, daß die Definition für ein XML-Dokument viel weiter gefaßt sein kann als das, was Sie sich vielleicht üblicherweise unter einem Dokument vorstellen.

Ein Dokument ist aus Stücken zusammengesetzt, die als *Elemente* bezeichnet werden. Die Elemente sind ineinandergeschachtelt wie etwa kleine Kästen innerhalb größerer Kästen, die den Inhalt des Dokuments kennzeichnen und seine Form bestimmen. Ganz oben in der Hierarchie steht ein einzelnes Element mit der Bezeichnung *Dokumentenelement* oder *Wurzelelement*, das andere Elemente enthält. Im folgenden sehen Sie kurze Beispiele für Dokumente.

Mit MathML (Mathematics Markup Language) werden Gleichungen kodiert. Eine unter Physikern bekannte Gleichung ist das Newtonsche Gravitationsgesetz: $F = GMm / r^2$. Das folgende Dokument bildet diese Gleichung ab.

```
<?xml version="1.0"?>
<math xmlns="http://www.w3.org/TR/REC-MathML/">
  <mi>F</mi>
  <mo>=</mo>
  <mi>G</mi>
  <mo>&InvisibleTimes;</mo>
  <mfrac>
    <mrow>
      <mi>M</mi>
      <mo>&InvisibleTimes;</mo>
      <mi>m</mi>
    </mrow>
    <apply>
      <power>
      <mi>r</mi>
      <mn>2</mn>
      </power>
    </apply>
  </mfrac>
</math>
```

Beachten Sie: Während eine Anwendung diese Eingangsdaten vielleicht benutzt, um die Gleichung darzustellen, benutzt sie eine andere etwa, um die Gleichung mit einer Reihe von Werten zu lösen. Darin zeigt sich die Leistungsstärke von XML.

Sie können XML auch verwenden, um Graphiken zu beschreiben. Die Scalable Vector Graphics-Sprache (SVG) wird verwendet, um skalierbare Graphikelemente festzulegen. Das folgende Dokument definiert ein Bild mit drei Formen (einem Rechteck, einem Kreis und einem Polygon):

```
<?xml version="1.0" standalone="no"?>
<!DOCTYPE svg
    PUBLIC "-//W3C//DTD SVG 20001102//EN"
    "http://www.w3.org/TR/2000/CR-SVG-20001102/DTD/svg-20001102.dtd">
<svg>
  <desc>Three shapes</desc>
  <rect fill="green" x="1cm" y="1cm" width="3cm" height="3cm"/>
  <circle fill="red" cx="3cm" cy="2cm" r="4cm"/>
  <polygon fill="blue" points="110,160 50,300 180,290"/>
</svg>
```

Diese Beispiele beruhen auf bereits bestehenden Auszeichnungssprachen. Wenn Sie jedoch eine spezielle Anwendung haben, können Sie sich Ihre eigene, auf XML beruhende Sprache schaffen. Im nächsten Dokument werden erfundene Elementnamen verwendet (was in XML überhaupt kein Problem darstellt), um eine einfache Meldung zu kodieren:

```
<?xml version="1.0"?>
<Nachricht>
  <Ausruf>Hello World!</Ausruf>
  <Absatz>XML macht <Betonung>Spaß</Betonung> und ist
    <Betonung>problemlos</Betonung> zu verwenden.
    <Graphik fileref="smiley_face.pict"/></Absatz>
</Nachricht>
```

Ein Dokument ist nicht das gleiche wie eine Datei. Eine *Datei* ist ein Datenpaket, das vom Betriebssystem des Computers als zusammenhängende Einheit behandelt wird. Dies wird als *physische* Struktur bezeichnet. Ein XML-Dokument kann aus einer oder mehreren Dateien bestehen, die nicht einmal auf dem gleichen System zu sein brauchen. In XML wird eine spezielle Auszeichnung benutzt, um die Inhalte verschiedener Dateien zu einem Ganzen zusammenzufassen und so eine einzige Entity zu schaffen, was wir als *logische* Struktur umschreiben. Dadurch, daß ein Dokument nicht den Beschränkungen einer Datei unterliegt, ermöglicht XML ein untereinander verknüpftes Netz von Teildokumenten, die sich an einem beliebigen Ort befinden können.

Dokumentenmodellierung

Wie Sie nun wissen, ist XML selbst keine Sprache, sondern eine Spezifikation für die Schaffung von Auszeichnungssprachen. Wie gehen Sie vor, um auf der Grundlage von XML eine Sprache zu schaffen? Es gibt zwei Methoden. Die erste wird als formfreies oder *Freeform*-XML bezeichnet. In diesem Modus gibt es zwar einige Minimalregeln, die festlegen, wie Tags zu bilden und zu verwenden sind, doch es können beliebige Tag-Namen verwendet werden, und diese können in beliebiger Reihenfolge erscheinen. Sie können sich dies in etwa so vorstellen, als ob Sie sich unter Beachtung der Regeln der Interpunktion Ihre eigenen Wörter zusammenstellen. Wenn ein Dokument den Minimalregeln von XML genügt, wird es als *wohlgeformt* bezeichnet und gilt als gutes XML.

Freeform-XML ist in seiner Nützlichkeit jedoch begrenzt. Da es keine Beschränkungen hinsichtlich der von Ihnen verwendeten Tags gibt, gibt es auch keine Spezifikation, die als Anweisung für die Benutzung Ihrer Sprache dienen könnte. Sie können natürlich versuchen, die Tags einheitlich zu verwenden, doch es besteht immer die Gefahr, daß Sie ein Tag falsch schreiben und die Software dieses trotzdem als Teil Ihrer formfreien Sprache akzeptiert. Wahrscheinlich bemerken Sie den Fehler erst, wenn ein Programm die Daten einliest und sie fehlerhaft verarbeitet, so daß Sie sich verwundert am Kopf kratzen und sich fragen, was Sie falsch gemacht haben. Zur Sicherung der Qualität gibt es erheblich bessere Ansätze.

Zum Glück stellt XML eine Methode zur Verfügung, um Ihre Sprache weniger vage zu beschreiben. Diese wird als *Dokumentenmodellierung* bezeichnet, weil sie die Schaffung einer Spezifikation beinhaltet, die die Regeln dafür festlegt, wie ein Dokument aussehen kann. Mit diesem Modell können Sie ein bestimmtes Dokument (als *Dokumenteninstanz* bezeichnet) vergleichen, um zu sehen, ob es Ihre Sprache richtig abbildet. Auf diese Weise können Sie Ihr Dokument austesten und sicherstellen, daß es der Spezifikation Ihrer Sprache entspricht. Wir bezeichnen diese Austestung als Gültigkeitsprüfung oder *Validierung*. Wenn Ihr Dokument für *gültig* befunden wird, wissen Sie, daß es frei von Fehlern wie etwa einer unrichtigen Schreibung von Tags, einer falschen Reihenfolge oder fehlenden Daten ist.

Die verbreitetste Methode, Dokumente zu modellieren, besteht darin, eine Dokumenttyp-Definition (DTD) zu verwenden. Dabei handelt es sich um einen Satz von Regeln oder *Deklarationen*, die festlegen, welche Tags verwendet werden können und was diese enthalten können. Ganz oben in Ihrem Dokument befindet sich ein Verweis auf die DTD. Damit deklarieren Sie Ihren Wunsch, das Dokument validieren zu lassen.

Weiterhin gibt es einen neuen Standard zur Dokumentenmodellierung, der als XML-Schema bezeichnet wird. Schemata verwenden XML-Fragmente, sogenannte *Vorlagen* (Templates), um zu zeigen, wie ein Dokument aussehen sollte. Der Vorteil der Verwendung von Schemata besteht darin, daß es sich bei ihnen selbst um eine Form von XML handelt, so daß Sie diese mit den gleichen Werkzeugen bearbeiten können, die Sie auch für die Bearbeitung Ihrer Dokumente verwenden. Mit den Schemata wird auch eine mächtigere Datentyp-Überprüfung eingeführt, mit der es möglich wird, Fehler sowohl im Inhalt als auch in der Verwendung von Tags zu finden.

Eine unter Verwendung von XML-Regeln geschaffene Auszeichnungssprache wird als XML-*Anwendung* oder manchmal auch als *Dokumenttyp* bezeichnet. Es gibt Hunderte von frei verfügbaren XML-Anwendungen, mit denen so ziemlich alles von Spielen und Poesie bis hin zu Verzeichnislisten kodiert werden kann. Die Chancen stehen gut, daß Sie eine finden, die Ihrem Bedarf entspricht. Andernfalls können Sie jederzeit Ihre eigene Anwendung erstellen.

Präsentation

Eine *Präsentation* beschreibt, wie ein Dokument aussehen sollte, wenn es für die Betrachtung durch einen Menschen präpariert wird. Beispielsweise wollen Sie in dem »Hello World!«-Beispiel oben vielleicht, daß der `<Ausruf>` für den Druck in 32 Punkt Times New Roman formatiert wird. Solche Formatinformationen gehören nicht in ein XML-Dokument. Ein XML-Autor weist Formate zu, die an einer gesonderten Stelle, für gewöhnlich einem als *Stylesheet* bezeichneten Dokument, abgelegt sind.

Es ist möglich, eine Auszeichnungssprache zu entwerfen, in der Formatinformationen und »reines« Markup vermischt vorliegen. Ein Beispiel dafür ist HTML. Es behandelt in geeigneter Weise Elemente wie etwa Titel (das `<title>`-Tag) und Absätze (das `<p>`-Tag), verwendet jedoch auch Tags wie `<i>` (Kursiv-Schriftformatierung) und `<pre>` (Deaktivierung der Entfernung von Leerzeichen), die das Ansehen von Dokumenten beschreiben, und nicht ihre Funktion innerhalb des Dokuments. In XML sind solche Tags tabu.

Diese Trennung von Format und Inhalt sieht vielleicht nicht wie eine große Sache aus, doch sie ist für XML von grundlegender Bedeutung. Dokumente, die mit Formatauszeichnungen arbeiten, lassen sich nur schwierig wiederverwenden oder in neue Formate umwandeln. Stellen Sie sich beispielsweise ein Dokument vor, das fremdsprachliche sowie hervorgehobene Redewendungen enthält, die kursiv ausgezeichnet sind, wie im folgenden zu sehen:

```
<Beispiel><i>Ex oriente lux!</i>, so hieß es vorzeiten, doch das ist
<i>lange</i> her.</Beispiel>
```

Wenn Sie nun alle hervorgehobenen Ausdrücke fett formatieren, die fremdsprachlichen Redewendungen jedoch kursiv lassen wollen, müßten Sie alle `<i>`-Tags, die für den hervorgehobenen Text stehen, per Hand ändern. Besser wäre es, die Auszeichnung entsprechend der Bedeutung vorzunehmen, etwa in folgender Weise:

```
<Beispiel><fremdsprachig>Ex oriente lux!</fremdsprachig>, so hieß es vorzeiten,
doch das ist <Betonung>lange</Betonung> her.</Beispiel>
```

Nun befinden sich die Formatinformationen, statt in einem Tag eingebunden zu sein, in einem Stylesheet. Um hervorgehobene Ausdrücke von kursiv auf fett zu ändern, müssen Sie nur eine Zeile im Stylesheet bearbeiten, statt jedes einzelne Tag erst zu suchen und dann zu verändern. Das Grundprinzip dieser Philosophie ist, daß Sie so viele unterschiedliche Tags haben können, wie es Typen von Informationen in Ihrem Dokument gibt. Mit einer formatorientierten Sprache wie HTML haben Sie weniger Auswahlmöglichkeiten, und das gleiche Format kann unterschiedliche Arten von Informationen erfassen.

Durch Heraushalten der Format-Informationen aus dem Dokument können Sie die Möglichkeiten Ihrer Präsentation erweitern, denn Sie sind nicht mehr an ein einziges Format-Vokabular gebunden. Da Sie eine beliebige Anzahl von Stylesheets auf Ihr Dokument anwenden können, ist es möglich, verschiedene Versionen »on the fly« zu erzeugen. Dasselbe Dokument kann an einem Desktop-Computer betrachtet, ausgedruckt, mit einem PDA betrachtet oder sogar von einem Sprach-Synthesizer laut vorgelesen werden, ohne daß es nötig wäre, Hand an das originale Quelldokument zu legen – wenden Sie einfach ein anderes Stylesheet an.

Verarbeitung

Wenn ein Software-Programm ein XML-Dokument liest und damit etwas Sinnvolles anstellt, sagt man, XML wird *verarbeitet*. Deshalb wird jedes Programm, das XML lesen und Dokumente verarbeiten kann, als *XML-Prozessor* bezeichnet. Einige Beispiele für XML-Prozessoren sind etwa Gültigkeitsprüfer, Webbrowser, XML-Editoren sowie Daten- und Archivierungssysteme. Es gibt Möglichkeiten ohne Ende.

Der Prototyp eines XML-Prozessors liest XML-Dokumente und wandelt sie für die Verwendung durch andere Programme oder Subroutinen in eine interne Abbildung um. Ein solcher Prozessor wird als *Parser* bezeichnet, der eine wesentliche Komponente eines jeden Programms zur Verarbeitung von XML darstellt. Der Parser verwandelt einen Strom von Zeichen aus Dateien in sinnvolle Blöcke von Informationen, die als *Token* bezeichnet werden. Die Token werden entweder als Ereignisse zur Steuerung von Programmen interpretiert, oder sie werden in eine temporäre Struktur im Speicher (eine *Baum-Abbildung*) eingebaut, an die sich ein Programm halten kann.

In Abbildung 1-1 sind die drei Schritte der Bearbeitung eines XML-Dokuments mit einem Parser zu sehen. Der Parser liest das XML aus einer Datei auf einem Computer ein (1). Er überträgt den Zeichenstrom in handliche Token (2). Optional können die Token verwendet werden, um im Speicher eine abstrakte Abbildung des Dokuments – einen Objekt-Baum – aufzubauen (3).

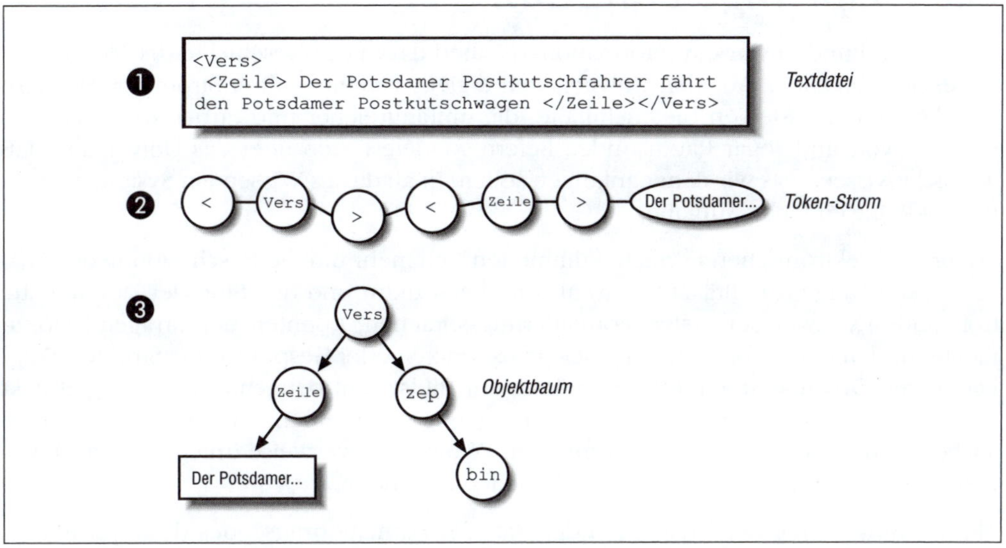

Abbildung 1-1: Die drei Schritte der Bearbeitung eines XML-Dokuments mit einem Parser

XML-Parser arbeiten überaus strikt. Wenn nur ein Markup-Zeichen nicht an Ort und Stelle ist oder in einer Auszeichnung fälschlicherweise Großbuchstaben stehen, muß der Parser den Fehler melden. Normalerweise wird bei einem solchen Fehler jede weitere Verarbeitung abgebrochen. Erst wenn alle Syntax-Fehler behoben sind, gilt das Dokument als wohlgeformt, und die Verarbeitung kann weitergehen.

Dies mag übertrieben erscheinen. Warum kann der Parser über kleinere Probleme wie fehlende Abschluß-Tags oder die unkorrekte Groß- bzw. Kleinschreibung eines Tag-Namens nicht einfach hinwegsehen? Schließlich gibt es unter HTML-Parsern genügend Beispiele für syntaktische Nachsicht. Webbrowser ignorieren oder reparieren normalerweise Fehler ohne weiteres. Die HTML-Autoren merken davon nichts. Daß XML so streng ist, liegt darin begründet, daß das Verhalten der mit Ihrem Dokument arbeitenden XML-Prozessoren so voraussagbar wie möglich gemacht werden soll.

Ein intuitives Arbeiten scheint so kaum möglich, doch wenn Sie genauer darüber nachdenken, macht dieses Verhalten durchaus Sinn. XML ist so konzipiert, daß es überall verwendet werden kann und stets auf gleiche Weise funktioniert. Wenn Ihr Parser Sie nicht vor syntaktischen Schnitzern warnt, könnte dieser Fehler der sprichwörtliche Sand im Getriebe sein, wenn Sie später Ihr Dokument mit einem anderen Programm verarbeiten. Ihnen stünde dann eine schwere Zeit bevor, in der Ihnen nichts anderes übrig bliebe, als Jagd auf Bugs zu machen. Das pingelige Parsing von XML erspart Ihnen also Frust und Inkompatibilitäten in der Zukunft.

Die Ursprünge von XML

Das 20. Jahrhundert war ein Informationszeitalter, das in der Geschichte der Menschheit seinesgleichen sucht. Aus den Universitäten ergießt sich ein wahrer Strom von Büchern und Artikeln, die Medien bieten Inhalte, die umfangreicher und farbenfroher sind als jemals zuvor, und sogar Raumsonden liefern so viele Daten über das Universum, daß wir nicht wissen, was wir damit anfangen sollen. In all dieses Wissen ein System zu bringen, ist keine einfache Aufgabe.

Die ersten elektronischen Formate kümmerten sich mehr um die Beschreibung des Aussehens der Dinge (die Präsentation) als um die Struktur und den Sinn der Dokumente. troff und $\TeX$, zwei der ersten Formatierungssprachen, konnten hervorragend Dokumente für den Druck formatieren, aber sie hatten keinerlei Gespür für die Struktur. Folglich waren Dokumente darauf beschränkt, am Bildschirm betrachtet oder ausgedruckt zu werden. Sie konnten nicht einfach Programme schreiben, um Informationen zu suchen und zu saugen, auf elektronischem Wege Querverweise anlegen oder Dokumente in verschiedenen Anwendungen wiederverwenden.

Mit der *generischen Kodierung*, bei der statt der Formatierungscodes deskriptive Tags verwendet werden, konnte dieses Problem schließlich gelöst werden. Die erste Organisation, die sich dieser Idee ernsthaft annahm, war die Graphic Communications Association (GCA). In den späten 60er Jahren eröffnete das »GenCode«-Projekt Wege, um unterschiedliche Arten von Dokumenten mit generischen Auszeichnungen zu kodieren und Dokumente aus vielen Teilen zusammenzusetzen.

Die nächste bedeutendere Weiterentwicklung war GML (Generalized Markup Language), ein IBM-Projekt. Die geistigen Väter von GML, Charles Goldfarb, Edward Mosher und Raymond Lorie,[1] beabsichtigten damit, das Problem der Kodierung von Dokumenten für die Benutzung mit mehreren Informationssubsystemen zu lösen. In dieser Auszeichnungssprache kodierte Dokumente konnten auf Grund ihrer inhaltsorientierten Tags von verschiedenen Programmen bearbeitet, formatiert und durchsucht werden. IBM, ein großer Herausgeber von technischen Handbüchern, hat reichlichen Gebrauch von GML gemacht und damit die Funktionstüchtigkeit der generischen Kodierung unter Beweis gestellt.

1 Schlau gemacht: Das Akronym GML setzt sich zufällig auch aus den Initialen der drei Erfinder zusammen.

SGML und HTML

Inspiriert durch den Erfolg von GML stellte der Ausschuß für Informationsverarbeitung beim American National Standards Institute (ANSI – heute NIST, National Institute for Standards) eine Arbeitsgruppe mit Goldfarb als Projektleiter zusammen, die auf der Grundlage von GML eine Standard-Textbeschreibungssprache entwickeln sollte. Die GenCode-Kommission der GCA steuerte ihr Fachwissen ebenfalls bei. Im Laufe der späten 70er und frühen 80er Jahre veröffentlichte die Gruppe eine Reihe von Arbeitsentwürfen, bis dabei schließlich unter der Bezeichnung SGML (Standard Generalized Markup Language) ein Kandidat für einen Industriestandard (GCA 101-1983) herauskam. Dieser wurde bald vom Verteidigungsministerium und der Bundessteuerbehörde der USA übernommen.

In den darauffolgenden Jahren begann SGML tatsächlich durchzustarten. Ab 1985 fanden in Großbritannien die Treffen der International SGML Users' Group statt. Gemeinsam mit der GCA trug sie den Lobgesang auf SGML hinaus über ganz Europa und Nordamerika. Das Electronic Manuscript Project der Association of American Publishers (AAP) förderte die Verwendung von SGML für die Kodierung von Allzweck-Dokumenten wie Büchern und Zeitschriften und erschloß SGML damit einen noch größeren Geltungsbereich. Das Verteidigungsministerium der USA entwickelte in seiner Arbeitsgruppe Computer-Aided Acquisition and Logistic Support (CALS) Anwendungen für SGML, darunter einen beliebten Dokumenttyp zur Formatierung von Tabellen mit der Bezeichnung CALS Tables. Den krönenden Abschluß dieses erfolgreichen Starts bildete schließlich die Verabschiedung eines Standards für SGML durch die ISO (International Standards Organization) (ISO 8879:1986).

SGML sollte ein flexibles und allumfassendes Kodierungsschema sein. Wie XML ist SGML im Grunde ein Werkzeug zur Entwicklung von spezialisierten Auszeichnungssprachen. Doch SGML ist wesentlich umfangreicher als XML, hat eine weniger strenge Syntax und jede Menge abstruse Parameter. Es ist so flexibel, daß die Software zu seiner Verarbeitung komplex und teuer ist. Die Nutzbarkeit von SGML ist daher auf große Organisationen beschränkt, die sich die Software und die Kosten für die Wartung der komplizierten SGML-Umgebungen leisten können.

Der öffentliche Durchbruch für die generische Kodierung kam in den frühen 90er Jahren, als von Tim Berners-Lee und Anders Berglund, zwei Mitarbeitern des Europäischen Forschungsinstituts für Teilchenphysik (CERN), HTML (Hypertext Markup Language) entwickelt wurde. CERN konnte auf eine Mitarbeit an den Bemühungen um SGML zurückblicken, die bis in die frühen 80er Jahre zurückreichte, als Berglund ein Publishing-System zur Austestung von SGML entwickelte. Berners-Lee und Berglund schufen einen SGML-Dokumenttyp für Hypertext-Dokumente, der kompakt und effizient war. Es bereitete keine Probleme, für diese Auszeichnungssprache Software zu programmieren, und noch einfacher war es, Dokumente zu kodieren. HTML entwuchs dem Labor und schickte sich an, die Welt zu erobern.

HTML war jedoch in mancher Hinsicht ein Schritt rückwärts. Zur Erreichung der notwendigen Unkompliziertheit, um wirklich nützlich zu sein, mußten einige Prinzipien der generischen Kodierung geopfert werden. Beispielsweise wurde für sämtliche Zwecke ein einziger Dokumenttyp benutzt. Dies bedeutete eine Überbeanspruchung der zur Verfügung gestellten Tags, statt Auszeichnungen für spezielle Zwecke zu definieren. Zweitens dienen viele der Tags ausschließlich Präsentationszwecken. Wegen der minimalistischen Struktur war es schwer anzugeben, wo ein Abschnitt endete und der nächste begann. Viele in HTML kodierte Dokumente setzen heute so sehr auf reine Formatierung, daß sie nicht so ohne weiteres wiederverwendet werden können. Nichtsdestotrotz war HTML ein genialer Schritt für das Web und ein Quantensprung für Auszeichnungssprachen, denn plötzlich interessierte sich alle Welt für elektronische Dokumentation und Verknüpfung.

Um zu den Idealen der generischen Kodierung zurückzukehren, versuchten einige, SGML an das Web oder auch das Web an SGML anzupassen. Dies erwies sich als zu schwierig. SGML war zu groß, um in einen kleinen Webbrowser zu passen. Es mußte eine kleinere Sprache her, in der der verallgemeinernde Charakter von SGML gewahrt blieb, und so wurde die sogenannte Extensible Markup Language (Erweiterbare Auszeichnungssprache) XML geboren.

Sinn und Zweck von XML

Getrieben von der Unzufriedenheit mit den bestehenden Standard- und Nichtstandard-Formaten begann Mitte der 90er Jahre eine Gruppe von Unternehmen und Organisationen, die sich selbst das W3C (World Wide Web Consortium) nannte, an einer Auszeichnungssprache zu arbeiten, die die Flexibilität von SGML und die Einfachheit von HTML in sich vereint. Die Philosophie hinter der Schaffung von XML fand in mehreren wichtigen Grundsätzen Ausdruck, die in den folgenden Abschnitten beschrieben werden.

Anwendungsspezifische Auszeichnungssprachen

XML definiert keine Auszeichnungselemente, sondern Sie können sich damit statt dessen ihre eigenen schaffen. Anders ausgedrückt: Statt ein Allzweck-Element (sagen wir, einen Absatz) zu schaffen und darauf zu hoffen, daß dieses auf jede Situation paßt, überließen die Schöpfer von XML diese Aufgabe Ihnen. Wenn Sie also Elemente mit den Namen `<GegliederteListe>`, `<Kapitel>` oder `<Raketenschiff>` haben wollen, ist das Ihr gutes Recht. Stellen Sie sich Ihre eigene Auszeichnungssprache zusammen, um Ihre Informationen auf bestmögliche Art auszudrücken. Wenn Sie wollen, können Sie auch einen vorhandenen Satz von Auszeichnungen verwenden, den jemand anders erstellt hat.

Es kann eine unbegrenzte Anzahl von Auszeichnungssprachen geben, und es muß einen Weg geben, Programme vor einem Schiffbruch zu bewahren bei dem Versuch, sie alle zu lesen. XML bietet die Freiheit, kreativ zu sein, erwartet aber auch die Einhaltung der Regeln. Wenn Sie Ihre Elemente auf eine bestimmte Art und Weise schreiben und sämtliche Syntaxregeln befolgen, gilt Ihr Dokument als wohlgeformt, und jeder XML-Prozessor kann es lesen. Damit haben Sie nicht nur das Zaumzeug, sondern auch das Pferd dazu.

Eindeutige Strukturen

XML verfolgt eine harte Linie, wenn es um die Struktur geht. Ein Dokument sollte so ausgezeichnet werden, daß Namen, Reihenfolge und Hierarchie der Elemente immer auf die gleiche Weise interpretiert werden. Dies reduziert die Komplexität des Codes und die Möglichkeit von Fehlern erheblich. Programme müssen keine Vermutungen anstellen oder versuchen, Syntaxfehler zu korrigieren, so wie HTML-Browser dies oft tun. Also gibt es auch keine Überraschungen in Gestalt eines XML-Prozessors, der zu einem vollkommen unterschiedlichen Ergebnis kommt als ein anderer.

Natürlich erschwert sich dadurch das Schreiben eines guten XML-Markups. Sie müssen die Syntax des Dokuments mit einem Parser kontrollieren, um sicherzustellen, daß nachgelagerte Programme weitgehend fehlerfrei laufen und daß die Integrität Ihrer Daten sowie die Konsistenz der Ergebnisse gewahrt ist.

Neben der Überprüfung der Grundsyntax können Sie sich Ihre eigenen Regeln für das Aussehen eines Dokuments schaffen. Die DTD ist ein Plan für die Struktur des Dokuments. Mit einem XML-Schema lassen sich die Datentypen einschränken, die in Elementen erscheinen dürfen (z.B. Daten, Zahlen oder Namen). Die Möglichkeiten zur Fehlerüberprüfung und zur Kontrolle der Struktur sind immens.

Speicherung der Präsentation getrennt vom Inhalt

Damit das Output-Format Ihres Dokuments so flexibel wie möglich ist, sollten Sie immer bestrebt sein, die Format-Informationen aus dem Dokument herauszuhalten und extern abzuspeichern. In XML kann dies durch die Verwendung von Stylesheets erreicht werden, in denen die Format-Informationen enthalten sind. Dies hat viele Vorteile:

- Sie können die gleichen Formateinstellungen für viele Dokumente verwenden.
- Wenn Sie eine Formateinstellung ändern möchten, können Sie den Eingriff an einer Stelle vornehmen, und alle Dokumente werden davon beeinflußt.
- Sie können zwischen Stylesheets für unterschiedliche Zwecke umschalten. Vielleicht haben Sie eines für die Druckausgabe und ein anderes für Webseiten.
- Der Inhalt und die Struktur des Dokuments bleiben intakt, unabhängig davon, welche Änderungen Sie an der Präsentation vornehmen. Es gibt keine Möglichkeit, das Dokument durch Herumspielen an der Präsentation zu ruinieren.
- Der Inhalt des Dokuments ist nicht mit dem Vokabular der Formatierung (Schriftänderungen, Zwischenräume, Farbspezifikationen usw.) überladen. So ist er leichter zu lesen und zu warten.
- Ohne die Formatinformationen können Sie Namen wählen, die genau die Funktion der Elemente wiedergeben, statt sie entsprechend dem beabsichtigten Aussehen zu kennzeichnen. Dies vereinfacht Bearbeitung und Umwandlung.

Einfachheit ist Trumpf!

Wenn XML weithin akzeptiert werden soll, muß es einfach sein. Niemand will für das bloße Erstellen eines Dokuments ein kompliziertes System erlernen. XML ist intuitiv, leicht zu lesen und elegant. Sie können sich damit Ihre eigene Auszeichnungssprache ausdenken, die einigen logischen Regeln folgt. XML ist eine schlanke Untermenge von SGML, in der viele unnötige Dinge über Bord geworfen wurden.

Einfachheit ist auch für die Entwicklung von Anwendungen nützlich. Wenn es keine Probleme bereitet, Programme zu schreiben, die XML-Dateien verarbeiten, werden der Öffentlichkeit mehr und billigere Programme zur Verfügung gestellt werden. Die Regeln von XML sind streng, doch das mühevolle Parsing und die Verarbeitung der Dateien sind so mit weniger Überraschungen behaftet und deshalb wesentlich einfacher.

Einfachheit führt zu Vielfalt. Sie können sich XML als die DNS für viele verschiedene Arten des Ausdrucks von Informationen vorstellen. Stylesheets zum Definieren des Aussehens und zur Umwandlung der Struktur von Dokumenten können in einer auf XML beruhenden Sprache mit der Bezeichnung XSL geschrieben werden. Schemata zur Modellierung von Dokumenten sind eine weitere Form von XML. Diese weite Verbreitung hat zur Folge, daß Sie mit ein- und denselben Werkzeugen viele unterschiedliche Technologien verarbeiten können.

Maximum an Fehlerüberprüfung

Einige Auszeichnungssprachen gehen so nachsichtig mit der Syntax um, daß Fehler unentdeckt bleiben. Wenn eine Datei Fehler enthält, verhält sie sich nicht mehr so, wie Sie es wollen: Ihr Erscheinungsbild in einem Browser läßt sich nicht voraussagen, Informationen können verloren gehen und Programme verhalten sich vielleicht merkwürdig oder stürzen womöglich sogar ab, wenn Sie versuchen, die Datei zu öffnen.

Die XML-Spezifikation besagt, daß eine Datei nur dann wohlgeformt ist, wenn sie einigen Minimalanforderungen an die Syntax entspricht. Ihr XML-Parser ist ein zuverlässiger Wachhund, der Fehler fernhält, die sich auch Ihr Dokument auswirken können. Er überprüft die Korrektheit der Namen von Elementen, stellt sicher, daß die Begrenzungen wasserdicht sind, teilt Ihnen mit, wenn ein Objekt fehl am Platze ist und meldet verwaiste Verknüpfungen. Sie mögen vielleicht über die Strenge murren und sich plagen, bis Sie Ihr Dokument in die richtige Form gebracht haben, doch am Ende war es die Mühe wert. Die Dauerhaftigkeit und die Nützlichkeit des Dokuments sprechen für sich.

XML heute

XML ist inzwischen eine offizielle Empfehlung und liegt aktuell in Version 1.0 vor. Sie können die neueste Spezifikation unter der Adresse *http://www.w3.org/TR/REC-xml* auf der Website des World Wide Web Consortiums nachlesen.

Die Dinge stehen gut für diese junge Technologie. Das Interesse zeigt sich in der Anzahl von Begleittechnologien, die wie Pilze aus dem Boden schießen, im Ausmaß der Beachtung durch die Medien (siehe Anhang A, *Ressourcen*, wenn Sie etwas Interessantes zum Lesen suchen) und in dem schnellen Anwachsen der Anzahl der zur Verfügung stehenden XML-Anwendungen und -Tools.

Das Entwicklungstempo ist atemberaubend, und Sie werden alle Hände voll zu tun haben, wenn Sie unter all den Sternen und Sternchen am XML-Himmel obenauf bleiben wollen. Um Ihnen eine Vorstellung davon zu vermitteln, was sich so alles tut, sind im nächsten Abschnitt die Weiterentwicklung der Standards sowie die Welten beschrieben, die dadurch geschaffen wurden.

Die Weiterentwicklung der Standards

Standards sind die Schmiere am Rad des Handels und der Kommunikation. Sie beschreiben alles, vom Dokumentenformat bis hin zum Netzwerkprotokoll. Die beste Art von Standard ist der *offene* Standard, was nichts anderes heißt, als daß dieser nicht im Besitz oder unter Kontrolle irgendeines Unternehmens ist. Die andere Art, ein *proprietärer* Standard, kann jederzeit ohne Ankündigung geändert werden, erfordert keinerlei Zuarbeit von Seiten der Anwender und bringt für den Patentinhaber häufig Nutzen in Gestalt von Lizenzgebühren und willkürlichen Beschränkungen.

Zum Glück ist XML ein offener Standard. Dieser wird vom W3C als formale Empfehlung verwaltet – einem Dokument, das beschreibt, was XML ist und wie es genutzt werden sollte. Die Empfehlung ist im strengen Sinne jedoch nicht bindend. Es gibt weder einen Zertifizierungsprozeß noch eine Lizenzvereinbarung und mit Ausnahme des Unwillens der Anwender auch keine Handhabe gegen diejenigen, die XML nicht korrekt implementieren.

Die lockere Bindung an eine Empfehlung ist nützlich in dem Sinne, daß die Durchsetzung von Standards Zeit und Ressourcen erfordert, die niemand im Konsortium bereit ist aufzubringen. Außerdem gestattet sie den Entwicklern, sich ihre eigenen Erweiterungen oder teilweise funktionierenden Implementierungen zu schaffen, die ihre Aufgaben im wesentlichen ganz gut erfüllen. Die Kehrseite der Medaille ist jedoch, daß es keine Garantie dafür gibt, daß jeder seine Sache gut macht. Der Cascading Style Sheets-Standard beispielsweise siecht seit Jahren dahin, weil die Hersteller von Browsern nicht dazu bewegt werden konnten, ihn vollständig zu implementieren. Nichtsdestotrotz ist die Weiterentwicklung von Standards im großen und ganzen ein demokratischer und öffentlichkeitsorientierter Vorgang, und das ist für gewöhnlich eine gute Sache.

Das W3C hat die Rolle der inoffiziellen Schmiede des Webs übernommen. Es wurde 1994 von einer Anzahl von Organisationen und Unternehmen rund um den Erdball mit einem erheblichen Interesse am Web gegründet und hat sich das langfristige Ziel gesetzt, erreichbare und herausragende Web-Technologien mit verantwortungsbewußten Anwendungsgebieten zu erforschen und zu fördern. Durch Herausgabe von technischen Dokumentationen und Empfehlungen für Software-Anbieter wie auch für Endbenutzer trägt es dazu bei, einen Weg aus dem Chaos miteinander konkurrierender, unausgegorener Technologien zu finden.

Jede Empfehlung oder *recommendation*, die auf die Website des W3C gelangen will, muß ein langes und beschwerliches Verfahren von Vorschlägen und Überarbeitungen über sich ergehen lassen, bevor sie schließlich vom Beratungsausschuß der Organisation ratifiziert wird. Eine Empfehlung beginnt als Projekt oder *activity*, wenn jemand dem Direktor des W3C einen formellen Vorschlag schickt, der *briefing package* genannt wird. Im Falle der Zulassung wird die activity einer eigenen Arbeitsgruppe zugewiesen, die dann mit der Entwicklungsarbeit beginnen kann. Die Gruppe kümmert sich dann alsbald um die Details wie etwa die Besetzung der Leitungspositionen, die Aufstellung eines Plans für die Besprechungen und die Einrichtung der notwendigen Mailing-Listen und Webseiten.

Die Gruppe gibt in regelmäßigen Abständen Berichte über den Fortgang der Arbeiten heraus, die auf eine öffentlich zugängliche Webseite gestellt werden. Ein solcher *Arbeitsentwurf* repräsentiert nicht unbedingt eine abgeschlossene Arbeit oder einen Konsens unter den Mitgliedern, sondern ist vielmehr tatsächlich ein Bericht über den Entwicklungsstand des Projekts. Schließlich erreicht er einen Punkt, an dem er der Öffentlichkeit zur Bewertung übergeben werden kann. Der Entwurf wird damit zum Empfehlungsanwärter bzw. zur *Candidate Recommendation*.

Wenn ein solcher Empfehlungsanwärter erscheint, sind die Anwender aufgefordert, ihn einer Prüfung zu unterziehen und ihre Kommentare abzugeben. Fachleute auf ihrem Gebiet bringen ihre Argumente vor. Entwickler implementieren Teile der vorgeschlagenen Technologie, um sie auszutesten und dabei Probleme aufzudecken. Software-Anbieter melden ihr Interesse an zusätzlichen Funktionen an. Schließlich läuft die Frist für die Abgabe von Kommentaren aus, und die Arbeitsgruppe geht zurück an die Arbeit, um Optimierungen und Änderungen vorzunehmen.

Zufrieden darüber, daß die Gruppe die Welt mit etwas Nützlichem beglücken kann, segnet der Direktor des W3C den Empfehlungsanwärter ab, wodurch er zu einem Empfehlungsvorschlag bzw. zu einer *Proposed Recommendation* wird. Dann muß er die prüfenden Blicke des Beratungsausschusses überstehen und möglicherweise weitere kleine Optimierungen über sich ergehen lassen, bevor er schließlich zu einer Empfehlung erhoben wird.

Das ganze Verfahren kann bis zu seinem Abschluß Jahre in Anspruch nehmen, und bis die endgültige Empfehlung nicht veröffentlicht ist, sollten Sie Lobeshymnen jedweder Art nicht allzu viel Glauben schenken. Über Nacht kann sich alles ändern, wenn der nächste Entwurf bekanntgegeben wird, und nicht selten hat sich nur ein Entwickler mit der Implementierung der skizzenhaften Details in einen Arbeitsentwurf verausgabt, nur um dann festzustellen, daß die eigentliche Empfehlung damit überhaupt nichts zu tun hat. Wenn Sie ein Endbenutzer sind, sollten Sie ebenfalls Vorsicht walten lassen. Es wäre gut möglich, daß Sie zwar glauben, daß das benötigte Feature vor der Auslieferung steht, um dann festzustellen, daß es in letzter Minute von der Liste gestrichen wurde.

Es ist keine schlechte Idee, sich gelegentlich die Website des W3C (*http://www.w3.org*) anzusehen. Sie finden dort neueste Nachrichten und Informationen über sich herausbildende Standards, Links auf Tutorials und Hinweise auf Software-Tools. Die Website des W3C ist zusammen mit einigen anderen wichtigen Ressourcen in Anhang A, *Ressourcen*, aufgeführt.

Begleittechnologien

Technisch gesehen ist XML ein Satz von Regeln zur Schaffung Ihrer eigenen Auszeichnungssprache sowie zum Lesen und Schreiben von Dokumenten in einer Auszeichnungssprache. Dies ist schon an sich nützlich, doch es gibt noch weitere Spezifikationen, die XML ergänzen können. CSS (Cascading Style Sheets) beispielsweise ist eine Sprache zum Definieren des Erscheinungsbilds von XML-Dokumenten, die über ihre eigene formale, vom W3C verfaßte Spezifikation verfügt.

Dieses Buch bietet eine Einführung in einige der wichtigsten Geschwister von XML. Das entsprechende Hintergrundwissen finden Sie in Anhang B, *Klassifikation der Standards*, und ein paar davon werden wir etwas ausführlicher untersuchen. Die Hauptkategorien sind:

Kern-Syntax
: In diese Gruppe gehören Standards, die zur Grundfunktionalität von XML beitragen. Dazu gehören die XML-Spezifikation selbst, Namespaces (eine Methode zur Kombination unterschiedlicher Dokumenttypen), XLinks (eine Sprache zur Verknüpfung von Dokumenten) und andere.

XML-Anwendungen
: In diese Kategorie fallen einige nützliche, von XML abgeleitete Auszeichnungssprachen, darunter XHTML (eine XML-kompatible Version der Hypertext-Sprache HTML) und MathML (eine Sprache für mathematische Gleichungen).

Dokumentenmodellierung
: Zu dieser Kategorie gehören die strukturerzwingenden Sprachen für Dokumenttyp-Definitionen (DTDs) und XML-Schemata.

Datenadressierung und -abfrage
: Zum Lokalisieren von Dokumenten und den dazugehörigen Daten gibt es Spezifikationen wie XPath (beschreibt Pfade zu Daten innerhalb von Dokumenten), XPointer (eine Methode zur Beschreibung der Lokalisierung von Dateien im Internet) und die XML Query Language oder XQL (eine Sprache zum Zugriff auf Datenbanken).

Formatierung und Transformation

In diese Gruppe gehören Sprachen zum Beschreiben von Präsentationen und Methoden zum Umwandeln von Dokumenten in neue Formate, darunter die XML Stylesheet Language (XSL), die XSL Transformation Language (XSLT), die Extensible Stylesheet Language for Formatting Objects (XSL-FO) und Cascading Style Sheets (CSS).

Programmierung und Infrastruktur

Diese große Kategorie enthält Schnittstellen zum Zugriff auf und zur Verarbeitung von in XML kodierten Informationen, darunter das Document Object Model (DOM), eine generische Programmier-Schnittstelle, das XML Information Set, eine Sprache zur Beschreibung der Inhalte von Dokumenten, das XML Fragment Interchange, mit dem beschrieben wird, wie Dokumente für den Transport über Netzwerke aufgespalten werden sollen, sowie das Simple API for XML (SAX), das eine Programmier-Schnittstelle zur Verarbeitung von XML-Daten ist.

Dokumente erstellen

Von allen XML-Softwareprogrammen, die Sie benutzen werden, ist das Autorenwerkzeug – auch Editor genannt – wahrscheinlich das wichtigste. Das Autorenwerkzeug bestimmt die Umgebung, in der Sie in der Regel Ihre Inhalte erzeugen sowie XML-Dokumente überarbeiten und vielleicht sogar betrachten. Wie der treue Hammer eines Tischlers wird Ihr XML-Editor immer an Ihrer Seite sein.

Es gibt viele Wege, um XML-Code zu schreiben, angefangen von schlichten Texteditoren bis hin zu luxuriösen XML-Autorenwerkzeugen, die das Dokument mit angewendeten Schriftformatierungen und ausgeblendeten Tags darstellen. XML ist vollständig offen: Sie sind nicht an ein bestimmtes Werkzeug gebunden. Wenn Sie von einem Editor die Nase voll haben, nehmen Sie einfach einen anderen, und Ihre Dokumente funktionieren so gut wie zuvor.

Wenn Sie ein stoischer Typ sind, werden Sie froh sein zu erfahren, daß Sie XML-Code problemlos mit jedem Texteditor und jeder Textverarbeitung schreiben können, solange diese über eine Nur-Text-Speicheroption verfügen. Sowohl mit dem Editor von Microsoft als auch mit vi von Unix oder SimpleText von Apple lassen sich vollständige XML-Dokumente erstellen, und die XML-Tags und -Symbole verwenden Zeichen, die auf allen Standard-Tastaturen zu finden sind. Mit der herrlich logischen Struktur von XML, unterstützt durch großzügige Verwendung von Leerzeilen und Einrückungen sowie Kommentaren, kommen einige Leute so gut zurecht, daß sie ganze Dokumente aus einfachen Text-Editoren herausholen.

Wenn Sie nicht wollen, müssen Sie sich natürlich nicht durch das Markup beißen. Anders als ein einfacher Texteditor ist ein spezieller XML-Editor in der Lage, das Markup durch farbige Auszeichnungen deutlicher hervorzuheben oder es vollständig auszublenden und ein Stylesheet anzuwenden, um Teile von Dokumenten mit einem eigenen

Schriftbild zu versehen. Solche Editoren stellen manchmal spezielle Schnittstellenfunktionen zur Bearbeitung des XML-Markups zur Verfügung, beispielsweise Attribut-Editoren oder die Verschiebung von Elementen per Drag-and-Drop.

Eine unverzichtbare Funktion in XML-Autorensystemen der Spitzenklasse ist eine automatische Strukturüberprüfung. Ein solches Bearbeitungswerkzeug bewahrt den Autor während des Schreibens und Bearbeitens vor syntaktischen oder strukturellen Fehlern, indem es jeden Versuch vereitelt, ein Element hinzuzufügen, das nicht zum vorgegebenen Kontext paßt. Andere Editoren bieten ein Menü mit erlaubten Elementen. Diese Techniken sind ideal für streng strukturierte Anwendungen wie etwa solche, mit denen Formulare ausgefüllt oder Informationen in eine Datenbank eingegeben werden.

Eine automatische Strukturüberprüfung erzwingt zwar eine gute Struktur, kann aber auch hinderlich sein. Viele Autoren schneiden Abschnitte von Dokumenten aus und fügen sie an anderer Stelle wieder ein, wenn sie mit verschiedenen Reihenfolgen experimentieren. Häufig wird dadurch vorübergehend eine Strukturregel verletzt. Der Autor ist gezwungen, seine Arbeit zu unterbrechen, um herauszufinden, warum der Austausch zurückgewiesen wurde, wodurch ihm wertvolle Zeit für die Erstellung von Inhalten verlorengeht. Es ist nicht so einfach, auf dieses Problem eine passende Antwort zu finden. Die Vorteile fehlerfreier Inhalte müssen gegen die Steine abgewogen werden, die der Kreativität in den Weg gelegt werden.

Eine hochwertige XML-Autorenumgebung ist konfigurierbar. Wenn Sie einen Dokumenttyp entworfen haben, sollten Sie in der Lage sein, den Editor anzupassen, um die Struktur zu erzwingen, die Gültigkeit zu überprüfen und eine Reihe von gültigen Elementen zur Auswahl zu haben. Um häufige Bearbeitungsschritte zu automatisieren, sollten Sie in der Lage sein, Makros zu erstellen und diesen Makros Tasten auf der Tastatur zuzuordnen. Die Schnittstelle sollte ergonomisch und komfortabel sein und Tastaturkürzel zur Verfügung stellen, um sich nicht mit der Maus durch jede Aufgabe hindurchklikken zu müssen. Das Autorenwerkzeug sollte es zulassen, daß Sie Ihre eigenen Darstellungseigenschaften definieren, mögen Sie nun große Buchstaben mit Farben oder kleine Buchstaben mit eingeblendeten Auszeichnungen bevorzugen.

Konfigurierbarkeit beißt sich bisweilen mit einem weiteren wichtigen Merkmal: einer komfortablen Wartung. Wenn Sie einen Editor haben, der den Inhalt hübsch formatiert (beispielsweise die Titel groß und fett darstellt, damit sie sich von den Absätzen abheben), bedeutet das, daß irgendwie ein Stylesheet geschrieben und gewartet werden muß. Einige Editoren haben eine recht gute Schnittstelle zur Bearbeitung von Stylesheets, in der Sie mit Element-Formatierungen herumspielen können, fast als ob Sie in einer Textverarbeitung eine Vorlage erstellen würden. Struktur-Erzwingung kann ein weiterer Grund für Kopfschmerzen sein, da Sie vielleicht eine Dokumenttyp-Definition (DTD) von Grund auf erstellen müssen. Wie ein Stylesheet sagt die DTD dem Editor, wie er mit den Elementen umgehen soll und ob diese in den verschiedenen Kontexten erlaubt sind. Möglicherweise kommen Sie jedoch zu der Überzeugung, daß sich die zusätzliche Arbeit auszahlt, wenn Sie sich dadurch Fehlerüberprüfungen und spätere Beschwerden von Seiten der Benutzer ersparen.

Der XML-Werkzeugkasten

Schauen wir uns nun einige der Softwareprogramme, die zum Schreiben von XML-Code verwendet werden, näher an. Denken Sie daran, daß Sie nicht an ein bestimmtes Tool gebunden sind. Sie sollten daher etwas experimentieren, um herauszufinden, welches das richtige für Sie ist. Wenn Sie eines gefunden haben, das Ihnen zusagt, sollten Sie sich bemühen, dieses zu beherrschen. Die Arbeit damit sollte Ihnen leicht von der Hand gehen. Andernfalls wäre es gut möglich, daß Sie mit XML nicht viel Freude haben.

Texteditoren

Texteditoren sind die Spar-Produkte unter den XML-Werkzeugen. Sie stellen alles in einem einheitlichen Schriftbild dar (auch wenn verschiedene Farben zur Verfügung stehen), können Markup und Inhalt nicht auseinanderhalten und erscheinen Leuten, die an graphische Textverarbeitungen gewöhnt sind, im allgemeinen recht langweilig. Über diesen Oberflächen-Details kommt jedoch die Tatsache zu kurz, daß sich unter den Texteditoren einige der mächtigsten Werkzeuge zum Manipulieren von Text überhaupt befinden.

Texteditoren werden so bald noch nicht aussterben. Wo finden Sie sonst noch einen Editor, der so einfach zu erlernen und dabei doch so leistungsstark ist wie vi? Welche Textverarbeitung hat eine integrierte Programmiersprache wie die von Emacs? Diese Texteditoren werden hier beschrieben:

vi

vi ist ein alter Kämpe aus der Unix-Welt. Als textorientierter Editor mag er angesichts der heute üblichen GUI-Standards primitiv wirken, doch vi hat eine Unmenge an treuen Benutzern, die ihn am Leben halten. Es gibt mehrere Varianten von vi, die konfigurierbar sind und denen beigebracht werden kann, XML-Tags zu erkennen. Die Varianten *vim* und *Elvis* haben Darstellungsmodi, die durch Hervorheben der Tags mit verschiedenen Farben, Einrückungen und durch andere hilfreiche Methoden, den Text in eine ansprechende Form zu bringen, das Bearbeiten von XML angenehmer gestalten.

Emacs

Emacs ist ein Texteditor mit Köpfchen. Er wurde im Rahmen der Mission der Free Software Foundation (*http://www.fsf.org*) geschaffen, der Welt kostenlose, hochwertige Software zur Verfügung zu stellen. Für Computer-Freaks ist Emacs seit Jahrzehnten der Favorit. Emacs verfügt über eine integrierte Programmiersprache und zahlreiche Hilfsmittel zum Manipulieren von Text, und es gibt Module, die Sie einbinden können, um Emacs für XML, XSLT und DTDs tauglich zu machen. Was Sie einfach haben müssen, ist *psgml* von Lennart Stafflin (steht unter *http://www.lysator.liu.se/~lenst/* zum Download zur Verfügung). Dadurch erhält Emacs die Fähigkeit, Tags farbig hervorzuheben, Textzeilen einzurücken und das Dokument zu validieren.

Graphische Editoren

Die übergroße Mehrheit der Computer-Benutzer schreibt ihre Dokumente in graphischen Editoren (Textverarbeitungssystemen), die Optionsmenüs zur Verfügung stellen, mit denen man den Text per Drag-and-Drop bearbeiten und per Click-and-Drag Markierungen vornehmen kann usw. Weiterhin stellen sie eine formatierte Ansicht zur Verfügung, die manchmal als WYSIWYG-Darstellung (what you see is what you get) bezeichnet wird. Um XML allgemein ansprechend zu machen, brauchen wir XML-Editoren, die problemlos zu benutzen sind.

Die ersten graphischen Editoren für strukturierte Auszeichnungssprachen beruhten auf SGML, dem Urahnen von XML. Da SGML größer und komplexer ist, sind SGML-Editoren teuer, schwierig zu warten und für die meisten Benutzer schlicht unerschwinglich. Doch XML hat eine neue Gruppe von einfacheren, komfortableren und preiswerteren Editoren hervorgebracht. Alle hier aufgeführten Editoren unterstützen die Überprüfung und Erzwingung von Strukturen:

Arbortext Adept/Epic

Arbortext, ein Oldtimer aus dem Bereich des elektronischen Publishing, hat eine der besten Editier-Umgebungen für XML. *Adept*, ursprünglich ein SGML-Autorensystem, ist für XML nachgerüstet worden.[2] Der Editor unterstützt die Vollbild-Darstellung unter Verwendung von FOSI-Stylesheets (siehe den Abschnitt »Stylesheets« in diesem Kapitel) mit einer integrierten Formatzuweisungsschnittstelle. Sein vielleicht bestes Leistungsmerkmal ist eine vollständig skriptfähige Benutzerschnittstelle zum Schreiben von Makros und deren Einbindung in andere Software.

Abbildung 1-2 zeigt Adept in Funktion. Beachten Sie die hierarchische Gliederungsansicht links, die das Dokument (nämlich den Anfang des vorliegenden Kapitels aus dem englischen Originalbuch) als Baumdiagramm darstellt. In dieser Ansicht können die Elemente auf ihre Symbole reduziert, geöffnet und verschoben werden, was eine Alternative zur üblichen formatierten Content-Schnittstelle bietet.

Adobe FrameMaker+SGML

FrameMaker ist ein Bearbeitungs- und Satzwerkzeug der Spitzenklasse für das Verlagswesen. Ursprünglich hatte das Programm seine eigene, MIF genannte Auszeichnungssprache. Als sich jedoch alle Welt SGML und später XML als universeller Auszeichnungssprache zuwandte, zog FrameMaker nach. Heute gibt es ein umfangreiches Paket mit der Bezeichnung *FrameMaker+SGML*, das SGML- und XML-Dokumente lesen und schreiben kann. Es beherrscht auch die Konvertierung in und aus seinem systemeigenen Format, was eine anspruchsvolle Formatierung und ein hochwertiges Gesamtergebnis ermöglicht.

2 Während der Entstehung der deutschen Ausgabe ist der Editor *Adept* im Produkt *Epic* aufgegangen. Die alte Funktionalität wurde voll übernommen, weitere Features kamen hinzu. Nähere Informationen finden Sie unter *www.arbortext.com*

SoftQuad XMetaL
: Dieser graphische Editor steht nur für Windows-PCs zur Verfügung, ist jedoch preiswerter und leichter einzurichten als die beiden zuvor genannten. *XMetaL* verwendet ein CSS-Stylesheet, um eine formatierte Darstellung zu erzeugen.

Conglomerate
: *Conglomerate* ist ein graphischer Freeware-Editor. Obwohl er etwas ungeschlacht wirkt und ihm eine ordentliche Dokumentation fehlt, besteht das hochgesteckte Ziel, eines Tages eine Archiv-Datenbank und eine Transformations-Engine in den Editor zu integrieren, um HTML- und TEX-Ausgabeformate zu ermöglichen.

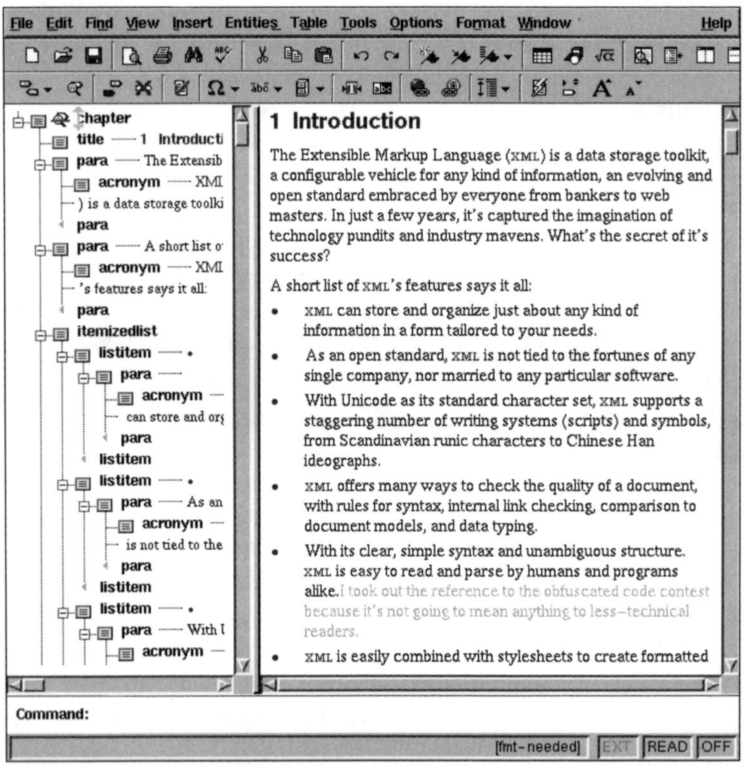

Abbildung 1-2: Der Adept-Editor

XML ansehen

Wenn Sie ein XML-Dokument geschrieben haben, wollen Sie wahrscheinlich auch, daß es irgendwer betrachtet. Eine Methode, dies zu erreichen, besteht darin, das XML auf dem Bildschirm in der gleichen Weise darzustellen wie eine Webseite in einem Webbrowser. Das XML kann entweder direkt mit einem Stylesheet dargestellt werden, oder es kann in eine andere Auszeichnungssprache (z.B. HTML) umgewandelt werden, die leichter formatiert werden kann. Eine Alternative zur Darstellung auf dem Bildschirm besteht darin, das Dokument auszudrucken und dann die Kopie auf Papier zu lesen. Schließlich gibt es noch weniger gebräuchliche, aber dennoch wichtige »Ansichts«-Optionen wie etwa Blindenschrift- oder Audio- (mit einem Sprachsynthesizer erzeugte) Formate.

Wie bereits erwähnt, hat XML keine eigenen Format-Definitionen. Das bedeutet, daß das XML-Dokument allein für gewöhnlich nicht ausreicht, um ein formatiertes Ergebnis zu erhalten. Es gibt jedoch einige Ausnahmen:

Hierarchische Gliederungsansichten

Struktur und Inhalt eines jeden XML-Dokuments können in einer Gliederungsansicht dargestellt werden. Auch der Internet Explorer Version 5 beispielsweise stellt ein XML-(jedoch kein XHTML-)Dokument auf diese Weise dar, wenn kein Stylesheet definiert wurde. Abbildung 1-3 zeigt eine typische Gliederungsansicht.

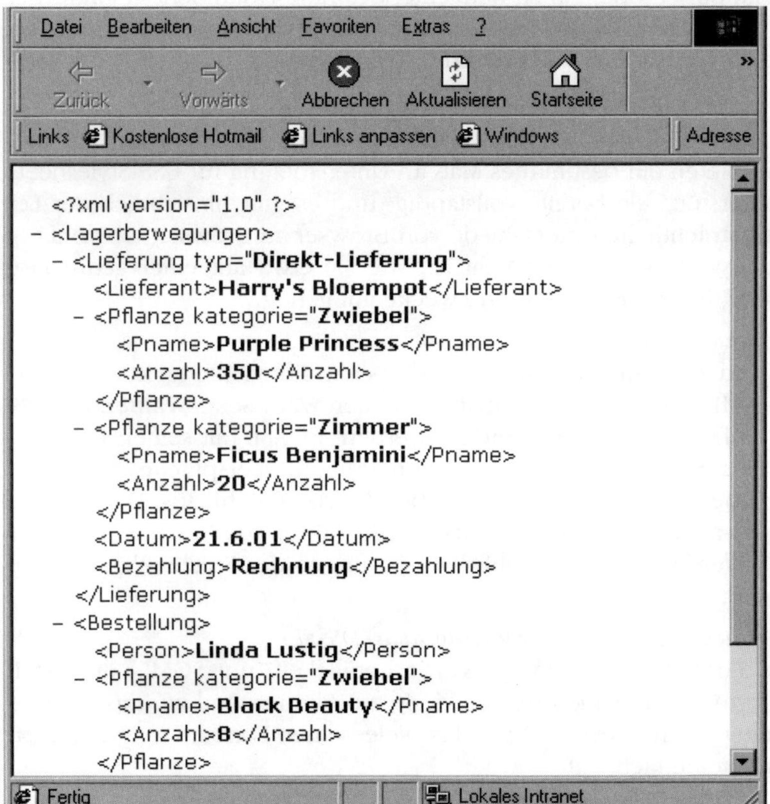

Abbildung 1-3: Die Gliederungsansicht des Internet Explorer

XHTML
: XHTML (eine Version von HTML, die den Regeln von XML entspricht) ist eine Auszeichnungssprache mit eigenen Formaten für Elemente. Da HTML vor XML herauskam und bevor Stylesheets verfügbar waren, werden HTML-Dokumente von Webbrowsern automatisch formatiert, ohne daß dafür Stylesheet-Informationen notwendig wären. Es ist nicht ungewöhnlich, XML-Dokumente in XHTML umzuwandeln, um sie als formatierte Dokumente in einem Browser zu betrachten.

Spezielle Ansichtsprogramme
: Einige Auszeichnungssprachen lassen sich mit einem Stylesheet nur schwer oder gar nicht darstellen, und die einzige Möglichkeit, ein formatiertes Dokument zu erhalten, besteht darin, eine spezielle Ansichtsanwendung zu benutzen. Die Chemical Markup Language zum Beispiel bildet Molekülstrukturen ab, die nur mit einem entsprechenden Programm wie etwa *Jumbo* dargestellt werden können.

Stylesheets

Stylesheets sind die Hauptmethode, ein zu betrachtendes XML-Dokument in ein formatiertes Dokument umzuwandeln. Es gibt mehrere Arten von Stylesheets, unter denen Sie wählen können. Jede davon hat ihre Stärken und Schwächen:

Cascading Style Sheets (CSS)
: CSS ist eine einfache und nicht sonderlich mächtige Stylesheet-Sprache. Die meisten Webbrowser bieten ein bestimmtes Maß an Unterstützung für CSS-Stylesheets, keiner jedoch unterstützt sie bereits vollständig, und es gibt hinsichtlich der Leistungsmerkmale beträchtliche Unterschiede von Browser zu Browser. Obwohl CSS nicht für anspruchsvolle Layouts gedacht ist, wie sie etwa auf einer gedruckten Seite zu finden sind, ist es für die meisten Zwecke gut genug.

Extensible Stylesheet Language (XSL)
: XSL-Stylesheets sind zwar im Rahmen des W3C noch in Entwicklung, könnten aber eines Tages für XML-Dokumente die Stylesheets der Wahl sein. Während in CSS den Elementen einfach Formate zugeordnet werden, ist XSL mit seinen Rekursionen, Vorlagen und Funktionen mehr als eine Programmiersprache. Die damit erreichbare Formatierungsqualität geht weit über die von CSS hinaus. Die Komplexität von XSL wird aber wohl wahrscheinlich dazu führen, daß es nie eine Allerweltstechnologie werden, sondern Publishing-Lösungen der Spitzenklasse vorbehalten bleiben wird.

Document Style Semantics and Specification Language (DSSSL)
: Diese komplexe Formatierungssprache wurde entwickelt, um SGML- und XML-Dokumente zu formatieren, ist jedoch schwierig zu erlernen und zu implementieren. DSSSL bereitete den Weg für XSL, das viele seiner Formatierungskonzepte übernommen und vereinfacht hat.

Formatting Output Specification Instances (FOSI)

Als Weggefährte von SGML seit frühesten Tagen fand diese Stylesheet-Sprache bei Regierungsbehörden Verwendung, darunter beim US-amerikanischen Verteidigungsministerium. Einige Unternehmen wie Arbortext und Datalogics haben FOSI in ihren SGML/XML-Publishing-Systemen verwendet, doch im großen und ganzen fand FOSI in der Privatwirtschaft keine große Unterstützung.

Herstellerspezifische Stylesheet-Sprachen

Einige Unternehmen haben – entweder aus Frustration über den schleppenden Verlauf der Herausbildung von Standards oder weil sich die Stylesheet-Technologie für ihre Zwecke nicht eignete – ihre eigenen Stylesheet-Sprachen entwickelt. Beispielsweise vertraut XyEnterprise, seit langem ein Pionier auf dem Gebiet des elektronischen Publishing, auf eine proprietäre Formatsprache mit der Bezeichnung XPP, bei der in den Inhalt des Dokuments Steuer-Makros eingefügt werden. Solche Sprachen können zwar mit einer hohen Ausgabequalität aufwarten, lassen sich jedoch nur mit einem einzigen Produkt verwenden.

Allzweck-Browser

Es ist nützlich, einen XML-Betrachter zu haben, der Ihre Dokumente darstellen kann, und für ein Textdokument ist ein Allzweck-Betrachter alles, was Sie brauchen. Im folgenden sehen Sie eine Aufstellung einiger Web-Browser, die zum Betrachten von Dokumenten verwendet werden können:

Microsoft Internet Explorer (IE)

Microsoft IE ist zur Zeit der meistverbreitete Webbrowser. Version 5.0 für den Macintosh war der erste Allzweck-Browser, der über einen integrierten Parser für XML-Dokumente verfügte und diese mit Hilfe von Cascading Style Sheets sichtbar machen konnte. Dieser Browser kann Ihre Dokumente auch validieren und Sie auf Wohlgeformtheits- und Dokumenttyp-Fehler hinweisen. Dies ist eine gute Möglichkeit, Ihre Dokumente auszutesten.

OperaSoft Opera

Dieser den Großen Paroli bietende Browser ist eine kompakte und schnelle Alternative zu Browsern wie Microsoft IE. Er verfügt über einen integrierten Parser für XML-Dokumente, unterstützt jedoch nur CSS in der Version 1 und Teile von CSS in der Version 2.

Mozilla

Mozilla ist ein Open-Source-Projekt zur Entwicklung eines leistungsfähigen Browsers, der die Web-Standards unterstützt und auf allen verbreiteten Systemen gleichermaßen gut läuft. Mozilla verwendet den Code des Netscape Navigator, den Netscape der Öffentlichkeit zur Verfügung gestellt hat. Mozilla und Navigator Version 6 sind aus den gleichen Entwicklungsarbeiten hervorgegangen und ranken sich um eine neue Rendering-Engine mit dem Code-Namen »Gecko«. Navigator Version 6 wie auch die neuesten Versionen von Mozilla haben einen integrierten XML-Parser und stellen Dokumente mittels CSS-Stylesheet-Rendering dar.

Amaya

Amaya ist ein vom W3C entwickelter Open-Source-Browser für Demonstrationszwecke. Die aktuelle Version 4.1 unterstützt HTML 4.0, XHTML 1.0, HTTP 1.1, MathML 2.0 und CSS.

Natürlich sind die Dinge nicht immer so rosig, wie der Marketing-Rummel Sie glauben machen möchte. Alle hier aufgeführten Browser haben Probleme hinsichtlich einer unzureichenden Unterstützung von Stylesheets, Implementierungsfehlern und fehlenden Funktionen. Dies kann zum Teil frühen Versionen zugeschrieben werden, die noch nicht gründlich ausgetestet worden sind, doch manchmal reichen die Probleme auch tiefer.

Wir werden die Fehler und Probleme hier nicht im einzelnen behandeln, doch bei Interesse können Sie die Diskussionen auf zahlreichen News-Sites und Foren im Web verfolgen. Glen Davis, ein Mitbegründer des Web Standards Project, hat für XML.com einen Artikel mit dem Titel »A Tale of Two Browsers« geschrieben (*http://www.xml.com/pub/a/98/12/2Browsers.html*). Darin vergleicht er die XML- und CSS-Unterstützung in den beiden Browser-Schwergewichten, dem Internet Explorer und dem Navigator, und deckt dabei ein paar erstaunliche Probleme auf. Das Web Standards Project (*http://www.webstandards.org*) wirbt für die Verwendung von Standards wie XML und CSS und organisiert öffentlichen Protest gegen falsche und unvollständige Implementierungen dieser Standards.

XML testen

Qualitätskontrolle ist ein wichtiges Leistungsmerkmal von XML. Wenn XML eine universelle Sprache werden soll, die stets und überall auf gleiche Weise funktioniert, müssen die Standards für die Integrität der Daten hoch sein. Ein XML-Dokument von Anfang bis Ende zu schreiben, ohne dabei Markup-Syntaxfehler zu machen, ist geradezu unmöglich, doch jeder Markup-Fehler kann einen XML-Prozessor zu Fall bringen und zu nicht voraussagbaren Ergebnissen führen. Zum Glück stehen Werkzeuge zur Verfügung, mit denen Ihr Dokument ausgetestet und Probleme diagnostiziert werden können.

Während der ersten Stufe der Fehlerüberprüfung wird bestimmt, ob ein Dokument wohlgeformt ist. Dokumente, die diesen Test nicht bestehen, haben für gewöhnlich unkomplizierte Probleme wie Fehler bei der Schreibung eines Tags oder fehlende Begrenzungszeichen. Ein *Wohlgeformtheitsprüfer* oder *Parser* ist ein Programm, das solche Fehler aufspürt und Ihnen meldet, in welcher Datei und in welcher Zeilennummer diese auftreten. Benutzen Sie beim Bearbeiten eines XML-Dokuments einen Wohlgeformtheitsprüfer, um sicherzustellen, daß Sie keine zerstörten Auszeichnungen hinterlassen haben. Wenn der Parser Fehler findet, können Sie dann zurückgehen, diese beheben und das Dokument erneut austesten.

Natürlich können mit einer Wohlgeformtheitsprüfung keine Fehler wie eine vergessene Besetzungsliste für ein Theaterstück oder ein fehlender Name in einem von Ihnen geschriebenen Aufsatz gefunden werden. Dabei handelt es sich um keine syntaktischen, sondern um Kontext-Fehler. Folglich meldet Ihr Wohlgeformtheitsprüfer, daß das Dokument wohlgeformt ist, und Sie erkennen Ihren Fehler erst, wenn es zu spät ist.

Die Lösung besteht darin, einen Dokumentenmodell-*Validierer* oder *validierenden Parser* zu verwenden. Ein validierender Parser geht über Wohlgeformtheitsprüfer hinaus, um Fehler zu finden, die Sie vielleicht übersehen haben, beispielsweise fehlende Elemente oder eine falsche Reihenfolge von Elementen. Wie bereits erwähnt, beschreibt ein Dokumentenmodell, wie ein Dokument strukturiert sein sollte, d.h. welche Elemente vorhanden sein müssen, was die Elemente enthalten können und in welcher Reihenfolge sie erscheinen. Wenn der validierende Parser zum Austesten von Dokumenten auf Kontext-Fehler verwendet wird, wird er zu einem mächtigen Werkzeug für die Qualitätskontrolle.

Das folgende Listing zeigt ein Beispiel für die Ausgabe eines validierenden Parsers, nachdem dieser in einem Dokument mehrere Fehler gefunden hat:

```
% nsgmls -sv /usr/local/sp/pubtext/xml.dcl book.xml
/usr/local/prod/bin/nsgmls:I: SP version "1.3.3"
/usr/local/prod/bin/nsgmls:ch01.xml:54:13:E: document type does not
allow element "itemizedlist" here
/usr/local/prod/bin/nsgmls:ch01.xml:57:0:W: character "<" is the first
character of a delimiter but occurred as data
/usr/local/prod/bin/nsgmls:ch01.xml:57:0:E: character data is not
allowed here
```

Die erste Fehlermeldung mahnt an, daß ein `<itemizedlist>`-Element (eine Punktliste) erscheint, wo sie eigentlich nicht erscheinen sollte (in diesem Fall innerhalb eines Absatzes). Dabei handelt es sich um ein Beispiel für einen Kontext-Fehler, den ein Wohlgeformtheitsprüfer nicht melden würde. Der zweite Fehler weist darauf hin, daß ein Sonderzeichen für Auszeichnungen (<) zwischen Zeichen des Inhalts statt in einem Markup-Tag gefunden wurde. Dies ist ein syntaktischer Fehler, den auch ein Wohlgeformtheitsprüfer finden würde.

Die meisten der besten validierenden Parser sind kostenlos, so daß Sie nichts falsch machen können. Wenn Sie an weiteren Informationen interessiert sind, lesen Sie den ausgezeichneten Artikel von Michael Classen, in dem die bekanntesten Parser verglichen werden (*http://webreference.com/xml/column22*). Einige gängige validierende Parser werden im folgenden beschrieben:

Xerces

Xerces ist ein validierender Parser mit sowohl einer Java- als auch einer C++-Version, der vom Apache XML Project (den gleichen Leuten, die Ihnen den Apache Web-Server gebracht haben) herausgebracht wird. Er unterstützt DTDs wie auch den neueren XML-Schema-Standard für Dokumentenmodelle.

nsgmls
: *nsgmls* wurde von dem äußerst produktiven Entwickler James Clark geschaffen und ist ein validierender Freeware-Parser, der schnell ist und viele Funktionen hat. Ursprünglich war dieser für das Parsing von SGML-Dokumenten geschrieben worden, er ist jedoch auch mit XML kompatibel.

XML4J und XML4C
: Diese wurden von den IBM alphaWorks Forschungs- und Entwicklungslabors entwickelt und sind mächtige, in Java bzw. C++ geschriebene validierende Parser.

Transformation

Es klingt vielleicht ein bißchen wie Science Fiction, doch die Umwandlung oder *Transformation* von Dokumenten ist ein wichtiger Bestandteil von XML. Eine XML-Transformation ist ein Vorgang, bei dem die Teile eines Dokuments in eine neue Form gebracht werden. Das Ergebnis ist immer noch XML, kann sich jedoch vom Original grundlegend unterscheiden. Stellen Sie sich das Ganze wie die Verarbeitung von Lebensmitteln vor, nur daß es hier um Informationen geht.

Ein Grund für die Transformation eines Dokuments ist die Umwandlung von einer XML-Anwendung in eine andere. Stellen Sie sich beispielsweise vor, Sie haben ein Dokument in einer von Ihnen geschaffenen XML-Anwendung geschrieben. Das Dokument kann mit älteren Browsern, die nur HTML verstehen, nicht betrachtet werden, doch Sie können es durch eine Transformation in XHTML umwandeln. Der gesamte Inhalt bleibt dabei erhalten, doch das Markup wird verändert, so daß Ihr Dokument auch mit nur HTML-fähigen Browsern betrachtet werden kann.

Transformationen können auch eingesetzt werden, um ein Dokument zu filtern, so daß nur ein Teil des Originals erhalten bleibt. Sie können Auszüge oder Zusammenfassungen eines Dokuments generieren, etwa um Ihre Ausgaben in einem Kontoauszug zusammenzuzählen oder die Titel der Abschnitte eines Buchs auszudrucken und so ein Inhaltsverzeichnis zu generieren.

Die Transformation von Dokumenten erfolgt mit Hilfe der Extensible Style Language for Transformations (XSLT). In ein Dokument, das einem Stylesheet ähnelt, schreiben Sie XSLT-Transformationsanweisungen und verwenden dann eine Transformations-Engine, um ein Ergebnis zu erhalten.

Transformations-Engines

Im folgenden sind einige brauchbare Transformations-Engines aufgeführt, die mit XSLT benutzt werden können, um XML-Dokumente zu transformieren:

XT
: Diese schnelle und einfache Transformations-Engine wurde von James Clark in Java geschrieben. Die Beispiele in Kapitel 6, *Transformation: Ein Dokument, viele Verwendungszwecke*, wurden mit XT geschrieben. Leider hat der Autor vor kurzem die Wartung von XT eingestellt, doch es steht zu hoffen, daß jemand die Fackel aufhebt und am Brennen erhält.

Xalan
: Xalan ist ein vom Apache XML Project geschaffenes Freeware-Produkt.

2

Markup und Kern-Konzepte

Dies ist wahrscheinlich das wichtigste Kapitel im Buch, denn hier werden die Grundsteine aller von XML abgeleiteten Sprachen beschrieben: Elemente, Attribute, Entities und Steueranweisungen oder Processing Instructions (PIs). Es wird erklärt, was ein Dokument ist und was es heißt zu sagen, daß ein Dokument wohlgeformt oder gültig ist. Die Beherrschung dieser Konzepte ist eine Grundvoraussetzung für das Verständnis der vielen mit XML in Zusammenhang stehenden Technologien, Anwendungen und Softwareprogramme.

Woher wissen wir so viel über die syntaktischen Einzelheiten von XML? All dies ist in einem technischen Dokument beschrieben, das vom W3C unterhalten wird: der XML-Empfehlung (*http://www.w3.org/TR/2000/REC-xml-20001006*). Es ist nicht leicht zu lesen, und die meisten Benutzer von XML werden es auch nicht brauchen, doch vielleicht sind Sie einfach neugierig zu erfahren, woher unser Wissen stammt. Diejenigen, die sich dafür interessieren, wie das Verfahren zur Weiterentwicklung der Standards abläuft und was der ganze Jargon eigentlich bedeutet, sollten unter *http://www.xml.com/axml/testaxml.htm* einen Blick auf Tim Brays interaktive, kommentierte Version der Empfehlung werfen.

Die Anatomie eines Dokuments

In Beispiel 2-1 ist ein kleines, überschaubares XML-Beispiel zu sehen. Sehen wir es uns genauer an.

Beispiel 2-1: Ein kleines XML-Dokument

```
<?xml version="1.0"?>
<Time-o-gram pri="wichtig">
  <an>Sarah</an>
  <Betreff>Erinnerung</Betreff>
  <Nachricht>Vergiß nicht, den K-9
    <Betonung>zweimal am Tag</Betonung>
    nachzuladen. Ich denke auch, daß wir seine
    Lager überprüfen lassen sollten.
```

Beispiel 2-1: Ein kleines XML-Dokument (Fortsetzung)

```
    Bis bald (wann immer das sein mag). Ich habe einen
    Termin mit ein paar <Schurken>Daleks</Schurken>...
  </Nachricht>
  <von>Dr. Who</von>
</Time-o-gram>
```

Sicher ist das ein dummes Beispiel, doch was XML angeht, ist es vollkommen in Ordnung. In XML können Sie die einzelnen Komponenten anders als in HTML, wo Sie auf vordefinierte Tag-Namen beschränkt sind, so benennen, wie Sie wollen. XML kümmert sich nicht darum, wie Sie das Dokument benutzen werden, wie es formatiert aussehen wird und nicht einmal darum, was die Namen der Elemente bedeuten. Alles, was zählt ist, daß Sie die in diesem Kapitel beschriebenen Grundregeln für Auszeichnungen befolgen. Dies bedeutet jedoch nicht, daß die Organisation keine Bedeutung hätte. Statt kryptischer Bezeichnungen sollten Sie Elementnamen wählen, die in Ihrem Dokument einen Sinn ergeben. Das nützt Ihnen und den Benutzern Ihrer XML-Anwendung mehr als irgendetwas anderes.

Dieses Beispiel besteht – wie XML überhaupt – aus Inhalten, die mit Markup-Symbolen durchsetzt sind. Die spitzen Klammern (< >) und die von ihnen umschlossenen Namen heißen *Tags*. Tags begrenzen und bezeichnen die Teile des Dokuments und fügen weitere Informationen hinzu, die zur Definition der Struktur beitragen. Der Text zwischen den Tags ist der Inhalt (oder auch Content) des Dokuments, eine nackte Information, die zum Beispiel der Hauptteil einer Meldung, ein Titel oder ein Datenfeld sein könnte. Die Auszeichnung und der Inhalt ergänzen einander und bilden eine sogenannte Informations-Entity mit unterteilten und bezeichneten Daten in einem handlichen Paket.

Obwohl XML so konzipiert wurde, daß es von Menschen relativ gut gelesen werden kann, ist es nicht als fertiges Dokument gedacht, oder anders ausgedrückt: Sie können nicht einfach ein beliebiges Dokument mit XML-Tags in einem Browser öffnen und erwarten, daß es hübsch formatiert ist.[1] XML ist tatsächlich dazu gedacht, Inhalte aufzunehmen. Die Formatierung und den Schliff eines fertigen Produkts bekommt das Dokument erst, wenn es mit anderen Ressourcen wie etwa Stylesheets kombiniert wird.

Wie ein Stylesheet mit einem XML-Dokument kombiniert wird, um eine formatierte Ausgabe zu erhalten, sehen wir uns in Kapitel 4, *Die Präsentation: Erstellung des fertigen Produkts*, an. Einstweilen wollen wir nur eine Vorstellung davon bekommen, wie es nach der Anwendung eines einfachen Stylesheets aussehen könnte. Beispielsweise könnte es wie in Beispiel 2-2 zu sehen dargestellt werden.

---

1 Einige Browser wie etwa der Internet Explorer 5.0 versuchen, mit XML auf eine intelligente Art und Weise umzugehen, oft indem sie es als hierarchische Gliederung darstellen, die von Menschen verstanden werden kann. Dies sieht zwar erheblich besser aus als bunt zusammengewürfelter Text, ist jedoch immer noch nicht das, was Sie von einem fertigen Dokument erwarten würden, daß etwa eine Tabelle wie eine Tabelle, ein Absatz wie ein Textblock usw. aussieht. XML selbst kann einem Browser diese Informationen nicht geben.

Beispiel 2-2: Die mit einem Stylesheet formatierte Notiz

> TIME-O-GRAM
> Priorität: wichtig
> An: Sarah
> Betreff: Erinnerung
>
> Vergiß nicht, den K-9 **zweimal am Tag** nachzuladen.
> Ich denke auch, daß wir seine Lager überprüfen lassen sollten.
> Bis bald (wann immer das sein mag). Ich habe einen Termin mit ein paar *Daleks*...
>
> Von: Dr. Who

Die Darstellung dieses Beispiels ist an dieser Stelle pure Spekulation. Wenn wir ein anderes Stylesheet benutzen würden, könnten wir die gleiche Notiz auch auf ganz andere Weise formatieren. Dieses könnte die Reihenfolge der Elemente ändern, so daß etwa die Absender-Zeile oberhalb des Hauptteils der Nachricht eingeblendet werden würde. Es könnte auch den Hauptteil der Nachricht auf eine Breite von 20 Zeichen zusammendrängen. Oder es könnte noch weiter gehen und unterschiedliche Schriftarten verwenden, einen Rahmen um die Nachricht zeichnen oder Teile der Nachricht in Blinkschrift darstellen – was immer Sie wollen. Das Schöne an XML ist, daß es Ihnen in bezug auf die Präsentation des Dokuments keinerlei Beschränkungen auferlegt.

Schauen wir uns die Auszeichnungen näher an, damit wir ihre Struktur erkennen. Wie in Abbildung 2-1 zu sehen, unterteilen die Markup-Tags die Notiz in Bereiche, die in der Abbildung als Kästen dargestellt werden, die wiederum andere Kästen enthalten. Der erste Kasten enthält einen speziellen Deklarationsvorspann, der verwaltungstechnische Informationen über das Dokument zur Verfügung stellt (wir kommen gleich darauf zurück). Die anderen Kästen heißen *Elemente*. Sie fungieren als Container und Bezeichner für Text. Das größte Element mit der Bezeichnung `<Time-o-gram>` umgibt alle anderen Elemente und fungiert als Paket, das alle untergeordneten Teile zusammenhält. In seinem Innern befinden sich spezielle Elemente, die die unterschiedlichen funktionellen Teile des Dokuments repräsentieren. Wenn wir uns das Diagramm ansehen, können wir feststellen, daß die Hauptteile eines `<Time-o-gram>`-Elements der Adressat (`<an>`), der Absender (`<von>`), ein Themenbezeichner (`<Betreff>`) und der Hauptteil der Nachricht (`<Nachricht>`) sind. Der letzte Teil ist der mit der größten Komplexität. In seinem Inhalt liegen Elemente und Text miteinander vermischt vor. An diesem Beispiel können wir sehen, daß selbst ein einfaches XML-Dokument mehrere Strukturebenen enthalten kann.

```
<?xml version="1.0"?>
<Time-o-gram pri="wichtig">
 <an>Sarah</an>
 <Betreff>Erinnerung</Betreff>
 <Nachricht>Vergiß nicht, den K-9
  <Betonung>zweimal am Tag</Betonung>
  nachzuladen. Ich denke auch, daß wir seine Lager
  überprüfen lassen sollten. Bis bald (wann immer
  das sein mag). Ich habe einen Termin mit ein paar
  <Schurken>Daleks</Schurken> …
 </Nachricht>
 <von>Dr. Who</von>
</Time-o-gram>
```

Abbildung 2-1: Die Elemente im Notiz-Dokument

Eine Baum-Ansicht

Elemente zerlegen das Dokument in seine Bestandteile. Sie können Text, andere Elemente oder beides enthalten. Abbildung 2-2 bricht die Hierarchie der Elemente in unserer Notiz auf. Dieses Diagramm, das wegen seiner verzweigten Form als *Baum* bezeichnet wird, ist ein nützliches Beispiel für die Diskussion der Beziehungen zwischen den Teilen des Dokuments. Die schwarzen Rechtecke repräsentieren die sieben Elemente. Das allen anderen übergeordnete Element (`<Time-o-gram>`) wird als *Wurzelelement* (root element) bezeichnet. Oft werden Sie es auch als *Dokument-Element* bezeichnet finden, weil es alle anderen Elemente umschließt und so die Grenzen des Dokuments definiert. Die Rechtecke am Ende der Element-Ketten werden als *Blätter* (leaves) bezeichnet und repräsentieren den eigentlichen Inhalt des Dokuments. Jedes Objekt im Bild, zu dem Pfeile hinführen oder von dem Pfeile ausgehen, ist ein *Knoten* (node).

Einen Bestandteil aus Abbildung 2-2 haben wir noch nicht erwähnt: das Kästchen links mit der Bezeichnung `pri`. Er befand sich innerhalb des `<Time-o-gram>`-Tags, doch hier sehen wir, daß es von diesem Element abzweigt. Dabei handelt es sich um eine besondere Art von Inhalt, die als *Attribut* bezeichnet wird und zusätzliche Informationen über ein Element zur Verfügung stellt. Genau wie ein Element hat ein Attribut einen Bezeichner (`pri`) und einen Inhalt (`wichtig`). Sie können es sich als ein Name/Wert-Paar vorstellen, das vom `<Time-o-gram>`-Tag aufgenommen wird. Attribute werden meistens weniger zur Aufnahme von Daten, als vielmehr zur Modifizierung des Verhaltens eines Elements benutzt. Beispielsweise könnte bei einer späteren Verarbeitung »Hohe Priorität« in Großbuchstaben oben auf das Dokument gedruckt werden.

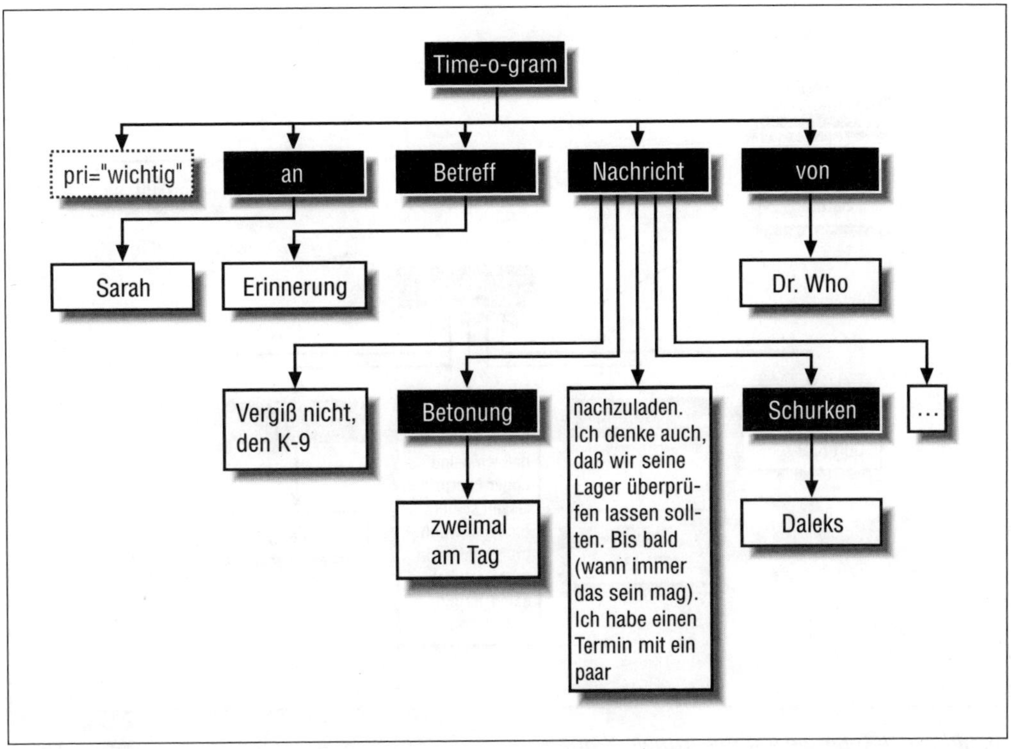

Abbildung 2-2: Baum-Diagramm der Notiz

Lassen Sie uns nun die Baum-Metapher weiter strapazieren und uns das Diagramm als eine Art Familien-Stammbaum vorstellen, in dem jeder Knoten ein Elternteil oder ein Kind (oder beides) der anderen Knoten ist. Beachten Sie jedoch, daß ein XML-Element anders als in einem Familien-Stammbaum nur ein Elternteil hat. Mit dieser Betrachtungsperspektive können wir erkennen, daß das Wurzelelement (ein `<Time-o-gram>`-Methusalem) der Stammvater aller anderen Elemente ist. Dessen Kinder sind die vier Elemente direkt unter ihm. Dieser haben wiederum Kinder und so weiter, bis wir zu den kinderlosen Blatt-Knoten kommen, die den Text des Dokuments sowie etwa vorhandene leere Elemente enthalten. Zu Elementen, die das gleiche Eltern-Element haben, sagt man Geschwister.

Jeden Knoten im Baum kann man sich als Wurzel eines kleineren untergeordneten Baums vorstellen. Untergeordnete Bäume oder Subtrees haben alle Eigenschaften eines normalen Baums, und die Spitze eines untergeordneten Baums ist jeweils Vorgänger aller Nachfolger-Knoten unter ihr. In Kapitel 6, *Transformation: Ein Dokument, viele Verwendungszwecke*, werden wir sehen, daß ein XML-Dokument ohne Probleme abgearbeitet werden kann, indem es in kleinere untergeordnete Bäume aufgespalten und das Ergebnis später wieder zusammengesetzt wird. In Abbildung 2-3 sehen Sie einige Beispiele für untergeordnete Bäume in unserem `<Time-o-gram>`-Beispiel.

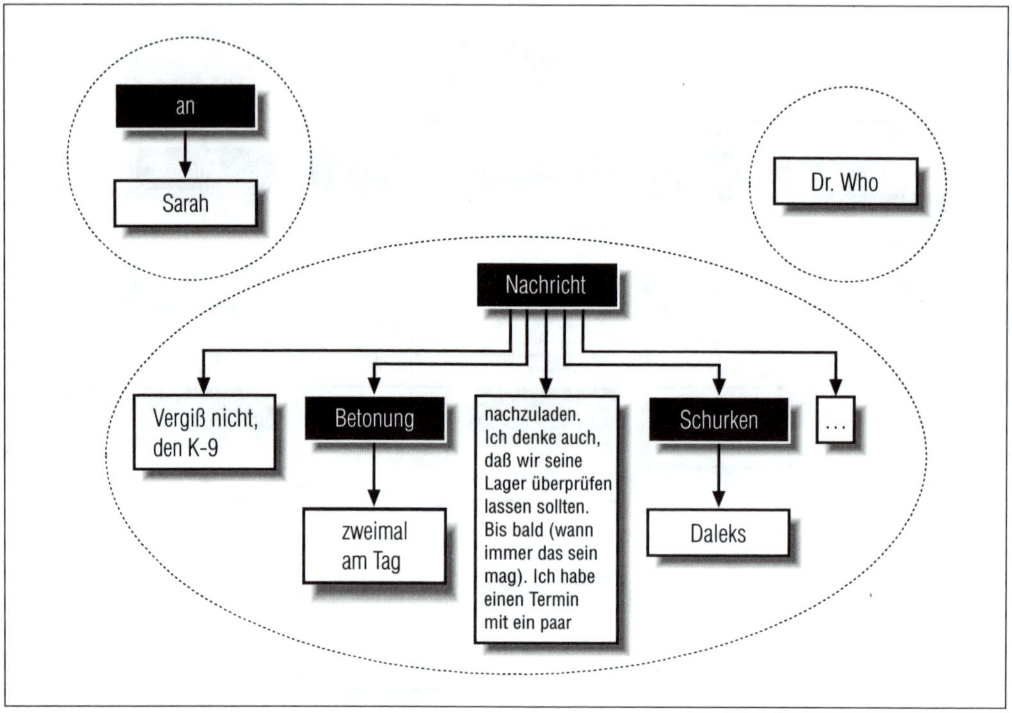

Abbildung 2-3: Einige untergeordnete Bäume

Und das ist auch schon der 10-minütige Überblick über XML. Die Mächtigkeit von XML liegt in seiner Einfachheit. Im Rest dieses Kapitel sprechen wir über die Details der Auszeichnung.

Der Prolog eines Dokuments

Irgendwie müssen wir die Welt darauf hinweisen, daß unser Dokument in XML ausgezeichnet ist. Wenn wir es einem Computerprogramm überlassen, Vermutungen anzustellen, bedeutet das Ärger. Viele Auszeichnungssprachen sehen recht ähnlich aus, und wenn dazu auch noch unterschiedliche Versionen hinzukommen, wird es schwierig, diese auseinanderzuhalten. Dies trifft speziell auf Dokumente im Internet zu, wo im wahrsten Sinne des Wortes Hunderte von verschiedenen Dateiformaten im Gebrauch sind.

Der Anfang eines XML-Dokuments besteht aus speziellen Informationen, die als *Prolog* des Dokuments bezeichnet werden. Im einfachsten Falle besagt der Prolog lediglich, daß es sich um ein XML-Dokument handelt. Zusätzlich wird die benutzte Version von XML deklariert:

```
<?xml version="1.0"?>
```

Doch der Prolog kann weitere Informationen enthalten, in denen solche Einzelheiten wie die verwendete Dokumenttyp-Definition, Deklarationen von speziellen Textteilen, die Textkodierung und Anweisungen für XML-Prozessoren festgeschrieben sind.

Schauen wir uns den aufgespaltenen Prolog an und untersuchen wir dann die einzelnen Teile detaillierter. Abbildung 2-4 zeigt ein XML-Dokument. Ganz oben befindet sich eine XML-Deklaration (1). Danach kommt eine Dokumenttyp-Deklaration (2), die eine Verknüpfung zu einer Dokumenttyp-Definition (3) in einer gesonderten Datei herstellt. Dieser folgt ein Satz von Deklarationen (4). Diese vier Teile zusammen bilden den Prolog (6), obwohl nicht jeder Prolog alle vier Teile hat. Das Wurzelelement (5) schließlich enthält den Rest des Dokuments. Diese Reihenfolge kann nicht geändert werden: Wenn es eine XML-Deklaration gibt, muß sie in der ersten Zeile stehen. Wenn es eine Dokumenttyp-Deklaration gibt, muß sie dem Wurzelelement vorausgehen.

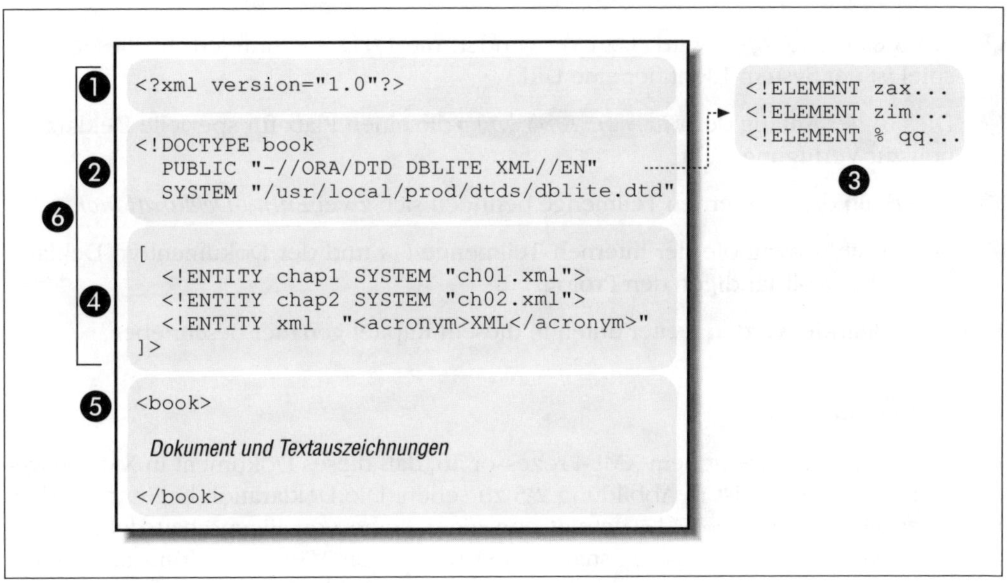

Abbildung 2-4: Ein Dokument mit einem Prolog und einem Wurzelelement

Werfen wir einen genaueren Blick auf den Prolog unseres `<Time-o-gram>`-Dokuments, der hier in Beispiel 2-3 zu sehen ist. Beachten Sie, daß sich die Nummern in Beispiel 2-3 und Abbildung 2-4 unterscheiden, da wir den Prolog detaillierter untersuchen.

Beispiel 2-3: Ein Dokument-Prolog

```
<?xml version="1.0" encoding="utf-8"?>                          ❶
<!DOCTYPE Time-o-gram                                           ❷
    PUBLIC "-//LordsOfTime//DTD TimeOGram 1.8//EN"              ❸
    "http://www.lordsoftime.org/DTDs/timeogram.dtd"             ❹
[                                                               ❺
```

Beispiel 2-3: Ein Dokument-Prolog (Fortsetzung)

```
    <!ENTITY sj "Sarah Jane">                                    ❻
    <!ENTITY ich "Doctor Who">
]>                                                               ❼
```

❶ Die XML-Deklaration beschreibt einige der allgemeinsten Eigenschaften des Dokuments und teilt dem XML-Prozessor mit, daß er einen XML-Parser benötigt, um dieses Dokument zu interpretieren.

❷ Die *Dokumenttyp-Deklaration* beschreibt den Typ des Wurzelelements, in diesem Falle `<Time-o-gram>` und legt (in Zeilen 3 und 4) eine *Dokumenttyp-Definition* (DTD) fest, die die Struktur des Markups steuert.

❸ Der Identitätscode, der als *Public-Identifier* bezeichnet wird, spezifiziert die zu verwendende DTD.

❹ Ein *System-Identifier* wird dazu verwendet, die DTD aufzufinden. In diesem Beispiel ist der System-Identifier eine URL.

❺ Dies ist der Anfang der *internen Teilmenge*, die einen Platz für spezielle Deklarationen zur Verfügung stellt.

❻ Innerhalb dieser internen Teilmenge befinden sich zwei *Entity-Deklarationen*.

❼ Die Abschlußsymbole der internen Teilmenge (`]`) und der Dokumenttyp-Deklaration (`>`) vervollständigen den Prolog.

Alle diese Begriffe werden weiter unten in diesem Kapitel genauer beschrieben.

Die XML-Deklaration

Die XML-Deklaration zeigt dem XML-Prozessor an, daß dieses Dokument in XML ausgezeichnet ist. Ihre Form ist in Abbildung 2-5 zu sehen. Die Deklaration beginnt mit dem 5-Zeichen-Begrenzer `<?xml` (1), gefolgt von einer Reihe von Eigenschaftsdefinitionen (2), die jeweils einen Eigenschaftsnamen (3) und einen Wert in Anführungszeichen haben (4). Die Deklaration endet mit dem 2-Zeichen-Abschlußbegrenzer `?>` (5).

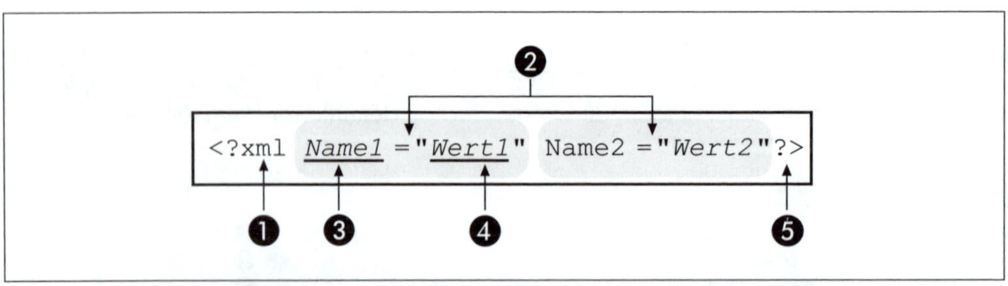

Abbildung 2-5: Syntax einer XML-Deklaration

Es gibt drei Eigenschaften, die Sie einstellen können:

`version`
: Setzt die Versionsnummer. Aktuell gibt es nur eine XML-Version, so daß der Wert immer 1.0 ist. Wenn jedoch neue Versionen hinzukommen, sagt diese Eigenschaft dem XML-Prozessor, welche Version er verwenden soll. Sie sollten diese Eigenschaft in Ihrem Prolog immer definieren.

`encoding`
: Definiert die im Dokument verwendete Zeichenkodierung wie etwa `US-ASCII` oder `iso-8859-1`. Wenn Sie wissen, daß Sie einen anderen Zeichensatz als die lateinischen Standardzeichen von UTF-8 benutzen (z.B. japanisches Katana oder Kyrillisch), sollten Sie diese Eigenschaft deklarieren. Andernfalls können Sie sie getrost weglassen. Zeichenkodierungen werden in Kapitel 7, *Internationalisierung*, erläutert.

`standalone`
: Sagt dem XML-Prozessor, ob es irgendwelche andere Dateien gibt, die geladen werden sollen. Beispielsweise würden Sie diese Eigenschaft auf `no` setzen, wenn es externe Entities (siehe »Entities: Platzhalter für Inhalte« weiter unten in diesem Kapitel) oder eine DTD gibt, die zusätzlich zur Hauptdatei des Dokuments geladen werden sollen. Wenn Sie wissen, daß die Datei eine Standalone-Datei ist, läßt sich durch die Einstellung `standalone="yes"` die Performance beim Herunterladen erhöhen. Dieser Parameter wird in Kapitel 5, *Dokumentenmodelle: Eine höhere Stufe der Steuerung*, detaillierter erläutert.

Einige Beispiele für wohlgeformte XML-Deklarationen sind:

```
<?xml version="1.0"?>
<?xml version='1.0' encoding='US-ASCII' standalone='yes'?>
<?xml version = '1.0' encoding= 'iso-8859-1' standalone ="no"?>
```

Alle diese Eigenschaften sind optional, doch Sie sollten zumindest die Versionsnummer einbinden, nur für den Fall, daß sich in künftigen Überarbeitungen der XML-Spezifikation etwas drastisch ändert. Die Parameter-Namen müssen klein geschrieben werden, und alle Werte müssen entweder in doppelten oder in einfachen Anführungszeichen stehen.

Die Dokumenttyp-Deklaration

Der zweite Teil des Prologs ist die Dokumenttyp-Deklaration.[2] Dort können Sie verschiedene Parameter wie etwa Entity-Deklarationen, die für die Validierung des Dokuments zu benutzende DTD oder den Namen des Wurzelelements angeben.Durch Verweis auf eine DTD fordern Sie den Parser auf, die Instanz des Dokuments mit einem Dokumentenmodell zu vergleichen – ein Verfahren, das als *Gültigkeitsprüfung* bezeichnet wird. Das Prüfen der Gültigkeit Ihres Dokuments ist optional, doch es ist nützlich,

2 Geben Sie acht, daß Sie diesen Begriff nicht mit der Dokumenttyp-*Definition* (DTD) durcheinanderbringen. Eine DTD ist eine Sammlung von Parametern, die einen Dokumenttyp beschreiben, und kann von vielen Instanzen dieses Dokumenttyps benutzt werden.

wenn Sie sicherstellen müssen, daß das Dokument voraussagbaren Mustern folgt und die erforderlichen Daten enthält. Detaillierte Informationen über DTDs und Gültigkeitsprüfung finden Sie in Kapitel 5, *Dokumentenmodelle: Eine höhere Stufe der Steuerung*.

Die Syntax für eine Dokumenttyp-Deklaration sehen Sie in Abbildung 2-6. Die Deklaration beginnt mit der Zeichenfolge `<!DOCTYPE` (1), der das Wurzelelement (2) folgt. Dieses ist das erste XML-Element, das im Dokument erscheint und das den Rest des Dokuments beinhaltet. Wenn Sie mit dem Dokument eine DTD benutzen, müssen Sie als nächstes den URI der DTD (3) einbinden, damit der XML-Prozessor sie finden kann. Danach kommt die interne Teilmenge (5), die auf beiden Seiten von eckigen Klammern (4 und 6) umschlossen wird. Die Deklaration endet mit einem abschließenden >.

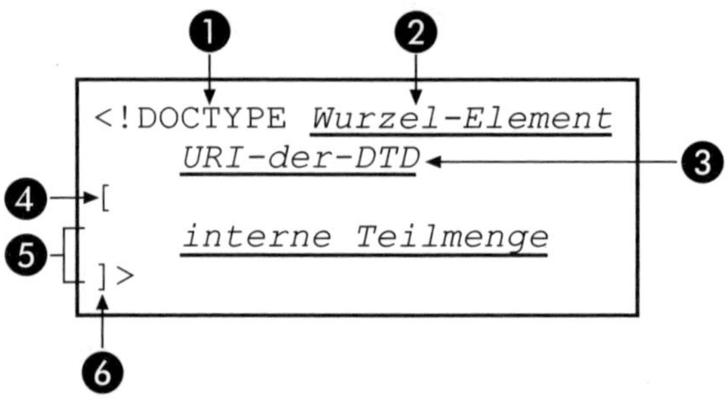

Abbildung 2-6: Syntax einer Dokumenttyp-Deklaration

Die interne Teilmenge stellt einen Platz für die verschiedenen, in Ihrem Dokument zu verwendenden Deklarationen zur Verfügung, so wie wir dies in Abbildung 2-4 gesehen haben. Diese Deklarationen könnten Entity-Definitionen und Teile von DTDs enthalten. Die interne Teilmenge ist die einzige Stelle, wo Sie diese Deklarationen innerhalb des Dokuments selbst ablegen können.

Die interne Teilmenge wird verwendet, um die in der *externen Teilmenge* vorgefundenen Deklarationen zu erweitern oder neuzudefinieren. Die externe Teilmenge ist die Sammlung von Deklarationen, die sich außerhalb des Dokuments wie etwa in einer DTD befindet. Der URI, den Sie in der Dokumenttyp-Deklaration angeben, zeigt auf eine Datei, die diese externen Deklarationen enthält. Interne und externe Teilmengen sind optional und werden in Kapitel 5, *Dokumentenmodelle: Eine höhere Stufe der Steuerung*, näher erläutert.

Elemente: Die Bausteine von XML

Elemente sind Teile eines Dokuments. Sie können ein Dokument in Teile aufspalten, so daß sie unterschiedlich dargestellt oder von einer Suchmaschine verwendet werden können. Elemente können Container für ein Gemisch von Text und anderen Elementen sein. Dieses Element enthält nur Text:

```
<blabla>Das ist in einem Element enthaltener Text</blabla>
```

und dieses Element enthält sowohl Text als auch Elemente:

```
<aussen>Das ist Text<innen>mehr
Text</innen>noch mehr Text</aussen>
```

Einige Elemente sind leer und steuern durch ihre Position und ihre Attribute Informationen bei. In diesem Beispiel gibt es ein leeres Element:

```
<aussen>ein Element kann leer sein: <nichts/></aussen>
```

In Abbildung 2-7 ist die Syntax für ein Container-Element zu sehen. Sie beginnt mit einem Start-Tag (1), das aus einer spitzen Klammer (<), gefolgt von einem Namen (2) besteht. Das Start-Tag kann einige durch Freizeichen voneinander getrennte Attribute (3) enthalten, und es endet mit einer abschließenden spitzen Klammer (>). Ein Attribut definiert eine Eigenschaft des Elements und besteht aus einem Namen (4), der durch ein Gleichheitszeichen (=) mit einem Wert in Anführungszeichen (5) verbunden ist. Ein Element kann eine beliebige Anzahl von Attributen haben, doch zwei Attribute dürfen nicht den gleichen Namen haben. Dem Start-Tag folgt der Inhalt des Elements (6), dem wiederum ein End-Tag (7) folgt. Das End-Tag besteht aus einer öffnenden spitzen Klammer, einem Schrägstrich, dem Namen des Elements und einer abschließenden Klammer. Das End-Tag hat keine Attribute, und der Element-Name muß exakt mit dem Namen des Start-Tags übereinstimmen.

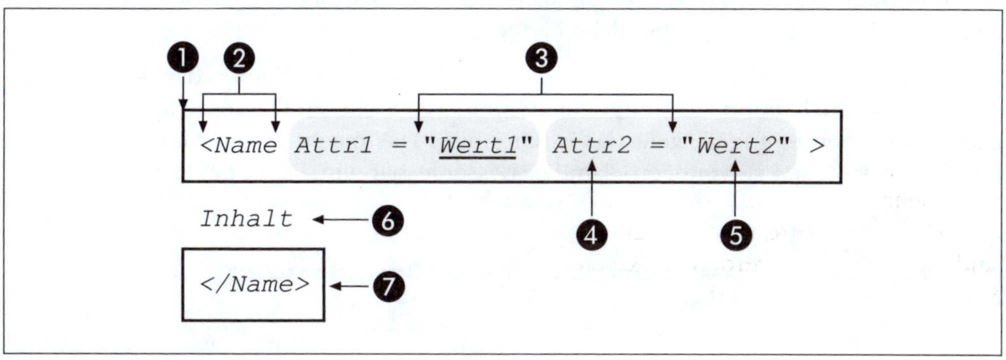

Abbildung 2-7: Syntax eines Container-Elements

Wie in Abbildung 2-8 zu sehen, besteht ein leeres Element (ein Element ohne Inhalt) aus einem einzelnen Tag (1), das mit einer öffnenden spitzen Klammer (<) beginnt, der der Name des Elements (2) folgt. Diesem folgt eine Anzahl von Attributen (3), von denen jedes aus einem Namen (4) und einem Wert in Anführungszeichen (5) besteht, und das Element endet mit einem Schrägstrich (/) und einer abschließenden spitzen Klammer.

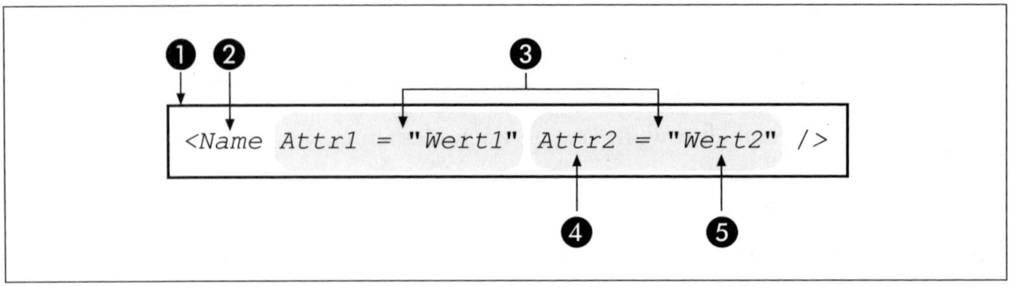

Abbildung 2-8: Syntax eines leeren Elements

Der Name eines Elements muß mit einem Buchstaben oder einem Unterstrich beginnen und kann eine beliebige Anzahl von Buchstaben, Zahlen, Bindestrichen, Punkten und Unterstrichen enthalten.[3] Element-Namen können mit Akzenten versehene lateinische Schriftzeichen und Umlaute, Buchstaben aus Alphabeten wie Kyrillisch, Griechisch, Hebräisch, Arabisch, Thai, Hiragana, Katakana und Devanagari sowie chinesische, japanische und koreanische Ideogramme beinhalten. Das Doppelpunkt-Symbol wird, wie im Abschnitt »Namensräume: Erweiterung Ihres Vokabulars«, erklärt, in Namensräumen verwendet. Vermeiden Sie also, es in Element-Namen zu verwenden, die keinen Namensraum benutzen. Freizeichen, Tabulatoren, Zeilenumbrüche, Gleichheitszeichen und alle Zeichen in Anführungszeichen sind Separatoren für Element-Namen, Attribut-Namen und Attribut-Werte und sind deshalb ebenfalls nicht erlaubt. Gültige Element-Namen sind zum Beispiel: `<Giselher>`, `<Kapitel.Titel>`, `<THX-1138>` und selbst `<_>`. Bei XML-Namen ist die Groß- und Kleinschreibung zu beachten. `<Ende>`, `<ENDE>` und `<ende>` sind also drei unterschiedliche Elemente.

Zwischen der öffnenden spitzen Klammer und dem Element-Namen darf kein Freizeichen stehen, doch wenn Sie an irgendeiner anderen Stelle im Element-Tag ein zusätzliches Freizeichen einfügen, geht das in Ordnung. Das macht es möglich, ein Element über mehrere Zeilen zu verteilen, damit es besser lesbar wird. Zum Beispiel:

```
<Schiff
  type="Galeere"
><Mannschaft   class="Ruderer">Dronicus Laboricus</Mannschaft    >
```

3 Vom praktischen Gesichtspunkt her sollten Sie für den Fall, daß ein XML-Prozessor nur Namen bis zu einer bestimmten Länge verarbeiten kann, die Verwendung von allzu langen Element-Namen vermeiden. Eine genaue Zahl gibt es nicht, doch man kann wohl davon ausgehen, daß alles mit mehr als 40 Zeichen übermäßig lang ist.

Es gibt zwei Regeln zur Positionierung der Start- und End-Tags:

- Das End-Tag muß nach dem Start-Tag kommen.
- Start- und End-Tag eines Elements müssen sich beide im gleichen Eltern-Element befinden.

Damit Sie die zweite Regel verstehen, stellen Sie sich Elemente als Kästen vor. Ein Kasten kann einen anderen aufnehmen oder selbst in einen anderen Kasten gestellt werden, doch er kann nicht durch diesen Kasten hindurchragen, ohne ein Loch in dessen Seitenwand zu reißen. Das folgende Beispiel mit einander überlappenden Elementen funktioniert also nicht:

```
<a>So <b>geht's</a> nicht!</b>
```

Diese entwirrten Elemente gehen in Ordnung:

```
<a>Aber</a><b>so!</b>
```

Alles im Inhalt, was kein Element ist, ist Text bzw. sind *Zeichendaten*. Der Text kann beliebige Zeichen aus dem Zeichensatz umfassen, der im Prolog angegeben wurde. Einige Zeichen müssen jedoch auf eine spezielle Art und Weise abgebildet werden, um den Parser nicht zu verwirren. Beispielsweise ist die linke spitze Klammer (<) für Element-Tags reserviert. Ihre direkte Einbindung in den Inhalt führt zu einer Situation, die nicht eindeutig ist: Handelt es sich nun um den Beginn eines XML-Tags oder einfach um eine Daten-Information? Hier ist ein Beispiel:

```
<auwei>x < y</auwei>      Na so was!
```

Um diesen Konflikt aufzulösen, müssen Sie einen an Stelle des fraglichen Zeichens einen speziellen Code benutzen. Für die linke spitze Klammer ist der Code `<` (der entsprechende Code für die rechte spitze Klammer ist `>`). Damit können wir das obige Beispiel wie folgt neu schreiben:

```
<jawoll>x &lt; y</jawoll>
```

Eine solche Substitution wird als *Entity-Referenz* bezeichnet. Entities und Entity-Referenzen behandeln wir im Abschnitt »Entities: Platzhalter für Inhalte«.

In XML bleiben alle Zeichen selbstverständlich erhalten, darunter auch unsichtbare Zeichen wie das Leerzeichen, der Tabulator und der Zeilenvorschub. Vergleichen Sie dies mit Programmiersprachen wie Perl und C, wo solche Leerräume im wesentlichen ignoriert werden. In Auszeichnungssprachen wie HTML werden mehrere aufeinanderfolgende Leerzeichen durch den Browser zu einem einzigen Leerzeichen zusammengefaßt, und Zeilen können an einer beliebigen Stelle umbrochen werden, damit sie ins vorgegebene Format passen. XML erhält im Vergleich dazu standardmäßig alle Leerzeichen.

XML ist nicht HTML

Wenn Sie einige Erfahrung mit dem Schreiben von HTML-Dokumenten haben, sollten Sie den XML-Regeln für Elemente besondere Aufmerksamkeit schenken. Kurzformen, mit denen Sie in HTML ganz gut über die Runden kommen können, sind in XML nicht erlaubt. Einige Änderungen, die Sie beachten sollten, sind zum Beispiel:

- In XML ist bei Element-Namen die Groß- und Kleinschreibung zu beachten. In HTML macht es keinen Unterschied, ob Sie die Tags in Groß- oder Kleinbuchstaben schreiben.
- In XML benötigen Container-Elemente immer sowohl ein Start- als auch ein End-Tag. In HTML ist es dagegen möglich, das End-Tag in einigen Fällen wegzulassen.
- Leere XML-Elemente benötigen vor der rechten Klammer einen Schrägstrich (z.B. `<Beispiel/>`), während in HTML nur ein Start-Tag ohne abschließenden Schrägstrich benutzt wird.
- XML-Elemente behandeln Leerzeichen als Teil des Inhalts. Diese bleiben erhalten, soweit Sie nicht ausdrücklich etwas anderes angeben. In HTML jedoch werfen die meisten Elemente zusätzliche Leerzeichen, Tabulatoren und Zeilenumbrüche über Bord, wenn der Inhalt im Browser formatiert wird.

Anders als viele HTML-Elemente beruhen XML-Elemente ausschließlich auf Informationen über die Funktion, nicht aber das Format. Mit dem Markup allein können Sie deshalb keinerlei Formatierung für die Präsentation erwarten. Statt dessen überläßt XML die Präsentation Stylesheets, d.h. gesonderten Dokumenten, die den Elementen die Formatierungen zuordnen.

Attribute: Mehr Muskeln für Elemente

Manchmal müssen Sie mehr Informationen über ein Element zur Verfügung stellen, als dessen Name und Inhalt ausdrücken können. Mit Attributen können Sie genauere und detailliertere Angaben über das Element machen. Ein Attribut kann verwendet werden, um dem Element einen eindeutigen Bezeichner zu geben, damit es leicht gefunden werden kann, oder es kann eine Eigenschaft im Zusammenhang mit dem Element beschreiben, beispielsweise die Fundstelle einer Datei am Ende eines Links. Es kann benutzt werden, um einige Merkmale des Verhaltens des Elements zu beschreiben oder um einen Subtyp zu schaffen. In unserem `<Time-o-gram>` weiter oben in diesem Kapitel haben wir beispielsweise das Attribut `pri` benutzt, um darauf hinzuweisen, daß dieses eine hohe Priorität hat. Wie in Abbildung 2-9 zu sehen, besteht ein Attribut aus einem Eigenschaftsnamen (1), einem Gleichheitszeichen (2) und einem Wert in Anführungszeichen (3).

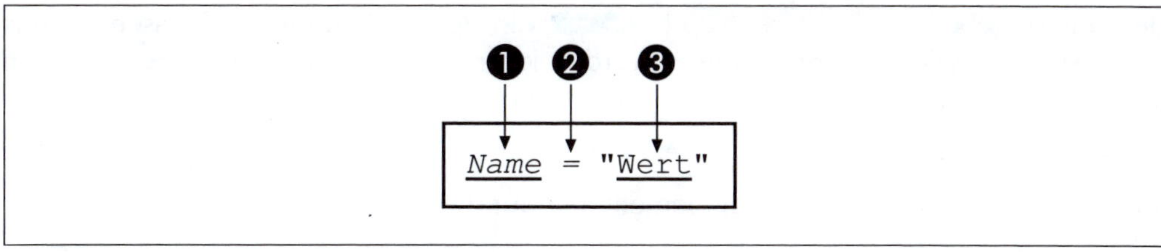

Abbildung 2-9: Syntax eines Attributs

Ein Element kann eine beliebige Anzahl von Attributen haben, solange jedes über einen eindeutigen Namen verfügt. Hier sehen Sie ein Element mit drei Attributen:

```
<Verkaufsstand Musik="Dudelsack" Farbe="rot" ID="Seite-81527">
```

Die Attribute sind voneinander durch Leerzeichen getrennt. Sie müssen stets dem Element-Namen folgen, ihre Reihenfolge spielt jedoch keine Rolle. Die Werte müssen in einfachen (`'`) oder doppelten (`"`) Anführungszeichen stehen. Wenn der Wert Anführungszeichen enthält, benutzen Sie die jeweils andere Art von Anführungszeichen, um ihn zu umschließen. Hier ein Beispiel:

```
<Auswahl Test='Nachricht="Hallo"'>
```

Wenn Sie wollen, können Sie die Anführungszeichen durch das Entity `'` für ein einfaches Anführungszeichen oder `"` für ein doppeltes Anführungszeichen ersetzen:

```
<Auswahl Test='Nachricht=&quot;Hallo&quot;'>
```

Ein Element kann jedes Attribut nur einmal enthalten. Das folgende Beispiel ist somit nicht erlaubt:

```
<!-- Falsch -->
<Team Person="Erna" Person="Karl" Person="Agnes">
```

Hier sehen Sie einige mögliche Alternativen. Verwenden Sie ein Attribut, das alle Werte aufnimmt:

```
<Team Personen="Erna Karl Agnes">
```

Verwenden Sie mehrere Attribute:

```
<Team Person1="Erna" Person2="Karl" Person3="Agnes">
```

Verwenden Sie Elemente:

```
<Team>
  <Person>Erna</Person>
  <Person>Karl</Person>
  <Person>Agnes</Person>
</Team>
```

Wenn Sie eine DTD verwenden, können Attribut-Werte auf bestimmte Typen beschränkt werden. Ein Typ ist `ID`, der XML sagt, daß der Wert ein eindeutiger Identifier-Code für das Element ist. In einem Dokument darf es keine zwei Elemente mit der gleichen `ID` geben. Ein weiterer Typ ist `IDREF`, ein Verweis auf eine `ID`. Lassen Sie uns demonstrieren, wie Typen verwendet werden könnten. Zunächst gibt es irgendwo im Dokument ein Element mit einem Attribut vom Typ `ID`:

```
<Teil id="Schraube-1573">...</Teil>
```

An einer anderen Stelle gibt es ein Element, das auf dieses verweist:

```
<Teil id="Mutter-44456">
  <Beschreibung>Diese Mutter paßt zu <Teileverweis
  idref="Schraube-1573"/>.</Beschreibung>...
```

Wenn Sie eine DTD mit Ihrem Dokument benutzen, können Sie die Typen `ID` und `IDREF` tatsächlich bestimmten Attributen zuweisen, und Ihr XML-Parser wird die Syntax des Werts erzwingen und Sie warnen, wenn die `IDREF` auf ein nicht existierendes Element zeigt oder wenn die `ID` keinen eindeutigen Wert hat. In Kapitel 3, *Verknüpfen von Ressourcen mit Links*, werden wir uns weiter mit diesen Attributen befassen.

Eine weitere Methode, wie eine DTD Attribute beschränken kann, besteht darin, einen erlaubten Satz von Werten anzulegen. Vielleicht wollen Sie ein Attribut mit dem Namen `Wochentag` benutzen, das einen von sieben Werten haben kann: `Montag`, `Dienstag`, `Mittwoch`, `Donnerstag`, `Freitag`, `Samstag` oder `Sonntag`. Die DTD kann dann einem XML-Parser sagen, daß er alle Werte, die sich nicht in dieser Liste befinden, zurückweisen soll. `Wochentag="Rosenmontag"` beispielsweise ist ungültig. Detailliertere Erläuterungen zu Attribut-Typen finden Sie in Kapitel 5, *Dokumentenmodelle: Eine höhere Stufe der Steuerung*.

Reservierte Attribut-Namen

Einige Attribut-Namen sind von der XML-Arbeitsgruppe speziellen Zwecken vorbehalten worden. Diese Attribute sind für den Gebrauch durch XML reserviert und beginnen mit dem Präfix `xml:`. Die Namen `xml:lang` und `xml:space` sind für XML Version 1.0 definiert. Zwei andere Namen, `xml:link` und `xml:attribute`, werden durch XLink definiert, einen weiteren Standard, der XML ergänzt und definiert, wie Elemente miteinander verknüpft werden können. Die speziellen Attribut-Namen werden hier beschrieben:

`xml:lang`
: Teilt ein Element nach der Sprache seines Inhalts ein. Beispielsweise besagt `xml:lang="en"`, daß ein Element einen englischen Inhalt hat. Dies ist nützlich für die Erstellung von bedingtem Text. Dabei handelt es sich um einen Inhalt, der von einem XML-Prozessor auf der Basis von Kriterien ausgewählt wird wie etwa, in welcher Sprache der Benutzer ein Dokument betrachten möchte. Wir werden auf dieses Thema in Kapitel 7, *Internationalisierung*, zurückkommen.

`xml:space`
: Gibt an, ob Leerraum im Inhalt eines Elements bewahrt werden sollen. Wenn dieses Attribut auf `preserve` gesetzt wird, beachtet der das Dokument darstellende XML-Prozessor alle Zeilenvorschübe, Leerzeichen und Tabulatoren im Inhalt des Elements. Wenn es auf `default` gesetzt ist, kann der Prozessor mit diesen Zeichen tun,

was er will (d.h., er verwendet seine eigene Standardeinstellung). Wenn das `xml:space`-Attribut weggelassen wird, bewahrt der Prozessor die Leerräume standardmäßig. Wenn Sie also in einem Element die Leerräume zusammenlegen möchten, setzen Sie das Attribut `xml:space="default"` und stellen Sie sicher, daß Sie einen XML-Prozessor benutzen, der standardmäßig zusätzliche Leerräume entfernt.

`xml:link`
: Signalisiert einem XLink-Prozessor, daß ein Element ein Link-Element ist. Informationen darüber, wie Sie dieses Attribut verwenden, finden Sie in Kapitel 3, *Verknüpfen von Ressourcen mit Links*.

`xml:attribute`
: Zusätzlich zu `xml:link` stützt sich XLink auf eine Reihe von Attribut-Namen. Doch um Konflikten durch andere mögliche Verwendungen dieser Attribute vorzubeugen, definiert XLink das `xml:attribute`-Attribut, das Ihnen eine »Neuzuweisung« dieser speziellen Attribute ermöglicht. Das ist, als ob Sie sagen würden: »Wenn XLink nach einem Attribut mit dem Namen `Titel` sucht, möchte ich, daß statt dessen das Attribut mit dem Namen `Linkname` verwendet wird.« Auch dieses Attribut wird in Kapitel 3, *Verknüpfen von Ressourcen mit Links*, näher untersucht.

Namensräume: Erweiterung Ihres Vokabulars

Was passiert, wenn Sie Elemente oder Attribute aus unterschiedlichen Dokumenttypen einbinden wollen? Zum Beispiel wäre es möglich, daß Sie eine Gleichung, die in der MathML-Sprache kodiert ist, in ein XML-Dokument einfügen wollen. Sie können leider nicht mehrere DTDs für ein einziges Dokument kombinieren, doch niemand schreibt vor, daß Sie in XML eine DTD benutzen müssen. Wenn Sie ohne eine DTD leben können (und die meisten Browser tolerieren Dokumente ohne DTDs), können Sie ein Leistungsmerkmal von XML benutzen, das als Namensräume bezeichnet wird.

Ein *Namensraum* ist eine Gruppe von Element- und Attribut-Namen. Sie können deklarieren, daß ein Element innerhalb eines bestimmten Namensraums existiert und daß dieses anhand der DTD dieses Namensraums validiert werden soll. Indem Sie an einen Element- oder Attribut-Namen ein Namensraum-Präfix anhängen, sagen Sie dem Parser, aus welchem Namensraum er stammt.

Stellen Sie sich beispielsweise vor, daß die deutsche Sprache in Namensräume unterteilt ist, die begrifflichen Themengebieten entsprechen. Wir nehmen zwei davon, sagen wir Eisenwaren und Familie. Das Themengebiet Eisenwaren enthält Wörter wie Hammer und Schraube, während Familie Wörter wie Kind und Eltern umfaßt. Beide Namensräume enthalten das Wort Mutter, das in den einzelnen Kontexten eine andere Bedeutung hat, auch wenn es in beiden gleich geschrieben wird. Es handelt sich in Wirklichkeit um zwei unterschiedliche Wörter mit dem gleichen Namen, doch wie können wir diese Tatsache ausdrücken, ohne einen Namensraum-Konflikt zu verursachen?

Das gleiche Problem kann in XML auftauchen, wo zwei XML-Objekte in verschiedenen Namensräumen den gleichen Namen haben können, was dann zu Unklarheiten darüber führt, wo sie tatsächlich herkommen. Die Lösung besteht darin, jedes Element oder Attribut selbst angeben zu lassen, aus welchem Namensraum es stammt, indem der Namensraum als Präfix vorangestellt wird.

Die Syntax für diesen *qualifizierten Element-Namen* ist in Abbildung 2-10 zu sehen. Ein Namensraum-Präfix (1) ist durch einen Doppelpunkt (2) mit dem lokalen Namen des Elements oder Attributs (3) verbunden.

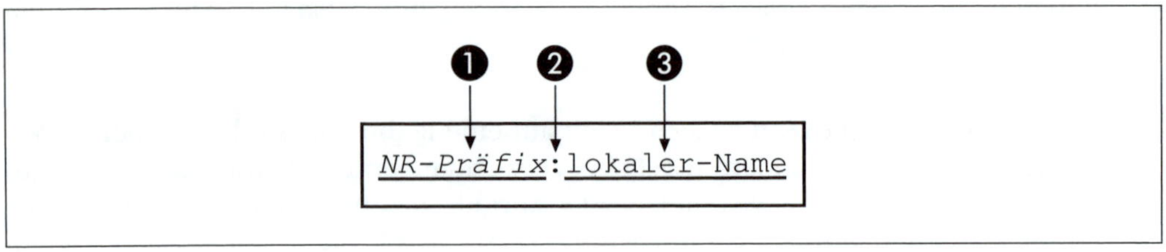

Abbildung 2-10: Syntax eines qualifizierten Namens

Abbildung 2-11 veranschaulicht, wie ein Element `<Mutter>` behandelt werden muß, damit sowohl die Version aus dem Namensraum `Eisenwaren` als auch die Version aus dem Namensraum `Familie` benutzt werden kann.

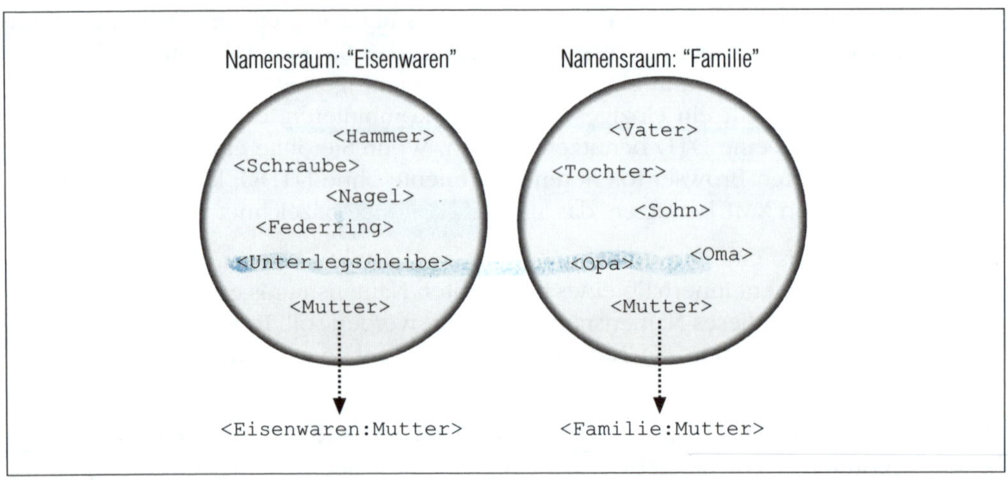

Abbildung 2-11: Qualifizieren des Namensraums eines Elements mit Präfixen

Namensräume sind nicht nur zur Vermeidung von Namenskonflikten nützlich. Allgemeiner gesagt, unterstützen sie den XML-Prozessor dabei, verschiedene Gruppen von Elementen auszusortieren, die jeweils anders behandelt werden sollen. Um auf unser MathML-Beispiel zurückzukommen, müssen die Elemente aus dem MathML-Namensraum anders behandelt werden als gewöhnliche XML-Elemente. Der Browser muß wissen, wann er in den Modus »Mathematische Gleichung« wechseln soll und wann er im »XML-Normalmodus« sein muß. Namensräume sind für den Browser wichtig, damit er die Modi umschalten kann.

In einem anderen Beispiel stützt sich die Transformationssprache XSLT (siehe Kapitel 6, *Transformation: Ein Dokument, viele Verwendungszwecke*) auf Namensräume, um zwischen XML-Objekten, die Daten sind, und solchen, die Anweisungen zur Verarbeitung der Daten sind, zu unterscheiden. Die Anweisungselemente und -attribute haben ein `xsl:`-Namensraum-Präfix. Alles, was kein Namensraum-Präfix hat, wird während des Transformationsvorgangs als Daten behandelt.

Bevor Sie einen Namensraum benutzen können, müssen Sie ihn im Dokument deklarieren. Die Deklaration erfolgt in Form eines Attributs innerhalb eines Elements. Alle Nachkommen dieses Elements werden Teil des Namensraums. In Abbildung 2-12 ist die Syntax für eine Namensraum-Deklaration zu sehen. Sie beginnt mit dem Schlüsselwort `xmlns:` (1), die dem XML-Parser signalisiert, daß dieses Attribut eine Namensraum-Deklaration ist. Dem folgt ein Doppelpunkt, dann ein Name (2), ein Gleichheitszeichen und schließlich eine URL in Anführungszeichen (3).

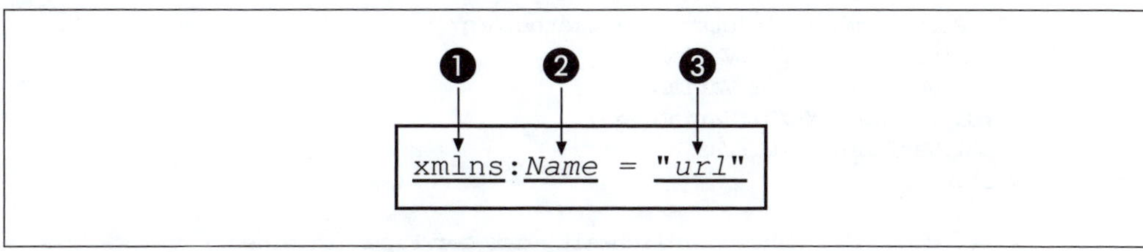

Abbildung 2-12: Syntax von Namensraum-Deklarationen

Zum Beispiel:

```
<Teile-Katalog
    xmlns:Bob="http://www.bobco.com/">
```

Wenn Ihnen das Namensraum-Präfix `Bob` nicht gefällt, können Sie auch einen beliebigen anderen Namen benutzen, solange Sie die Regeln für die Benennung von Elementen befolgen. Folglich sind `B`, `Bobs-Firma` oder auch `Ritsch.ratsch` zulässige Namen. Geben Sie acht, daß Sie keine Präfixe wie `xml`, `xsl` oder sonstige Namen benutzen, die in XML und zugehörigen Sprachen reserviert sind.

Der Wert des `xmlns:`-Attributs ist eine URL, die für gewöhnlich zu der Organisation gehört, die den Namensraum unterhält. Es ist jedoch nicht erforderlich, daß der XML-Prozessor irgendetwas mit der URL tut. An der Stelle, auf die sie zeigt, muß sich nicht einmal ein Dokument befinden. Die Angabe der URL ist eine Formalität und liefert lediglich zusätzliche Informationen über den Namensraum, zum Beispiel wer der Eigentümer ist und welche Version Sie benutzen.

Jedes Element im Dokument kann eine Namensraum-Deklaration enthalten. Am häufigsten wird das Wurzelelement die im Dokument verwendeten Deklarationen enthalten, doch das muß nicht so sein. Vielleicht finden Sie es nützlich, den Geltungsbereich eines Namensraums auf einen bestimmten Bereich innerhalb des Dokuments zu beschränken, indem Sie den Namensraum in einem Element auf einer tieferen Ebene deklarieren. In diesem Fall findet der Namensraum nur für dieses Element und seine Nachkommen Anwendung.

Hier sehen Sie ein Beispiel für ein Dokument, in dem zwei Namensräume – `Hirnschmalz` und `Gl` – miteinander kombiniert sind:

```
<?xml version="1.0"?>
<Hirnschmalz:Journal xmlns:Hirnschmalz="http://www.couch.org/MeinNR/">
  <Hirnschmalz:Experiment>
    <Hirnschmalz:Datum>14. Mai 2001</Hirnschmalz:Datum>
    <Hirnschmalz:Thema>Wirkung von Koffein auf die psychokinetischen
     Fähigkeiten</Hirnschmalz:Thema>
    <Hirnschmalz:Abstract>Das Experiment setzt sich aus einer
     Versuchsperson, einer Dose mit Koffein versetzter Cola und einem
     Goldfischglas zusammen. Die Fähigkeit, einen Goldfisch durch die
     menschliche Willenskraft im Kreis herumschwimmen zu lassen, ergibt sich
     aus der bekannten Gleichung:

     <Gl:Formel xmlns:Gl="http://www.mathe.org/">
       <Gl:Variable>P</Gl:Variable> =
       <Gl:Variable>m</Gl:Variable>
       <Gl:Variable>M</Gl:Variable> /
       <Gl:Variable>d</Gl:Variable>
     </Gl:Formel>

     P ist dabei die Wahrscheinlichkeit, daß der Fisch in einem
     vorgegebenen Zeitintervall eine Kreisbahn schwimmt, m ist der IQ des
     Fisches, M ist der IQ der Versuchsperson und d ist die Entfernung
     zwischen dem Fisch und der Versuchsperson.</Hirnschmalz:Abstract>
     ...
  </Hirnschmalz:Experiment>
</Hirnschmalz:Journal>
```

Wir können einen der Namensräume als Standard-Namensraum deklarieren, indem wir den Doppelpunkt (:) und den Namen im `xmlns`-Attribut weglassen. Elemente und Attribute im Standard-Namensraum brauchen kein Namensraum-Präfix. Als Ergebnis erhalten Sie eine klarere Auszeichnung:

```
<?xml version="1.0"?>
<Journal xmlns="http://www.couch.org/MeinNR/">
  <Experiment>
    <Datum>14. Mai 2001</Datum>
    <Thema>Wirkung von Koffein auf die psychokinetischen
     Fähigkeiten </Thema>
    <Abstract>Das Experiment setzt sich aus einer Versuchsperson, einer Dose mit
      Koffein versetzter Cola und einem Goldfischglas zusammen. Die
      Fähigkeit, einen Goldfisch durch die menschliche Willenskraft im
      Kreis herumschwimmen zu lassen, ergibt sich aus der bekannten Gleichung:

      <Gl:Formel xmlns:eq="http://www.mathe.org/">
```

```
        <Gl:Variable>P</Gl:Variable> =
        <Gl:Variable>m</Gl:Variable>
        <Gl:Variable>M</Gl:Variable> /
        <Gl:Variable>d</Gl:Variable>
      </Gl:Formel>

      P ist dabei die Wahrscheinlichkeit, daß der Fisch in einem
      vorgegebenen Zeitintervall eine Kreisbahn schwimmt, m ist der IQ des
      Fisches, M ist der IQ der Versuchsperson und d ist die Entfernung
      zwischen dem Fisch und der Versuchsperson.</Abstract>
      ...
    </Experiment>
  </Journal>
```

Wenn Namensräume in Verbindung mit einer DTD benutzt werden, können sie erhebliche Kopfschmerzen bereiten. Es wäre schön, wenn der Parser alle Elemente oder Attribute aus einem anderen Namensraum ignorieren würde, so daß Ihr Dokument mit einer DTD validiert werden würde, die von dem Namensraum keine Kenntnis hat. Leider ist das nicht der Fall. Um einen Namensraum mit einer DTD zu benutzen, müssen Sie die DTD neu schreiben, so daß sie die Elemente in diesem Namensraum kennt.

Ein weiteres Problem im Zusammenhang mit Namensräumen besteht darin, daß diese keine DTD oder irgendeine andere Art von Information über die von Ihnen benutzten Elemente und Attribute importieren. Im Prinzip können Sie also Ihre eigenen Elemente zusammenstellen und das Namensraum-Präfix hinzufügen, und der Parser ist nicht klüger als zuvor. Dies führt dazu, daß Namensräume für diejenigen, die Ihre Dokumente so beschränken wollen, daß sie einer DTD entsprechen, weniger nützlich sind.

Aus diesen und anderen Gründen sind Namensräume unter XML-Planern umstritten. Es steht noch nicht fest, was die Zukunft bringt, doch klar ist, daß etwas getan werden muß, um die Kluft zwischen Struktur-Erzwingung und Namensräumen zu überbrücken.

Entities: Platzhalter für Inhalte

Die Grundbestandteile des XML-Markups haben wir erklärt, doch es gibt noch eine weitere Komponente, die wir uns anschauen müssen. Ein *Entity* ist ein Platzhalter für Inhalte, die Sie einmal deklarieren und dann viele Male fast überall in Ihrem Dokument benutzen können. Es fügt dem Markup keinerlei semantische Informationen hinzu. Vielmehr stellt es einen Komfort dar, der das Schreiben, das Lesen und die Wartung von XML vereinfacht.

Entities können aus verschiedenen Gründen verwendet werden, immer jedoch tragen sie auf irgendeine Weise zur Bequemlichkeit bei. Sie können alles machen – vom Einbinden nicht-darstellbarer Zeichen bis hin zur Markierung der Stelle, wo eine Datei importiert werden soll. Sie können Entities selbst so definieren, daß sie für Wiederholungstexte wie etwa einen Firmennamen oder juristische Floskeln stehen. Entities können ein einzelnes Zeichen, eine Wortgruppe oder auch Teile des XML-Markups aufnehmen. Ohne Entities wäre XML weit weniger nützlich.

Sie könnten beispielsweise ein Entity `w3url` definieren, um die URL des W3C abzubilden. Wann immer Sie das Entity in ein Dokument einfügen, wird es durch den Text *http://www.w3.org/* ersetzt.

Abbildung 2-13 zeigt die unterschiedlichen Arten von Entities und ihre Rollen. Die beiden Haupttypen von Entities sind *Parameter*-Entities und *allgemeine* Entities. *Parameter-Entities* werden nur in DTDs benutzt. Wir werden sie also in Kapitel 5, *Dokumentenmodelle: Eine höhere Stufe der Steuerung*, behandeln. In diesem Abschnitt werden wir uns auf den anderen Typ konzentrieren – die allgemeinen Entities. *Allgemeine Entities* sind Platzhalter für einen beliebigen, auf der Ebene des Wurzelelements eines XML-Dokuments oder in seinem Innern erscheinenden Inhalt.

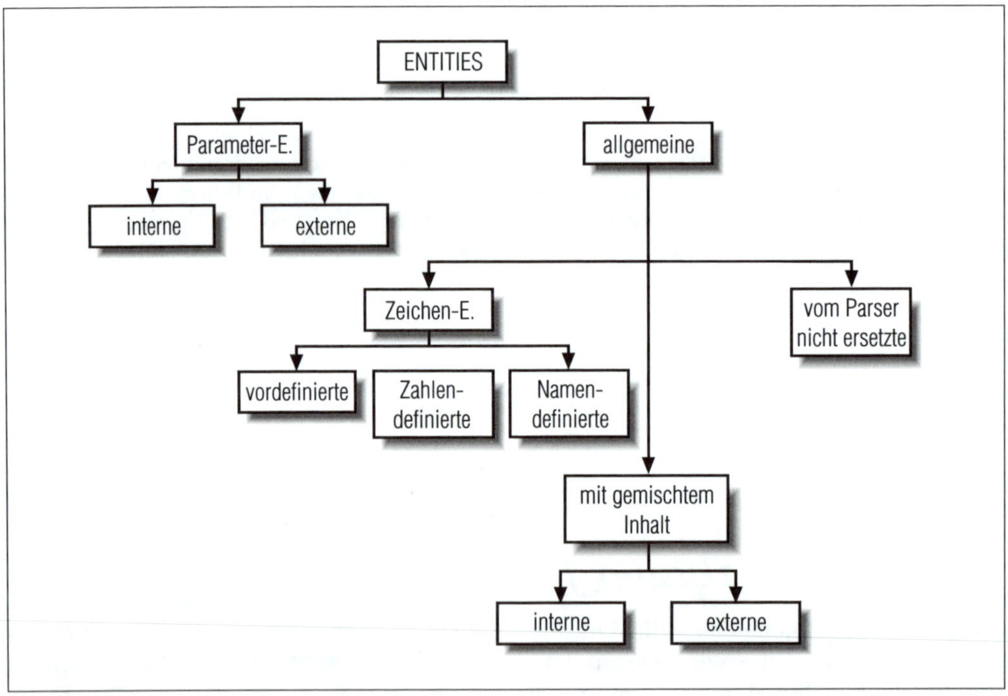

Abbildung 2-13: Klassifizierung der Entities

Ein Entity besteht aus einem Namen und einem Wert. Wenn ein XML-Parser beginnt, ein Dokument abzuarbeiten, liest er zunächst eine Reihe von *Deklarationen*, von denen einige durch Verknüpfen eines Namens mit einem Wert Entities definieren. Der Wert kann alles von einem einzelnen Zeichen bis hin zu einer Datei mit XML-Auszeichnungen sein. Wenn der Parser das XML-Dokument durchgeht, stößt er auf *Entity-Verweise*. Das sind spezielle, von Entity-Namen abgeleitete Markierungen. Bei jedem Entity-Verweis durchsucht der Parser eine Tabelle im Speicher nach etwas, wodurch die Markierung ersetzt werden soll. Er ersetzt den Entity-Verweis durch den entsprechenden Ersatztext bzw. Markup und setzt die Analyse dann unmittelbar vor diesem Punkt fort, so daß auch der neue Text analysiert wird. Etwaige Entity-Verweise innerhalb des Ersatztextes werden ebenfalls ersetzt. Dieser Vorgang wird so häufig wie nötig fortgesetzt.

In Abbildung 2-14 können Sie sehen, daß es zwei Arten der Syntax für Entity-Verweise gibt. Die erste, die aus einem Kaufmanns-Und (`&`), dem Entity-Namen und einem Semikolon (`;`) besteht, ist für allgemeine Entities da. Die zweite, die sich von der ersten dadurch unterscheidet, daß sie statt des Kaufmanns-Und ein Prozent-Zeichen (`%`) hat, ist für Parameter-Entities gedacht.

❶ `&Name;`

❷ `%Name;`

Abbildung 2-14: Syntax für Entity-Verweise

Im folgenden sehen Sie ein Beispiel für ein Dokument, in dem drei allgemeine Entities deklariert sind. Im Text wird dann auf diese verwiesen:

```
<?xml version="1.0"?>
<!DOCTYPE Nachricht SYSTEM "/xmlstuff/dtds/message.dtd"
[
  <!ENTITY Kunde "Herr Michel Sparsam">
  <!ENTITY Vertreter "Frau Käthe Raffzahn">
  <!ENTITY Telefon "<Nummer>0190-666-666</Nummer>">
]>
<Nachricht>
<Anrede>Sehr geehrte/r &Kunde;,</Anrede>
<Hauptteil>wir haben ein interessantes Angebot für Sie! Eine Reihe von
Felsenwohnungen mit Meeresblick in Pi&#241;ata, Mexiko, sind als Time-sharing-
Ferienwohnungen hergerichtet worden. Diese werden uns regelrecht aus der Hand
gerissen. Wenn Sie sich einen Platz für Ihren Urlaub sichern wollen, rufen Sie
&Vertreter; unter &Telefon; an.
Verlieren Sie keine Zeit, &Kunde;! Es sind nur noch wenige Wohnungen im
Angebot.</Hauptteil>
</Nachricht>
```

Die Entities `&Kunde;`, `&Vertreter;` und `&Telefon;` werden in der internen Teilmenge dieses Dokuments deklariert, und im `<Nachricht>`-Element erfolgt dann der entsprechende Verweis. Ein viertes Entity, `ñ`, ist ein Zahlen-definiertes Zeichen-Entity, das das Zeichen ñ repräsentiert. Auf dieses Entity erfolgt ein Verweis, es wird jedoch nicht deklariert. Eine Deklaration ist nicht notwendig, weil Zahlen-definierte Zeichen-Entities in XML implizit als Verweise auf Zeichen im aktuellen Zeichensatz definiert sind. (Weitere Informationen über Zeichensätze finden Sie in Kapitel 7, *Internationalisierung*.) Der XML-Parser ersetzt das Entity einfach durch das richtige Zeichen.

Wenn alle Entities aufgelöst wurden, sieht das vorstehende Beispiel wie folgt aus:

```
<?xml version="1.0"?>
<!DOCTYPE Nachricht SYSTEM "/xmlstuff/dtds/message.dtd">
<Nachricht>
<Anrede>Sehr geehrte/r Herr Michel Sparsam,</Anrede>
<Hauptteil> Wir haben ein interessantes Angebot für Sie! Eine Reihe von
Felsenwohnungen mit Meeresblick in Pi&#241;ata, Mexiko, sind als Time-sharing-
Ferienwohnungen hergerichtet worden. Diese werden uns regelrecht aus der Hand
gerissen. Wenn Sie sich einen Platz für Ihren Urlaub sichern wollen, rufen Sie
Frau Käthe Raffzahn unter <Nummer> 0190-666-666</Nummer> an. Verlieren Sie
keine Zeit, Herr Michel Sparsam! Es sind nur noch wenige Wohnungen im Angebot.
</Hauptteil>
</Nachricht>
```

Alle Entities (mit Ausnahme der vordefinierten) müssen deklariert werden, bevor sie in einem Dokument verwendet werden. Zwei akzeptable Stellen, um sie zu deklarieren, sind die interne Teilmenge, die ideal für lokale Entities ist, und eine externe DTD, die mehr für solche Entities geeignet ist, die sich mehrere Dokumente teilen. Wenn der Parser an einen Entity-Verweis gelangt, der weder implizit (eine vordefiniertes Entity) noch explizit deklariert worden ist, kann er keinen Ersatztext in das Dokument einfügen, denn er weiß nicht, wodurch er das Entity ersetzen soll. Wenn dieser Fehler auftritt, kann das Dokument nicht wohlgeformt sein.

Zeichen-Entities

Entities, die nur ein einziges Zeichen enthalten, werden – wie könnte es anders sein – als *Zeichen-Entities* bezeichnet. Diese untergliedern sich in mehrere Gruppen:

Vordefinierte Zeichen-Entities

Einige Zeichen können im Text eines XML-Dokuments nicht verwendet werden, weil sie zu Konflikten mit den speziellen Markup-Begrenzern führen würden. Beispielsweise werden spitze Klammern (< >) verwendet, um Element-Tags zu begrenzen. Die XML-Spezifikation bietet die folgenden *vordefinierten Zeichen-Entities*, so daß Sie auch diese Zeichen sicher ausdrücken können:

Name	Wert
amp	&
apos	'
gt	>
lt	<
quot	"

Zahlen-definierte Zeichen-Entities

XML unterstützt Unicode, einen riesigen Zeichensatz mit Zehntausenden von verschiedenen Symbolen, Buchstaben und Ideogrammen. Eigentlich sollte es also keine Probleme bereiten, ein beliebiges Unicode-Zeichen in Ihrem Dokument zu verwenden. Das Problem ist nur, wie Sie ein nicht standardmäßiges Zeichen mit einer Tastatur eingeben können, die weniger als 100 Tasten hat, oder wie Sie ein solches Zeichen in einem Nur-Text-Editor darstellen können. Eine Lösung besteht darin, ein *Zahlen-definiertes Zeichen-Entity* zu verwenden, d.h. ein Entity, dessen Name die Form `#n` hat, wobei *n* eine Zahl ist, die die Position des Zeichens im Unicode-Zeichensatz repräsentiert.

Die Zahl im Namen des Entities kann im Dezimal- oder im Hexadezimalformat ausgedrückt werden. Beispielsweise ist ein kleines c mit einer Cedille (ç) das 231. Unicode-Zeichen. Dezimal kann es als `ç` und hexadezimal als `ç` repräsentiert werden. Beachten Sie, daß die hexadezimale Version im Unterschied zur dezimalen ein x als Präfix für die Zahl hat. Der Zeichenbereich, der auf diese Weise repräsentiert werden kann, beginnt bei Null und reicht bis 65.536. In Kapitel 7, *Internationalisierung*, werden wir Zeichensätze und -kodierungen eingehender behandeln.

Namen-definierte Zeichen-Entities

Das Problem mit Zahlen-definierten Zeichen-Entities ist, daß man sie sich schwer merken kann: Jedesmal, wenn Sie ein Sonderzeichen benutzen wollen, müssen Sie in einer Tabelle nachschlagen. Eine leichtere Methode, sie sich zu merken, besteht in der Verwendung von mnemonischen Entity-Namen. Diese *Namen-definierten Zeichen-Entities* benutzen als Referenz leicht zu merkende Namen wie etwa `Þ`, was für das große isländische Thorn-Zeichen (þ) steht.

Anders als vordefinierte und Zahlen-definierte Zeichen-Entities müssen Sie Namen-definierte Zeichen-Entities deklarieren. Technisch gesehen unterscheiden sich diese eigentlich nicht von anderen allgemeinen Entities. Dennoch ist es sinnvoll, diesen Unterschied zu machen, denn große Gruppen solcher Entities sind in DTD-Modulen deklariert, die Sie in Ihrem Dokument verwenden können. Ein Beispiel ist ISO-8879, ein standardisierter Satz von Namen-definierten Zeichen-Entities unter Einschluß von lateinischen, griechischen, nordischen und kyrillischen Schreibschriften, mathematischen Symbolen und verschiedenen anderen, in europäischen Dokumenten zu findenden nützlichen Zeichen.

Entities mit gemischtem Inhalt

Entity-Werte sind natürlich nicht auf ein einzelnes Zeichen beschränkt. Die allgemeineren *Entities mit gemischtem Inhalt* haben Werte von unbeschränkter Länge und können Markup wie auch Text enthalten. Diese Entities untergliedern sich in zwei Kategorien: interne und externe. Für *interne Entities* ist der Ersatztext in der Entity-Deklaration definiert, für *externe Entities* dagegen in einer anderen Datei.

Interne Entities

Interne Entities mit gemischtem Inhalt werden am häufigsten als Ersatz für ständig zu wiederholende Redewendungen, Namen und Textbausteine verwendet. Ein Entity-Verweis läßt sich nicht nur leichter eintippen als eine lange Text-Passage, sondern er verbessert auch die Exaktheit und die Wartungsfreundlichkeit, denn Sie müssen ein Entity nur einmal verändern, damit sich dies überall auswirkt. Das folgende Beispiel belegt das:

```
<?xml version="1.0"?>
<!DOCTYPE Presse SYSTEM "http://www.dtdland.org/dtds/reports.dtd"
[
  <!ENTITY Bobco "Bobs Schraubenladen GbR">
]>
<Presseerklaerung>
<Titel>&Bobco; Ertragsmeldung für das 3. Quartal</Titel>
<par>Die Ertragslage von &Bobco; im 3. Quartal des Finanzjahres kann im
allgemeinen als gut bezeichnet werden. Der Schrauben-Umsatz von &Bobco; erhöhte
sich gegenüber dem Vergleichszeitraum des Vorjahres um 35 %.</par>
<par>&Bobco; liefert seit über einem Jahrhundert hochwertige Schrauben an
Bauunternehmer. &Bobco; gilt unter den Lieferanten von Metall-
Verbindungselementen für den Bau als Marktführer.</par>
</Presse-Erklaerung>
```

Das Entity &Bobco; taucht im Dokument fünfmal auf. Wenn Sie etwas am Firmennamen ändern wollen, müssen Sie die Änderung nur an einer Stelle vornehmen. Damit der Name beispielsweise innerhalb eines <Firma>-Elements erscheint, bearbeiten Sie einfach nur die Entity-Deklaration:

```
<!ENTITY Bobco
  "<Firma>Bobs Schraubenladen GbR</Firma>">
```

Wenn Sie Markup in Entity-Deklarationen einbeziehen, stellen Sie sicher, daß Sie keine vordefinierten Zeichen-Entities (z.B. < und >) verwenden. Der Parser weiß, daß er das Markup als Entity-Wert lesen soll, denn der Wert steht innerhalb der Entity-Deklaration in Anführungszeichen. Ausnahmen hiervon sind das Anführungszeichen-Entity " und das Apostroph-Zeichen-Entity '. Wenn diese einen Konflikt mit den Wert-Begrenzern der Entity-Deklaration hervorrufen würden, dann benutzen Sie die vordefinierten Entities, z.B. wenn Sie wollen, daß Ihr Wert ein doppeltes Anführungszeichen enthält und dieser schon in doppelten Anführungszeichen steht.

Entities können Entity-Verweise enthalten, wenn die Entities, auf die verwiesen wird, zuvor deklariert worden sind. Beachten Sie, daß Sie keine Verweise auf das Entity einbinden, das Sie deklarieren wollen, andernfalls könnten Sie eine Endlos-Schleife erzeugen, in der der Parser steckenbleibt. Einige Parser erkennen und reagieren auf solche rekursiven Verweise, doch es ist und bleibt ein Fehler.

Externe Entities

Mitunter müssen Sie vielleicht ein Entity für eine so große Menge an gemischten Inhalten erstellen, daß es unpraktisch ist, alles in die Entity-Deklaration zu stecken. In diesem Falle sollten Sie ein *externes Entity* benutzen, d.h. ein Entity, dessen Ersatztext sich in einer anderen Datei befindet. Externe Entities sind nützlich, um Inhalte zu importieren, die von vielen Dokumenten gemeinsam benutzt werden oder die sich zu oft ändern, als daß es günstig wäre, sie innerhalb des Dokuments abzuspeichern. Externe Entities ermöglichen es auch, große, monströse Dokumente in kleinere Einheiten aufzuspalten, die nacheinander bearbeitet werden können und die Netzwerke nicht so stark belasten. In Abbildung 2-15 ist veranschaulicht, wie Fragmente von XML-Code und Text in ein Dokument importiert werden können.

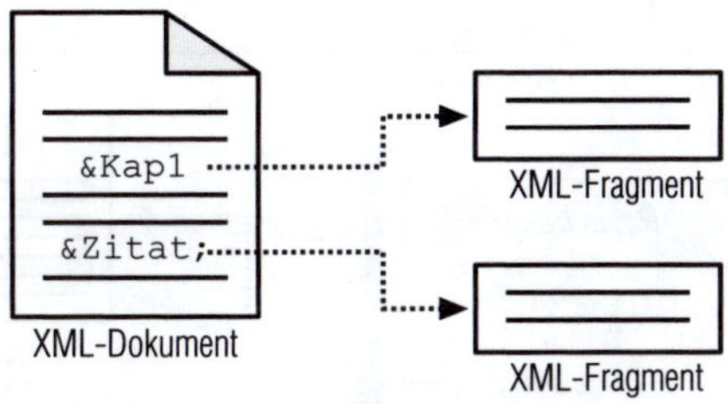

Abbildung 2-15: Benutzung von externen Entities zum Importieren von XML und Text

Mit externen Entities läßt sich ein Dokument tatsächlich in mehrere physische Teile aufbrechen. Für den XML-Prozessor zählt jedoch nur, daß die Teile ein perfektes Ganzes ergeben. Das heißt, alle Teile mit Ihren unterschiedlichen Speicherorten müssen auch weiterhin den Regeln der Wohlgeformtheit entsprechen. Der XML-Parser flickt alle Stücke zu einem logischen Dokument mit der korrekten Auszeichnung zusammen, wobei die physische Unterteilung für den Sinn des Dokuments unerheblich ist.

Externe Entities sind eine Verknüpfungstechnik. Über das Internet stellen sie eine Verbindung zu Teilen eines Dokuments her, die sich vielleicht auf weit entfernten Systemen befinden. Der Unterschied zu den üblichen XML-Links (XLinks) besteht darin, daß der XML-Prozessor bei externen Entities den Ersatztext zu dem Zeitpunkt einfügen muß, wenn das Dokument mit dem Parser analysiert wird. Andere Arten von Links finden Sie in Kapitel 3, *Verknüpfen von Ressourcen mit Links*.

Externe Entities müssen immer deklariert werden, so daß der Parser weiß, wo er den Ersatztext finden kann. Im folgenden Beispiel sind in einem Dokument zur Aufnahme der Inhalte die drei externen Entities `&Teil1;`, `&Teil2;` und `&Teil3;` deklariert:

```
<?xml version="1.0"?>
<!DOCTYPE doc SYSTEM "http://www.dtds-r-us.com/generic.dtd"
[
  <!ENTITY Teil1 SYSTEM "T1.xml">
```

```
    <!ENTITY Teil2 SYSTEM "T2.xml">
    <!ENTITY Teil3 SYSTEM "T3.xml">
]>
<Langtext>
  &Teil1;
  &Teil2;
  &Teil3;
</Langtext>
```

Dieses Verfahren ist in Abbildung 2-16 veranschaulicht. Die Datei an der Spitze der Pyramide enthält die Dokument-Deklarationen und Verweise auf externe Entities, so daß wir sie »Hauptdatei« nennen könnten. Sie anderen Dateien sind Unterdokumente, d.h. XML-Stücke, die aus sich selbst heraus keine Dokumente sind. Es wäre ein Fehler, in jedes Unterdokument Dokumentenprologe einzufügen, denn dann hätten wir kein in sich geschlossenes logisches Dokument mehr.

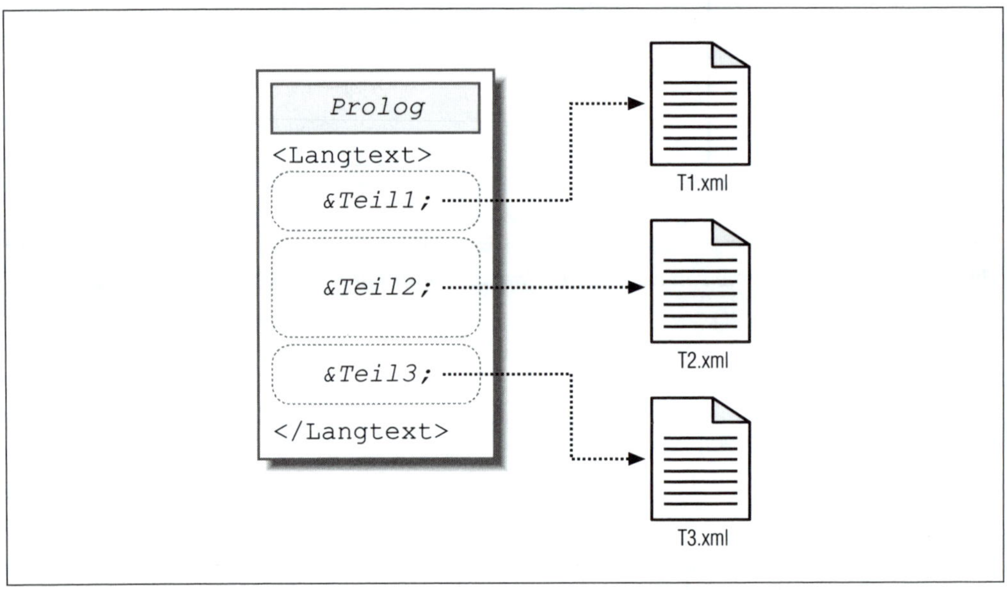

Abbildung 2-16: Ein Verbund-Dokument

Da sie lediglich Teile eines Dokuments sind und ihnen eigene Dokumentenprologe fehlen, können die Unterdokumente nicht einzeln validiert werden (obwohl sie dennoch als wohlgeformte Dokumente ohne Dokumentenprologe gelten können). Die Hauptdatei kann validiert werden, denn ihre Teile werden durch den Parser automatisch importiert, wenn er auf die externen Entities stößt. Beachten Sie jedoch, daß ein etwa vorhandener Syntax-Fehler in einem Unterdokument in das Gesamtdokument importiert wird. Externe Entities bewahren Sie nicht vor Parser- oder Gültigkeitsfehlern.

Die gerade gezeigte Syntax zum Deklarieren von externen Entities verwendet das Schlüsselwort `SYSTEM`, gefolgt von einer Zeichenkette in Anführungszeichen, die einen

Dateinamen enthält. Diese Zeichenkette wird als *System-Identifier* bezeichnet und wird verwendet, um eine Ressource anhand Ihrer Fundstelle zu identifizieren. Die Zeichenkette in Anführungszeichen ist eigentlich eine URL, so daß Sie Dateien von einem beliebigen Standort im Internet einbinden können. Zum Beispiel:

```
<!ENTITY Katalog SYSTEM "http://www.bobsschrauben.de/katalog.xml">
```

Der Nachteil des System-Identifiers ist der gleiche wie bei allen URLs: Wenn das Element, auf das verwiesen wird, sich nicht mehr an seinem Ort befindet, funktioniert der Link nicht. Um dieses Problem zu vermeiden, können Sie einen Public-Identifier in der Entity-Deklaration benutzen. Theoretisch kann einem Public-Identifier ein Hin- und Herschieben von Fundstellen nichts anhaben, so daß die korrekte Ressource abgerufen wird. Zum Beispiel:

```
<!ENTITY JWD PUBLIC "-//BOB//FILE Katalog//DE"
    "http://www.bobsschrauben.de/katalog.xml">
```

Der XML-Prozessor muß dafür natürlich wissen, wie er Public-Identifier zu benutzen hat, und er muß einen Katalog finden können, der deren Zuordnung zu den tatsächlichen Fundstellen ermöglicht. Zusätzlich gibt es keine Garantie dafür, daß der Katalog aktuell ist. Eine Menge kann schiefgehen. Vielleicht sollte dem Public-Identifier aus diesem Grunde ein System-Identifier (hier: `"http://www.bobsschrauben.de/katalog.xml"`) beigegeben werden. Wenn der XML-Prozessor mit dem Public-Identifier aus irgendeinem Grunde nichts anfangen kann, greift er auf den System-Identifier zurück. Die meisten heute verwendeten Webbrowser können mit Public-Identifiern nicht umgehen, so daß dieser Rückhalt sicher keine schlechte Idee ist.

Ungeparste Entities

Die letzte Art der in diesem Kapitel behandelten Entities ist die der vom Parser *nicht ersetzten Entities*. Diese Art von Entities nimmt Inhalte auf, die bei der Verarbeitung durch einen Parser außen vor bleiben sollen, weil sie etwas anderes als Text enthalten und den Parser wahrscheinlich verwirren würden. Ungeparste Entities werden verwendet, um Graphiken, Sound-Dateien und andere Nicht-Zeichen-Daten zu importieren.

Die Deklaration für ein ungeparstes Entity ähnelt der eines externen Entity, nur daß es einige zusätzliche Informationen am Ende hat. Zum Beispiel:

```
<?xml version="1.0"?>
<!DOCTYPE doc [
  <!ENTITY MeinBild SYSTEM "Fotos/Emil.gif" NDATA GIF>
]>
<doc>
  <para>Hier sehen Sie ein Bild von mir:</para>

  &MeinBild;

</doc>
```

Diese Deklaration unterscheidet sich von der Deklaration eines externen Entity dadurch, daß der System-Pfad-Information das Schlüsselwort `NDATA` folgt. Dieses Schlüsselwort sagt dem Parser, daß der Inhalt des Entity in einem speziellen Format bzw. in einer *Notation* vorliegt, die sich von den üblichen gemischten, geparsten Inhalten unterscheidet. Dem Schlüsselwort `NDATA` folgt ein *Notations-Identifier*, der das Datenformat spezifiziert. In diesem Falle ist das Entity eine im GIF-Format kodierte Graphik-Datei, so daß das Wort `GIF` passend ist.

Die Deklaration des Notations-Identifiers muß in einer gesonderten *Notationsdeklaration* erfolgen. Das ist eine komplizierte Angelegenheit, die in Kapitel 5, *Dokumentenmodelle: Eine höhere Stufe der Steuerung*, behandelt wird. GIF und andere Notationen sind nicht in XML integriert, und ein XML-Prozessor weiß eventuell nicht, was er damit anfangen soll. Zumindest lädt der Parser den Inhalt des Entity nicht blind und versucht ihn zu analysieren, was einen gewissen Schutz vor Fehlern bietet.

Sonstige Auszeichnungen

Elemente, Attribute, Namensräume und Entities sind die wichtigsten Auszeichnungsobjekte, doch es gibt noch weitere. Andere Auszeichnungsobjekte, darunter Kommentare, Steueranweisungen (PIs) und CDATA-Abschnitte, schirmen den Inhalt auf verschiedene Weise vor dem Parser ab und ermöglichen Ihnen, spezielle Informationen einzubinden.

Kommentare

Kommentare sind Anmerkungen im Dokument, die vom Parser nicht interpretiert werden. Wenn Sie mit anderen Personen an den gleichen Dateien arbeiten, können diese Nachrichten von unschätzbarem Wert sein. Sie können benutzt werden, um als Navigationshilfe durch ein zersplittertes Dokument den Zweck der Dateien und Abschnitte zu kennzeichnen oder um einfach miteinander zu kommunizieren. In XML gibt es eine besondere Art von Auszeichnungen, die als *Kommentare* bezeichnet werden. Die Syntax für Kommentare ist in Abbildung 2-17 zu sehen.

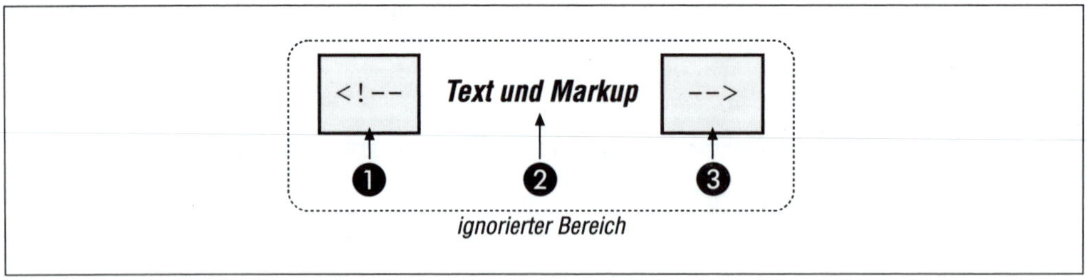

Abbildung 2-17: Syntax für Kommentare

Ein Kommentar beginnt mit vier Zeichen: einer öffnenden spitzen Klammer, einem Ausrufungszeichen und zwei Bindestrichen (1). Er endet mit zwei Bindestrichen und einer schließenden spitzen Klammer (3). Zwischen diesen Begrenzern steht der Inhalt, der ignoriert werden soll (2). Der Kommentar kann nahezu jede Art von Text enthalten, darunter Leerzeichen, Zeilenvorschübe und Auszeichnungen. Da jedoch zwei Bindestriche hintereinander (--) benutzt werden, um dem Parser mitzuteilen, wann ein Kommentar anfängt und endet, können sie nicht irgendwo innerhalb des Kommentars plaziert werden. Das bedeutet, daß Sie statt der Bindestriche ein anderes Symbol wie ein Gleichheitszeichen (=) oder einen Unterstrich (_) verwenden sollten, um eine gut zu sehende Linie zu erzeugen:

```
Gut:  <!--=======================================================-->

Gut:  <!--_______________________________________________________-->

Gut:  <!-- - - - - - - - - - - -  - - - - - - - - - - - - - - - -->

Schlecht:  <!---------------------------------------------------------->

Schlecht:  <!--                 -- So nicht! --                  -->
```

Kommentare können in Ihrem Dokument überall stehen, nur nicht vor der XML-Deklaration und innerhalb von Tags. Solche wird ein XML-Parser vollständig ignorieren. Aus nachstehender XML-Passage

```
<p>Der flinke braune Fuchs sprang<!-- test -->über den trägen Hund.
Der flinke braune <!-- test --> Fuchs sprang über den trägen Hund. Der<!--

test

-->flinke braune Fuchs
sprang über den trägen Hund.</p>
```

wird, nachdem der Parser die Kommentare entfernt hat, folgendes:

```
<p>Der flinke braune Fuchs sprangüber den trägen Hund. Der flinke braune  Fuchs
sprang über den trägen Hund. Derflinke braune Fuchs sprang über den trägen
Hund.</p>
```

Da Kommentare Markup enthalten können, lassen sie sich verwenden, um Teile von Dokumenten »auszuschalten«. Dies ist nützlich, wenn Sie einen Abschnitt vorübergehend ausblenden, ihn aber für eine spätere Benutzung parat haben wollen. In diesem Beispiel wird ein Code-Bereich auskommentiert:

```
<p>Unsere Geschäftsräume befinden sich in der:</p>
<!--
<address>Sonnenallee 59</address>
-->
<address>Schwätzerstraße 210</address>
```

Geben Sie acht, daß Sie keine Kommentare auskommentieren, wenn Sie mit dieser Technik arbeiten. Nehmen Sie also keine Kommentare innerhalb von Kommentaren vor. Da diese doppelte Bindestriche in ihren Begrenzern enthalten, wird sich der Parser beschweren, wenn er den inneren Kommentar erreicht.

CDATA-Abschnitte

Wenn Sie häufig Zeichen in Ihrem Text auszeichnen, finden Sie es vielleicht ermüdend, die vordefinierten Entities `<`, `>` und `&` zu benutzen. Sie erfordern Tipparbeit und sind im Markup für gewöhnlich schwer zu lesen. Es gibt jedoch eine andere Methode, viele verbotene Zeichen einzugeben: den CDATA-Abschnitt.

CDATA ist ein Akronym für Zeichendaten (engl.: »character data«), was so viel bedeutet wie »kein Markup«. Im wesentlichen sagen Sie dem Parser, daß dieser Abschnitt des Dokuments keine Auszeichnungen enthält und als normaler Text behandelt werden soll. Das einzige, was sich nicht in einem CDATA-Abschnitt befinden darf, ist der End-Begrenzer (`]]>`). Dafür müssen Sie sich mit einem vordefinierten Entity behelfen und es als `]]>` schreiben.

Die Syntax des CDATA-Abschnitts ist in Abbildung 2-18 zu sehen. Ein CDATA-Abschnitt beginnt mit dem 9-Zeichen-Begrenzer `<![CDATA[` (1), und er endet mit dem Begrenzer `]]>` (3). Der Inhalt des Abschnitts (2) kann Markup-Zeichen (`<`, `>` und `&`) enthalten. Diese werden allerdings vom XML-Prozessor ignoriert.

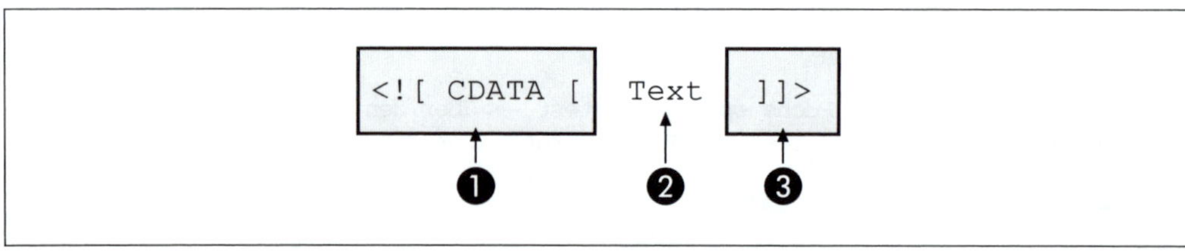

Abbildung 2-18: Syntax des CDATA-Abschnitts

Hier sehen Sie ein Beispiel für einen CDATA-Abschnitt in Aktion:

```
<para>Dann können Sie sagen <![CDATA[if (&x < &y)]]>, und die Sache ist
erledigt.</para>
```

CDATA-Abschnitte sind besonders angenehm, wenn Sie über große Bereiche, etwa von der Größe eines kleinen Computer-Programms, hinweg benutzt werden. Wenn Sie diese oft für kleine Textpassagen einsetzen, wird die Lesbarkeit Ihres Dokuments darunter leiden, so daß Sie mit der Verwendung von Entity-Verweisen besser fahren würden.

Steueranweisungen (PIs)

Informationen zur Darstellung sollten aus einem Dokument wo immer möglich herausgehalten werden. Doch es gibt Situationen, in denen Sie keine andere Wahl haben, beispielsweise wenn Sie im Dokument Seitenzahlen speichern müssen, um eine Index-Generierung zu ermöglichen. Diese Informationen betreffen nur einen bestimmten XML-Prozessor und können für andere irrelevant oder gar irreführend sein. Das Rezept für die Übermittlung dieser Art von Informationen ist eine *Steueranweisung* oder Processing Instruction (PI). Diese stellt einen Container für Daten dar, die an einen bestimmten XML-Prozessor gerichtet sind.

Die Informationen in Steueranweisungen (PIs) setzen sich aus zwei Teilen zusammen: einem Ziel-Schlüsselwort und Daten. Der Parser geht die Steueranweisungen bis zur nächsten Stufe der Verarbeitung durch. Wenn der PI-Handler das Ziel-Schlüsselwort erkennt, kann er die Daten zur Benutzung auswählen, andernfalls werden sie verworfen. Wie die Daten die Verarbeitung unterstützen, ist Sache des Entwicklers.

In Abbildung 2-19 sehen Sie die Syntax einer PI. Eine PI beginnt mit einem 2-Zeichen-Begrenzer (1), der aus einer öffnenden spitzen Klammer und einem Fragezeichen (`<?`) besteht. Dem folgt ein *Ziel* (2), eine optionale Zeichenkette als Datenanteil der PI (3) und ein Abschlußbegrenzer (4), der aus einem Fragezeichen und einer schließenden spitzen Klammer (`?>`) besteht.

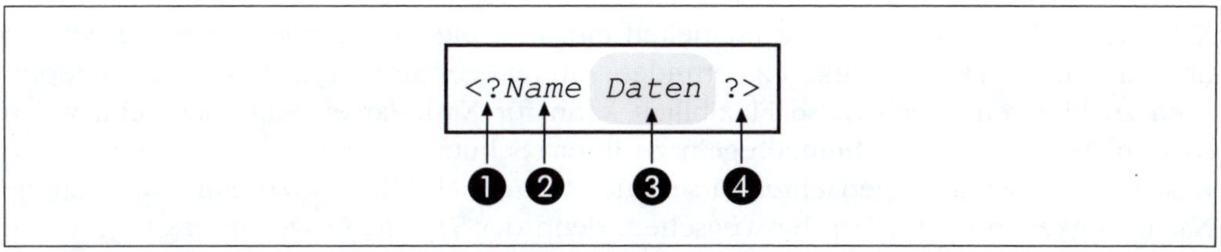

Abbildung 2-19: Syntax von Steueranweisungen

»Merkwürdig«, sagen Sie, »PIs sehen ja fast wie die XML-Deklaration aus.« Sie haben recht: Sie können sich die XML-Deklaration als Steueranweisung für alle XML-Prozessoren[4] zur Übermittlung von allgemeinen Informationen über das Dokument vorstellen.

Das Ziel ist ein Schlüsselwort, anhand dessen ein XML-Prozessor feststellen kann, ob die Daten für ihn bestimmt sind oder nicht. Das Schlüsselwort muß nicht unbedingt eine bestimmte Bedeutung haben wie etwa den Namen der Software, die es benutzt. Eine PI kann von mehr als einem Programm benutzt werden, und ein einzelnes Programm kann mehrere PIs akzeptieren. Das ist in etwa so, als ob Sie die Nachricht »Die Party findet im grünen Haus statt« an einer Wand anschlagen würden. Leute, die sich für die Party interessieren, würden den Anweisungen folgen, während die anderen dies nicht tun.

Die PI kann beliebige Daten mit Ausnahme der Kombination `?>` enthalten, die als Abschluß-Begrenzer interpretiert werden würde. Hier sehen Sie einige Beispiele für gültige PIs:

4 Durch diesen syntaktischen Trick können XML-Dokumente problemlos von älteren SGML-Systemen verarbeitet werden. Sie behandeln die XML-Deklaration einfach als weitere Steueranweisung, die außer von XML-Prozessoren ignoriert wird.

```
<?Niete S=9 Richtig?>
<?Dingsda?>
<?xyz Stop: Presse?>
```

Wenn es keine Daten-Zeichenkette gibt, kann das Ziel-Schlüsselwort selbst als Daten-Element fungieren. Ein erzwungener Zeilenumbruch ist ein gutes Beispiel. Stellen Sie sich vor, es gäbe eine lange Abschnittsüberschrift, die über den Umfang der Seite hinausgeht. Statt nun auf eine automatische Formatierung zu vertrauen, die den Titel irgendwo umbricht, wollen wir den Umbruch an einer bestimmten Stelle erzwingen.

Hier sehen Sie, wie ein erzwungener Zeilenumbruch aussehen würde:

```
<title>Die Behandlung von Eisbeinen <?lb?>im eigenen Saft <?lb?>ohne
Zuhilfenahme der <?lb?>Wärmflasche </title>
```

Wohlgeformte Dokumente

XML räumt Ihnen beträchtliche Freiheiten ein, Ihre eigenen Elementtypen zu wählen und Ihre eigenen Grammatiken zu erfinden, um maßgeschneiderte Auszeichnungssprachen zu kreieren. Doch diese Flexibilität kann für XML-Parser gefährlich sein, wenn diese nicht über einige Minimalregeln zu ihrem Schutz verfügen. Ein für eine einzige Auszeichnungssprache gedachter Parser wie etwa ein HTML-Browser kann über einige Nachlässigkeiten im Markup hinwegsehen, denn der Satz an Auszeichnungselementen ist klein, und eine Webseite ist nicht allzu komplex. Da XML-Prozessoren für jede Art von Auszeichnungssprache gewappnet sein müssen, ist ein Satz von Grundregeln notwendig.

Diese Regeln sind sehr einfache Syntax-Beschränkungen. Bei allen Tags sind ordnungsgemäße Begrenzer erforderlich. Einem Start-Tag muß ein End-Tag folgen, Elemente dürfen sich nicht überlappen usw. Dokumente, die diesen Regeln entsprechen, werden als *wohlgeformt* bezeichnet. Einige dieser Regeln sind hier aufgeführt.

Die erste Regel besagt, daß ein Element, das Text oder Elemente enthält, ein Start- und ein End-Tag haben muß.

Gut

```
<list>
  <listitem>Soßenterrine</listitem>
  <listitem>Alligator</listitem>
  <listitem>Baum</listitem>
</list>
```

Schlecht

```
<list>
  <listitem>Soßenterrine
  <listitem>Alligator
  <listitem>Baum
</list>
```

Das Tag eines leeren Elements muß vor der Abschlußklammer einen Schrägstrich (/) haben.

Gut

```
<Graphik filename="icon.png"/>
```

Schlecht

```
<Graphik filename="icon.png">
```

Warum all diese Regeln?

Web-Entwicklern, die sich ihre Zähne an HTML ausbeißen, wird auffallen, daß die Syntaxregeln von XML wesentlich strenger sind als die von HTML. Warum all die Mühe mit wohlgeformten Dokumenten? Könnte man nicht einfach Parser entwickeln, die intelligent genug sind, sich selbst um solche Sachen zu kümmern? Schauen wir uns hierzu die Regel an, daß für jedes Container-Element End-Tags erforderlich sind. In HTML können die End-Tags manchmal weggelassen werden. In diesem Falle liegt es am Browser zu entscheiden, wo ein Element zu Ende ist:

```
<Hauptteil>
  <p>Das ist ein Absatz.
  <p>Das ist auch ein Absatz.
</Hauptteil>
```

In HTML ist dies akzeptabel, denn dort gibt es hinsichtlich des `<p>`-Elements keinerlei Uneindeutigkeiten. HTML erlaubt kein `<p>` innerhalb eines anderen `<p>`. Damit ist klar, daß die beiden Geschwister sind. Alle HTML-Parser kennen von Hause aus HTML, das als *Grammatik* bezeichnet wird. In XML, wo die Grammatik nicht in Stein gehauen ist, kann es solche Uneindeutigkeiten geben:

```
<schwammig>Das ist ein Element.
<schwammig>Das ist ein anderes Element.
```

Ist das zweite `<schwammig>` ein Geschwister-Element oder ein Kind des ersten? Das läßt sich nicht sagen, denn Sie wissen nichts über das Content-Modell dieses Elements. XML verlangt von Ihnen nicht, eine Grammatik-definierte DTD zu benutzen, so daß der Parser die Antwort auch nicht kennen kann. Da XML-Parser ohne Grammatik auskommen müssen, haben wir nachsichtig mit ihnen zu sein und die Regeln der Wohlgeformtheit zu befolgen.

Alle Attribut-Werte müssen in Anführungszeichen stehen.

Gut

```
<Bild filename="icon.png"/>
```

Schlecht

```
<Bild filename=icon.png/>
```

Elemente dürfen sich nicht überlappen.

Gut

```
<a>Ein gutes <b>Beispiel</b>
für Verschachtelungen.</a>
```

Schlecht

```
<a>Das ist <b>ein schlechtes</a>
  Verschachtelungsmodell.</b>
```

In vom Parser analysierten Inhalten dürfen keine isolierten Markup-Zeichen erscheinen. Dazu gehören `<`, `]]>` und `&`.

Gut	**Schlecht**
<Gleichung>5 < 2</Gleichung>	<Gleichung>5 < 2</Gleichung>

Eine letzte Regel besagt, daß Namen von Elementen nur mit Buchstaben oder Unterstrichen beginnen und nur Buchstaben, Zahlen, Bindestriche, Punkte und Unterstriche enthalten dürfen. Für Namensräume sind Doppelpunkte erlaubt.

Gut	**Schlecht**
<Beispiel-eins>	<Falsche*Zeichen>
<_Beispiel2>	<Nicht erlaubte Freizeichen>
<Beispiel.drei>	<99Nummer-Start>

So holen Sie das meiste aus Ihrem Markup

Heute nehmen immer mehr Softwareanbieter für sich in Anspruch, daß ihre Produkte »XML-kompatibel« seien. Das klingt beeindruckend, doch ist dies wirklich etwas, um darüber in Begeisterung auszubrechen? Sicher, wohlgeformtes XML garantiert Mindeststandards für die Qualität der Daten, doch das ist nicht die ganze Wahrheit. XML ist selbst keine Sprache, sondern ein Satz von Regeln für den Entwurf von Auszeichnungssprachen. Bis Sie gesehen haben, was für eine Art von Sprache die Softwareanbieter für ihre Produkte geschaffen haben, sollten Sie daher solchen Ansprüchen mit Zurückhaltung begegnen.

Die Wahrheit ist, daß viele von XML abgeleitete Auszeichnungssprachen einfach grauenhaft sind. Oft machen sich die Entwickler keine großen Gedanken über die Struktur der Dokument-Daten. Das Ergebnis ist, daß sich die Auszeichnungen ihrer unorganisierten und verwahrlosten Datendateien weitgehend gleichen, nur daß sie andere Tags haben. Eine gute Auszeichnungssprache hat ein durchdachtes Design sowie eine logische hierarchische Struktur und verwendet reichlich Container und Attribute sowie verständliche Objekt-Namen.

Hier haben Sie ein einschlägiges Beispiel. Ein bekanntes DTP-Programm kann seine Daten als XML ausgeben. Es hat jedoch ein ernstes Problem, das seine Nützlichkeit einschränkt: Die hierarchische Struktur ist sehr flach. Es gibt keine Abschnitte oder Unterteilungen zur Aufnahme von Absätzen und kleineren Abschnitten. Alle Absätze liegen auf der gleichen Ebene, und Abschnittköpfe sind nur bessere Absätze. Vergleichen Sie das mit einer XML-Sprache wie DocBook (siehe »XML-Anwendung: DocBook« weiter unten in diesem Kapitel), die verschachtelte Elemente zur Abbildung von Beziehungen benutzt: Das heißt, um es klar zu sagen, daß sich Textbereiche innerhalb von bestimmten Abschnitten befinden. Für die Einrichtung von Formatierungen in Stylesheets oder für Transformationen sind diese Informationen wichtig.

Eine weitere Auszeichnungssprache wird für die Kodierung von Marketing-Informationen für elektronische Bücher verwendet. Ihr konzeptioneller Makel ist ein unnötig schwer zu durchschauendes und wenig hilfreiches Benennungssystem für Elemente. Die Elemente zur Aufnahme von Informationen wie der ISBN oder dem Titel der Dokumente mit `<A5>`, `<B2>` oder `<C1>` sind benannt. Diese Namen haben mit dem Zweck der Elemente nichts zu tun. Element-Namen wie `<isbn>` und `<title>` wären demgegenüber leichter verständlich.

Elemente sind die erste Überlegung beim Entwurf einer guten Auszeichnungssprache. Sie können auf verschiedene Weise eine ganze Reihe von Informationen liefern:

Typ
: Der Name innerhalb des Start- und End-Tags eines Elements unterscheidet es von anderen Typen und gibt XML-Programmen einen Anhaltspunkt für die Verarbeitung. Diese Namen sollten den Zweck des Elements im Dokument repräsentieren und für Menschen wie für Maschinen lesbar sein. Wählen Sie Namen, die so deskriptiv und sebsterklärend wie möglich sind, beispielsweise `<Modell>` oder `<Programm-Listing>`. Folgen Sie der Konvention, nur Kleinbuchstaben zu benutzen und vermeiden Sie alternierende Schreibungen (z.B. `<OrderedList>`), denn niemand weiß später mehr, wann was wie geschrieben wird. Widerstehen Sie dem Drang, generische Elementtypen zu verwenden, die so ziemlich alles aufnehmen könnten. Und jeder, der unsinnige Namen wie `<XjKnpl>` oder `<J-9>` wählt, sollte geteert und gefedert werden.

Inhalt
: Der Inhalt eines Elements kann Zeichen, Elemente oder beides enthalten. Elemente innerhalb von gemischten Inhalten modifizieren die Zeichen-Daten (sie kennzeichnen beispielsweise ein Wort als hervorgehoben) und werden *Inline*-Elemente genannt. Andere Elemente werden verwendet, um ein Dokument aufzuteilen und werden häufig als *Komponenten* oder *Blöcke* bezeichnet. In Zeichen-Daten werden Leerräume anders als in HTML und anderen Auszeichnungssprachen für gewöhnlich beachtet.

Position
: Die Position eines Elements innerhalb eines anderen Elements ist wichtig. Die Reihenfolge von Elementen wird immer bewahrt, so daß sequentielle Gliederungen wie etwa numerierte Liste ausgedrückt werden können. Elemente, häufig die ohne Inhalt, können benutzt werden, um eine Stelle im Text zu markieren – beispielsweise um eine Graphik oder Fußnote einzufügen. Ein Textbereich kann auch von zwei Elementen markiert werden, wenn es unpraktisch wäre, diesen Bereich mit einem einzigen Element zu überspannen.

Hierarchie
: Auch der Vorgänger eines Elements kann Informationen beisteuern. Beispielsweise wird ein `<Titel>`, wenn er sich innerhalb eines `<Kapitel>`-, eines `<Abschnitt>`- oder eines `<Tabellen>`-Elements befindet, mit jeweils anderen Schriftbildern und -größen formatiert. Stylesheets können die Informationen über Vorgänger-Elemente verwenden, um zu entscheiden, wie ein Element verarbeitet werden soll.

Namensraum
: Elemente können mit Namensräumen nach ihrer Quelle oder ihrem Zweck kategorisiert werden. In XSLT beispielsweise werden die `xsl`-Namensraum-Elemente benutzt, um den Transformationsvorgang zu steuern, während andere Elemente nur Daten zur Erstellung des Ergebnisbaums sind. Einige Webbbrowser können

mit Dokumenten mit mehreren Namensräumen umgehen. So unterstützt Amaya etwa MathML-Gleichungen innerhalb von HTML-Seiten. In beiden Fällen unterstützt der Namensraum den XML-Prozessor bei der Entscheidung, wie die Elemente abgearbeitet werden sollen.

Die zweite Überlegung beim Entwurf einer guten Auszeichnungssprache ist die Verwendung von Attributen. Setzen Sie diese sparsam ein, denn Sie neigen dazu, das Markup zu überladen – doch verwenden Sie sie, wenn Sie sie brauchen. Ein Attribut liefert spezielle Informationen über ein Element, die helfen, dessen Rolle im Dokument zu spezifizieren. Es sollte nicht verwendet werden, um Inhalte aufzunehmen. Bisweilen ist es schwer, sich zwischen Attribut und Kind-Element zu entscheiden. Hier sind einige grobe Anhaltspunkte:

Verwenden Sie ein Element, wenn

- der Inhalt mehr als ein paar Worte lang ist. Einige XML-Parser können eine Obergrenze dafür haben, wieviele Zeichen ein Attribut maximal enthalten darf, und lange Attribut-Werte sind schwer zu lesen.
- die Reihenfolge zählt. Die Reihenfolge der Attribute in einem Element wird ignoriert, doch die Reihenfolge der Elemente wird beachtet.
- die Information Teil des Inhalts des Dokuments ist und nicht nur ein Parameter zur Einstellung des Verhaltens des Elements. Falls ein XML-Prozessor mit Ihrem Dokument nicht zurechtkommt (vielleicht weil er keinerlei Unterstützung für Ihr Stylesheet bietet), werden Attribute nicht dargestellt, während die Inhalte eines Elements so dargestellt werden, wie sie sind. Wenn dies passiert und Sie ein Element statt eines Attributs verwendet haben, kann Ihr Dokument zumindest noch entziffert werden.

Verwenden Sie ein Attribut, wenn

- die Information das Element auf subtile Weise mit Auswirkungen auf die Verarbeitung modifiziert, diese jedoch kein Teil des Inhalts ist. Vielleicht wollen Sie zum Beispiel eine bestimmte Art von Aufzählungszeichen für eine ungeordnete Liste spezifizieren:

  ```
  <bulletlist bullettype="filledcircle">
  ```

- Sie den Wert beschränken wollen. Mit einer DTD können Sie sicherstellen, daß ein Attribut Teil eines Satzes von vordefinierten Werten ist.
- die Information ein eindeutiger Identifier oder ein Verweis auf einen Identifier in einem anderen Element ist. XML bietet spezielle Techniken zur Austestung von Identifiern in Attributen, um sicherzustellen, daß Links nicht verwaist sind. Schlagen Sie »Interne Verknüpfungen mit ID und IDREF« in Kapitel 3, *Verknüpfen von Ressourcen mit Links*, nach, wenn Sie mehr über diesen Typ von Verknüpfungen erfahren möchten.

Steueranweisungen sollten so sparsam wie möglich verwendet werden. Sie enthalten im allgemeinen Informationen, die kein Inhalt sind und sich nicht auf ein spezielles Element beziehen, sondern von einem bestimmten XML-Prozessor benutzt werden. PIs können beispielsweise benutzt werden, um einen Seitenumbruch für den Druck zu kennzeichnen, was für eine Web-Version des Dokuments jedoch keinen Sinn machen würde. Für eine Auszeichnungssprache bietet es sich nicht an, zu sehr auf PIs zu bauen.

Zweifellos werden Sie gute und schlechte Beispiele von XML-Auszeichnungen sehen, was aber nicht heißt, daß Sie die gleichen Fehler auch selbst machen müssen. Seien Sie stets bemüht, Ihr Design so durchdacht wie möglich zu gestalten.

XML-Anwendung: DocBook

XML-*Anwendungen* sind Auszeichnungssprachen, die XML-Regeln zur Grundlage haben. Sie sollten nicht mit XML-Software-Anwendungen verwechselt werden, die in diesem Buch als XML-*Prozessoren* bezeichnet werden. Eine XML-Anwendung ist oft selbst ein Standard mit einer öffentlich verfügbaren DTD. Eine solche Anwendung ist DocBook, eine Auszeichnungssprache für technische Dokumentationen.

DocBook ist eine große Auszeichnungssprache, die aus Hunderten von Elementen besteht. Sie wurde von einer Gruppe von Unternehmen und Organisationen für eine Vielfalt von Aufgaben im Zusammenhang mit technischen Dokumentationen entwickelt. DocBook ist flexibel genug, um alles von einseitigen Gebrauchsanweisungen bis hin zu mehrbändigen Handbüchern zu kodieren. Heute erfreut sich DocBook einer großen Benutzergemeinde, worunter sich Open-Source-Entwickler und Verlage befinden. Einzelheiten über den DocBook-Standard finden Sie in Anhang B, *Klassifikation der Standards*.

Beispiel 2-4 ist eine Instanz eines DocBook-Dokuments, in diesem Falle eine Produkt-Bedienungsanleitung. (Tatsächlich verwendet sie eine DTD mit der Bezeichnung »Barebones DocBook«. Eine ähnliche, aber wesentlich kleinere Version von DocBook ist in Kapitel 5, *Dokumentenmodelle: Eine höhere Stufe der Steuerung*, beschrieben.) Das gesamte Beispiel ist mit Zahlenmarken versehen, zu denen Sie am Ende entsprechende Anmerkungen finden.

Beispiel 2-4: Ein DocBook-Dokument

```
<?xml version="1.0" encoding="utf-8"?>  ❶
<!DOCTYPE book SYSTEM "/xmlstuff/dtds/barebonesdb.dtd"  ❷
[
  <!ENTITY Firma "Cybertronix">
  <!ENTITY Produkt "Düsentrieb-Schraubenzieher 9000">
]>

<book>  ❸
  <title>&Produkt; Bedienungsanleitung</title>  ❹
  <author>Heinrich Wagenbricht</author>

  <preface id="preface">
    <title>Vorwort</title>
```

Beispiel 2-4: Ein DocBook-Dokument (Fortsetzung)

```
    <sect1 id="about">
      <title>Verfügbarkeit</title>

<!-- Hinweis an den Autor: Hier vielleicht ein Bild? -->

      <para> ❺
Die Informationen in dieser Bedienungsanleitung liegen in folgenden Formaten vor:
      </para>

      <itemizedlist> ❻
        <listitem><para>
Unmittelbare Gedankenübertragung
        </para></listitem>
        <listitem><para>
Lumineszenzglotzendarstellung
        </para></listitem>
        <listitem><para>
Tinte auf komprimierten toten Bäumen
        </para></listitem>
        <listitem><para>
Keilschrift auf Tontafeln
        </para></listitem>
      </itemizedlist>

      <para>
Verkauft wird der &Produktname; in allen intergalaktischen Zeitungskiosken sowie
überall da, wo &Firma;-Geräte zu haben sind. Wenn Sie weitere Informationen
benötigen oder ein Exemplar per Hyperraum-Kurier bestellen wollen, besuchen Sie
bitte unsere Website für das gesamte Universum unter der Adresse <systemitem ❼
role="url">http://www.cybertronix.com/sonic_screwdrivers.html</systemitem>.
      </para>
    </sect1>

    <sect1 id="disclaimer">
      <title>Hinweis</title>
      <para>
Es wurden zwar <emphasis>alle</emphasis> ❽
Anstrengungen unternommen, um die Qualität und Nützlichkeit dieses Leitfadens
sicherzustellen. Für gelegentliche Unkorrektheiten oder Schreibfehler können wir
jedoch keine Verantwortung übernehmen.
      </para>
    </sect1>
  </preface>


  <chapter id="intro"> ❾
    <title>Einleitung</title>

    <para>
Herzlichen Glückwunsch, daß Sie sich für eines der wertvollsten Werkzeuge im
Universum entschieden haben! Der &Firma; &Produkt; ist ein Gerät, ohne das kein
```

Beispiel 2-4: Ein DocBook-Dokument (Fortsetzung)

```
Hyperraum heute mehr auskommt. Nachfolgend sind einige der unzähligen Funktionen
dieses Geräts aufgeführt:
    </para>

    <itemizedlist>
      <listitem><para>
Knackt Schlösser in Sekunden. Nie wieder ausgesperrt im Meteoritenschauer vor Ihrem
Raumkreuzer. Geeignet für alle Marken und Modelle, darunter Franz Jäger Berlin, Borg
und Razzfazz.
      </para></listitem>
      <listitem><para>
Punktschweißen von Blech, Legierungen, Plaste, Hautläsionen und praktisch allen
anderen Materialien.
      </para></listitem>
      <listitem><para>
Befreit Ihre Wohnung von Ungeziefer. Verbannt Insekten, Nager und Computer-Viren aus
Ihrer Zeitmaschine oder aus Ihrem Raumschiff.
      </para></listitem>
      <listitem><para>
Schneidet Lebensmittel von Tomaten bis hin zu Wattwürmern. Anders als bei einem
Messer haben Sie mit keiner stumpfen Klinge zu kämpfen.
      </para></listitem>
    </itemizedlist>
    <para>
Und das sagen zufriedene Kunden über ihren &Firma; &Produkt;:
    </para>

    <comment> ❿
Sollten wir die Namen der betreffenden Personen nennen?  --Ed.
    </comment>

    <blockquote>
      <para>
<quote>Er half mir, vom Gefängnisplaneten Kessel zu entfliehen. Ohne meinen
Cybertronix 9000 wäre ich heute nicht mehr am Leben.</quote>
      </para>
    </blockquote>

    <blockquote>
      <para>
<quote>Als Barkeeper im "Restaurant am Ende der Galaxis" muß ich Martinis
<emphasis>gerade richtig</emphasis> mixen. Einige meiner Kunden können recht grantig
werden, wenn ich mich vertue. Zum Glück ist mein neuer Düsentrieb-Schraubenzieher
von Cybertronix so präzise, daß er stets genau die richtige Mischung trifft. Nie
mehr ins Mündungsrohr einer Kill-o-Zap-Pistole schauen!</quote>
      </para>
    </blockquote>


  </chapter>
```

Beispiel 2-4: Ein DocBook-Dokument (Fortsetzung)

```
  <chapter id="controls">
    <title>Bedienung der Steuerelemente</title>

    <sect1>
      <title>Überblick</title>

      <para>
<xref linkend="controls-diagram"/> ist ein Schaubild mit den Teilen Ihres
&Produkt;.
      </para>

      <figure id="controls-diagram">  ⓫
        <title>Explosionszeichnung der Teile</title>
        <graphic fileref="parts.gif"/>
      </figure>

      <para>
In <xref linkend="controls-table"/>   ⓬
sind die Funktionen der im Schaubild bezeichneten Teile aufgeführt.
      </para>

      <table id="controls-table">  ⓭
        <title>Beschreibung der Steuerelemente</title>
        <tgroup cols="2">
          <thead>
            <row>
              <entry>Steuerelement</entry>
              <entry>Zweck</entry>
            </row>
          </thead>
          <tbody>
            <row>
              <entry>Netzschalter-Atrappe</entry>
              <entry><para>
Sieht aus wie ein normaler Ein-/Aus-Schalter. Bei einem Druck auf diesen Schalter
geht jedoch nur eines Lämpchen an. Äußerst praktisch, wenn Sie Ihren &Produkt;
verlegt haben und dieser von primitiven Kreaturen aus dem All entdeckt wird, die
sich sonst aus Versehen daran verletzen könnten.
              </para></entry>
            </row>
            <row>
              <entry><emphasis>Echter</emphasis> Netzschalter</entry>
              <entry><para>
Ein unsichtbarer Kapazitätsschalter mit Fingerabdruck-Abtastung.
              </para></entry>
            </row>
:
            <row>
              <entry>Der <quote>Z</quote>-Drehschalter</entry>
              <entry><para>
```

Beispiel 2-4: Ein DocBook-Dokument (Fortsetzung)

```
Wir sind nicht ganz sicher, wozu dieser tatsächlich da ist. Unsere Laborprüfer
erzielten damit die unterschiedlichsten Ergebnisse--von Teleportierung bis hin zu
spontaner Verflüssigung. <emphasis role="bold">Benutzung auf eigene Gefahr!</
emphasis>
              </para></entry>
            </row>
          </tbody>
        </tgroup>
      </table>

      <note>
        <para>
Ein Hinweis für Gliederfüßer: Versuchen Sie mit Ihren starren Gliedmaßen nicht
länger, krampfhaft eine unergonomische Position einzunehmen. Unsere neuen
krallenfreundlichen Manipulatoren sind da.
        </para>
      </note>

      <sect2 id="power-sect">
        <title>Netzschalter</title>

        <sect3 id="decoy-power-sect">
          <title>Warum eine Atrappe?</title>

          <comment>
Hier bietet sich an, über den Einschlag des Tungusischen Kometen im Jahre 1908 zu
sprechen.
          </comment>
        </sect3>
      </sect2>
    </sect1>

    <sect1>
      <title>Anzeige-Display</title>
      <para>
Auf dem Anzeige-Display werden Fehlermeldungen und Warnhinweise wie etwa
<errorcode>LOW-BATT</errorcode>  ⓮
(Batterie-Spannung zu niedrig) eingeblendet.<footnote>  ⓯

        <para>
Das weiterentwickelte Modell verwendet nun eine direkte Verbindung zum Sehzentrum in
der Großhirnrinde des Benutzers, doch der Effekt ist fast der gleiche wie bei der
primitiveren Flüssigkristall-Anzeige.
        </para>

</footnote> Wenn Ihr &Produkt; hochfährt, sollte eine Status-Anzeige wie die
folgende eingeblendet werden:
      </para>

                  ⓰
      <screen>STATUS-ANZEIGE
```

Beispiel 2-4: Ein DocBook-Dokument (Fortsetzung)

```
BATT: 1,782E8 V
TEMP: 22¯C
FREQ: 9,32E3 Hz
GARANTIE: ACTIV</screen>
    </sect1>

    <sect1>
      <title>Batterie</title>
      <para>
Ihr &Produkt; ist in der Lage, ungeheure Energiemengen zu erzeugen. Aus diesem
Grunde reicht eine normale Batterie nicht aus. Als Energiequelle dient ein
niedlicher kleiner Nuklearreaktor mit einem Stück hochangereichertem Plutonium, der
bis zu 10 Megawatt an Energie für Ihr Gerät bereitstellt. Mit einer Halbwertszeit
von über 20 Jahren kommen Sie eine ganze Weile ohne Austausch aus.
      </para>
    </sect1>
  </chapter>
</book>
```

Es folgen die Anmerkungen zu Beispiel 2-4:

❶ Die XML-Deklaration besagt, daß diese Datei ein XML-Dokument enthält, das der Version 1.0 der XML-Spezifikation entspricht und daß Zeichensatz UTF-8 benutzt werden soll (mehr über Zeichensätze finden Sie in Kapitel 7, *Internationalisierung*). Die `standalone`-Eigenschaft ist nicht erwähnt, also wird der Standardwert »no« benutzt.

❷ Diese Dokumenttyp-Deklaration tut drei Dinge. Erstens sagt sie uns, daß das Wurzelelement `<book>` ist. Zweitens verknüpft sie eine DTD mit dem Dokument und gibt als Fundstelle */xmlstuff/dtds/barebonesdb.dtd* an. Und drittens deklariert sie in der internen Deklarationsteilmenge des Dokuments zwei allgemeine Entities. Diese Entities werden im ganzen Dokument immer dann verwendet, wenn der Name des Herstellers oder des Produkts benutzt wird. Wenn sich in Zukunft der Produktname ändert oder das herstellende Unternehmen verkauft wird, muß der Autor nur die Werte in den Entity-Deklarationen aktualisieren.

❸ Das `<book>`-Element ist die Wurzel des Dokuments, d.h. das Element, das den gesamten Inhalt enthält. Es steht am Anfang einer Hierarchie, zu der ein `<preface>`- und ein `<chapter>`-Element gehören, gefolgt von einigen Abschnitten, die mit `<sect1>`, dann `<sect2>` usw. bis hinunter zur Ebene der paragraph- und list-Elemente ausgezeichnet sind. Im Beispiel gibt es nur zwei `<chapter>`-Elemente, doch in einem echten Dokument würden diesen weitere Kapitel folgen, die jeweils ihre eigenen Abschnitte, Absätze usw. hätten.

❹ Beachten Sie, daß alle Hauptkomponenten (preface, chapter, sect) mit einem `<title>`-Element beginnen. Dies ist ein Beispiel dafür, wie ein Element in verschiedenen Kontexten benutzt werden kann. In einem formatierten Exemplar dieses Dokuments werden die Titel der verschiedenen Ebenen unterschiedlich dargestellt

– einige groß, die anderen klein. Ein Stylesheet benutzt die hierarchischen Informationen (d.h. was ist der Vorgänger dieses `<title>`-Elements), um zu bestimmen, wie es formatiert werden soll.

❺ Ein `<para>`-Element ist ein Beispiel für ein Blockelement, was bedeutet, daß es mit einer neuen Zeile beginnt, ein Gemenge aus Zeichendaten und Elementen enthält und durch einen rechteckigen Bereich begrenzt ist.

❻ Mit diesem Element beginnt eine ungeordnete Liste von Elementen. Wenn dies eine numerierte Liste (zum Beispiel `<orderedlist>` statt `<itemizedlist>`) wäre, müßten wir die Nummern nicht als Inhalt eintragen. Die XML-Formatierung würde dies für uns tun und dabei gleichzeitig die Reihenfolge der `<listitem>`-Elemente aufrechterhalten sowie automatisch Nummern entsprechend den Einstellungen des Stylesheets generieren. Das ist ein anderes Beispiel für ein (`<listitem>`)-Element, das in Abhängigkeit davon, in welchem Element es sich befindet, unterschiedlich behandelt wird.

❼ Dieses `<systemitem>`-Element ist ein Beispiel für ein Inline-Element, das Text innerhalb des Textflusses modifiziert. In diesem Fall kennzeichnet es seine Inhalte als URL einer Ressource im Internet. Der XML-Prozessor kann diese Information benutzen, um Formate anzuwenden (damit es sich vom umgebenden Text unterscheidet) und in bestimmten Medien, zum Beispiel einem Computer-Display, um es in einen Link zu verwandeln, den der Benutzer anklicken kann, um die Ressource zu betrachten.

❽ Hier sehen Sie ein weiteres Inline-Element, das diesmal seine Inhalte als Text kodiert, der eine Hervorhebung verlangt, vielleicht damit er fett oder kursiv formatiert werden kann.

❾ Dieses `<chapter>`-Element hat ein `ID`-Attribut, weil wir vielleicht irgendwo im Text einen Querverweis auf dieses Element einfügen wollen. Ein Querverweis ist ein leeres Element wie dieses:

```
<xref linkend="idref"/>
```

`idref` ist dabei der Wert der `ID` Elements, auf das verwiesen wird. In diesem Falle könnte es `<xref linkend="chapt-1"/>` sein. Wenn das Dokument formatiert ist, wird dieses Querverweis-Element durch Text wie beispielsweise »Kapitel 1, Einführung« ersetzt.

❿ Dieses Block-Element enthält einen Kommentar, der als Hinweis für jemanden im Redaktionsteam fungiert. Es wird formatiert, so daß es sich abhebt und vielleicht weniger dunkel getönt ist. Wenn das Buch zum Druck geht, wird ein anderes Stylesheet benutzt, das dafür sorgt, daß diese `<comment>`-Elemente nicht mitgedruckt werden.

⓫ Dieses `<figure>`-Element enthält eine Graphik und ihre Beschriftung. Das `<graphic>`-Element ist ein Link (siehe Kapitel 3, *Verknüpfen von Ressourcen mit Links*) auf eine Graphikdatei, die der XML-Prozessor zur Darstellung importieren muß.

⓬ Hier sehen Sie ein Beispiel für einen Querverweis in Aktion. Er verweist auf ein `<table>`-Element (das `linkend`-Attribut und das `ID`-Attribut des `<table>`-Elements sind identisch). Dies ist ein `ID-IDREF`-Link, der in Kapitel 3, *Verknüpfen von Ressourcen mit Links*, beschrieben wird. Die Formatierung ersetzt das `<xref>`-Element durch Text wie etwa »Tabelle 2.1«. Wenn Sie nun den Satz noch einmal lesen und für das Querverweis-Element diesen Text einsetzen, macht er doch Sinn, oder nicht? Ein Grund für die Verwendung eines Querverweis-Elements wie diesem, statt einfach »Tabelle 2.1« zu schreiben, besteht darin, daß die Formatierung den Text automatisch aktualisieren wird, falls die Tabelle in ein anderes Kapitel verschoben werden sollte.

⓭ So würde eine Tabelle[5] mit acht Zeilen und zwei Spalten in DocBook ausgezeichnet werden. Die erste Zeile, die in einem `<thead>`-Element erscheint, ist der Kopf der Tabelle.

⓮ Das `<errorcode>`-Element ist ein Inline-Tag, doch in diesem Fall bezeichnet es keine spezielle Formatierung (obwohl wir es anders formatieren können, wenn wir dies wollen). Statt dessen dient es als Bezeichner für eine besondere Art von Element: einen Fehlercode, der in einem Computerprogramm benutzt wird. In DocBook gibt es zahlreiche spezielle Computerbegriffe, zum Beispiel `<filename>`, `<function>` und `<guimenuitem>`, die als Inline-Elemente verwendet werden.

Wir wollen diese Elemente im einzelnen auszeichnen, denn die Wahrscheinlichkeit ist groß, daß jemand das Buch nach bestimmten Dingen durchsuchen will. Sie können jederzeit ein Schlüsselwort in eine Suchmaschine eingeben, und diese wird für Sie die Fundstellen ermitteln. Wenn Sie die Suche jedoch auf den Inhalt der `<errorcode>`-Elemente beschränken können, ist die Wahrscheinlichkeit größer, daß Sie nur eine relevante Fundstelle geliefert bekommen statt ein Homonym im falschen Kontext. Beispielsweise taucht das Schlüsselwort `String` in vielen Programmiersprachen auf und kann alles vom Teil eines Methodennamens bis hin zu einem Datentyp sein. Ein ganzes Buch über Java zu durchsuchen, würde im wahrsten Sinne des Wortes Hunderte von Fundstellen zutage fördern. Durch Einschränken Ihrer Suche könnten Sie spezifizieren, daß der Begriff innerhalb eines bestimmten Elements wie `<type>` stehen soll.

⓯ Hier haben wir eine Fußnote eingefügt. Das `<footnote>`-Element fungiert sowohl als Container für Text als auch als Markierung, die einen speziellen Punkt für eine besondere Verarbeitung kennzeichnet. Wenn das Dokument formatiert ist, wird an

5 Eigentlich beruhen das `<table>`-Element und alle Elemente in seinem Innern auf einer anderen Anwendung, dem CALS-Tabellenmodell, bei dem es sich um einen älteren Standard des US-amerikanischen Verteidigungsministeriums handelt. Es ist ein flexibles System, mit dem viele Arten von Tabellen mit Spannweiten, Kopf- und Fußzeilen sowie anderen nützlichen Dingen definiert werden können. Die DocBook-DTD importiert die CALS-Tabellen-DTD, so daß sie Teil von DocBook wird. Oft ist es der Fall, daß jemand etwas schon einmal implementiert hat. Statt nun das Rad immer wieder neu zu erfinden, macht es Sinn, diese Implementierung in ihre eigene Arbeit zu importieren (vorausgesetzt, diese ist öffentlich und Sie vertrauen ihr).

diesem Punkt das Fußnotensymbol wie etwa ein Sternchen (*) eingefügt. Die Inhalte der Fußnote werden an eine andere Stelle verschoben, meist an den unteren Rand der Seite.

⓰ Ein `<screen>`-Element wird definiert, um alle Leerräume (Leerzeichen, Tabulatoren, Zeilenvorschübe) zu bewahren, da Computerprogramme häufig zusätzliche Leerzeichen enthalten, um sie besser lesbar zu machen. XML bewahrt die Leerräume in allen Elementen, soweit es nicht andere Anweisungen bekommt. DocBook weist XML-Prozessoren an, zusätzliche Leerzeichen in allen außer in ein paar Elementen zu verwerfen. Wenn daher das Dokument formatiert wird, werden aus Absätzen alle zusätzlichen Leerzeichen entfernt und diese korrekt ausgerichtet, während die zusätzlichen Leerzeichen in Bildschirmdarstellungen und Programmlistings erhalten bleiben.

Das ist in aller Kürze DocBook in Aktion. Wenn Sie an weiteren Informationen über diese populäre XML-Anwendung interessiert sind, sehen Sie sich die Beschreibung in Anhang B, *Klassifikation der Standards*, an.

3

Verknüpfen von Ressourcen mit Links

Grob definiert ist ein *Link* eine Beziehung zwischen zwei oder mehr Ressourcen. Eine *Ressource* kann ein beliebiges aus einer Anzahl von Dingen sein. Sie kann ein – vielleicht in XML geschriebenes – Textdokument sein. Sie kann eine Binär-Datei wie etwa eine Graphik oder eine Sound-Aufzeichnung sein. Sie kann sogar ein Service (wie etwa ein News-Channel oder ein E-Mail-Editor) oder ein Computerprogramm sein, das Daten dynamisch generiert (eine Suchmaschine oder eine Schnittstelle mit einer Datenbank zum Beispiel).

In der Regel ist eine dieser Ressourcen ein XML-Dokument. Um beispielsweise ein Bild in Ihren Text einzufügen, können Sie eine Verknüpfung von Ihrem Dokument zu der das Bild enthaltenden Datei erstellen. Wenn der XML-Prozessor auf den Link trifft, findet er die Graphik-Datei anhand der im Link zur Verfügung gestellten Informationen und stellt sie dar. Ein weiteres Beispiel für eine Link-Verknüpfung wäre es, Ihr Dokument mit einem anderen XML-Dokument zu verbinden. Mit einem solchen Link kann der XML-Prozessor den Inhalt der zweiten Ressource automatisch oder auf Anforderung durch den Benutzer darstellen.

Einführung

Wie in Abbildung 3-1 zu sehen, können Sie Links benutzen, um ein Netz miteinander verbundener Medien zu schaffen und auf diese Weise den Wert Ihres Dokuments zu erhöhen. Die Links in diesem Schaubild werden *einfache Links* genannt, denn sie umfassen nur zwei Ressourcen, von denen mindestens eine ein XML-Dokument ist, und sie funktionieren nur in eine Richtung. Alle Informationen für diese Art von Link befinden sich innerhalb eines einzigen XML-Elements, das als eine Seite des Links fungiert. Die zuvor genannten Beispiele – das Importieren einer Graphik und die Verknüpfung von zwei XML-Dokumenten – sind einfache Links.

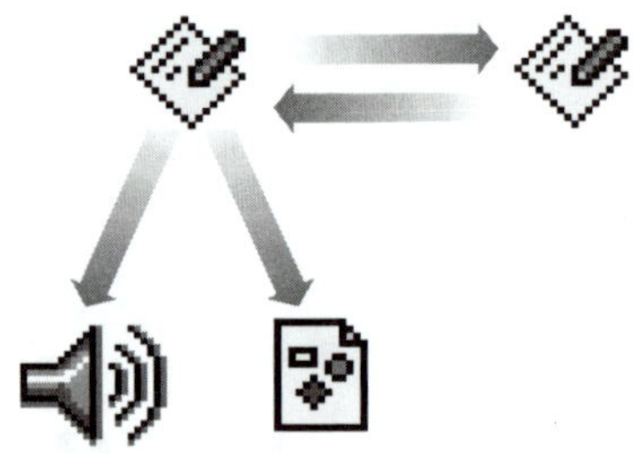

Abbildung 3-1: Ein Konstellation mit durch Links verknüpften Ressourcen

Komplexere Links können viele Ressourcen miteinander kombinieren, und die Link-Information kann an einem Ort gespeichert sein, der mit dem eigentlichen, zu verknüpfenden Dokument nichts zu tun hat. Beispielsweise könnte eine Website eine Hauptseite haben, auf der ein komplexes Navigationssystem definiert ist, statt auf jeder Seite eigene Links auf andere Seiten zu deklarieren. Ein solche Abstraktion erleichtert die Wartung eines komplizierten Geflechts von Seiten, da alle Konfigurationsinformationen sich in einer Datei befinden.

In diesem Buch werden wir uns nur auf einfache Links konzentrieren. Der Grund ist, daß die Spezifikation für das Verhalten komplexer Links (die Teil von XLink ist) sich während der Entstehung des Buches noch in Entwicklung befand,[1] und daß es zur Zeit nur wenige XML-Prozessoren gibt, die mit komplexen Links umgehen können. Bis es jedoch mehr Konsens über komplexe Links gibt, können Sie eine Menge auch mit einfachen Links erreichen. Sie können zum Beispiel:

- ein großes Dokument in mehrere Dateien aufspalten und diese durch Links miteinander verknüpfen. Dadurch können mehrere Personen zur gleichen Zeit an dem Dokument arbeiten, und große Dateien können in eine Gruppe von kleineren aufgeteilt werden, was die Bandbreiten-Belastung reduziert.
- durch die Verwendung von Links eine Navigationsmöglichkeit zwischen den Komponenten eines Dokuments schaffen, um ein Menü mit wichtigen Sprungadressen, ein Inhaltsverzeichnis oder einen Index zu erstellen.
- in Ihr Dokument Verweise auf andere Dokumenten irgendwo im Internet einfügen, wobei mit Links ein Mittel zur Verfügung gestellt wird, um diese abzurufen und einzublenden.
- durch die Verwendung von Links Daten oder Text importieren und diese im Dokument darstellen, um Bilder, Programm-Ausgaben oder Auszüge aus anderen Dokumenten einzubinden.
- eine Medien-Präsentation zur Verfügung stellen. Um eine Film- oder Sound-Sequenz in Ihre Präsentation einzubinden, können Sie einen Link auf diese erstellen.

1 XLink 1.0 wurde am 27. Juni 2001 als offizielle W3C-Empfehlung verabschiedet.

- auf dem System des Benutzers ein Ereignis auslösen, indem Sie etwa eine E-Mail schreiben, einen News-Reader starten oder einen Medien-Channel öffnen. Der Link kann (braucht aber nicht) Informationen darüber enthalten, welche Software-Anwendung benutzt werden soll, um die Ressource zu verarbeiten. Wenn er keine enthält, kann der XML-Prozessor auf seine Voreinstellungen oder eine systemweite Tabelle zurückgreifen, die Ressourcentypen (z.B. MIME-Typen) vorhandenen Software-Anwendungen zuweist.

In Abbildung 3-2 sehen Sie einen einfachen Link, der aus zwei durch einen Pfeil miteinander verbundenen Ressourcen besteht. Die *lokale* Ressource ist der Ursprung des Links und ist mit allen Informationen ausgestattet, um diesen Link auszulösen. Die *entfernte* Ressource ist das Ziel des Links. Das Ziel spielt eine passive Rolle und ist an der Einrichtung des Links nicht unmittelbar beteiligt, auch wenn es möglicherweise über einen Identifier verfügt, an den sich der Link halten kann. Die Beziehung zwischen den Ressourcen wird als *Arc* oder auch Kante bezeichnet. Dieser ist hier als Pfeil dargestellt, der zeigt, daß eine Seite die Verbindung zur anderen aufbaut. Dieses Muster wird auch in HTML verwendet, um Bilder zu importieren und Hypertext-Links anzulegen.

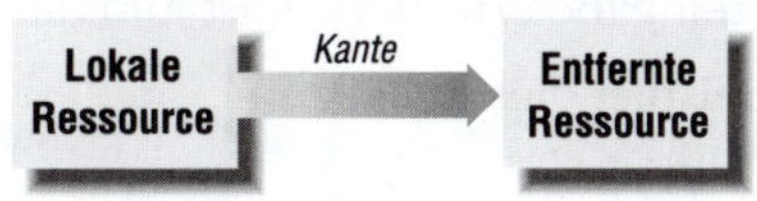

Abbildung 3-2: Ein einfacher Link

Ein einfacher Link hat folgende Eigenschaften:

- Es gibt zwei am Link beteiligte Ressourcen: eine lokale Ressource, die die Link-Informationen enthält, sowie eine entfernte Ressource. Die lokale Ressource muß sich innerhalb eines XML-Dokuments befinden.
- Der Link definiert ein *Ziel*, das die entfernte Ressource identifiziert.
- Das Verhalten des Links wird von mehreren Parametern definiert, die durch später behandelte Attribute im Link-Element ausgedrückt werden. Diese Parameter sind:
  - Die *Aktuation* (also der Betätigungsmechanismus) des Links beschreibt, wie dieser ausgelöst wird. Dies kann wie im Falle des Imports einer Graphik in das Dokument automatisch erfolgen, oder es kann eine Interaktion des Benutzers erforderlich sein, wobei ein Leser etwa auf einen Hypertext-Link klicken könnte, um dem Browser zu sagen, daß er dem Link folgen soll.
  - Der Link kann mit der entfernten Ressource verschiedene Dinge tun. Er kann den Inhalt in die Formatierung des lokalen Dokuments einbetten, oder er kann das lokale Dokument tatsächlich durch die entfernte Ressource ersetzen.
- Mit einem Link können einige Informationen wie etwa eine Beschriftung oder eine kurze Beschreibung verknüpft sein.

Schauen wir uns ein Beispiel an. Angenommen, Sie möchten eine Graphik in ein Dokument importieren. Der Link wird in einem Element deklariert – normalerweise an der Stelle, wo das Bild erscheinen soll. Zum Beispiel:

```
<image
   xmlns:xlink="http://www.w3.org/1999/xlink"
   xlink:type="simple"
   xlink:href="figs/monkey.gif"
   xlink:show="embed"
/>
```

Das erste Attribut schafft einen Namensraum mit der Bezeichnung `xlink`, der als Präfix für all die speziellen Attribute benutzt wird, die den Link beschreiben. Das nächste Attribut, `xlink:type`, deklariert diesen als Link vom Typ `simple`. Dies teilt dem XML-Prozessor mit, daß das Element einen einfachen Link definiert. Ohne dieses Attribut würden die übrigen Attribute möglicherweise nicht korrekt verarbeitet werden. Danach folgt das Attribut `xlink:href`, das eine URL zum Abrufen der Graphik-Datei enthält. Schließlich gibt das Attribut `xlink:show` an, wie der Link behandelt werden soll. In diesem Fall soll die Datei sofort geladen und ihr Inhalt an der entsprechenden Stelle im Dokument wiedergegeben werden. Beachten Sie auch, daß dieses spezielle Link-Element keinen Inhalt hat, da keine Benutzereingabe erforderlich ist, um die Ressource zu laden.

Sehen Sie sich als weiteres Beispiel diesen Link an:

```
<doclink
   xmlns:xlink="http://www.w3.org/1999/xlink"
   xlink:type="simple"
   xlink:href="anotherdoc.xml"
   xlink:show="replace"
   xlink:actuate="onRequest"
>click here</doclink>
for more info about stuff.
```

Der Unterschied besteht hier darin, daß der Ressourcentyp ein XML-Dokument ist, und statt ihn wie beim vorigen Link automatisch zu laden und in den Text einzubetten, ersetzt er auf Anforderung des Benutzers die aktuelle Seite. Die Attribute `xlink:show` und `xlink:actuate` steuern die Darstellungsart bzw. die Aktivierungsmethode. Ein weiterer Unterschied besteht darin, daß dieses Element einen Inhalt hat, der wahrscheinlich in einem System zur Aktivierung des Links verwendet werden soll, vielleicht auf die Art, wie ein Hypertext-Link in einem HTML-Browser funktioniert: Der Text wird hervorgehoben und aus ihm ein anklickbarer Bereich gemacht.

Spezifizieren von Ressourcen

Um einen Link auf ein Objekt zu erstellen, müssen wir es identifizieren. Dies erfolgt üblicherweise durch eine Zeichenkette, die als *Uniform Resource Identifier* (URI) bezeichnet wird. Es gibt zwei Hauptkategorien von URIs: Die erste identifiziert eine Ressource eindeutig anhand ihrer Adresse, und die zweite gibt der Ressource einen eindeutigen Namen und bezieht sich auf eine Tabelle irgendwo im System, um die Namen physischen Adressen zuzuordnen.

Ein URI beginnt mit einem *Schema*, einem kurzen Namen, der spezifiziert, wie die Identifizierung erfolgt. Oft ist er ein Kommunikationsprotokoll wie HTTP oder FTP. Diesem folgen ein Doppelpunkt (:) und eine Zeichenkette mit Daten, welche die Ressource eindeutig identifizieren. Wie immer das Schema auch aussieht, es muß eine Ressource eindeutig identifizieren.

In den folgenden Abschnitten sind die beiden URI-Typen im einzelnen beschrieben.

Spezifizieren von Ressourcen anhand ihrer Adresse

Der Typ von URI, der den meisten vertraut ist, ist der *Uniform Resource Locator* (URL – die Abkürzung wird im allgemeinen als Femininum verwendet), der zur ersten Kategorie gehört. Er verwendet zur direkten Identifizierung einer Ressource eine Adresse. Die URL funktioniert wie die Adresse auf einem Brief, auf dem Sie ein Land, einen Wohnort, eine Straße und eine Hausnummer oder ersatzweise ein Postfach angeben. Jeder zusätzliche Bestandteil der Information in der Postanschrift schränkt die Adresse weiter ein, bis diese einem bestimmten Ort zugeordnet werden kann. Die Postanschrift ist somit ein guter eindeutiger Identifier.

In ähnlicher Weise verwendet eine URL die Nomenklatur von Computer-Netzwerken. Diese Information kann den Domain-Namen eines Computers, seinen Dateisystem-Pfad[2] und beliebige andere systemspezifische Informationen enthalten, mit Hilfe derer die Ressource lokalisiert werden kann. Die URL beginnt mit einem Schema, das eine bestimmte Adressierungsmethode oder ein zu verwendendes Kommunikationsprotokoll kennzeichnet. Es sind viele Schemata definiert worden, darunter das Hypertext Transfer Protocol (HTTP), das File Transfer Protocol (FTP) und andere. Eine für die Lokalisierung von Dokumenten im Internet verwendete HTTP-URL sieht beispielsweise so aus:

```
http://Adresse/Pfad
```

Die anderen Teile der HTTP-URL sind folgende:

`Adresse`
: Die Adresse des Systems. Meistens erfolgt die Adressierung eines Systems mit einem *Domainnamen*, der eine Reihe von Namen für Netzwerk-Levels enthält, die durch Punkte voneinander getrennt sind. Beispielsweise ist `www.oreilly.com` der Domainname für den Webserver bei O'Reilly & Associates. Der Server befindet sich in der sogenannten generischen (d.h. nicht länderbezogenen) Top Level Domain (gTLG) `com`, die für kommerzielle Netzwerke gedacht ist. Spezifischer betrachtet, ist er Teil der `oreilly`-Subdomain für das O'Reilly-Netzwerk auf einer Maschine, die als `www` gekennzeichnet ist.

2 Der Pfad als Teil einer URL muß nicht unbedingt wirklich ein Dateisystem-Pfad sein. Einige Schemata beruhen auf einer völlig anderen Art von Pfad, zum Beispiel einer Hierarchie von Schlüsselwörtern. Doch in unseren Beispielen sprechen wir über Dateisystem-Pfade. Sie sind bei weitem die gebräuchlichste Art der Lokalisierung von Dateien in einem System.

`Pfad`

Der System-Pfad zur Ressource. In einem Computersystem kann es viele Tausende von Dateien geben. Ein universelles System zur Lokalisierung von Dateien in einem System verwendet eine als *Pfad* bezeichnete Zeichenkette mit immer tieferen Verzeichnissen, die durch Schrägstriche voneinander gestrennt sind.[3] Beispielsweise adressiert der Pfad */Dokumente/Arbeit/plan.html* eine Datei mit dem Namen *plan.html* im Unterverzeichnis *Arbeit* des Hauptverzeichnisses *Dokumente*.

Hier sehen Sie einige Beispiele für URLs:

```
http://www.w3c.org/Addressing/
ftp://ftp.fossil-hunters.org/pub/goodsites.pdf
file://www.laffs.com/clownwigs/catalog.txt
```

Um zusätzliche Informationen aufzunehmen, kann eine URL erweitert werden. Ein an das Ende einer URL mit einem Rautenzeichen (#) angehängter *Fragment Identifier* verweist auf eine Stelle innerhalb der Datei. Er kann nur mit einigen wenigen Ressourcetypen wie etwa HTML- und XML-Dokumenten verwendet werden. Der Fragment Identifier muß innerhalb der Zieldatei in einem Attribut deklariert werden. In HTML wird dies als *Anker* bezeichnet, für den ein `<a>`-Element benutzt wird – etwa so:

```
<a name="Sigi">
```

In XML könnten Sie in jedem beliebigen Element ein ID-Attribut benutzen:

```
<section id="Sigi">
```

Wenn Sie einen Link auf eines dieser Elemente erstellen wollen, fügen Sie an die URL einfach einen Fragment Identifier an:

```
http://cartoons.net/buffoon_archetypes.htm#ziggy
```

Sie können auch Argumente an Programme senden, indem Sie ein Fragezeichen (?), gefolgt von den durch jeweils ein Kaufmanns-Und (&) voneinander getrennten Argumenten, an die URL anhängen. Beispielsweise ruft ein Link auf die folgende URL das Programm *clock.cgi* auf und übergibt ihm zwei Parameter, `zone` (die Zeitzone) und `format` (das Ausgabeformat):

```
http://www.tictoc.org/cgi-bin/clock.cgi?zone=gmt&format=hhmmss
```

Die URLs, die wir bisher beschrieben haben, sind *absolute* URLs, was bedeutet, daß sie voll ausgeschrieben werden. Eine URL auszuschreiben ist eine recht beschwerliche Methode, doch es gibt auch eine Kurzform. Jede absolute URL hat eine *Basis*-Komponente, die die System- und Pfad-Informationen umfasst. Diese können ebenfalls als URL ausgedrückt werden. Die Basis-URL von *http://www.oreilly.com/catalog/learnxml/index.html* ist beispielsweise *http://www.oreilly.com/catalog/learnxml/*. Wenn die Zielres-

3 Die verschiedenen Systeme haben ihre eigenen internen Pfad-Repräsentationen. MS-DOS benutzt beispielsweise Backslash-Zeichen (\) und Macintosh Doppelpunkte (:). In einer URL ist das Pfad-Trennzeichen immer ein nach rechts geneigter Schrägstrich (/).

source in einem Link teilweise die gleiche Basis-URL hat wie die lokale Ressource, können Sie eine *relative* URL verwenden. Dabei handelt es sich um eine absolute URL, bei der ein Teil des Anfangs abgeschnitten ist.

Die Tabelle zeigt einige Beispiele für URLs. Die URLs in der ersten Spalte sind gleichbedeutend mit denen in der zweiten Spalte. Dabei sei von der Annahme ausgegangen, daß die Quell-URL *http://www.oreilly.com/catalog/learnxml/index.html* ist.

Relative URL	Absolute URL
www.oreilly.com/catalog/learnxml/desc.html	*http://www.oreilly.com/catalog/learnxml/desc.html*
../../	*http://www.oreilly.com/catalog/*
errata/	*http://www.oreilly.com/catalog/learnxml/errata/*
/	*http://www.oreilly.com/*
/catalog/learnxml/desc.html	*http://www.oreilly.com/catalog/learnxml/desc.html*

Es ist eine gute Idee, wann immer es möglich ist, relative URLs zu benutzen. Sie haben nicht nur weniger zu tippen. Wenn Sie je beschließen, eine miteinander verknüpfte Sammlung von Dokumenten an eine andere Stelle zu verschieben, bleiben auch die Links gültig, da sich nur die Basis-URL verändert hat.

Es kann Situationen geben, in denen Sie die Basis-URL explizit setzen wollen. Vielleicht ist der XML-Prozessor nicht intelligent genug, um sie herauszufinden, oder vielleicht wollen Sie auch Verknüpfungen zu vielen Dateien mit unterschiedlichen Adressen erstellen. Das Attribut `xml:base` wird verwendet, um für alle relativen URLs in seinem Geltungsbereich (das ist der gesamte Unterbaum des Elements, in dem es steht) eine standardmäßige Basis-URL zu setzen. Zum Beispiel:

```
<?xml version="1.0"?>
<html>
  <head>
    <title>Book Information</title>
  </head>
  <body>
    <ul xml:base="http://www.oreilly.com/catalog/learnxml/">
      <li><a href="index.html">Main page</a></li>
      <li><a href="desc.html">Description</a></li>
      <li><a href="errata/">Errata</a></li>
    </ul>
    <p xml:base="http:www.coolbooks.com/reviews/">
      There's also a <a href="lxml.html">review of
      the book</a> available.
    </p>
  </body>
</html>
```

Gleichgültig, wo sich dieses Dokument befindet – seine Links werden immer auf die gleiche Stelle zeigen, denn die Basis-Informationen sind fest kodiert.

Spezifizieren von Ressourcen anhand ihres Namens

Das System der Ressourcen-Adressierung ist darauf angewiesen, daß sich die Adresse der Ressourcen nicht ändert. Wenn die Ziel-Ressource von einer Stelle an die andere verschoben wird, verliert der Link seine Gültigkeit. Leider ist dies an der Tagesordnung. Dateien und Systeme werden verschoben, umbenannt oder komplett gelöscht. Wenn das geschieht, sind die Links auf diese Ressourcen erst dann wieder zu gebrauchen, wenn das Quelldokument aktualisiert wird. Um dieses Problem zu mildern, wurde ein anderes System vorgeschlagen: Ressourcen-Namen.

Die Philosophie hinter Ressourcen-Benennungssystemen ist die, daß sich ein eindeutiger Name niemals verändert, gleichgültig, wohin die Ressource verschoben wird. Ein Bürger der Bundesrepublik Deutschland hat zum Beispiel normalerweise eine Sozialversicherungsnummer, die aus dem Landeskode 49, seinem Geburtsdatum, einem Buchstaben und drei weiteren Ziffern besteht und sich das ganze Leben lang gleich bleibt. Andere Angaben wie etwa die Nummer des Führerscheins, die Adresse und sogar der Name können sich ändern, die Sozialversicherungsnummer jedoch nicht. Ob der Betreffende nun in Berlin, in Buxtehude oder auf einer bayrischen Alm lebt – anhand seiner Sozialversicherungsnummer ist er stets zu identifizieren.

Adressen-unabhängige Systeme zum Lokalisieren von Ressourcen beseitigen das Problem der ungültigen Links, warum also werden sie nicht häufiger benutzt? Sicherlich ist es bequemer, ein oder zwei Schlüsselwörter in den Webbrowser einzugeben und damit stets an die richtige Stelle zu gelangen, selbst wenn sich die Adresse verändert hat. Solche Systeme sind jedoch noch neu und im Gegensatz zu den verbreiteteren direkten Adressierungsmethoden nicht allzu gut definiert. Netzwerk-Adressen funktionieren, weil jedes Computersystem mit ihnen auf die gleiche Weise umgeht, indem es die in den TCP/IP-Stack des Betriebssystems ihres Computers integrierte IP-Adressierung verwendet. Ein Benennungssystem für Ressourcen erfordert ein Mittel zur Zuordnung des einheitlichen Namens zu einer sich ändernden Adresse (vielleicht in einer Konfigurationsdatei), und es benötigt Software, die weiß, wie die Adressen nachgeschlagen werden können.

Ein verbreitetes, in XML verwendetes System zur Benennung von Ressourcen benutzt einen Identifier, der als *Formal Public Identifier* (FPI).[4] bezeichnet wird. Ein FPI ist eine Zeichenkette, die mehrere Merkmale einer Ressource beschreibt. Zusammengenommen ergeben diese Informationen ein Label zur Identifizierung. Der FPI steht normalerweise in Dokumenttyp-Deklarationen (siehe Kapitel 2, *Markup und Kern-Konzepte*) und Entity-Deklarationen (siehe Kapitel 5, *Dokumentenmodelle: Eine höhere Stufe der Steuerung*).

Die Syntax für einen FPI ist in Abbildung 3-3 zu sehen. Ein FPI beginnt mit einem Symbol (1), das den Registrierungsstatus des Identifiers repräsentiert: einem Plus-Zeichen, wenn er registriert und öffentlich ist, einem Minus-Zeichen, wenn dies nicht der Fall ist und `ISO`, wenn der Eigentümer die ISO ist. Dem Symbol folgt ein aus zwei Schrägstri-

4 Ein formaler ISO-Standard: ISO-8879.

chen bestehendes Trennzeichen (2) und dann der Owner-Identifier (3), eine kurze Zeichenkette, die den Eigentümer oder Unterhalter des durch den FPI repräsentierten Entities identifiziert.[5] Nach einem weiteren Trennzeichen folgt die öffentliche Text-Klasse (4), die die Art der durch den FPI repräsentierten Ressource beschreibt (zum Beispiel DTD für eine Dokumenttyp-Definition). Der öffentlichen Text-Klasse folgt ein Leerzeichen und eine kurze Beschreibung der Ressource (5) wie etwa ihr Name oder Zweck. Zum Schluß kommt ein weiteres Trennzeichen, dem, soweit zutreffend, ein 2-Buchstaben-Code zur Spezifizierung der Sprache der Ressource folgt (6).

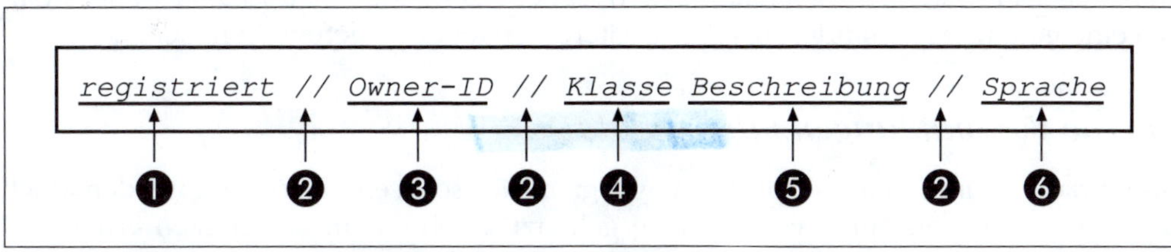

Abbildung 3-3: Syntax eines Formal Public Identifier

Sehen Sie sich das folgende Beispiel mit einem Formal Public Identifier an, der einem nicht registrierten Eigentümer einer in Englisch geschriebenen DTD gehört:

```
❶ ❷   ❸                      ❹
-//ORA//DTD DocBook Lite XML 1.1//EN
```

❶ Das Minus-Zeichen (-) bedeutet, daß das Unternehmen, dem der FPI untersteht, bei einem öffentlichen Gremium wie der ISO nicht formal registriert ist.

❷ Die Institution, die für die Wartung dieses Dokuments verantwortlich zeichnet, ist ORA, ein Kürzel für O'Reilly & Associates.

❸ DTD weist darauf hin, daß der Dokumenttyp, auf den verwiesen wird, eine Dokumenttyp-Definition ist. Dem folgt die Text-Beschreibung `DocBook Lite XML 1.1`, die in einer kurzen Zeichenkette den Namen, die Versionsnummer und andere Aspekte des Objekts enthalten kann.

❹ Der 2-Buchstaben-Sprachcode EN benennt die primäre Sprache des Dokuments als English. Die Sprachcodes sind in der ISO-639 definiert.

Ein XML-Prozessor muß, um den Link abzuschließen, wissen, wie er aus dem FPI die physische Adresse der Ressource ermitteln soll. Das Verfahren, nach dem dies geschieht, beinhaltet im allgemeinen, daß der Name in einer als *Katalog* bezeichneten Tabelle nachgeschlagen wird. Das ist für gewöhnlich eine Datei in Ihrem System, die Spalten mit den FPIs und den zugehörigen Systempfaden zu den Ressourcen enthält. Zum Ermitteln von Adressen aus FPIs verwendete Kataloge werden formal von der

5 Beachten Sie, daß der Owner-Identifier möglicherweise nicht eindeutig ist, wenn er nicht registriert ist.

OASIS-Gruppe in ihrer technischen Resolution 9401:1997 beschrieben, die Sie unter *http://www.oasis-open.org/html/a401.htm* finden können. Unter *http://www.ucc.ie/cgi-bin/public* gibt es einen Online-Formular zur Auflösung von FPIs.

In XML können Sie einen FPI in einer Entity-Deklaration nicht allein benutzen. Diesem muß immer ein System-Identifier (das Schlüsselwort `SYSTEM`, gefolgt von einem Systempfad oder einer URL in Anführungszeichen) folgen. Die Schöpfer von XML waren der Meinung, daß es riskant sei, die Ermittlung der physischen Adresse aus Public-Identifiern XML-Prozessoren zu überlassen und daß deshalb eine entsprechender Hinweis enthalten sein sollte. Dies schmälert den Wert des Public-Identifier, ist aber wahrscheinlich eine gute Idee, zumindest bis FPIs breitere Verwendung gefunden haben.

Interne Verknüpfungen mit ID und IDREF

Bisher haben wir darüber gesprochen, wie ganze Ressourcen identifiziert werden, doch damit haben wir nur an der Oberfläche gekratzt. Nach einem bestimmten Datenfragment befinden Sie sich vielleicht tief innerhalb eines Dokuments. Wie stellen Sie es an, ein Element unter Tausenden herausfinden, die alle vom gleichen Typ sind? Eine einfache Methode besteht darin, sie jeweils mit einem Label zu versehen. Mit den im folgenden beschriebenen Attributen `ID` und `IDREF` können Sie ein Element bezeichnen und mit diesem Bezeichner eine Verknüpfung zum Element herstellen.

ID: eindeutige Identifier für Elemente

In Deutschland und in noch stärkerem Maße in den USA, wo es nicht ein solches Paß- und Meldewesen wie in Deutschland gibt, ist die Sozialversicherungsnummer ein weit verbreiteter eindeutiger Identifier. Zwei Personen in Deutschland können nicht die gleiche zwölfstellige Sozialversicherungsnummer haben (und wenn doch, tut einer von ihnen wahrscheinlich etwas, was er lieber nicht tun sollte). Sicher würden Sie mit der Sozialversicherungsnummer nicht Ihren Kumpel ansprechen: »Hallo 49140669B042, kannst Du mir nicht einmal Dein Auto borgen?« Doch für Behörden wie das Arbeitsamt oder die Rentenversicherung ist sie ein bequemes Mittel, um sicherzustellen, daß sich die Leistungen für zwei Personen nicht irrtümlich oder aus sonstigen Gründen überschneiden. In gleicher Weise stellt XML einen speziellen Element-Marker zur Verfügung, der garantiert auf ein und nur auf ein Element pro Dokument paßt.

Dieser Marker hat die Form eines Attributs. Attribute können verschiedene Typen haben, und einer davon ist `ID`. Wenn Sie in einer DTD ein Attribut als vom Typ `ID` definieren (Details über DTDs siehe Kapitel 5, *Dokumentenmodelle: Eine höhere Stufe der Steuerung*), nimmt das Attribut für den XML-Parser eine bestimmte Bedeutung an. Der Wert des Attributs wird als *eindeutiger Identifier* behandelt – eine Zeichenkette, die in einem anderen `ID`-Attribut im Dokument nicht benutzt werden darf, etwa so:

```
<Schnitten lbl="Bauernbrot">Leberwurst und Schnittlauch auf Mischbrot</Schnitten>
<Schnitten lbl="Q-B-W">Quark auf Butter und Weißbrot</Schnitten>
<Schnitten lbl="mager">Diätwurst auf Margarine und Schwarzbrot</Schnitten>
```

Diese drei Elemente haben alle ein in einer DTD als vom Typ `ID` definiertes `lbl`-Attribut. Ihre Werte sind Zeichenketten ohne Leerzeichen, die alle verschieden sind. Es wäre ein Fehler, wenn zwei oder mehr `lbl`-Attribute den gleichen Wert hätten. Zwei Attribute vom Typ `ID` dürfen auch dann nicht den gleichen Wert haben, wenn sie unterschiedliche Namen haben.

Lassen Sie uns darüber einen Moment nachdenken. Daß alle IDs verschieden sein müssen, mutet recht streng an. Warum muß der Parser die Überprüfung auf gleiche Namen ausführen? Der Grund ist, daß ihnen dies später viel Kummer erspart, wenn Sie IDs als Endpunkte für Links benutzen. In einem einfachen Link mit zwei Seiten wollen Sie ein und nur ein Ziel spezifizieren. Wenn es zwei oder mehr mit dem gleichen Identifier gäbe, würde es zu einer uneindeutigen Situation kommen, und es gäbe keine Möglichkeit mehr vorauszusagen, wo der Link letztlich landet.

Das Problem von uneindeutigen Element-Bezeichnungen kommt in HTML häufig vor. Um in einem HTML-Dokument ein Label zu erstellen, müssen Sie einen Anker haben: ein `<A>`-Element mit einem `NAME`-Attribut, das auf irgendeine Zeichenkette gesetzt ist. Zum Beispiel:

```
<A NAME="Beginn_des_Beitrags">
```

Wenn Sie nun einen Fehler machen und zwei `<A>`-Label mit dem gleichen Wert haben, hat HTML damit kein Problem. Der Browser beschwert sich nicht, und der Link funktioniert wunderbar. Das Problem ist nur, daß Sie nie wissen, wo Sie letztlich herauskommen. Vielleicht stellt der Link eine Verknüpfung zur ersten Instanz her – oder eben auch nicht. Die HTML-Spezifikation trifft dazu keine Aussagen. Wenn Sie ein Web-Designer oder -Autor sind, könnte es leicht sein, daß Sie sich zum Schluß die Haare raufen und sich verwundert fragen, warum der Link nicht dort hinführt, wo Sie es gerne hätten.

Durch seine Strenge erspart uns XML also spätere Peinlichkeiten und Verwirrungen. Wenn wir die Gültigkeit des Dokuments austesten, wissen wir, daß alle IDs eindeutig sind und alles mit den Links in Ordnung geht – vorausgesetzt, das Ziel kann gefunden werden. Das ist die Rolle, die `IDREF` zukommt, wie wir später sehen werden.

Welche Elemente IDs erhalten, liegt an Ihnen, doch Sie sollten sich etwas zurückhalten. Obwohl es vielleicht verlockend ist, jedem Element im Zieldokument, zu dem Sie vielleicht eine Verknüpfung herstellen wollen, eine eigene ID zu geben, fahren Sie besser, wenn Sie nur die wichtigen Elemente mit Bezeichnern versehen. In einem Buch beispielsweise würden Sie IDs wahrscheinlich zu Kapiteln, Abschnitten, Bildern und Tabellen hinzufügen, die häufig Ziel von Verweisen im Text sind, den meisten Inline-Elementen bräuchten Sie jedoch keine IDs zu geben.

Auch die Syntax Ihres Labels sollten Sie sehr sorgfältig beachten. Versuchen Sie sich Namen auszudenken, die sich gut merken lassen und mit dem Kontext zu tun haben, beispielsweise »Gemüse-Kohlrüben« oder »Einleitung«. Um die tatsächliche Struktur des Dokuments widerzuspiegeln, kann eine hierarchische Namenstruktur benutzt werden. ID-Werte wie »k3828384« oder »Dingsda« sind schlecht, da es fast unmöglich ist, sich zu merken, was sie bedeuten oder wofür sie stehen. Verwenden Sie, wenn es sich vermeiden läßt, keine Zahlen – für den Fall, Sie müssen die Gliederung umschichten. IDs wie »Kapitel-13« sind keine gute Idee.

IDREF: garantiert gültige Links

XML stellt einen weiteren speziellen Attributtyp mit der Bezeichnung `IDREF` zur Verfügung. Wie dessen Name vermuten läßt, ist er ein Verweis auf eine `ID` irgendwo im gleichen Dokument. In XML gibt es keine Möglichkeit, die Beziehung zwischen den Zielelementen und den verweisenden Elementen zu beschreiben. Wir können lediglich sagen, daß *irgendeine* Beziehung besteht, die in einem Stylesheet oder einer verarbeitenden Anwendung definiert ist. Dies mag als von begrenztem Wert erscheinen, doch tatsächlich bekommen wir auf diese Weise ein extrem einfaches und effektives Verfahren zur Verknüpfung von zwei oder mehr Elementen an die Hand, ohne zu den im »Eine Einführung in XLinks«, weiter unten in diesem Kapitel beschriebenen komplexen XLink-Strukturen Zuflucht nehmen zu müssen.

Es gibt einen weiteren Vorteil. Wir haben gesehen, wie gewährleistet wird, daß `ID`-Attribute innerhalb eines Dokuments eindeutig sind. `IDREF`-Attribute haben von sich aus eine Garantie: Jeder von einer `IDREF` referenzierte `ID`-Wert muß sich im gleichen Dokument befinden. Wenn ein `ID`-Link ungültig ist, läßt der Parser Sie das wissen, und Sie können den Fehler beheben, bevor Sie Ihr Dokument veröffentlichen.

Wofür können Sie `ID`s und `IDREF`s verwenden? Hier sehen Sie eine kurze Liste von Möglichkeiten:

- Querverweise auf Teile eines Buchs wie etwa Tabellen, Bilder, Kapitel und Anhänge;
- Indices und Inhaltsverzeichnisse für ein Dokument mit vielen Abschnitten;
- Elemente, die einen Bereich bezeichnen und sich in einem anderen Element befinden können, beispielsweise Begriffe in einem Index, die sich über mehrere Seiten erstrecken;
- Links auf Fußnoten und Marginalien;
- Querverweise innerhalb einer objektorientierten Datenbank, deren physische Struktur vielleicht nicht zu ihrer logischen Struktur paßt.

Es könnte der Fall eintreten, daß Sie in einem Dokument mehrere Fußnoten mit dem gleichen Text haben. Im folgenden Beispiel ist `<footnoteref>` ein Element, das eine Verknüpfung zu einem `<footnote>`-Element herstellt – mit der Folge, daß es, wenn das Dokument verarbeitet wird, den Text des Ziel-Elements erbt:

```
<para>Der Wumpus<footnote id="Pfannkuchen-Warnung">
Versuchen Sie nicht, dieses Tier mit Pfannkuchen zu füttern!</footnote> lebt in
Höhlen und jagt nichts ahnende Computerfreaks. Er ist verwandt mit dem
Jabberwock<footnoteref idref=" Pfannkuchen-Warnung"/>, der seine Beute lieber
im offenen Gelände jagt.</para>
```

Ein heikler Punkt bei der Verwendung von IDREF ist zu wissen, auf was der Verweis zeigen soll. Wenn Sie beispielsweise auf ein Kapitel verweisen wollen, um dessen Titel in den dargestellten Text einzubinden, sollten Sie dann auf den Titel des Kapitels oder auf das Kapitel-Element selbst zeigen? Für gewöhnlich ist es am besten, auf das allgemeinste Element zu verweisen, das zu der Bedeutung Ihres Links paßt, in diesem Fall das Kapitel. Vielleicht ändern Sie Ihre Meinung später und beschließen, den Titel wegzulassen und statt dessen die Kapitelnummer oder irgendein anderes Attribut einzublenden. Überlassen Sie es dem Stylesheet, sich darum zu kümmern, die Informationen zu finden, die es für die Darstellung braucht. Im Markup sollten Sie sich auf die Bedeutung konzentrieren.

XPointer: Ein Kletterer am XML-Baum

Der letzte Teil des Rätsels der Ressourcen-Identifizierung ist XPointer (offiziell XML Pointer Language). XPointer ist eine spezielle Erweiterung für eine URL, die es dieser ermöglicht, Punkte tief innerhalb eines beliebigen XML-Dokuments zu erreichen. Um zu verstehen, wie XPointer funktioniert, wollen wir uns zunächst dessen einfacheren Vetter, den *Fragment-Identifier* ansehen. Der Fragment-Identifier ist ein Verfahren, das von HTML-Links benutzt wird, um eine Verknüpfung zu einem bestimmten Punkt in einer HTML-Datei herzustellen. Er schließt sich an das Ende einer URL an und ist von der URL durch ein Rautensymbol (#) getrennt:

```
<a href="http://www.irgendwo.de/bringmich/zudeinem/meister.html#erdling">
```

In diesem Beispiel ist <a> das verknüpfende Element. erdling, das Wort rechts vom Rautensymbol, erweitert die URL, so daß sie auf eine Stelle innerhalb der Datei *meister.html* weist. Der Link findet sein Ziel, wenn die Datei einen Marker von folgender Form enthält:

```
<a name="erdling">
```

Das XML-Äquivalent zum Fragment-Identifier ist ein XPointer, der seinen Namen aus der Empfehlung des W3C zur Erweiterung von URLs in XML-Links ererbt hat. Wie der Fragment-Identifier ist der XPointer mit dem rechten Ende einer URL durch ein Rautensymbol verbunden:

```
URL#XPointer
```

Im einfachsten Fall funktioniert ein XPointer genau wie ein Fragment-Identifier, indem er mit einem ID-Attribut eine Verknüpfung zu einem Element innerhalb der Ziel-Ressource herstellt. Ein XPointer ist jedoch flexibler, weil sein Ziel ein *beliebiges* Element sein kann. Anders als in HTML, wo das Ziel immer ein <A>-Element ist, kann das Ziel eines XPointers ein beliebiges Element mit einem Attribut vom Typ ID sein, dessen Wert dem XPointer entspricht.

Dies an sich ist schon nützlich, doch damit nicht genug. Die XPointer-Empfehlung definiert eine ganze Sprache zum Lokalisieren eines beliebigen Elements in einem Dokument, ob dieses nun eine ID hat oder nicht. Diese Sprache ist von XPath (siehe Anhang B, *Klassifikation der Standards*) abgeleitet, einer generischen Spezifikation zur

Beschreibung von Adressen innerhalb von XML-Dokumenten, die so konzipiert ist, daß sie den Regeln der URL-Syntax genügt. Sie besteht aus Anweisungen, um sich Schritt für Schritt durch ein Dokument zu arbeiten.

Lassen Sie uns ein XML-Beispieldokument erstellen, um zu zeigen, wie XPointer benutzt werden, um Elemente zu lokalisieren. In Beispiel 3-1 sehen Sie einen einfachen Organigramm, der die Hierarchie der Beschäftigten in einem kleinen Unternehmen zeigt. In Abbildung 3-4 sehen Sie eine Baumansicht des Dokuments.

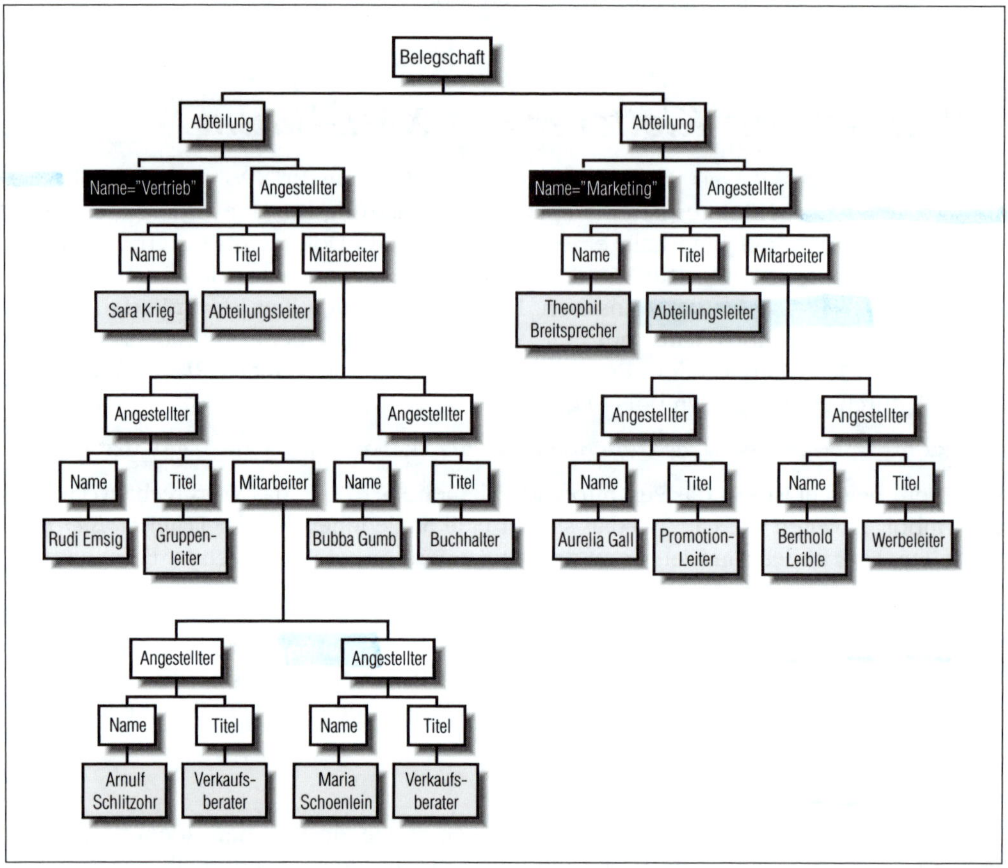

Abbildung 3-4: Baumansicht eines Organigramms

Wir haben bereits gesehen, wie ein Element mit einem `ID`-Attribut lokalisiert wird. Um beispielsweise einen Link auf das Element in Beispiel 3-1, das die Vertriebsabteilung enthält zu erstellen, können Sie den XPointer `Vertrieb` benutzen, um das Element zu finden, welches das `ID`-Attribut mit dem Wert `Vertrieb` hat. In diesem Beispiel ist dies das erste Element vom Typ `<Abteilung>`.

Beispiel 3-1: Organigramm von Bobs Schraubenladen

```
<?xml version="1.0"?>

<Belegschaft>

  <Abteilung id="Vertrieb">
    <Angestellter>
      <Name>Sara Krieg</Name>
      <Titel>Abteilungsleiter</Titel>
      <Mitarbeiter>
        <Angestellter>
          <Name>Rudi Emsig</Name>
          <Titel>Gruppenleiter</Titel>
          <Mitarbeiter>
            <Angestellter>
              <Name>Arnulf Schlitzohr</Name>
              <title>Verkaufsberater</title>
            </Angestellter>
            <Angestellter>
              <Name>Maria Schoenlein</Name>
              <title>Verkaufsberater</title>
            </Angestellter>
          </Mitarbeiter>
        </Angestellter>
        <Angestellter>
          <Name>Bubba Gumb</Name>
          <title>Buchhalter</title>
        </Angestellter>
      </Mitarbeiter>
    </Angestellter>
  </Abteilung>

  <Abteilung id="Marketing">
    <Angestellter>
      <Name>Theophil Breitsprecher</Name>
      <Titel>Abteilungsleiter</Titel>
      <Mitarbeiter>
        <Angestellter>
          <Name>Aurelia Gall</Name>
          <Titel>Promotion-Leiter</Titel>
        </Angestellter>
        <Angestellter>
          <Name>Berthold Leible</Name>
          <Titel>Werbeleiter</Titel>
        </Angestellter>
      </Mitarbeiter>
    </Angestellter>
  </Abteilung>

</Belegschaft>
```

Der XPointer `Vertrieb` ist eigentlich eine Kurzform für `id(Vertrieb)`. `id()` ist eine besondere Art von Ausdruck, der in das Dokument zu einem Element mit einem `ID`-Attribut springen kann, das der Zeichenkette in Klammern entspricht. Dieser wird als *absoluter Lokalisierungsausdruck* bezeichnet, weil er ein eindeutiges Element ohne Hilfe von anderen Ausdrücken lokalisieren kann. Nur ein Element kann die angegebene `ID` haben, und wenn es existiert, findet `id()` es auch.

Jeder XPointer beginnt mit einem absoluten Ausdruck, der optional durch mit Punkten (.) angeschlossene *relative Lokalisierungsausdrücke* erweitert wird. Der absolute Ausdruck beginnt die Suche an einem bestimmten Punkt im Dokument, und die relativen Ausdrücke führen sie von dort Schritt für Schritt weiter, bis das gewünschte Ziel gefunden ist. Jeder Ausdruck hat die Form:

```
Name(Argumente)
```

`Name` ist der Typ des Ausdrucks und *`Argumente`* eine Liste von durch Kommas voneinander getrennten Optionen, die Einzelheiten über die einzelnen Ausdrücke aufnehmen können.

Der folgende XPointer beginnt beispielsweise bei dem Element mit einem Attribut vom Typ `ID` mit dem Wert `Marketing`, geht dann zum ersten `<Angestellter>`-Kind-Element und endet beim ersten `<Mitarbeiter>`-Element darunter:

```
id(Marketing).child(1,Angestellter).child(1,Mitarbeiter)
```

Das Ziel ist ein `<Mitarbeiter>`-Element, dessen Eltern-Element ein `<Angestellter>`-Element ist, dessen Eltern-Element wiederum das Element `<Abteilung>` mit `id="Marketing"` ist.

Die nächsten Abschnitte beschreiben absolute und relative Lokalisierungsausdrücke tiefergehend.

Absolute Lokalisierungsausdrücke

Ein XPointer muß mit genau einem absoluten Lokalisierungsausdruck beginnen. Alle folgenden relativen Ausdrücke erweitern die durch den absoluten Lokalisierungsausdruck zur Verfügung gestellte Such-Information. Die vier Typen von durch XPointer zur Verfügung gestellten absoluten Lokalisierungsausdrücke sind `id()`, `root()`, `origin()` und `html()`.

Sie haben den `id()`-Ausdruck bereits in Aktion gesehen. Mit dem spezifizierten `ID`-Attribut findet er ein Element an einer beliebigen Stelle im Dokument. Für Dokumente, die sich häufig ändern, ist ein `ID`-Verweis oft die beste Art von absolutem Ausdruck. Selbst wenn die Inhalte neu angeordnet werden, findet der XPointer das Element.

Der absolute Ausdruck `root()` bezieht sich auf das ganze, durch die Basis-URL spezifizierte Dokument. Er zeigt auf einen abstrakten Knoten – kein Element – dessen Kind das Wurzelelement ist. Sie werden `root()` wahrscheinlich nicht allein benutzen, da der

Wurzelknoten keine sehr sinnvolle Stelle für das Ziel eines Links ist. Statt dessen werden Sie dem eine Kette von relativen Ausdrücken folgen lassen. Um beispielsweise zur Marketing-Abteilung zu gelangen, könnten Sie folgenden XPointer benutzen:

```
root().child(1,Belegschaft).child(2)
```

Während `id()` ein Argument erfordert, um die zu suchende `ID` zu setzen, übernimmt `root()` keinerlei Argumente und zeigt immer auf die Spitze des Dokuments. Folglich ist kein Argument notwendig.

Der Ausdruck `origin()` ist ein absoluter Ausdruck, der das Element lokalisiert, von dem aus ein Link ausgelöst wird. Da er selbst-referenzierend ist (er verweist auf sein eigenes Dokument), ist es verboten, ihn mit einer URL zu benutzen. Eine Verwendungsmöglichkeit für diesen Ausdruck besteht darin, das Ursprungselement mit einem anderen Element im gleichen Dokument zu verknüpfen, um einen *Bereich* zu schaffen. Ein Bereich ist eine spezielle Art von XPointer, die zwei durch Punkte miteinander verbundene Lokalisierungsausdrucksketten enthält und benutzt wird, um mehrere Elemente für einen gemeinsamen Zweck zu lokalisieren. Zum Beispiel:

```
<p>Damit selektieren wir <range href="root()..origin()"> alles bis zu diesem
Punkt</range>.
```

Wie `root()` übernimmt auch `origin()` keinerlei Argumente.

`html()` ist ein absoluter Ausdruck für Übergangszwecke. Er wird mit HTML-Dokumenten verwendet, um das erste `<A>`-Element zu lokalisieren, dessen `name`-Attribut dem Wert nach einer Zeichenkette in Parenthese entspricht. Der Ausdruck `html()` beendet die Suche immer beim ersten Treffer (anders als der Fragment Identifier von HTML, dessen Verhalten bei Mehrfach-Fundstellen undefiniert ist).

Relative Lokalisierungsausdrücke

Mit absoluten Ausdrücken kommen Sie nur zu den wenigen Adressen im Dokument, die sich an dessen Spitze befinden oder die IDs haben. Wenn Sie an eine andere Stelle gelangen wollen, müssen Sie sich relativer Lokalisierungsausdrücke bedienen. Wie ein Zettel mit Anweisungen, die Sie einem Freund geben würden, damit dieser Ihr Haus findet, hangeln sich diese Ausdrücke Schritt für Schritt durch das Dokument, bis Sie den gewünschten Punkt erreichen.

Knoten

In Kapitel 2, *Markup und Kern-Konzepte*, hatten wir gesagt, daß sich jedes XML-Dokument als Familien-Stammbaum abbilden läßt. Das ist das Modell, das von relativen Lokalisierungsausdrücken verwendet wird, um herumzuflitzen und wie wendige Eichhörnchen von Zweig zu Zweig zu springen. In Tabelle 3-1 sind einige relative Lokalisierungsausdrücke aufgeführt, die dieser Analogie folgen. Beachten Sie die Verwendung des Wortes *Knoten* an Stelle von *Element*. Ein Knoten ist in XML ein generisches Objekt:

ein Element, eine Steueranweisung oder eine Textpassage. Der *aktuelle Knoten* ist der Teil des Baums, der durch den vorhergehenden Lokalisierungsausdruck in der Kette lokalisiert wird.

Tabelle 3-1: Relative XPointer-Lokalisierungsausdrücke

Ausdruck	**Lokalisiert**
`child()`	einen Knoten aus den unmittelbaren Kindern des aktuellen Knotens.
`descendant()`	einen Knoten aus den Nachfahren des aktuellen Knotens in einer zuerst-in-die-Tiefe-Reihenfolge.
`ancestor()`	einen Knoten aus den Vorgängern des aktuellen Knotens, beginnend mit `root()`.
`following()`	einen Knoten aus denen, die nach dem aktuellen Knoten enden.
`preceding()`	einen Knoten aus denen, die vor dem aktuellen Knoten beginnen.
`fsibling()`	einen Knoten aus den nachfolgenden Geschwistern des aktuellen Knotens.
`psibling()`	einen Knoten aus den vorhergehenden Geschwistern des aktuellen Knotens.

Alle Ausdrücke nehmen ein bis vier Argumente an. Nachfolgend sind die Argumente in der Reihenfolge, in der sie spezifiziert werden, aufgeführt:

Knoten-Nummer

Wenn ein Lokalisierungsausdruck mehr als einen Knoten findet, erzeugt er eine Liste mit den in Frage kommenden Knoten. Wenn Sie nur einen wollen, müssen Sie ihn mit einer Nummer spezifizieren. Nehmen wir zum Beispiel an, ein Element hat drei Kinder, doch Sie wollen nur das zweite. Dies können Sie mit dem Ausdruck `child(2)` angeben. Ein positiver ganzer Wert zählt in der Liste der in Frage kommenden Knoten vorwärts, während ein negativer rückwärts zählt. Die Rückwärtszählung ist nützlich, wenn Sie den letzten (bzw. den vorletzten usw.) Knoten finden wollen. Anders herum können Sie das Schlüsselwort `all` benutzen, um alle in Frage kommenden Knoten zu selektieren.

Knoten-Typ

Der Knoten-Typ gibt an, welche Art von Knoten gefunden werden soll. Ist der Wert ein Name oder wird das Argument weggelassen, wird als Typ ein Element unterstellt. Für alle anderen Typen müssen Sie ein Schlüsselwort verwenden:

`#text`
: Findet aufeinanderfolgende Ketten von Zeichendaten

`#pi`
: Findet Steueranweisungen (PIs)

`#comment`
: Findet Kommentare

`#element` *oder* `*`
: Findet jedes Element, ungeachtet des Namens

`#all`
: Findet jeden Knoten

Beispielsweise wird mit `descendant(1,#all)` jeder Knoten gefunden, gleich ob es sich dabei um ein Element, eine positive ganze Zahl, einen Kommentar oder eine Text-Zeichenkette handelt. Der Ausdruck `descendant(1,*)` findet jedes Element, und mit `descendant(1,Butterblume)` wird jedes Element vom Typ `<Butterblume>` gefunden.

Attribut-Name
: Dieses Argument grenzt eine Suche nach Elementen dadurch ein, daß diese ein bestimmtes Attribut haben müssen. Das Argument Attribut-Name funktioniert nur, wenn der Knoten-Typ Element ist. Sie können einen Namen angeben, damit ein bestimmtes Attribut vorhanden sein muß, oder ein Sternchen (`*`), um jedes beliebige Attribut zu akzeptieren. (Leider gibt es keine Möglichkeit, mehr als ein Attribut zu spezifizieren.) Wird das Argument weggelassen, werden die Attribute nicht für die Suche benutzt. Dieses Argument muß in Verbindung mit dem als nächstes beschriebenen Argument Attribut-Wert verwendet werden.

Beispielsweise wird mit `ancestor(1,Wein)` jedes Element vom Typ `<Wein>` gefunden, gleich ob es ein Attribut hat oder nicht. Mit dem Ausdruck `ancestor(1,Wein,rot,*)` werden nur die `<Wein>`-Elemente gefunden, die ein Attribut `rot` haben, während mit `ancestor(1,Wein,*,*)` alle `<Wein>`-Elemente mit mindestens einem Attribut gefunden werden.

Attribut-Wert
: Dieses Argument setzt den Wert des im Argument Attribut-Name spezifizierten Attributs. Sie können einen bestimmten Wert setzen, ein Sternchen benutzen, um jeden beliebigen Wert zu gestatten, oder das Schlüsselwort `#IMPLIED` benutzen, was heißt, daß kein Wert spezifiziert ist und das Attribut optional ist. Wenn das Argument Attribut-Name benutzt wird, sollte dieses Argument nicht weggelassen werden.

Beispielsweise werden mit dem Ausdruck `preceding(1,Meldung,interessant,ja)` alle Elemente gefunden, die folgendermaßen aussehen: `<Meldung interessant="ja">`. Mit dem Ausdruck `preceding(1,Meldung,interessant,*)` werden Elemente vom Typ `<Meldung>` mit einem Attribut `interessant` gefunden, das jeden beliebigen Wert haben kann, während mit `preceding(1,Meldung,interessant,#IMPLIED)` Elemente vom Typ `<Meldung>` auch dann gefunden werden, wenn sie kein Attribut `interessant` haben.

Damit haben wir die Argumente beschrieben. Schauen wir uns nun die relativen Lokalisierungsausdrücke im einzelnen an:

`child()`
: `child()` lokalisiert einen Knoten unter den Kindern des aktuellen Knotens. Anders als `descendant()` geht `child()` nicht tiefer als eine Stufe, was die Suche in einem

überschaubaren Rahmen hält. Kann der Knoten nicht gefunden werden, kehrt der Prozessor so schneller an seinen Ausgangspunkt zurück, als dies mit `descendant()` oder `forward()` der Fall wäre.

Abbildung 3-5 zeigt den Traversierungspfad von `child()` vorwärts (mit einem positiven Knotennummer-Argument) und rückwärts (negatives Knotennummer-Argument). Der schwarze Knoten ist die Ausgangsadresse.

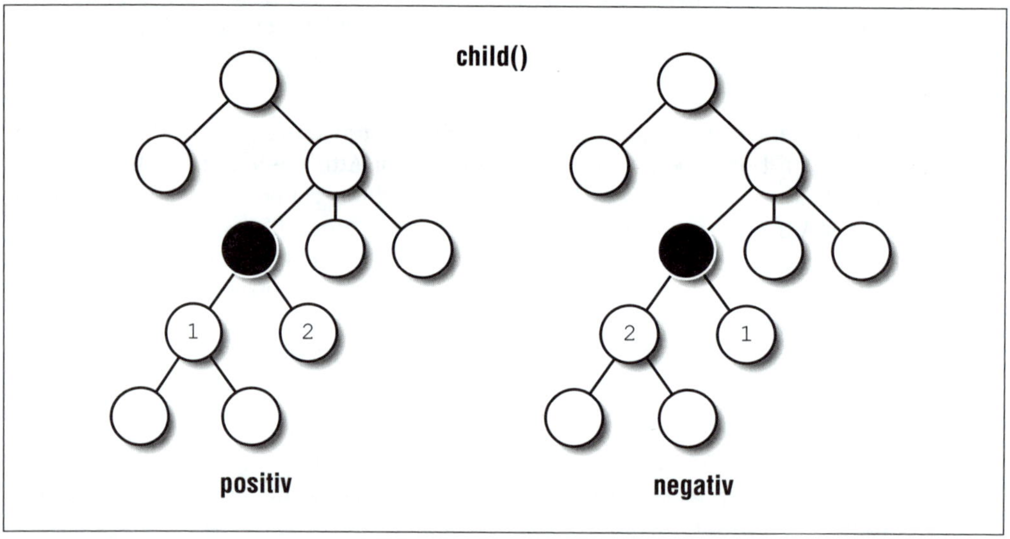

Abbildung 3-5: Der Pfad von child()

Um zum Beispiel den Namen der Leiterin der Vertriebsabteilung zu finden, können Sie folgenden XPointer benutzen:

```
id(Vertrieb).child(1,Angestellter).child(1,Name)
```

Mit XPointer ist eine syntaktische Kurzform möglich: Wenn ein Ausdruck vom gleichen Typ ist wie der ihm vorausgehende, können Sie den Namen des zweiten Ausdrucks weglassen. Der XPointer im Beispiel kann also wie folgt abgekürzt werden:

```
id(Vertrieb).child(1,Angestellter).(1,Name)
```

`descendant()`

`descendant()` geht weiter als `child()` und sucht unter den Nachfahren bis in eine beliebige Tiefe. `descendant()` beschränkt seine Suche jedoch auf den Unterbaum unterhalb des aktuellen Knotens. Die Reihenfolge der Traversierung ist *zuerst-in-die-Tiefe*. Diese nimmt also einen Zickzackpfad abwärts, bis ein Blatt gefunden wird, von wo aus es wieder zurückgeht. Mit einer `descendant()`-Suche wird jeder Knoten, der vom aktuellen Knoten ausgeht, garantiert erreicht. Die Reihenfolge der Suche der Knoten ist für eine positive und negative Richtung in Abbildung 3-6 zu sehen.

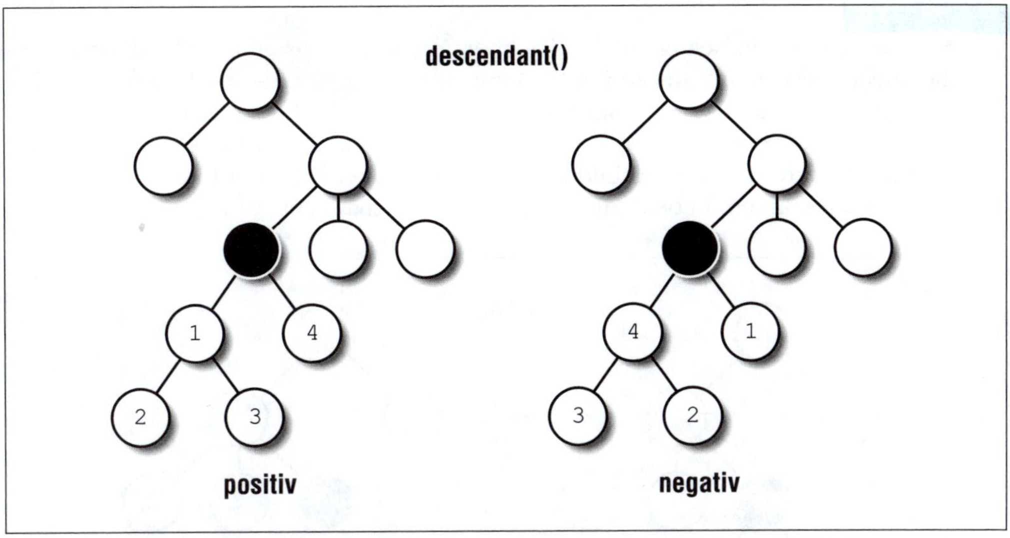

Abbildung 3-6: Der Pfad von descendant()

Das numerische Argument für `descendant()` ist komplexer als für `child()`. Mit einem positiven Wert beginnt der Ausdruck am Start-Tag des aktuellen Elements zu lesen und arbeitet sich unter Zählung der Start-Tags jedes einzelnen Nachfahren durch die Datei vorwärts, bis er das End-Tag des aktuellen Knotens erreicht. Mit negativen Werten beginnt die Zählung am End-Tag des Elements. Von dort aus wird rückwärts gelesen und dabei jedes End-Tag gezählt. Im folgenden Beispiel lokalisiert `id(Start).descendant(4)` `<Element2>`, denn es befinden sich – beginnend mit dem Start-Tag des aktuellen Elements – vier Start-Tags vor dem Ziel-Element:

```
<Inhalt id="Start">
  <Sub1>
    <Element1>Text</Element1>
    <Sub2>
      <Element2>noch mehr Text</Element2>
    </Sub2>
  </Sub1>
</Inhalt>
```

Sie können das `child()`-Beispiel, das zwei relative Ausdrücke erforderte, vereinfachen, indem Sie diese durch einen `descendant()`-Ausdruck ersetzen:

```
id(Vertrieb).descendant(1,Name)
```

In diesem Beispiel wird der Unterbaum unterhalb des Knotens am Start-Element (das ist `<Abteilung id="Vertrieb">`) nach dem ersten Auftreten des Elements vom Typ `<Name>` durchsucht.

following()

following() hat in bezug auf den Suchbereich die geringsten Einschränkungen: In die Suche werden alle Knoten im Dokument einbezogen, die nach dem aktuellen Knoten folgen. Sie beginnt beim aktuellen Knoten und schreitet Knoten für Knoten vorwärts, bis entweder ein passender Knoten gefunden wird oder das Ende des Dokuments erreicht ist. In Abbildung 3-7 ist die Reihenfolge der Knoten, die gefunden werden können, in beiden Richtungen veranschaulicht.

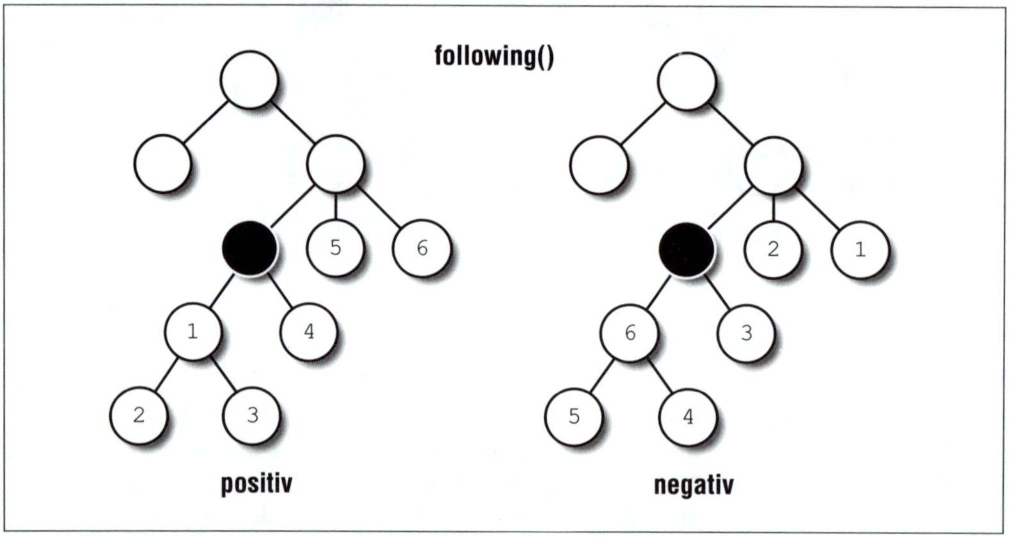

Abbildung 3-7: Der Pfad von following()

Beispielsweise können Sie mit dem Ausdruck `following(1,Angestellter)` das Element `<Angestellter>` für Maria S. vom Element `<Angestellter>` für Arnulf S. aus finden. Vom gleichen Ursprungsknoten aus können Sie mit dem Ausdruck `following(3,Angestellter)` das Element `<Angestellter>` für Theophil B. lokalisieren.

preceding()

`preceding()` funktioniert wie `following()`, konzentriert sich jedoch auf die andere Seite des Dokuments vom Ursprungsknoten bis zum Anfang. Die Richtung ist ebenfalls entgegengesetzt, so daß man mit einer positiven Zahl an den Anfang der Datei und mit einer negativen Zahl hinab zum Ursprungsknoten gelangt. In Abbildung 3-8 ist die Reihenfolge der Knotensuche in beiden Richtungen zu sehen.

Mit dem Ausdruck `preceding(1,employee)` können Sie, beginnend bei einem beliebigen Angestellten, die Person finden, die sich im Schaubild direkt vor dieser befindet. Von Aurelia G. aus wird Theophil B. lokalisiert, und von Berthold L. aus wird Aurelia G. gefunden.

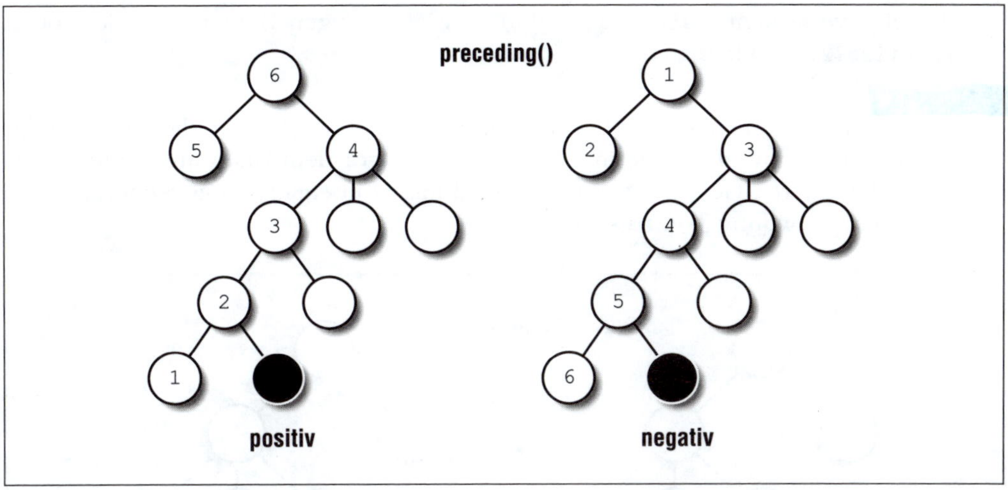

Abbildung 3-8: Der Pfad von preceding()

`fsibling()`

Das englische Wort sibling bezeichnet Geschwister. Bei diesem Ausdruck wird die Suche auf die Geschwister beschränkt, die dem Ursprungsknoten folgen (Sie könnten sie vielleicht als jüngere Geschwister bezeichnen). Er lokalisiert nur Elemente, die das gleiche Eltern-Element wie der aktuelle Knoten haben. Wie `child()` bietet er einen sehr kleinen und sicheren Suchbereich. Der Nachteil besteht jedoch darin, daß `fsibling()` einige Kenntnis über die Struktur des Dokuments erfordert. Abbildung 3-9 veranschaulicht den Pfad der Knotensuche.

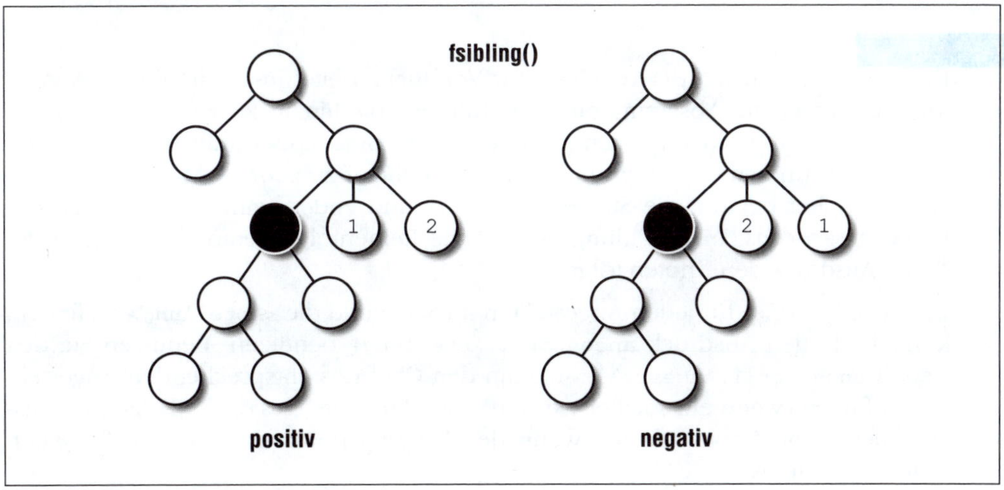

Abbildung 3-9: Der Pfad von fsibling()

Beispielsweise kann `fsibling(1)` Rudi Emsigs Kollegen Bubba G. finden, doch `fsibling(2)` geht leer aus.

`psibling()`
: Das Verhalten von `psibling()` ist wie das von `fsibling()`, doch die Suche erfolgt unter den Geschwistern, die im Eltern-Container vor dem Ursprungsknoten kommen (den älteren Geschwistern). Die Richtung ist ebenfalls entgegengesetzt. Der Pfad ist in Abbildung 3-10 zu sehen.

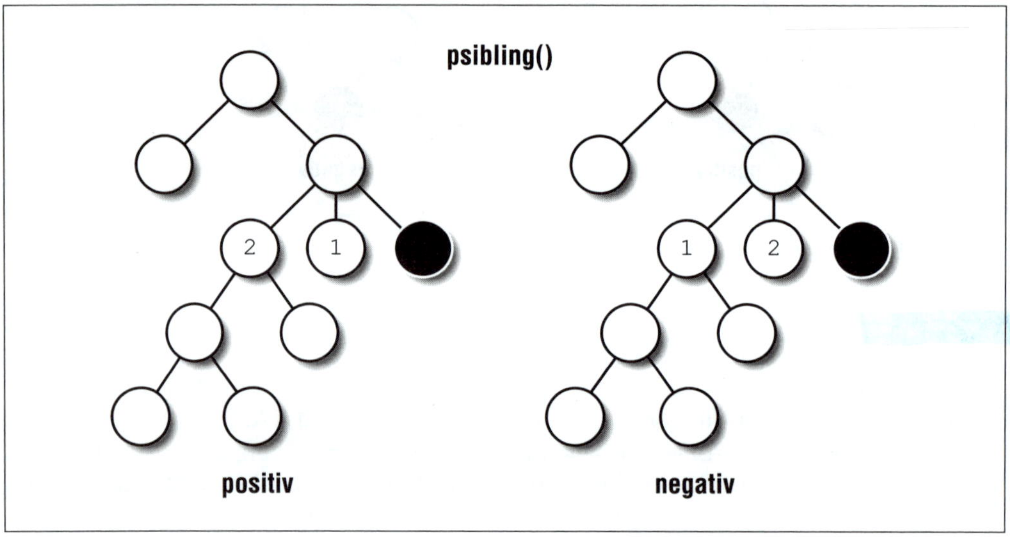

Abbildung 3-10: Der Pfad von psibling()

`ancestor()`
: Der Ausdruck `ancestor()` (englisch für Vorfahr) arbeitet insofern wie ein Ahnenforscher, als er die Abstammung eines Knotens bis hinauf zu `root()` zurückverfolgt. Mit einem positiven ersten Argument sucht `ancestor()` aufwärts (beginnend beim Eltern-Knoten des Ursprungsknotens bis hinauf zu `root()`. Mit einem negativen Argument beginnt die Suche bei `root()` und endet beim Eltern-Knoten des Ursprungsknotens. In Abbildung 3-11 ist die Reihenfolge veranschaulicht, in der dieser Ausdruck den Knoten folgt.

Um beispielsweise für jeden Angestellten im Schaubild die `<Abteilung>` zu finden, können Sie den Ausdruck `ancestor(1,Abteilung)` benutzen. Benutzen Sie den Begriff `ancestor(1,Angestellter)`, um den Chef des entsprechenden Angestellten zu finden (wenn ein solcher existiert). Beachten Sie, daß dieser Lokalisierungsausdruck keine Knoten findet, wenn der Ausgangspunkt das Element für einen Abteilungsleiter ist.

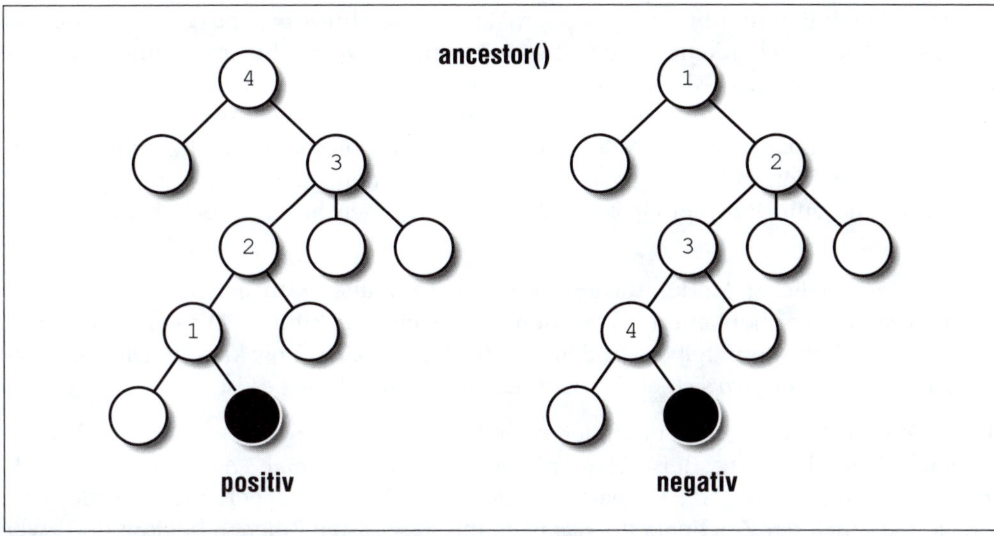

Abbildung 3-11: Der Pfad von ancestor()

Es gibt mehrere Wege, um die gleiche Adresse zu erreichen. Um das Element `<Angesteller>` für Maria S. zu lokalisieren, ist jeder der Suchausdrücke in diesem Beispiel geeignet:

```
root().child(1,Belegschaft).child(1).child(1).child(3).child(1).child(3).
   child(2)
root().child(1,Belegschaft).(1).(1).(3).(1).(3).(2)
root().child(1,Belegschaft).following(1,*,id,'Marketing').
   preceding(2,Angestellter)
id(Vertrieb).descendant(4,Angestellter)
id(Vertrieb).descendant(-2,Angestellter)
```

String()

Die bisher behandelten relativen Ausdrücke funktionieren nur mit vollständigen Knoten. Selbst mit dem Schlüsselwort `#text` findet der Suchausdruck den gesamten Text zwischen angrenzenden Knoten. Das ist ein Problem, wenn wir eine kleinere Teilmenge wie etwa ein Wort oder eine größere Textgruppe mit eingestreuten Inline-Elementen wie zum Beispiel einem kompletten Absatz finden wollen. In diesen Situationen ist der Ausdruck `string()` hilfreich.

`string()` nimmt zwei bis vier Argumente entgegen. Diese ähneln ein wenig den Argumenten der relativen Lokalisierungsausdrücke, die wir zuvor gesehen haben. Das erste Argument spezifiziert eine Instanz, und das zweite ist die Zeichenkette, nach der gesucht werden soll. Beispielsweise wird mit `string(2, "klick-klack")` das zweite Auftreten der Zeichenkette »klick-klack« im Ursprungsknoten gefunden. Mit `string (all, "keit")` wird jedes Auftreten von »keit« im Knoten gefunden.

Es besteht keine Beschränkung auf Wörter. Mit dem Ausdruck `string(2, "A")` wird das zweite »A« in der Zeichenkette »Addis Abeba« gefunden. Die Suche erfolgt unter Berücksichtigung der Groß- und Kleinschreibung. Eine ersatzweise Benutzung von `string(2, "a")` ergäbe also keine Fundstelle, da es nur ein »a« gibt. In XML gibt es keine Möglichkeit, eine Suche unabhängig von der Groß- und Kleinschreibung durchzuführen, denn das würde eine Unterscheidung zwischen verschiedenen kulturellen Standards erfordern. Was sind zum Beispiel Groß- und Kleinbuchstaben in chinesischen Zeichensätzen?

Ein weiterer nützlicher Modus für `string()` ist das Zählen von generischen Zeichen. Mit einer leeren Zeichenkette (`""`) werden alle Zeichen gefunden. Mit `string(23,"")` finden Sie die Stelle unmittelbar vor dem 23. Zeichen im Ursprungsknoten. Dies ist nützlich, wenn Sie wissen, *wo* sich etwas befindet, jedoch nicht, *was* es ist.

Das dritte und vierte Argument definieren die Position und die Größe einer zurückzugebenden Teil-Zeichenkette. Beispielsweise sucht `string(1, "Vasco da Gama", 6, 2)` nach der Zeichenkette »Vasco da Gama« und gibt, nachdem diese gefunden wurde, »da« zurück, das Stück der Zeichenkette, das nach ihrem sechsten Zeichen beginnt und zwei Zeichen lang ist. Diese Methode funktioniert wie eine bedingte Anweisung: Zuerst wird nach der Haupt-Zeichenkette gesucht und dann ein kleinerer Teil davon zurückgegeben.

Wir sind nicht auf die Grenzen der Such-Zeichenkette eingeschränkt. Die Positionsargumente können über diese Grenzen hinauslaufen und den übrigen Text im Knoten durchsuchen. Eine Suche im Text »Friedrich Barbarossa« mit dem Suchausdruck `string(1, "Friedrich", 10, 10)` ergäbe die Zeichenkette »Barbarossa«.

Beachten Sie, daß das lokalisierte Objekt nicht tatsächlich Zeichen zu enthalten braucht. Es kann auch einfach nur ein Ort sein. Wenn wir das vierte Argument in der vorigen Adresse auf 0 setzen, würden wir die Stelle direkt vor dem »B« in der Zeichenkette lokalisieren. Für einen Benutzer mag es vielleicht schwierig sein, einen solchen Link mit der Maus anzuklicken, doch als Ziel für einen Link oder als Einfügemarke für einen Textblock von einer anderen Seite ist der Punkt hervorragend geeignet.

Span()

Nicht alles, was Sie lokalisieren wollen, eignet sich dazu, hübsch als Element verpackt zu werden oder ist eine Textpassage, die sich vollständig innerhalb eines einzigen Elements befindet. Aus diesem Grunde bietet Ihnen XPointer eine Möglichkeit, zwei Objekte und alles dazwischen zu lokalisieren. Der Lokalisierungsausdruck, mit dem dies erreicht wird, ist `span()`. Seine Syntax lautet:

```
span(XPointer,XPointer)
```

Betrachten Sie beispielsweise folgenden Text:

```
<para>Das geschah in der letzten Folge:</para>
<synopsis id="episode-32-synop">
<item>Vrookans kann der Robotor-Patrouille entkommen, indem er einen Köder auf
dem Kraterrand plaziert.</item>
```

```
<item>Gloria ignoriert den Befehl des Captains und verläßt das Schiff, um
selbst nach Johan zu suchen.</item>
<item>Jenkins' Reparaturarbeiten werden durch den Angriff einer riesigen
Felsschnecke unterbrochen, die das Schiff über eine Klippe zu schieben
droht.</item>
<item>Dr. Bribb und der junge Ashleigh geraten in ein Feld mit
Todesschlafreben.</item>
</synopsis>
```

Die letzen beiden Punkte können Sie folgendermaßen auswählen:

```
id('episode-32-synop').span(descendant(3, item),descendant(4,item))
```

Eine Einführung in XLinks

Die Regeln für Verknüpfungen in XML sind in einem Standard definiert, der als XML Linking Language oder *XLink* bezeichnet wird. In XML kann jedes Element ein Link sein. Das ist notwendig, weil XML keine Elemente vordefiniert. Da Sie Ihre eigenen Elemente definieren können, müssen Sie auch in der Lage sein, aus einem oder mehreren von ihnen Links zu machen. Die Syntax und die Fähigkeiten von XLinks waren durch den Erfolg (und in einigen Fällen auch durch den Mißerfolg) von HTML beeinflußt. XLinks sind mit den älteren HTML-Links kompatibel, verfügen jedoch über mehr Flexibilität und Funktionalität.

HTML verwendet im allgemeinen zwei Arten von Links. Das `<A>`-Element erzeugt einen Link, löst ihn jedoch nicht automatisch aus. Wenn der Benutzer beschließt, dem Link zu folgen, ersetzt das Dokument am anderen Ende das aktuelle Dokument. Das `<IMG>`-Element arbeitet unauffällig und automatisch, indem es eine Verknüpfung zu Graphikdaten herstellt und diese in das Dokument importiert.

Zum Vergleich wollen uns anschauen, inwiefern XLinks eine Verbesserung gegenüber HTML-Links darstellen:

- Jedes XML-Element kann zu einem Link gemacht werden. In HTML verfügen nur einige wenige Elemente über Link-Fähigkeiten.
- XLinks können XPointer benutzen, um an jeden beliebigen Punkt innerhalb des Dokuments zu gelangen. HTML-Links, die bestimmte Stellen innerhalb eines Dokuments zum Ziel haben, sind dazu auf spezielle Anker angewiesen. Das erfordert vom Autor des Ziel-Dokuments, den Bedarf nach jedem möglichen Link vorauszuahnen und Anker zur Verfügung zu stellen.
- XML kann XLinks benutzen, um Text und Markup zu importieren. In HTML gibt es keine Möglichkeit, Text aus dem Ziel in das Quelldokument einzubetten.
- XPointer können einen Bereich von XML-Markup definieren, um auf eine Teilmenge eines Dokuments zu verweisen. Ein HTML-Link kann nur einen einzelnen Punkt oder eine ganze Datei referenzieren.

Einrichten eines Link-Elements

Jedes XML-Element kann durch Verwendung ausgewählter XLink-Attribute als Link eingerichtet werden: Dies sind `type`, `href`, `role`, `title`, `show` und `actuate`. Wenn Sie diese Attribute benutzen, müssen Sie ein Namensraum-Präfix verwenden, das die Zuordnung zum XLink-URI übernimmt. Der XML-Prozessor verwendet den Namensraum, um die Attribute als Link-Parameter zu interpretieren. Hier sehen Sie einige Beispiele für Link-Elemente mit diesen Attributen in Gebrauch:

```
<cite
   xmlns:xlink="http://www.w3.org/1999/xlink"
   xlink:type="simple"
   xlink:href="http://www.books.org/huckfinn.xml"
   xlink:show="new"
   xlink:actuate="onRequest"
>Huckleberry Finn</cite>
<graphic
   xmlns:xlink="http://www.w3.org/1999/xlink"
   xlink:type="simple"
   xlink:href="figs/diagram39.png"
   xlink:show="embed"
   xlink:actuate="onLoad"
/>
<dataref
   xmlns:xlink="http://www.w3.org/1999/xlink"
   xlink:type="simple"
   xlink:href="http://dataserv.buggs.com/db.xml#entry92"
   xlink:actuate="onLoad"
   xlink:show="embed"
/>
```

Das erste Beispiel ist ein Verweis auf ein Buch irgendwo im Internet. Im nächsten Beispiel wir eine Graphik aus einer lokalen Datei importiert. Im dritten Beispiel werden bestimmte Informationen aus dem Innern einer Datei abgerufen. Und die verarbeitende Anwendung bestimmt, wie diese Links aussehen.

Das für jeden XLink mindestens erforderliche Attribut ist `type`. Das ist das Schlüsselwort, nach dem ein Parser sucht, um festzustellen, ob das Element als Link behandelt werden soll. Der Wert von `type` bestimmt die Art des XLink: in diesem Falle `simple`.

Ein XLink vom Typ `simple` muß auch ein Ziel haben, das mit dem Attribut `href` definiert wird. `href` ist nach dem in HTML verwendeten Attribut benannt, um `<A>`-Elementen mitzuteilen, wohin die Verknüpfung erfolgen soll, was XML kompatibel mit HTML-Dokumenten macht. Sein Wert ist der URI vom anderen Ende des Links. Der Wert kann auf ein ganzes Dokument oder auf einen Punkt bzw. auf ein Element in diesem Dokument verweisen.

Von einem XML-Parser wird nicht verlangt, daß er verifiziert, ob die entfernten Ressourcen wirklich am angegebenen Ort sind. URLs können unkorrekt sein, ohne daß das Dokument deswegen nicht mehr wohlgeformt und gültig sein muß. Das steht im Gegensatz zu den zuvor beschriebenen internen Links, wo `ID`-Attribute eindeutig sein und `IDREF`-Attribute auf tatsächlich existierende Elemente zeigen müssen. Der Grund dafür ist, daß sich interne Links alle innerhalb des gleichen Dokuments befinden, das für gewöhnlich auf ein und demselben System angesiedelt ist. Angesichts der Zeit zur Herstellung von Netzwerk-Verbindungen, die üblicherweise auf ein paar Sekunden beschränkt ist, würde jede verlangte URL-Verifizierung das Parsing zu einer langen Geduldsprobe werden lassen.

Die verbleibenden Attribute sind optional. Weil die XLink-Spezifikation noch sehr neu ist, werden sie noch nicht allzu häufig verwendet. Dennoch werden wir in den folgenden Abschnitten mögliche Einsatzgebiete diskutieren.

Verhalten

Genauso, wie es wichtig ist zu beschreiben, wozu ein XLink dient, wollen Sie auch beschreiben, wie er funktioniert. Soll der XML-Prozessor dem Link sofort folgen oder warten, bis er vom Benutzer dazu aufgefordert wird? Sollte er Text oder Daten in das lokale Dokument einfügen oder den Benutzer statt dessen auf die Reise zur Ziel-Ressource schicken? Die in diesem Abschnitt beschriebenen Attribute stellen diese Informationen zur Verfügung.

Das Attribut `actuate` spezifiziert, wann ein XLink traversiert werden soll. Vielleicht wollen Sie, daß einige Links auf einer Seite, zum Beispiel Graphiken und importierter Text, traversiert werden sollen, wenn die Seite formatiert wird. In diesem Falle werden die Daten aus der entfernten Ressource vom XML-Prozessor automatisch abgerufen, in einer von der Anwendung wie auch immer verlangten Weise behandelt und dann zusammen mit dem Rest des Dokuments verpackt. Die Einstellung `onLoad` deklariert, daß ein Link sofort traversiert werden soll.

Benutzen Sie die Einstellung `onRequest` für Links, die Sie dem Leser als Option überlassen wollen. Der Link bleibt dann ungenutzt, bis der Benutzer ihn aktiviert. An diesem Punkt kommen die verbleibenden Attribute zum Einsatz und legen das endgültige Erscheinungsbild des Links fest. Wie der Benutzer den Link genau auslöst, wird nicht spezifiziert. In einer graphischen Anwendung muß der Leser vielleicht auf ein Steuerelement klicken, in einem Text-orientierten Browser einen Tastatur-Befehl benutzen oder in einem vollständig sound-orientierten Browser einen Befehl aussprechen. Die genaue Auslösungsmethode bleibt dem XML-Prozessor überlasssen.

Das `show`-Attribut beschreibt das Verhalten eines Links, nachdem er (entweder automatisch oder durch den Benutzer) ausgelöst und traversiert (die entfernte Ressource wurde gefunden und geladen) worden ist. Die Frage an dieser Stelle ist, was mit den Daten aus der Ziel-Ressource geschieht. Drei Auswahlmöglichkeiten sind definiert:

`embed`
: Die Daten aus der entfernten Ressource sollen am Ort des Link-Elements dargestellt werden.

`replace`
: Das aktuelle Dokument soll aus der Ansicht entfernt und durch das entfernte Dokument ersetzt werden.

`new`
: Der Browser soll, wenn möglich, auf irgendeine Weise einen neuen Kontext erzeugen. Er könnte zum Beispiel ein neues Fenster öffnen, um den Inhalt der entfernten Ressource darzustellen, ohne die lokale Ressource aus der Ansicht zu entfernen.

Hier ist ein Beispiel, in dem die Attribute für das Verhalten benutzt werden:

```
<para>Das Motto des Tages ist:</para>
<para>
  <program-call xlink:type="simple"
    xlink:href="bin/quote-o-matic.pl"
    xlink:actuate="onLoad"
    xlink:show="embed"/>
</para>
```

Dieser XLink ruft ein Programm auf, das Text zurückgibt. Glücklicherweise brauchen wir nicht darauf einzugehen, wie das Ganze funktioniert, doch wir müssen erklären, was mit den erhaltenen Daten passiert. In diesem Falle betten wir sie in das Dokument ein, und sie werden als Text sichtbar. Der Leser weiß nicht, daß ein anderes Programm aufgerufen wurde, denn die Seite wird insgesamt mit einem Mal aufgebaut.

In diesem Beispiel ist die Aktuation auf `onLoad` eingestellt. Alternativ wäre es auch möglich, `onRequest` zu verwenden. In diesem Falle könnte der Benutzer den Text des Zitats anklicken (das vielleicht »Klicken Sie hier!« heißt), damit dieses an der gleichen Stelle ein anderes Zitat erscheinen läßt. Wiederum erdreistet sich XML nicht, Ihnen genau vorzuschreiben, wie dieses auszusehen hat.

Deskriptiver Text

Ein XLink bietet Ihnen mehrere Stellen, wo Sie einen beschreibenden Text über den Link hinzufügen können. Dieses Informationen sind optional, können jedoch nützlich für einen Leser sein, der mehr darüber erfahren möchte, was man dort finden kann und ob es sich lohnt, dem Link zu folgen. Der Inhalt eines Elements ist eine solche Stelle. Schauen Sie sich folgenden Link genauer an:

```
Ein mit Raketen verwandtes Thema ist
<verwandt
   xmlns:xlink="http://www.w3.org/1999/xlink"
   xlink:type="simple"
   xlink:href="Flugzeuge.xml"
>Flugzeuge</verwandt>
```

Die Rolle des Inhalts in einem Link-Element kann verschieden sein. Wenn der Link ein Attribut `actuate="onRequest"` hat, könnte der Inhalt dieses Links (`Flugzeuge`) als anklickbares Label verwendet werden, das der Benutzer auswählen kann, um den Link auszulösen. Andererseits ist der Inhalt mit dem Attribut `actuate="onLoad"` vielleicht nur ein Titel. Oftmals hat ein Element, das seine Ziel-Ressource automatisch lädt, überhaupt keinen Inhalt.

Das Attribut `role` wird als Möglichkeit zur Verfügung gestellt, den Charakter oder die Funktion der entfernten Ressource sowie deren Beziehung zum Dokument zu beschreiben. Der Wert muß ein URI sein, doch genau wie Namensräume hat er mehr von einem eindeutigen Identifier als von einem Zeiger auf eine erforderliche Ressource. Zum Beispiel:

```
<image
   xmlns:xlink="http://www.w3.org/1999/xlink"
   xlink:type="simple"
   xlink:href="Bilder/selbst.gif"
   xlink:role="http://www.bobsschrauben.com/Linkmaterial/Foto"
/>
```

In diesem Fall haben wir die Ziel-Ressource als `Foto` beschrieben. Dies unterscheidet Sie von anderen Rollen wie etwa `Comic`, `Diagramm`, `Logo` oder welche für Arten von `<image>`-Elementen auch immer im Dokument erscheinen könnten. Ein Grund für diese Unterscheidung besteht darin, daß Sie in einem Stylesheet das `role`-Attribut benutzen können, um jeder Rolle ihre eigene spezielle Behandlung zukommen zu lassen. Dort könnten Sie die Fotos mit einem dicken Rahmen, die Diagramme mit einem dünnen Rahmen und die Logos mit überhaupt keinem Rahmen versehen.

Das `title`-Attribut beschreibt ebenfalls die entfernte Ressource, ist jedoch nicht für Verarbeitungszwecke, sondern für Menschen zum Lesen gedacht. Im Fall unseres `<image>`-Elements oben könnte es eine Bildunterschrift sein:

```
<image
   xmlns:xlink="http://www.w3.org/1999/xlink"
   xlink:type="simple"
   xlink:href="Bilder/selbst.gif"
   xlink:role="http://www.bobsschrauben.com/Linkmaterial/Foto"
   xlink:activate="onLoad"
   xlink:title="Ein Strandbild von mir."
/>
```

Bei einem Benutzer-aktivierten Link, der auf ein anderes Dokument zeigt, könnte es sich um den Titel dieses Dokuments handeln. Wie der Titel von einem XML-Programm benutzt wird – so er denn überhaupt benutzt wird – ist nicht definiert. Dieser Part bleibt dem XML-Prozessor überlassen.

XML-Anwendung: XHTML

Eine gute Möglichkeit, um die Verwendung von Links in der Praxis zu studieren, ist HTML (Hypertext Markup Language), die Sprache hinter den Webseiten. Hypertext ist Text mit eingebetteten Links auf verwandte Dokumente. HTML hat mit dazu beigetragen, daß das World Wide Web zu dem äußerst erfolgreichen Kommunikationsmedium werden konnte, das es heute ist.

HTML stellt ein einfaches Gerüst für eine Bildschirm-Darstellung von generischen Dokumenten zur Verfügung. Es enthält einen kleinen Satz an Elementen, die Grundfunktionen der Strukturierung ohne allzu viel Drum und Dran dienen. Es gibt Head-Elemente für Titel (`<h1>`, `<h2>` usw.), Absätze (`<p>`), Listen (`<ul>`, `<ol>`), Tabellen (`<table>`), einfache Inline-Elemente (`<em>`, `<tt>`) usw. HTML ist nicht sehr detailliert, doch es reicht, damit sich Menschen Seiten auf dem Bildschirm ansehen können.

Wir werden eine Neufassung von HTML untersuchen, die XHTML heißt. XHTML ist fast genau das gleiche wie HTML in der Version 4, jedoch mit einigen Einschränkungen, die die Sprache mit den Regeln von XML kompatibel machen. Jede XHTML-Seite ist ein vollständiges XML-Dokument, das dem Standard von XML Version 1.0 entspricht und kompatibel mit allen XML-Allzwecktools und -Prozessoren ist. XHTML-Dokumente sind weiterhin mit den meisten heute im Gebrauch befindlichen HTML-Browsern kompatibel, sofern Sie die unten aufgeführten Richtlinien befolgen.

Die Verwendung von XHTML hat gegenüber normalem HTML entscheidende Vorteile:

- Da XHTML ein XML entsprechender Standard ist, können XHTML-Dokumente mit jedem XML-Allzweck-Editor, -Validierer oder -Browser oder anderen für die Verarbeitung von XML-Dokumenten gedachten Programmen verwendet werden.
- Dokumente, die den strengeren XML-Regeln folgen, sind klarer strukturiert, und ihr Verhalten in Browsern und XML-Softwareprogrammen läßt sich besser voraussagen.
- Langfristig wird XHTML von der Erweiterbarkeit von XML profitieren können, da diese das Hinzufügen von neuen Elementen und Funktionen erleichtert, was sich ganz einfach durch die Deklaration eines Namensraums oder die Benutzung einer anderen DTD erreichen läßt.

XHTML gibt es zur Zeit in drei »Geschmacksrichtungen«: strict, transitional und frameset. Die Unterschiede sind im folgenden beschrieben:

Strict-XHTML
: Dies ist ein klarer Bruch mit HTML, wobei viele Elemente über Bord geworfen wurden, um HTML von seiner starken Betonung von semantischen Ausdrücken zur Darstellung zu befreien. Sie müssen mit dem Dokument ein Stylesheet (CSS) verwenden, um es zu formatieren wie gewünscht. Strict-XHTML ist der vorwärtsweisende der drei Typen und XML am ähnlichsten.

Transitional-XHTML
: Für diejenigen, die wollen, daß Ihre Seiten kompatibel mit älteren Browsern bleiben, die keine Stylesheets unterstützen, bewahrt diese Geschmacksrichtung von XHTML die Elemente und Attribute von HTML. Beispielsweise sind Schrift- und Farbeinstellungen vorhanden.

Frameset-XHTML
: Frameset-XHTML ist wie strict-XHTML, doch es umfaßt die Fähigkeit zur Benutzung von Frames. Das Verschieben der Frame-Funktion in eine gesonderte Version macht die anderen Versionen für diejenigen, die keine Frames brauchen, wesentlich einfacher.

Sie wählen die Art von XHTML, die Sie benutzen wollen, indem Sie dessen DTD in Ihrer Dokumenttyp-Deklaration spezifizieren. Die folgende Deklaration bezieht sich auf die strenge (strict) Form:

```
<!DOCTYPE html
    PUBLIC "-//W3C//DTD XHTML 1.0 Strict//EN"
    "http://www.w3.org/TR/xhtml1/DTD/xhtml1-strict.dtd">
```

Wenn Sie die DTD auf Ihrem lokalen System installiert haben, sollten Sie den System-Identifier-Teil verändern, um statt dessen diesen Pfad zu benutzen. Die Verwendung einer lokalen Kopie der DTD kann die Ladezeit Ihres Dokuments spürbar verkürzen. Die XHTML-DTDs und informelle Ressourcen werden vom W3C gepflegt (Einzelheiten siehe Anhang B, *Klassifikation der Standards*).

Schauen wir uns ein Beispiel an. Beispiel 3-2 enthält ein Dokument, das der strengen Form von XHTML entspricht.

Beispiel 3-2: Ein XHTML-Musterdokument

```
<?xml version="1.0"?>      ❶
<!DOCTYPE html   ❷
    PUBLIC "-//W3C//DTD XHTML 1.0 Strict//EN"
    "http://www.w3.org/TR/xhtml1/DTD/xhtml1-strict.dtd">

<html  ❸
  xmlns="http://www.w3.org/1999/xhtml"  ❹
  xml:lang="en" lang="de">  ❺

  <head>
    <title>Institut für Schwarze Wissenschaften</title>
  </head>

  <body>
    <h1>Institut für Schwarze Wissenschaften</h1>  ❻
    <p><em>Willkommen</em> in Dr. Otto Schlimms Institut für Schwarze
            Wissenschaften!</p>  ❼

    <h2>Inhalt</h2>
    <ol>
      <li><a href="#staff">Unser Team</a></li>  ❽
```

Beispiel 3-2: Ein XHTML-Musterdokument (Fortsetzung)

```
    <li><a href="#courses">Aufsehenerregende Kurse</a></li>
    <li><a href="#research">Bahnbrechende Forschungen</a></li>
    <li><a href="#contact">Nehmen Sie Kontakt mit uns auf!</a></li>
  </ol>

  <a name="staff" />  ❾
  <h2 id="staff">Unser Team</h2>
  <dl>
    <dt><a href="schlimm.html">Dr. Otto Schlimm</a></dt>
    <dd>
      <img src="Bilder/schlimm.gif" width="60" height="80" />  ❿
      Gründer des Instituts, Erfinder des Mondmagneten und der
      metallfressenden Termite, dreimal als genialster Bösewicht ausgezeichnet.
      Lehrt Todesstrahlen 101, Physik, Astronomie und kriminelle Energie.
    </dd>
    <dt><a href="grzinsky.html">Dr. Ruth "Ruthless" Grzinsky</a></dt>
    <dd>
      <img src="Bilder/grzinsky.gif" width="60" height="80" />  ⓫
      Kopf des Nanoroboterüberfalls auf Fort Knox von 2002.
      Lehrt Computer-Wissenschaften, Nanotechnologie und Ausschaltung von
      Sicherheitssystemen.
    </dd>
    <dt><a href="zucav.html">Dr. Sebastian Zucav</a></dt>
    <dd>
      <img src="Bilder/zucav.gif" width="60" height="80" />
      Ein geheimnisumwitterter Mann mit einem Ausbund an zerstörerischem
      Intellekt. Lehrt Chemie, Gifte, Sprengstoffe, Glücksspiel und
      Ökonomie der Erpressung.
    </dd>
  </dl>

  <a name="courses" />
  <h2 id="courses">Aufsehenerregende Kurse</h2>
  <p>Wählen Sie unter faszinierenden Themen wie...</p>  ⓬
  <ul>
    <li>Ausbildung von Kobras im Töten</li>
    <li>Pflege und Fütterung von mutierten Bestien</li>
    <li>Superhelden und ihre Schwächen</li>
    <li>Die wundervolle Welt des Geldes</li>
    <li>Entführungen: Oldtimer bis Supertanker</li>
  </ul>

  <a name="research" />
  <h2 id="research">Bahnbrechende Forschungen</h2>
  <p>Dr. Schlimms Institut für Schwarze Wissenschaften ist eine der führenden
      Forschungseinrichtungen der Welt.
      Laufende Projekte sind zum Beispiel:</p>

  <h3>Verdecken des Himmels</h3>
  <p>Ein wahrhaft teuflischer Plan, den Himmel mit grellen Neonreklamen
    zu erfüllen, bis die Regierungen der Welt sich bereit erklären,
```

Beispiel 3-2: Ein XHTML-Musterdokument (Fortsetzung)

```
      hundert Milliarden Euro an uns zu zahlen. Mha ha ha ha ha!</p>

    <h3>Killer-Tauben</h3>
    <p>Ein abgrundtief böser Plan, Tauben zu mutieren und zu
      wirksamen Killermaschinen auszubilden, wodurch wir in der Lage sind,
      von der Öffentlichkeit enorme Schutzgelder dafür zu erpressen,
      daß wir diese nicht freilassen. Mha ha ha ha ha!</p>

     <h3>Schrecken aus der Tiefe</h3>
     <p>Ein finsterer Plan, der so entsetzlich und furchtbar ist,
     daß wir ihn erst Teilnehmern ab dem dritten Studienjahr offenbaren
     können. Wir sagen nur, daß es sich dabei um das übelste
     Projekt handelt, das wir je hatten!
       Mha ha ha ha ha!</p>

     <a name="contact" />
     <h2 id="contact">Nehmen Sie Kontakt mit uns auf!</h2>
     <p>Wenn Sie der Meinung sind, daß Sie das Zeug zu einem
       wirklich teuflischen Wissenschaftler haben, wozu unter anderem ein
       schrankenloser Intellekt, unmenschliche Grausamkeit und eine finstere
       Abscheu gegenüber Ihrem Nächsten gehören, vereinbaren Sie
       mit uns einen Termin für ein Bewerbungsgespräch. Senden Sie
       einen adressierten und frankierten Rückumschlag an:
     </p>
     <address>Institut für Schwarze Wissenschaften,
Immatrikulationsbüro,
10 Clover Lane,
Todesinsel,
Verminte Gewässer vor der Küste von Sri Lanka</address>

  </body>
</html>
```

Es folgen einige Anmerkungen zu diesem Code:

❶ Die XML-Deklaration ist in diesem Bespiel nicht unbedingt erforderlich. Es ist jedoch eine gute Idee, sie trotzdem zu verwenden, besonders wenn Sie vorhaben, einen anderen Zeichensatz als UTF-8 zu verwenden. Leider interpretieren einige ältere HTML-Browser PIs nicht korrekt und blenden möglicherweise die ganze oder Teile der XML-Deklaration ein.

❷ Die Dokumenttyp-Deklaration ist erforderlich, um die Version und die Geschmacksrichtung des verwendeten XHTML zu verifizieren. Beachten Sie, daß Sie für Deklarationen keinen internen Teilmengenraum verwenden können. Viele XHTML-fähige Browser kommen nicht damit zurecht.

❸ Das Wurzelelement ist immer `<html>`. Beachten Sie, daß in XHTML alle Elemente ausnahmslos klein geschrieben werden müssen. Darin unterscheidet es sich von HTML, wo die Schreibung keine Rolle spielt.

❹ Die Deklaration eines Standard-Namensraums ist ebenfalls erforderlich. Der Namensraum für alle Geschmacksrichtungen von XHTML ist `http://www.w3.org/1999/xhtml`.

❺ In transitional-Dokumenten sollten Sie sowohl das `<lang>`- als auch das `<xml:lang>`-Element benutzen. Einige Browser werden letzteres nicht erkennen, doch die es tun, räumen diesem Priorität ein.

❻ Dieses `<h1>`-Element ist ein Beispiel für eine Abschnitt-Überschrift. Anders als DocBook, wo Abschnitte vollständig von speziellen Elementen wie `<sect1>` eingeschlossen sind, stellt XHTML keine Abschnitt-Elemente zur Verfügung. Statt dessen gibt es nur Elemente, die Titel enthalten, die auf Grund ihrer Formatierung ausreichen, damit die Leser sehen, daß ein neuer Abschnitt begonnen hat. Das ist ein Beispiel für eine Darstellungsinformation, die sich auf Kosten der Struktur in das Markup geschlichen hat.

❼ Ein entscheidender Unterschied zu älteren HTML-Formen besteht darin, daß in XHTML nun alle Elemente mit Inhalt ein End-Tag haben müssen. Zuvor ging es mitunter in Ordnung, es wegzulassen. Ein `<p>` muß immer aus einem Start- und aus einem End-Tag bestehen, selbst wenn die Tags keinen Inhalt umschließen.

❽ Das hier verwendete `<a>`-Element ist ein einfacher Link auf einen Punkt innerhalb des gleichen Dokuments. Das vertraute `href`-Attribut enthält einen Fragment Identifier. Die anderen Attribute von XLink sind verborgen, obwohl sie an sich zur Definition von `<a>` in der DTD gehören. (Wir werden in Kapitel 5, *Dokumentenmodelle: Eine höhere Stufe der Steuerung*, lernen, wie wir Attribute implizit machen können.) Dieser Link ist insofern benutzer-ausgelöst, als daß der Inhalt des Elements anders dargestellt wird und sich in ein Steuerelement verwandelt, das den Link aktiviert, sobald es vom Benutzer angewählt wird. Nach der Auslösung zeigt der Link ein Verhalten, bei dem eine sofortige Traversierung durchgeführt und dann das aktuelle Dokument ersetzt wird.

❾ Dieses `<a>`-Element verwendet ein `name`-Attribut, um das Ziel für die Verknüpfung vorzugeben. In XML können Sie mit einem XPointer eine Verknüpfung zu jedem beliebigen Element herstellen. Daher ist diese Technik der Verwendung eines speziellen Elements als dediziertes Ziel für einen Link nicht mehr zeitgemäß. Hier wurde sie jedoch im Interesse einer Abwärts-Kompatibilität mit älteren Browsern implementiert.

❿ Hier ist ein Beispiel für ein leeres Element, bei dem der End-Begrenzer (`/>`) der XML-Wohlgeformtheitsregel folgt. Wir haben davor jedoch ein zusätzliches Freizeichen eingefügt, denn dieses unterstützt einige Browser dabei, ein leeres Tag von einem Container zu unterscheiden. Sie sollten vermeiden, die Container-Element-Syntax mit Elementen zu verwenden, die keinen Inhalt haben dürfen (z.B. `<br></br>`), denn dies könnte zu unvorhersehbaren Ergebnissen führen.

⓫ `<img>` ist ein weiteres Beispiel für ein Link-Element, das in diesem Falle eine Graphikdatei importieren und darstellen soll. Anders als bei `<a>` sind dessen Einstellungen `actuation="auto"` und `show="embed"`. Das bedeutet, daß alle Graphiken bei der Wiedergabe importiert und im Fluß des Dokuments dargestellt werden.

⓬ In XHTML verwerfen alle Elemente mit Ausnahme von `<pre>` bei der Formatierung zusätzliche Leerräume. Am Beginn und am Ende des Inhalts werden Leerzeichen gelöscht, und zusätzliche Leerräume werden zu Einzel-Leerzeichen zusammengefaßt. Dies ist notwendig, um trotz aller für Einzüge und zur Verbesserung der Lesbarkeit von XML benutzter Leerzeichen, Tabulatoren und Zeilenvorschübe gut aussehende Absätze zu erhalten. In XML wird peinlich genau darauf geachtet, daß Leerräume in allen Elementen erhalten bleiben, soweit nicht ausdrücklich definiert ist, dies nicht zu tun.

Damit sollte klar sein, daß XHTML in der Entwicklunggeschichte von HTML einen sehr wichtigen Schritt darstellt. Webseiten werden klarer, und es wird eine Kompatibilität mit mehr Browsern und zum ersten Mal auch mit XML-Tools erreicht. Die Entfernung der Formatierungseinstellungen aus dem Markup, die mit der strengeren Version versucht wird, zwingt die Autoren, statt dessen Stylesheets zu benutzen. Das Setzen auf Stylesheets bedeutet schnellere Entwicklung von Format-Unterstützungen und vielseitigere Präsentationsmöglichkeiten.

In der Zukunft wird sich XHTML in Richtung Modularität weiterentwickeln. Das bedeutet, daß DTDs bald aus austauschbaren Teilen – sogenannten *Modulen* – zusammengesetzt sein werden. Wenn dies soweit ist, werden in HTML-Dokumenten Elemente-Sätze zusammengestellt und angepaßt werden können, um Dokumente für fast jeden Zweck zu erhalten, darunter für Internet-Anwendungen, Mobilfunkgeräte, Klienten für Sprachsynthetisierung u.a.

Lassen Sie sich jedoch gesagt sein, daß XHTML nicht die Antwort auf jedes Auszeichnungsproblem ist. Seine generische Elemente sind für Ihren Zweck möglicherweise nicht ausführlich genug, und das Fehlen von ineinandergeschachtelten Abschnittsstrukturen ist für die Erstellung von großen und komplexen Dokumenten ein Hindernis. Doch um Seiten ins Web zu stellen, ist XHTML als kompakte Allzweck-Sprache zur Zeit allererste Wahl.

4

Die Präsentation: Erstellung des fertigen Produkts

Formatvorlagen oder Stylesheets spielen in der Welt von XML eine wichtige Rolle. Sie überbrücken die Kluft zwischen der kristallisierten, reinen Form der gepackten Informationen und dem fertigen, für den menschlichen Gebrauch geeigneten Endprodukt. Es handelt sich bei ihnen um detaillierte Anweisungen zur Umwandlung des XML-Markups in ein neues Format wie etwa HTML oder PDF.

Warum Stylesheets?

XML-Dokument und Stylesheet ergänzen sich. Dabei stellt das Dokument die Substanz bzw. die Bedeutung der Information dar, wohingegen das Stylesheet die Form beschreibt, die diese annehmen soll (siehe Abbildung 4-1). Sie können sich die Anwendung eines Stylesheets auf ein Dokument wie die Zubereitung eines Gerichts aus einem Kochbuch vorstellen. Ihr XML-Dokument ist dabei eine Reihe von rohen, noch nicht zubereiteten Zutaten, und das Stylesheet ist ein Rezept, das dem Koch sagt, wie er die einzelnen Zutaten behandeln und wie er sie kombinieren muß. Die Software, die XML auf der Grundlage der Anweisungen des Stylesheets in ein anderes Format umwandelt, ist in unserem Vergleich der Koch. Wenn die Zutaten dann in Würfel geschnitten, angerührt und gekocht sind, haben wir eine schmackhafte und leicht verdauliche Speise.

Gute Angewohnheiten werden unterstützt

Die Trennung von Markup und Formatierung mag auf den ersten Blick vielleicht etwas umständlich wirken: HTML ist sehr erfolgreich und erfordert keinerlei Stylesheets. Die Elemente von HTML verfügen über eigene Darstellungseinstellungen, die jeder Webbrowser verwendet, um eine gut aussehende Seite zu erzeugen. Doch die Trennung der beiden hat ihre Vorteile:

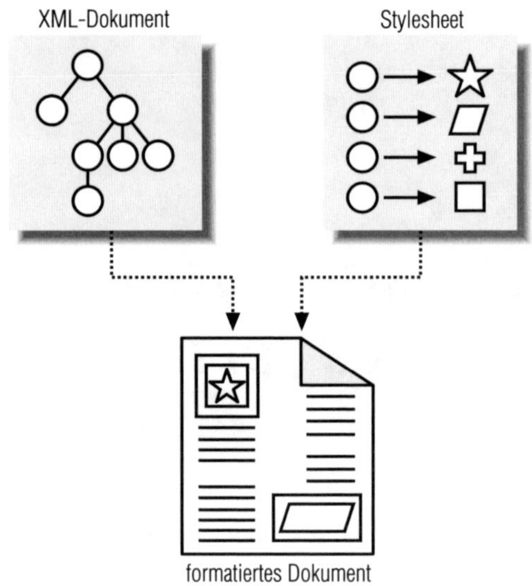

Abbildung 4-1: Ein Stylesheet hilft Ihnen, ein formatiertes Dokument zu erzeugen

- Wenn die Formatinformationen vom Markup ferngehalten werden, kann sich der Autor voll auf die Bedeutung des Dokuments konzentrieren, ohne sich um dessen Erscheinungsbild kümmern zu müssen. In HTML bezieht sich die Wahl des zu benutzenden Elements sowohl auf die Formatierung als auch auf die Funktion. Durch die Verwendung eines Stylesheets können Sie das Markup rein und konzentriert halten, ohne es durch Einzelheiten zum Erscheinungsbild zu belasten.
- Durch das Unterbringen der Formateinstellungen in einem gesonderten Dokument wird die Arbeit des Designers leichter. Während der Autor sich auf das Schreiben konzentriert, kümmern sich Leute mit künstlerischem Sachverstand um das Erscheinungsbild. Ein Stylesheet kann für Hunderte von Dokumenten verwendet werden, wodurch einerseits ein einheitliches Aussehen sichergestellt ist und sich andererseits die für die Aktualisierung des Dokuments erforderliche Arbeit reduziert (siehe Abbildung 4-2).
- Ihre Möglichkeiten zur Darstellung des Dokuments erweitern sich. In Abhängigkeit vom jeweiligen Zweck können Sie den XML-Code mit verschiedenen Stylesheets kombinieren und anpassen. Beispielsweise können Sie mehrere Anzeigegrößen unterstützen: normal, klein und groß. Sie können das Ergebnis an die Erfordernisse einer gedruckten Seite anpassen, die mit kleineren Schriften und hochwertigeren Graphiken besser aussieht, oder Sie können durch Formatierung für Blindenschrift, Ton oder nicht-graphische Texte Unterstützung für ein Publikum mit speziellen Bedürfnissen bieten. Wenn das XML-Dokument von Formatinformationen befreit ist, wird es – wie in Abbildung 4-3 zu sehen – tatsächlich geräteunabhängig.

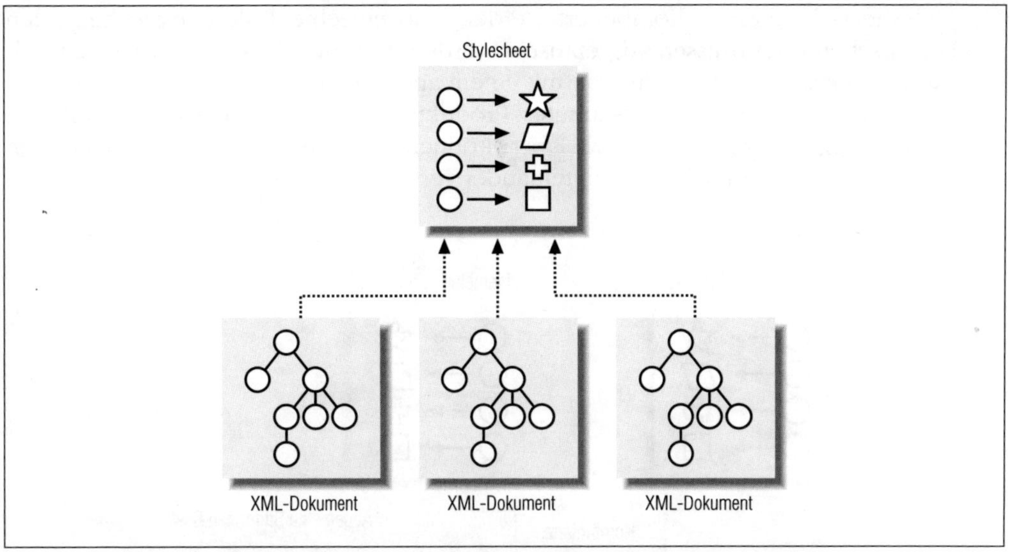

Abbildung 4-2: Ein Stylesheet kann von vielen XML-Dokumenten verwendet werden

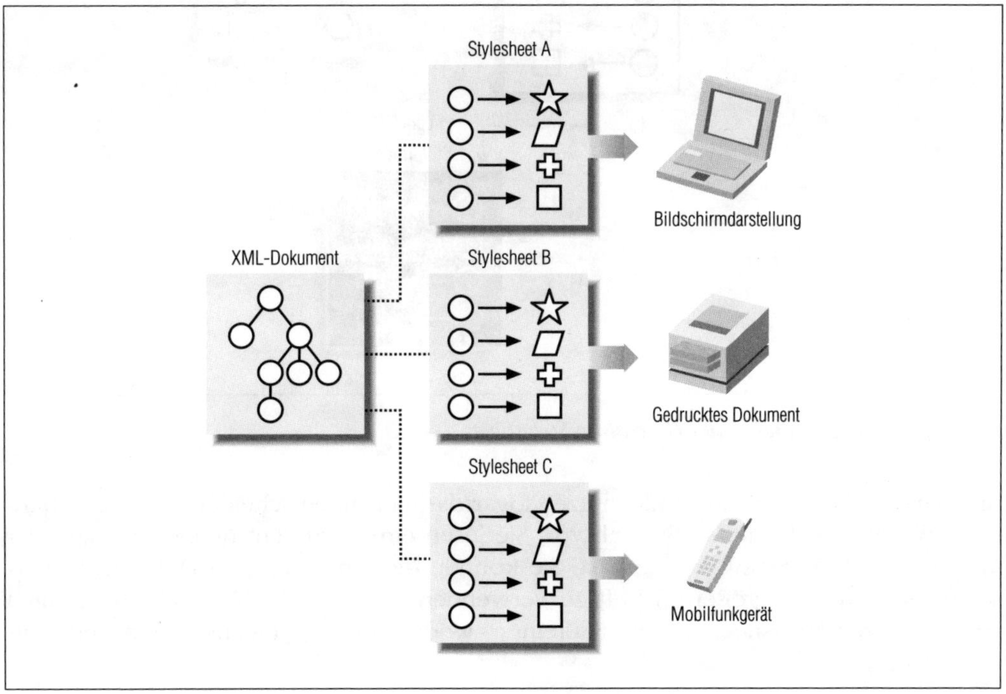

Abbildung 4-3: Kombinieren und Anpassen von Stylesheets für unterschiedliche Zwecke

- Stylesheets können so kombiniert werden, daß einzelne Teile entsprechend den spezifischen Bedürfnissen ausgetauscht werden. Beispielsweise können Sie ein Allzweck-Stylesheet in Kombination mit einem anderen zur Feinabstimmung der Formateinstellungen für ein bestimmtes Produkt benutzen. Mit dieser Technik der gestaffelten oder *Cascading* Stylesheets können Formate aus vielen verschiedenen Quellen (siehe Abbildung 4-4) miteinander verknüpft werden.

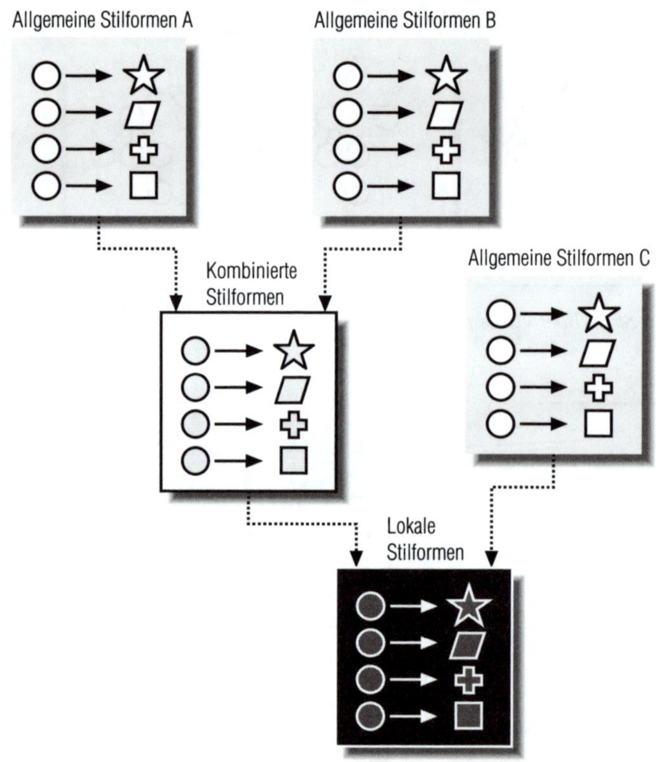

Abbildung 4-4: Gestaffelte oder Cascading Stylesheets

In einigen Fällen kann der Endbenutzer sogar darüber mitentscheiden, wie das Dokument aussehen soll. Stellen Sie sich vor, Sie lesen ein Dokument online und sind der Meinung, daß die Schrift zu klein ist. Sie können die Einstellung im Dokument überschreiben, um eine größere Schrift zu verwenden. Dies geschieht durch Hinzufügen eines weiteren Stylesheets zu der Staffelung, wodurch einige Eigenschaften neu definiert werden.

Elektronische Dokumente können ein Problem darstellen, da sich die Systemressourcen unterscheiden. Der auf einem Computer installierte Satz an Schriftarten ist eine Unbekannte, die große Auswirkungen auf das Erscheinungsbild eines Dokuments haben kann. Mit Stylesheets sind Sie flexibel und können alternative Schriftarten angeben, wenn Ihre erste Wahl auf dem System des Benutzers nicht verfügbar ist.

Schlechte Angewohnheiten werden vermieden

Stylesheets sind keine neue Erfindung, doch bis in die jüngste Zeit hinein sind sie im Web nicht allzu häfig verwendet worden. Ob das nun daran liegt, daß sich der Umgang mit Stylesheets schwer in Browser implementieren läßt oder daß Stylesheets nicht mit den Plänen miteinander im Wettbewerb stehender Anbieter in Einklang zu bringen sind – viele Webdesigner mußten sich mit den Beschränkungen der in HTML integrierten Formate bescheiden. Dies führte zu phantasievollen Wegen, die Umklammerung der Formate zu durchbrechen:

Verwendung von Graphiken statt Text

Dieser Kunstgriff stellt eine bequeme Methode dar, praktisch jede Art von visuellen Elementen für eine Webseite zur Verfügung zu stellen. Wenn Sie eine spezielle Schriftart verwenden wollen, die selten ist und auf den Systemen der Benutzer wahrscheinlich nicht vorhanden sein wird, können Sie den Text mit Ihrem Graphikprogramm gestalten und ihn dann als Bitmap auf den Bildschirm bringen. Dies sieht zwar herrlich aus, ist jedoch eine recht dürftige Lösung.

Wenn Sie den echten Text durch eine Graphik ersetzen, ist dieser jeder automatisierten Verarbeitung entzogen. Suchmaschinen finden ihn nicht, Ausschneiden und Einfügen ist nicht möglich, und Sie können auch keine Rechtschreibprüfung Ihres eigenen Texts vornehmen. Außerdem ist das Dokument auf diese Weise auch an ein bestimmtes Medium gebunden. Für Ton, Blindenschrift oder Browser, die keine Graphiken darstellen können, ist ein solches Dokument wertlos, und auch das Herunterladen dauert länger.

Ausnutzung von Nebeneffekten der Browser

Jedes Softwareprogramm, unabhängig davon, wie gut es programmiert und ausgetestet wurde, ist fehlerbehaftet. Die Darstellung eines Dokuments wird sich deshalb von Browser zu Browser geringfügig unterscheiden. Einer der übelsten Kunstgriffe besteht darin, diese Eigenarten für bestimmte Darstellungseffekte auszunutzen.

Beispielsweise benutzen viele Designer `<table>`-Elemente als generisches Platzhalter-Gerüst. Die Designer haben eine Vorliebe dafür, denn damit sind mehrere Textspalten möglich, Breiten können genau festgelegt werden, und schließlich kann alles von Graphiken bis hin zu ineinandergeschachtelten Tabellen in dieses Gerüst eingebaut werden. Doch ist dies wirklich das, wozu das Element `<table>` ursprünglich einmal gedacht war?

Ein weiteres mögliches Problem ist eine zu starke Kontrolle über das Aussehen, etwa durch die Verwendung von `<font>`-Elementen zur Einstellung von Schriftart und -größe. Einige Programme zur HTML-Generierung (beispielsweise Textverarbeitungen mit einer »Speichern als HTML«-Option) verwenden das Zeilenumbruch-Tag `<br>` nach jeder Zeile, statt den Browser die Absätze formatieren zu lassen.

Solche Techniken erzeugen unflexible, geräteabhängige Dokumente. Sie funktionieren nicht mit allen Browsern auf gleiche Weise, und mit einigen sehen sie möglicherweise sogar recht seltsam aus.

»Verbesserungen« der Anbieter

Die Pläne der Softwarehersteller gehen nicht immer mit den Interessen der Allgemeinheit konform. Diese müssen Geld verdienen und wollen deshalb, daß so viele Menschen wie möglich ihre Produkte benutzen. Eine Methode, um dieses Ziel zu erreichen, besteht darin, ein paar nette herstellerspezifische Funktionen einzubauen, um damit die Konkurrenz auszustechen.

Genau das geschah Ende der 90er Jahre, als die beiden großen Browser-Anbieter Netscape und Microsoft eine Schlacht gegeneinander ausfochten, indem sie HTML mit immer mehr Zusätzen versahen. Diese funktionierten jeweils nur mit ihren eigenen Browsern. Die Institution, die die HTML-Standards überwachte (das W3C), konnte nur vom Rande aus beobachten, wie die Sprache (und in der Folge das Web) in miteinander konkurrierende Herrschaftsbereiche zerstückelt wurde. Auf einigen Webseiten wurden sogar Meldungen wie »Beste Darstellung mit dem *X*-Browser« eingeblendet.

Proprietäre Technologien

Zum Glück wurde die Öffentlichkeit des »Mein - Browser - ist - der - beste«-Unsinns bald überdrüssig, und der Krieg flaute ziemlich ab. Doch an seine Stelle trat ein anderer. Diesmal ging es um Software-Erweiterungen, die in Bereiche vordrangen, die für HTML immer verschlossen sein würden. Java und JavaScript (ohne Bezug zu Java, lediglich eine gewissenlose Marketing-Entscheidung) sind Programmiersprachen, die (ziemlich grob) spezielle Funktionen in Webseiten einbetten. Mit Entwicklerpaketen für Vektor-Animationen wie Macromedia Flash lassen sich Webseiten in kleine Fernsehgeräte verwandeln, mit denen Sie Trickfilme ansehen und sich Spielen hingeben können.

Technisch gesehen ist das natürlich keine schlechte Sache. Tatsächlich ist die Bereitstellung vieler Arten von Medien in einem Dokument im elektronischen Zeitalter allenthalben zu finden. Doch gerade so, wie es möglich ist, Graphiken zu mißbrauchen, um eine hübsch formatierte Seite zu erzeugen, können diese Technologien auch Probleme verursachen. Was geschieht, wenn Sie auf eine Webseite gelangen, die eine interaktive Flash-Animation als Navigationsmenü verwendet und keine Nur-Text-Alternative anbietet? Sie sind gezwungen, das Flash-Plugin herunterzuladen, natürlich unter der Voraussetzung, daß es eines gibt, das ihren bevorzugten Browser unterstützt.

Auf eine herstellerspezifische Technologie zum Ausdruck von Informationen zu setzen, ist eine problematische Geschichte. Der Endbenutzer muß in diese Technologie investieren und sie sogar dann unterstützen, wenn er dafür nicht bezahlen muß. Sie ist geräteabhängig und erfordert Browser, die in der Lage sind, die Technologie zu unterstützen, und die Anbieter haben schlechte Karten, wenn sie ihre Produkte an kleine Gruppen ohne große Kaufkraft herantragen wollen. Außerdem sind Informationsanbieter auf diese Weise an einen Satz von Werkzeugen aus einer

Quelle gebunden und büßen die Vorteile offener Standards ein. Verwenden Sie deshalb wann immer es geht eine Technologie, die offen ist und allen zur Verfügung steht, um so nützliche und universelle Informationen wie irgend möglich zu erhalten.

Nach diesen Vorbemerkungen kommen wir zu einem der Vorreiter der Stylesheets, den Cascading Style Sheets (CSS). CSS sind einfach zu verwenden, leicht zu erlernen und verfügen über recht mächtige Funktionen, obwohl sie von den Browser-Anbietern nur unzureichend implementiert werden. CSS werden hier als Beispiel dafür beschrieben, was mit Stylesheets möglich ist. Da mächtigere Sprachen wie XSL entwickelt werden, haben CSS wahrscheinlich keine Zukunft, doch sind sie für unsere pädagogischen Zwecke als Lehrmittel gut geeignet.

Cascading Style Sheets

Der Cascading Style Sheets (CSS)-Standard ist eine Empfehlung des World Wide Web Consortium (W3C). Seine Ursprünge gehen auf das Jahr 1994 zurück, als Håkon Wium Lee, der beim CERN (dem Geburtsort von HTML) arbeitete, ein Papier mit dem Titel *Cascading HTML Style Sheets* veröffentlichte. Das war ein gewaltiger Schritt zur rechten Zeit. Das Web war bis dahin vier Jahre alt und wuchs schnell, doch es gab noch keinen Konsens über eine Standard-Formatbeschreibungssprache. Die Architekten von HTML wußten, daß die Sprache Gefahr lief, eine Formatbeschreibungssprache zu werden, wenn nicht bald etwas wie CSS eingeführt würde.

Das Ziel bestand darin, eine einfache und doch ausdrucksstarke Sprache zu entwickeln, die Formatbeschreibungen aus verschiedenen Quellen kombinieren konnte. Eine andere Formatbeschreibungssprache, DSSSL, wurde bereits für die Formatierung von SGML-Dokumenten verwendet. Obwohl DSSSL sehr mächtig ist, war diese Sprache zu überladen und komplex, um für das Web praktikabel zu sein. Bei DSSSL handelt es sich um eine echte Programmiersprache, die zu genaueren und logischeren Ausdrücken in der Lage ist, als dies bei CSS als einfacher, auf die Grunderfordernisse kleiner Dokumente orientierter Sprache der Fall ist.

Zum Zeitpunkt des Vorschlags von CSS gab es zwar schon andere Stylesheet-Sprachen, doch keine davon bot die Fähigkeit, Formatbeschreibungen aus mehreren Quellen miteinander zu kombinieren. Genau um diese Fähigkeit geht es bei dem englischen Begriff *Cascading*, wodurch die Vorstellung vermittelt wird, daß viele Stylesheets sich in einem einzigen in der Weise vereinigen, wie Wasserfälle in einen Fluß münden. Mit CSS wird das Web tatsächlich offen und flexibel, denn der Leser kann die Formatinformationen des Autors überschreiben, um ein Dokument an seine spezifischen Anforderungen und Anwendungen anzupassen. Beispielsweise könnte ein für einen graphischen Browser erstelltes Dokument für ein akustisches Medium angepaßt werden.

Das W3C legte die erste Empfehlung zu CSS (später als CSS1 bezeichnet) 1996 vor. Kurze Zeit später wurde eine Arbeitsgruppe des W3C zum Thema »Cascading Style Sheets und Format-Eigenschaften« ins Leben gerufen, um noch fehlende Funktionen zu ergänzen. Mit deren Empfehlung CSS2 wurden die Eigenschaften der Sprache bis zu ihrer Veröffentlichung im Jahre 1998 von etwa 50 auf mehr als 120 erweitert. Auch Konzepte wie generierter Text, Auswahl nach Attributen sowie andere Medien als Bildschirmdarstellungen fanden Eingang in die Sprache. Die Arbeit an CSS3 geht weiter, doch in Anbetracht des zögerlichen Tempos bei der Implementierung durch die Browserhersteller ist es möglich, daß CSS durch neuere Stylesheet-Empfehlungen wie XSL verdrängt wird, bevor Stufe 3 fertiggestellt ist. CSS wird in Anhang B, *Klassifikation der Standards*, behandelt.

In Entwicklung: XSL-FO

Die Extensible Stylesheet Language for Formatting Objects (XSL-FO) wird in diesem Buch nicht behandelt. Dieser wichtige Standard ist bisher nur ein Arbeitsentwurf, der einer zukünftigen Auflage vorbehalten bleiben soll, statt hier darüber zu spekulieren. Es stehen übrigens keinerlei Implementierungen der Sprache zum Austesten von Beispielen zu Verfügung, so daß es sich bei ihr bestenfalls um ein akademisches Thema handelt. Wenn Sie die Fortschritte auf diesem Gebiet verfolgen wollen, sehen Sie sich Anhang A, *Ressourcen*, an. Über die technischen Details können Sie in Anhang B, *Klassifikation der Standards*, nachlesen.

XSL-FO wird wohl die bevorzugte Stylesheet-Sprache für komplexe Formatierungen werden, denn sie ist wesentlich ausführlicher als CSS. Außerdem hat diese den Vorteil, selbst eine (unter Verwendung der Regeln von XML geschaffene) XML-Anwendung zu sein. Sie kann mit XML-Werkzeugen bearbeitet werden und ist enger an die XML-Struktur der ineinandergeschachtelten Container angelehnt.

XSL-FO hat etwas Ähnlichkeit mit XSLT (siehe Kapitel 6, *Transformation: Ein Dokument, viele Verwendungszwecke*), und das ist kein Zufall. Die beiden Sprachen sind Untermengen einer größeren Stylesheet-Sprache mit dem Namen XSL. Sie haben die gleichen Kontrollstrukturen und andere grundsätzliche Syntax-Elemente, die später in Kapitel 6, *Transformation: Ein Dokument, viele Verwendungszwecke*, beschrieben werden. In Zukunft werden XSL-FO und XSLT bei der Formatierung von Dokumenten zusammenarbeiten.

Überblick über CSS

Dieser Abschnitt gibt Ihnen einen schnellen Überblick über die wichtigsten Aspekte zum Thema CSS.

Deklarieren des Stylesheets

Um ein Stylesheet mit Ihrem Dokument zu verknüpfen, müssen Sie es zunächst deklarieren, damit der XML-Prozessor weiß, welches Stylesheet er benutzen soll und wo sich dieses befindet. Dies geschieht normalerweise mit einer Steueranweisung, deren Syntax Sie in Abbildung 4-5 sehen. Wie alle Steueranweisungen wird sie von XML-Prozessoren, die keine Stylesheets benötigen oder erkennen, ganz einfach ignoriert. In diesem

Abschnitt behandeln wir die Untergruppe der Prozessoren, die XML tatsächlich mit Stylesheets in ein anderes Format umwandeln. Dazu gehören Webbrowser, die in der Lage sind, XML in eine gutaussehende Seite umzuwandeln.

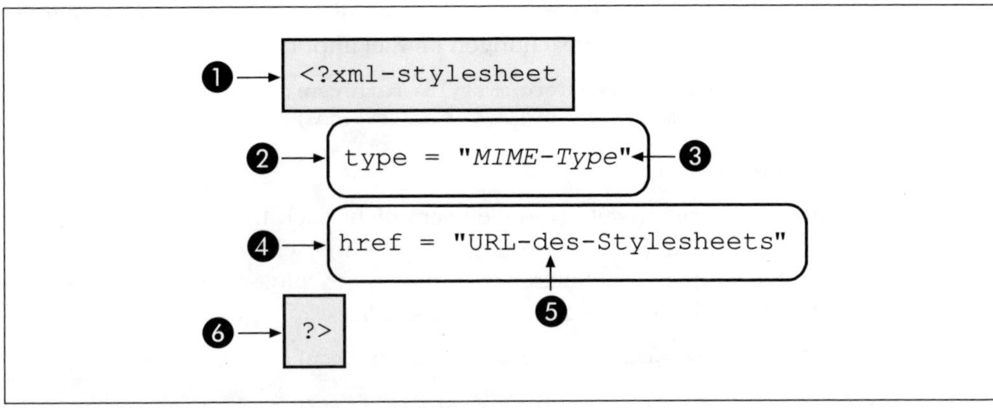

Abbildung 4-5: Syntax einer Stylesheet-Deklaration

Die Deklaration beginnt mit dem Steueranweisungsbegrenzer und dem Ziel `<?xml-stylesheet` (1). Die Steueranweisung enthält zwei Zuweisungen von Eigenschaften ähnlich Attributen. Mit der ersten Eigenschaft, `type` (2), wird der MIME-Typ (3) des Stylesheets vorgegeben (bei CSS ist dies `text/css`). Der Wert der anderen Eigenschaft, `href` (4), ist die URL des Stylesheets (5), die sich auf dem gleichen System oder irgendwo im Internet befinden kann. Die Deklaration endet mit dem Abschluß-Begrenzer (6).

Hier sehen Sie die Verwendung in einem Dokument:

```
<?xml version="1.0"?>
<?xml-stylesheet type="text/css" href="bookStyle.css"?>
<book>
  <title>Tom Swifts Abenteuer in der Luft</title>

  <chapter>
    <title>Das lenkbare Luftschiff</title>
  ...
```

Kombinieren mehrerer Stylesheets

Ein sehr mächtiges Leistungsmerkmal von CSS ist die Fähigkeit, mehrere Stylesheets durch Importieren eines Stylesheets in ein anderes zu kombinieren. So können Sie vordefinierte Formatdefinitionen verwenden und müssen das Rad nicht immer wieder neu erfinden. Alle Formateinstellungen, die Sie neu definieren wollen oder nicht benötigen, können Sie im lokalen Stylesheet überschreiben.

Ein Grund, Stylesheets zu kombinieren, besteht in deren *Modularität*. Ein großes Stylesheet läßt sich besser handhaben, wenn es in mehrere kleinere Dateien aufgeteilt wird. Wir könnten beispielsweise alle Formatinformationen, die sich auf mathematische Formeln beziehen, in *math.css* abspeichern und alle Formatinformationen für normalen Text in *text.css*. Der Befehl `@import` verknüpft das aktuelle Stylesheet mit einem anderen und führt dazu, daß die Formateinstellungen im Ziel importiert werden:

```
@import url(http://www.mycompany.org/mystyles/math.css);
@import url(http://www.mycompany.org/mystyles/text.css);
```

Noch mehr über Stylesheets...

Einige der importierten Formatregeln sind vielleicht nicht nach Ihrem Geschmack oder passen nicht zum Gesamtbild. Sie können diese Regeln überschreiben, indem Sie diese in Ihrem eigenen Stylesheet neu definieren. Wir haben beschlossen, daß die in *text.css* definierte Regel für `<h1>`-Elemente geändert werden soll:

```
@import url(http://www.mycompany.org/mystyles/text.css);

h1: { font-size: 3em; }     /* Neudefinition */
```

Wie Stylesheets funktionieren

In den folgenden Abschnitten werden CSS-Stylesheets ausführlicher erklährt.

Suchen der passenden Eigenschaften für die Elemente

Ein CSS-Stylesheet ist eine Sammlung von *Regeln*. Jede Regel enthält die Formateinstellungen, die für einen bestimmten Elementtyp verwendet werden sollen. Der CSS-Prozessor (ein Programm, das mit Hilfe eines CSS-Stylesheets XML in ein formatiertes Dokument umwandelt) geht im XML-Dokument ein Element nach dem anderen durch, versucht dafür die jeweils optimale Regel zu finden und setzt auf diese Weise ein vollständiges Bild zusammen.

Dieses Verfahren läßt sich in etwa mit Malen nach Zahlen vergleichen. Dabei kaufen Sie zunächst einen Malsatz, der Farben, einen Pinsel und eine Leinwand enthält, auf die die Umrisse der einzelnen Farbbereiche gezeichnet worden sind. Jeder Bereich hat eine Zahl, die einer bestimmten Farbe entspricht. Wenn Sie nun die Bereiche innerhalb der Konturen so gut Sie können mit Farbe ausfüllen, erhalten Sie schließlich eine stilisierte Wiedergabe eines Schäferidylls mit Kühen und einer alten Scheune. Die einzufärbenden Bereiche sind wie die Elemente in einem XML-Dokument. Die Farbdosen mit Zahlen daran sind wie Stylesheet-Regeln.

Das Verfahren funktioniert nun wie folgt:

1. Aussuchen des nächsten noch nicht eingefärbten Bereichs.
2. Suchen nach der Farbdose, die mit der Zahl in diesem Bereich übereinstimmt.
3. Ausfüllen des Bereichs mit dieser Farbe.

4. Wiederholung, bis keine noch nicht eingefärbten Bereiche mehr vorhanden sind.

Das Verfahren mit CSS ist ähnlich:

1. Aussuchen des nächsten noch nicht formatierten Elements.
2. Suchen nach der Regel bzw. den Regeln, die am besten zu dem Element passen.
3. Verwenden der Formateinstellungen in der/den Regel(n) zur Formatierung des Elements.
4. Wiederholung, bis keine noch nicht formatierten Elemente mehr vorhanden sind.

Jede Regel besteht aus zwei Teilen: einem *Selektor*, der die passenden Regeln für die Elemente sucht, und einer *Eigenschaftsdeklaration*, die die Formateinstellungen enthält. Eine CSS-Regel sieht so aus:

```
sidebar {
  border: thin gray solid;
  padding: 10pt;
}
```

Inhaltlich wäre dies das gleiche, als ob Sie sagen würden: »Umgib den Bereich für alle `<sidebar>`-Elemente mit einem dünnen, grauen Rand und rücke den Text an allen Seiten um 10 Punkte ein.« Der Selektor findet alle `<sidebar>`-Elemente, und die Deklaration enthält zwei Eigenschaften: `border` und `padding`.

Auflösung von Regelkonflikten

Wie bereits gesagt, versucht der CSS-Prozessor, für jedes Element die *beste* Regel (bzw. Regeln) zu finden. In einem Stylesheet gibt es möglicherweise mehrere Regeln, die passen würden, zum Beispiel:

```
p.big {
  font-size: 18pt;
}

p {
  font-family: garamond, serif;
  font-size: 12pt;
}

* {
  color: black;
  font-size: 10pt;
}
```

Angenommen, das nächste abzuarbeitende Element ist ein `<p>` mit dem Attribut `class="big"`. Alle drei Regeln passen auf dieses Element. Wie entscheidet CSS nun, welche Eigenschaften Anwendung finden sollen?

Der Ausweg aus dieser Zwickmühle besteht aus zwei Teilen. Der erste davon besteht darin, daß alle passenden Regeln auch verwendet werden. Das ist so, als ob die Eigenschaftsdeklarationen für alle anwendbaren Regeln in einer Gesamtmenge vereinigt würden und bedeutet, daß all diese Eigenschaften potentiell auf das Element angewendet werden:

```
font-size: 18pt;
font-family: garamond, serif;
font-size: 12pt;
color: black;
font-size: 10pt;
```

Der zweite Teil besteht darin, daß redundante Einstellungen von Eigenschaften nach einem bestimmten Algorithmus aufgelöst werden. Wie Sie sehen können, gibt es drei verschiedene Einstellungen für die Eigenschaft `font-size`. Nur eine der Einstellungen kann verwendet werden, so daß der CSS-Prozessor die beiden schlechtesten mit Hilfe eines Systems zur Auflösung von Eigenschaftskonflikten aussortieren muß. Als Faustregel können Sie davon ausgehen, daß die Eigenschaft aus der Regel mit dem präzisesten Selektor das Rennen macht. Die erste `font-size`-Eigenschaft stammt aus der Regel mit dem Selektor `p.big`, der einen höheren Informationsgehalt hat als `p` oder `*`. Also gewinnt sie.

Die für das aktuelle Element zutreffenden Eigenschaften sind nun:

```
font-size: 18pt;
font-family: garamond, serif;
color: black;
```

Vererbung von Eigenschaften

In XML-Dokumenten gibt es eine Hierarchie von Elementen. In CSS wird diese Hierarchie verwendet, um Eigenschaften auf dem Wege der sogenannten *Vererbung* weiterzugeben. Kommen wir noch einmal zu unserem DocBook-Beispiel zurück. Dort enthält ein `<sect1>` ein `<para>`. Sehen Sie sich das folgende Stylesheet an:

```
sect1 {
  margin-left: 25pt;
  margin-right: 25pt;
  font-size: 18pt;
}

para {
  margin-top: 10pt;
  margin-bottom: 10pt;
  font-size: 12pt;
}
```

Die Eigenschaften von `<para>` sind eine Kombination von explizit deklarierten Eigenschaften und solchen, die von den Elementen in der Abstammungsfolge ererbt wurden (ohne Berücksichtigung derjenigen, die inzwischen neudefiniert worden sind). Konkret hat `<para>` vom `<sect1>`-Element die Eigenschaften `margin-left` und `margin-right` ererbt, jedoch nicht `font-size`, denn diese Eigenschaft wird explizit in `<para>` deklariert, wodurch die Wirksamkeit der früheren Deklaration aufgehoben wird.

Kommentare

So wie Sie Kommentare in XML einfügen können, die dann vom XML-Prozessor ignoriert werden, hat auch CSS eine eigene Syntax für Kommentare. Ein Kommentar beginnt mit dem Begrenzer `/*` und endet mit dem Begrenzer `*/`. Er kann sich über mehrere Zeilen erstrecken und auch CSS-Regeln umfassen, die keine Berücksichtigung mehr finden sollen:

```
/* Dieser Teil wird ignoriert
rambo { color: red }
zambo { color: blue; font-size: 12pt; }
*/
```

Beschränkungen von CSS

Obwohl CSS für viele Darstellungsaufgaben gut genug ist, kann die Einfachheit dieser Sprache bei komplexeren Formatierungen limitierend wirken. Ein Hauptproblem besteht darin, daß die Reihenfolge, in der die Elemente abgearbeitet werden, nicht verändert werden kann. Sehen Sie sich den folgenden XML-Code an:

```
<figure>
  <title>Der norwegische Bergdrache</title>
  <graphic fileref="nr_dragon.png"/>
</figure>
```

In CSS werden die Elemente in der Reihenfolge ihres Auftretens im XML-Dokument abgearbeitet. So wird in diesem Beispiel der Titel des Bildes vor der Graphik dargestellt. Auch wenn eine auf Vorlagen (Templates) beruhende Stylesheet-Sprache wie XSL in der Lage wäre, den Titel unterhalb der Graphik zu positionieren, kann CSS dies nicht.

Da CSS keine anderen Strukturen erzeugen kann als die der XML-Quelldatei, gibt es viele Arten von Präsentationen, bei denen Sie einfach passen müssen. Sie können beispielsweise kein Inhaltsverzeichnis generieren, indem Sie nach allen Überschrift-Elementen im Dokument suchen und daraus dann eine Liste zusammenstellen. Dafür brauchen Sie eine Sprache wie XSLT, die über die Fähigkeit von XPath verfügt, Knoten auszulesen und diese dann in einer beliebigen Reihenfolge abzuarbeiten.

Die Selektor-Syntax von CSS ist beschränkt auf die Namen, die Attribute und den Kontext von Elementen. Für einige Zwecke sind das nicht genug Informationen. Manchmal müssen Sie auf die Positionen und Werte von Elementen Arithmetik anwenden. Sie müssen vielleicht logische Bewertungen vornehmen: »Wenn dieses Element keine Kinder hat, färbe es grün ein, sonst färbe es rot ein.« Vielleicht müssen Sie auch Verknüpfungen verfolgen und sehen, was sich auf der anderen Seite befindet. Für solche anspruchsvollen Verarbeitungsverfahren fehlt CSS die Kraft, so daß Sie wohl auf XSLT umsteigen müssen.

Für den Zweck, auf unterster Ebene zu demonstrieren, wie Stylesheets funktionieren, können wir mit diesen Beschränkungen leben. Doch in Kapitel 6, *Transformation: Ein Dokument, viele Verwendungszwecke*, werden wir uns auf ein höheres Niveau der Ausdruckskraft von Stylesheets begeben, und Sie werden einen gewaltigen Unterschied zu den Ihnen bisher offenstehenden Möglichkeiten sehen.

Regeln

Wir werden uns nun die Syntax und die Semantik der CSS-Regeln genauer ansehen. Kümmern Sie sich im Moment noch nicht darum, was die Eigenschaften bedeuten. Konzentrieren Sie sich darauf, wie die Regeln die passenden Elemente finden und welche Regeln vom CSS-Prozessor ausgewählt werden.

Die Syntax einer CSS-Regel ist in Abbildung 4-6 zu sehen. Sie besteht aus einem *Selektor* (1), mit dem die passenden Elemente gefunden werden können, und einer *Deklaration* (2) zur Format-Beschreibung. Die Deklaration ist eine Liste von Name-Wert-Zuweisungen (3), in der jede Format-*Eigenschaft* (4) mit einem Doppelpunkt-Trennzeichen (:) einem *Wert* (5) zugewiesen wird.

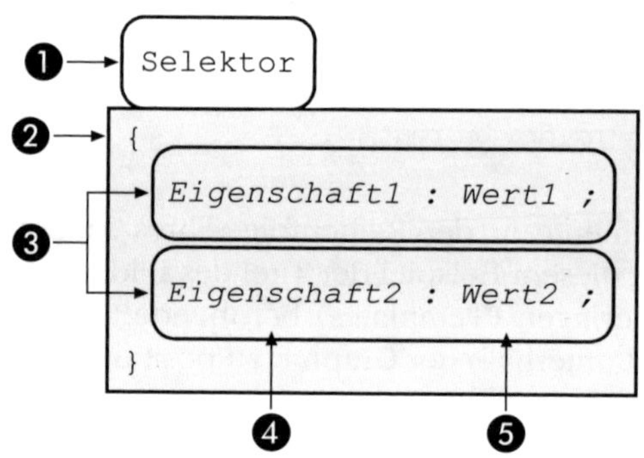

Abbildung 4-6: Syntax einer CSS-Regel

Hier ein Beispiel:

```
emphasis {
  font-style: italic;
  font-weight: bold; }
```

Bei jedem `<emphasis>`-Element, das diese Regel findet, setzt sie die Format-Eigenschaft `font-style` auf italic (kursiv) und `font-weight` auf bold (fett).

Das Suchen eines Elements nach dem Namen ist nur eine Möglichkeit. Es gibt viele Wege zur Kennzeichnung der Auswahl. Sie können die Namen von Attributen, ihre Werte oder die Elemente angeben, die sich davor oder dahinter befinden. Sie können auch Platzhalter und spezielle Parameter wie etwa Sprache oder Medium verwenden.

In Abbildung 4-7 ist die allgemeine Syntax für Selektoren zu sehen. Diese bestehen normalerweise aus einem Element-Namen (1), dem eine Reihe von Attribut-Kriterien (2) in eckigen Klammern folgt, die ihrerseits einen Attribut-Namen (3) und einen Attribut-Wert (4) enthalten. Beachten Sie, daß jeder dieser Teile optional ist, solange Sie mindestens ein Element bzw. Attribut angeben. Der Element-Name kann Platzhalter enthalten, damit alle Elemente gefunden werden, und er kann auch Ketten von Elementen enthalten, um hierarchische Informationen zu spezifizieren. Mit den Attribut-Kriterien kann nach einem Attribut (mit einem beliebigen Wert), nach einem Wert (für ein beliebiges Attribut) oder im strengsten Fall nach einer bestimmten Attribut-Wert-Kombination gesucht werden.

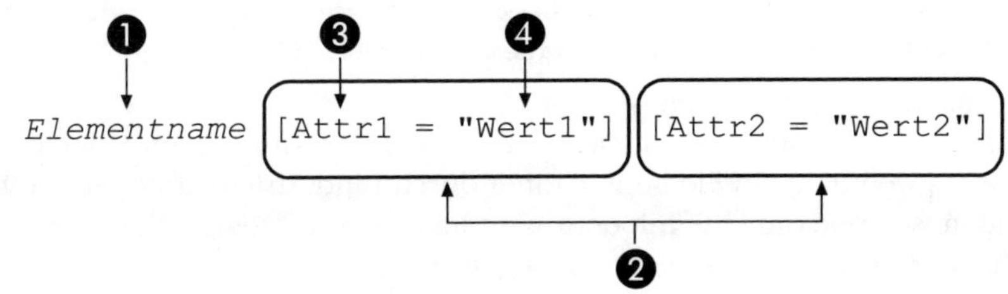

Abbildung 4-7: Syntax für einen CSS-Selektor

Mit der einfachsten Art von Selektor werden, wie wir gerade gesehen haben, die Elemente nur nach dem Namen gesucht. Sie können ein Sternchen (*) als Platzhalter benutzen, um nach allen Elementnamen zu suchen. Die folgende Regel paßt beispielsweise auf alle Elemente in einem Dokument und stellt ihre Schriftfarbe auf blau:

```
* { color: blue }
```

Da es sich dabei um einen sehr allgemeinen Selektor handelt, hat dieser im Satz von Regeln eine niedrige Priorität. Der CSS-Prozessor nimmt ihn als letzten Ausweg, wenn er keine spezielleren Regel-Selektoren finden kann.

Auswahl der Attribute

Um die Elemente feiner zu definieren, können Sie deren Auswahl nach Attributen vornehmen. Ein *Attribut-Selektor* besteht aus einem Elementtyp-Namen, dem unmittelbar die Attribut-Definition in eckigen Klammern folgt. Es stehen verschiedene Genauigkeitsstufen zur Verfügung:

`Planet[Atmosphäre]`
: Mit diesem Selektor wird jedes `<Planet>`-Element gefunden, das ein `Atmosphäre`-Attribut hat. Beispielsweise wird `<Planet Atmosphäre="giftig">` und `<Planet Atmosphäre="atembar">` ausgewählt, jedoch nicht `<Planet>`.

Wenn Sie nur nach dem Attribut suchen, können Sie das Element weglassen. So wird etwa mit `[Atmosphäre]` `<Planet Atmosphäre="dicht">` und `<Mond Atmosphäre="dünn">` gefunden.

`Planet[Atmosphäre="atembar"]`
: Durch Hinzufügen eines Werts wird der Selektor noch spezifischer. Mit diesem Selektor wird `<Planet Atmosphäre="atembar">` gefunden, jedoch nicht `<Planet Atmosphäre="giftig">`.

`Planet[Atmosphäre~="angenehm"]`
: Wenn der Wert des Attributs eine durch Leerzeichen unterteilte Liste von Zeichenketten ist, können Sie jede davon finden, wenn Sie statt des Gleichheitszeichens (=) den Operator `~=` verwenden. Mit diesem Selektor wird `<Planet angenehm angenehm dicht">` oder `<Planet Atmosphäre="dunstig angenehm">` gefunden, jedoch nicht `<Planet Atmosphäre="atembar widerlich">`.

`Planet[Bewohner|="barbarisch"]`
: So ähnlich wie in der vorhergehenden Version wird mit einem Selektor, der den Operator `|=` enthält, ein Element in einer durch Bindestriche unterteilten Werteliste gefunden, solange die Liste mit dem Wert im Selektor beginnt. Damit wird `<Planet Bewohner="barbarisch-feindlich">` gefunden.

  Diese Art von Selektor wird oft verwendet, um zwischen Sprachvarianten zu unterscheiden. Der Wert des XML-Attributs `xml:lang` ist eine *Sprach-Kennzeichnung* in Gestalt einer Zeichenkette, die folgendermaßen aussieht: `en-US`. Der Zwei-Zeichen-Code »en« steht für »Englisch«, und der Code »US« charakterisiert dieses näher als Sprachvariante für die USA. Benutzen Sie den Selektor `Planet[language-|="en"]`, um ein Element `<Planet>` mit einem `xml:lang`-Attribut zu finden, das Englisch spezifiziert. Damit wird sowohl `en-US` als auch `en-UK` ausgewählt.

`Planet[Atmosphäre="atembar"][Bewohner="friedlich"]`
: Bei Selektoren ist es möglich, mehrere Attribut-Kriterien aneinanderzureihen. Damit die Suche erfolgreich ist, müssen die Kriterien der Attribut-Selektoren erfüllt werden, als ob diese mit einem logischen AND-Operator verbunden wären. Mit dem obigen Selektor wird `<Planet Atmosphäre="atembar" Bewohner="friedlich">`, jedoch nicht `<Planet Bewohner="friedlich">` gefunden.

`#Mars`
: Diese Spezialform wird verwendet, um `ID`-Attribute zu finden. Mit ihr wird `<Planet id="Mars">` oder `<Schokoriegel id="Mars">` gefunden, jedoch nicht `<Planet id="Venus">`. Denken Sie daran, daß nur ein Element im ganzen Dokument ein `ID`-Attribut mit einem bestimmten Wert haben kann, so daß diese Regel nicht sehr oft paßt.

`Planet.unbewohnt`
: Ein Attribut, das häufig verwendet wird, um bestimmte Kategorien eines Elements in Stylesheets zu benennen, ist `class`. Sie können ein Schnellverfahren benutzen, um Elemente mit class-Attributen zu finden, indem Sie einen Punkt (.) und den Attribut-Wert anfügen. Mit dem obigen Beispiel wird `<Planet class="unbewohnt">`, jedoch nicht `<Planet class="Kolonie">` gefunden.

`Planet:lang(en)`

Dieser Selektortyp wird verwendet, um Elemente mit einer bestimmten Sprach-Spezifikation zu finden. In HTML-Versionen vor XML würde diese in einem `lang`-Attribut festgelegt werden. In XML ist es das Attribut `xml:lang`. Die Attribut-Werte werden auf die gleiche Weise gefunden wie beim `|=`-Operator: Eine mit Bindestrichen unterteilte Liste paßt auf den im Selektor vorgegebenen Wert, wenn die Liste mit einer Zeichenkette beginnt, die mit der im Selektor identisch ist. Das `xml:lang`-Attribut ist eine Ausnahme von der sonst in XML üblichen Regel der Unterscheidung zwischen Groß- und Kleinschreibung. Die Werte werden hier ohne Berücksichtigung der Groß- und Kleinschreibung verglichen. In diesem Beispiel wird mit dem Selektor also `<Planet lang="en">`, `<Planet xml:lang="EN-us">`, oder `<Planet lang="en-US">` gefunden, jedoch nicht `<Planet xml:lang="jp">`.

Auswahl nach Kontext

In Selektoren können auch Kontext-Informationen verwendet werden, um nach Elementen zu suchen. Diese Informationen umfassen die Abstammung des Elements (seine Eltern, die Eltern seiner Eltern usw.) sowie seine Geschwister und sind in den Fällen nützlich, in denen ein Element in Abhängigkeit davon, wo es gerade auftritt, unterschiedlich dargestellt werden soll.

Abstammung

Mit Hilfe des größer-als-Symbols (>) können Sie festlegen, daß ein Element ein Kind eines anderen Elements ist. Hier ein Beispiel:

```
book > title { font-size: 24pt; }
chapter > title { font-size: 20pt; }
title { font-size: 18pt; }
```

Das Element, das selektiert werden soll, ist hier `<title>`. Wenn ein `<title>`-Element in einem `<book>`-Element erscheint, wird die erste Regel angewendet. Wenn es innerhalb eines `<chapter>`-Elements erscheint, wird die zweite Regel gewählt. Wenn title an anderer Stelle erscheint, wird die letzte Regel verwendet.

Der >-Operator funktioniert nur, wenn es eine Ebene gibt, die die beiden Elemente trennt. Um ein Element in einer willkürlichen Tiefe innerhalb eines anderen Elements zu erreichen, listen Sie sie im Selektor mit Leerzeichen unterteilt auf. Zum Beispiel:

```
table para { color: green }
para { color: black }
```

Mit der ersten Regel wird ein `<para>`-Element gefunden, das sich irgendwo innerhalb eines `<table>`-Elements befindet, etwa so:

```
<table>
  <title>Eine einfache Tabelle</title>
  <tgroup>
    <tbody>
```

```
    <row>
      <entry>
        <para>Hallo! Ich bin ein Tabellenzell-Absatz.</para>
   ...
```

Es gibt keine Beschränkung für die Anzahl der Elemente, die Sie in einer Zeile aneinanderreihen können. Dies ist nützlich, wenn Sie im Stammbaum häufig weit zurückgehen müssen, um zu ihren Informationen zu kommen. Sagen wir beispielsweise, Sie wollen eine Liste innerhalb einer Liste benutzen, vielleicht um einen Umriß zu erzeugen. Definitionsgemäß sollte die innere Liste weiter eingerückt sein als die äußere Liste. Die folgenden Regeln stellen Ihnen bis zu drei Ebenen ineinandergeschachtelter Listen zur Verfügung:

```
list { indent: 3em }
list > list { indent: 6em }
list > list > list { indent: 9em }
```

Ein Sternchen (auch universeller Selektor genannt) ist ein besonderes Platzhalter-Zeichen, das für jeden Element-Namen stehen kann. Es kann an einer beliebigen Stelle in der Hierarchie verwendet werden. Als Beispiel sei folgender Inhalt vorgegeben:

```
<chapter><title>Einteilung der Chefs</title>
  <sect1><title>Macher-Typen</title>
    <sect2><title>Möchtegern-Manager</title>
      ...
```

Die letzten beiden `<title>`-Elemente können Sie mit folgendem Selektor finden:

```
chapter * title
```

Das erste `<title>`-Element wird nicht ausgewählt, denn der universelle Selektor verlangt, daß sich zwischen `<chapter>` und `<title>` mindestens ein Element befindet.

Position

Oft müssen Sie wissen, wo ein Element in einer Folge von Elementen der gleichen Ebene erscheint. Vielleicht wollen Sie den ersten Absatz eines Kapitels anders als den Rest formatieren, indem Sie ihn beispielsweise ganz mit Großbuchstaben darstellen. Um dies zu erreichen, fügen Sie in folgender Weise ein spezielles Suffix zum Element-Selektor hinzu:

```
para:first-child { font-variant: uppercase; }
```

Mit `para:first-child` finden Sie nur ein `<para>`-Element, das das erste Kind eines Elements ist. Ein von einem Schlüsselwort wie `first-child` gefolgter Doppelpunkt (:) wird in CSS *Pseudo-Klasse* genannt. Es gibt mehrere andere Pseudo-Klassen, die Sie benutzen können, um den Selektor zu modifizieren. Wir werden diese kurz behandeln.

Ein weiterer Weg, den Kontext eines Elements zu untersuchen, besteht darin, sich seine Geschwister anzusehen. Mit dem *Geschwister-Selektor* wird ein Element gefunden, das unmittelbar einem anderen folgt. Zum Beispiel wird mit

```
title + para { text-indent: 0 }
```

jedes <para>-Element gefunden, das auf ein <title>-Element folgt und schaltet dessen ursprünglichen Einzug ab. Dies funktioniert nur bei Elementen, die genau nebeneinander stehen. Dazwischen kann sich Text befinden, jedoch keine anderen Elemente.

Mit *Pseudo-Element-Selektoren* können Sie Teile des Inhalts eines Elements selektieren. `:first-line` gilt für die erste Zeile eines Elements, so wie sie in einem Browser zu sehen ist. (Dies kann von Fall zu Fall unterschiedlich sein, denn der Umfang der Zeile hängt von nicht voraussagbaren Faktoren wie etwa der Größe des Fensters ab.) Mit diesem Selektor können wir die erste Zeile eines Absatzes komplett in Großbuchstaben darstellen, wodurch sich ein hübscher stilistischer Effekt als Einleitung zu einem Artikel erreichen läßt. Mit folgender Regel wird die erste Zeile des ersten <para>-Elements eines <chapter>-Elements komplett in Großbuchstaben umgewandelt:

```
chapter > para:first-child:first-line {
  text-transform: uppercase }
```

In ähnlicher Weise funktioniert `:first-letter` ausschließlich mit dem ersten Buchstaben im Inhalt eines Elements sowie mit dem Buchstaben innerhalb des Elements vorausgehenden Satzzeichen. Dies ist nützlich, um Großbuchstaben und Initiale darzustellen:

```
body > p:first-child:first-letter {
  font-size: 300%;
  font-color: red }
```

Mit den Pseudo-Klassen `:before` und `:after` können Sie eine Stelle direkt vor oder entsprechend direkt hinter einem Element auswählen. Äußerst wertvoll ist dies, wenn generierter Text hinzugefügt werden soll, also im XML-Dokument nicht vorhandene Zeichendaten. Abbildung 4-8 verdeutlicht das folgende Beispiel:

```
warning > *:first-child:before {
  content: "WARNUNG!";
  font-weight: bold;
  color: red }
```

Warnung! Füttern Sie nicht die LEXX, sonst geht sie auf eine interplanetarische Killer-Tour, und das können wir doch nicht zulassen, oder ?

Abbildung 4-8: Automatisch generierter Text in einem Warnungsobjekt

Wenn mehrere Regeln passen

Wenn zwei oder mehr Regeln auf das gleiche Element passen, werden – wie bereits oben erwähnt – alle Eigenschaften aus diesen Regeln auf das Element angewendet. Konflikte verursachende Eigenschaftseinstellungen werden aufgelöst, indem die Regel-Selektoren verglichen werden, um die »beste« Entsprechung zu finden. Sehen Sie sich das folgende Sylesheet an:

```
* {font-family: "ITC Garamond"}
h1 { font-size: 24pt }
h2 { font-size: 18pt }
h1, h2 { color: blue }
```

Auf das `<h1>`-Element passen drei dieser Regeln. Der Nettoeffekt besteht darin, es in der Schriftart ITC Garamond mit einer Größe von 24 Punkten in blauer Farbe darzustellen.

Was ist, wenn es einen Konflikt zwischen zwei oder mehr Werten für die gleiche Eigenschaft gibt? Zum Beispiel könnte es in diesem Stylesheet eine weitere Regel geben, die folgendermaßen aussieht:

```
h1:first-child {
  color: red
}
```

Ein `<h1>`-Element, das das erste Kind seines Eltern-Elements ist, hätte einander widersprechende Werte für die `color`-Eigenschaft.

CSS verfügt über wohldefinierte Regeln zur Auflösung solcher Konflikte. Das Grundprinzip besteht darin, daß präzisere Selektoren allgemeinere Selektoren überschreiben. Die folgende Liste umreißt den Prozeß der Entscheidungsfindung:

1. IDs sind präziser als irgendetwas sonst. Wenn eine Regel einen ID-Selektor hat und eine andere nicht, macht diejenige mit dem ID-Selektor das Rennen. Mehr IDs sind stärker als weniger, obwohl eine Regel auf Grund der Tatsache, daß IDs innerhalb eines Dokuments eindeutig sind, eigentlich nicht mehr als eine davon braucht.

2. Mehr Attribut-Selektoren und Pseudo-Klassen sind stärker als weniger. Das bedeutet, daß `para:first-child` präziser ist als `title + para` und daß `para:first-child` von `*[role="powerful"][class="mighty"]` überschrieben wird.

3. Präzisere Stammbaum-Beschreibungen setzen sich gegenüber weniger präziseren Ketten durch. Also hat `chapter > para` Vorrang gegenüber `para`, jedoch nicht gegenüber `title + para`. Pseudo-Elemente zählen hier nicht.

4. Wenn das Rennen zwischen den Selektoren noch unentschieden ist, gibt es eine Regel, die Klarheit bringt: Der Selektor, der im Stylesheet später auftaucht, setzt sich durch.

Konflikte zwischen den Werten von Eigenschaften werden eine Eigenschaft nach der anderen aufgelöst. Eine Regel ist vielleicht präziser als eine andere, setzt jedoch nur eine Eigenschaft. Andere Eigenschaften werden vielleicht von einer weniger präzisen

Regel gesetzt, selbst wenn eine der Eigenschaften der Regel überschrieben worden ist. So erhält in unserem Beispiel von zuvor das erste `<h1>` in einem Element eine blaue Farbe und keine rote.

Eigenschaften

Wenn eine Regel auf ein Element paßt, wendet der Prozessor die Eigenschaftsdeklarationen auf dessen Inhalt an. Eigenschaften sind Formatierungsattribute wie etwa Schriftart- und Farbeinstellungen. Es gibt so viele davon (über 120 in CSS2), daß wir sie hier nicht alle behandeln können. Statt dessen werden wir uns mit den Grundkonzepten und -kategorien befassen und eine detailliertere Behandlung Büchern speziell zu diesem Thema überlassen.

Vererbung von Eigenschaften

Elemente erben bestimmte Eigenschaften von ihren Vorfahren. Dies vereinfacht den Entwurf von Stylesheets beträchtlich, denn wir können eine Eigenschaft an einer Stelle zuweisen, und alle Kinder erhalten damit die gleiche Eigenschaft. Wenn wir zum Beispiel ein HTML-Dokument als Analogie nehmen, so enthält der `<body>` alle Inhaltselemente. Es liegt daher nahe, dort die Standardeinstellungen vorzunehmen. Jedes seiner Kinder verfügt über die Option, die Standardeinstellungen, falls notwendig, zu überschreiben. In einem DocBook-Dokument könnten Sie solche Einstellungen beispielsweise im `<book>`-Element plazieren.

In Abbildung 4-9 erbt ein `<para>`-Element einige Eigenschaften von einem `<section>`-Element, das seinerseits von einem `<article>`-Element erbt. Einige der Eigenschaften, zum Beispiel `font-size` in `<section>` und `font-family` in `<para>`, werden in jedem Nachkommen überschrieben.

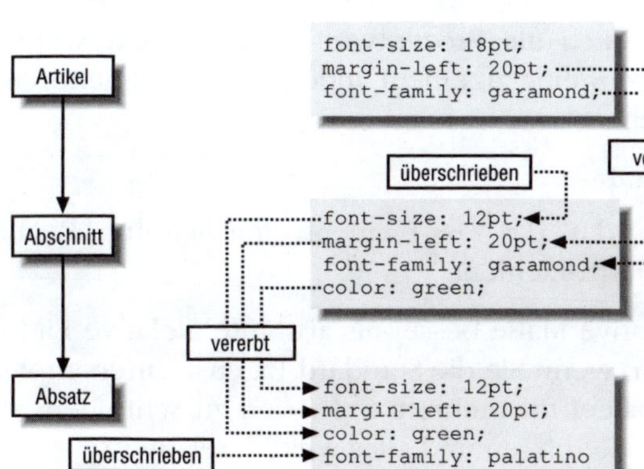

Abbildung 4-9: Element-vererbende Eigenschaften

Einige Eigenschaften können nicht vererbt werden, weil dies keinen Sinn machen würde. Die Eigenschaft `background-image`, die bewirkt, daß ein Bild im Hintergrund geladen und angezeigt wird, wird zum Beispiel nicht vererbt. Wenn jedes Element diese Eigenschaft erben würde, wäre das Ergebnis ein komplettes Durcheinander, wobei jeder Absatz und jedes Inline-Element versuchen würde, in seinem rechteckigen Bereich eine eigene Kopie des Bildes zu zeigen. Es sieht wesentlich besser aus, wenn nur ein Element über diese Eigenschaft verfügt und seine Kinder nicht.

Maßeinheiten

Zu vielen Eigenschaften gehört irgendeine Art von Abmessung: die Breite einer Linie, eine Schriftgröße oder eine Einzugsweite. Diese Längenangaben können mit mehreren verschiedenen Arten von Einheiten ausgedrückt werden. Bei *absoluten* Maßen werden Einheiten verwendet, die wie Zoll, Punkt oder Pica eine vordefinierte Größe haben. Bei *relativen* Maßen werden Prozentsätze und Bruchteile eines variablen Abstands wie etwa der Höhe der aktuellen Schriftart verwendet.

Sie können eine absolute Länge mit einem Lineal abmessen, denn die Einheiten verändern sich nie. Ein Millimeter ist immer ein Millimeter, unabhängig davon, welche Schriftart Sie benutzen oder welche Sprache Sie sprechen. Zu den in CSS verwendeten absoluten Einheiten gehören Millimeter (`mm`), Zentimeter (`cm`) und Zoll (`in`) sowie spezielle Einheiten aus der Welt des Drucks wie Punkt (`pt`) und Pica (`pc`).

Relative Einheiten sind nicht fest. Ihre Werte verändern sich in Abhängigkeit von anderen Abmessungen. Beispielsweise ist ein `em` als Geviertgröße der Element-eigenen Schriftart definiert. Wenn diese Schriftart zufällig 12 Punkte groß ist, dann ist ein em 12 Punkte. Wenn sich die Schriftgröße auf 18 Punkte ändert, ist dies auch bei em der Fall. Eine weitere relative Maßeinheit ist `ex`, definiert als *x-Höhe* einer Schriftart (die Höhe eines kleinen »x«). Dabei handelt es sich um einen Bruchteil des em. Dieser ist normalerweise etwa halb so hoch, stellt jedoch eine je nach Schriftart veränderliche Größe dar. Unterschiedliche Schriftarten können unterschiedliche x-Höhen haben, selbst wenn ihre em-Größen identisch sind.

Relative Maße können auch als Prozentwerte ausgedrückt werden. Diese Art von Abmessung bezieht sich auf eine zu einem anderen Element gehörende Eigenschaft des gleichen Typs. Die Angabe

```
b { font-size: 200% }
```

bedeutet beispielsweise, daß das `<b>`-Element eine Schriftgröße hat, die doppelt so groß ist wie die seines Eltern-Elements.

Im allgemeinen sind relative Maße besser als absolute. Relative Einheiten müssen nicht neu geschrieben werden, wenn Sie die Standard-Eigenschaften anpassen. Es ist wesentlich einfacher, ein Stylesheet für mehrere Szenarien zu schreiben, wenn Sie die Basisgröße nur an einer Stelle definieren und alles weitere relativ ist.

Die display-Eigenschaft

Die meisten Elemente passen in eine von drei Formatierungskategorien: *block*, *inline* oder *invisible*. Diese hier aufgeführten Bezeichner legen fest, wie der Inhalt in das formatierte Dokument eingepaßt wird:

block
: Ein Block ist ein rechteckiger Textbereich, der von den ihm vorausgehenden und nachfolgenden Inhalten durch Zwischenräume abgetrennt ist. Er beginnt – oft nach einer oder mehreren Leerzeilen – mit einer neuen Zeile, und er hat Begrenzungen (Außenabstände oder Ränder genannt), die den Text in seiner rechteckigen Form halten. Der Text wird am Außenabstand *umbrochen*, das heißt, er endet und beginnt dann mit einer neuen Zeile. Blöcke können weitere, kleinere Blöcke sowie Inline-Elemente enthalten. Beispiele für Blöcke in herkömmlichen Dokumenten sind Absätze, Überschriften und Abschnitte.

inline
: Inline-Elemente sind Inhalte, die den Textfluß in einem Block nicht unterbrechen. Sie werden am Außenabstand des Blocks, in den sie eingebettet sind, wie normale Zeichendaten umbrochen. Mit ihnen lassen sich Eigenschaften festlegen, die wie etwa `font-family` und `color` keine Auswirkungen auf den Textfluß haben, können jedoch keine Eigenschaften haben, die wie Außen- und Innenabstände zu Blöcken gehören. Beispiele für Inline-Elemente sind Betonungen, Schlüsselwörter und Hypertext-Verknüpfungen.

invisible
: Diese Kategorie ist für Elemente gedacht, die nicht in das formatierte Dokument einbezogen werden sollen. Der CSS-Prozessor überspringt diese Elemente. Beispiele für Invisible- oder unsichtbare Elemente sind Metadaten, Indexbegriffe und Anker von Verweisen.

Es gibt weitere Arten von display-Objekten wie etwa Tabellen oder bestimmte Listen, die zu komplex sind, um hier behandelt werden zu können.

Jedem Element wird eine `display`-Eigenschaft zugewiesen, die dem CSS-Prozessor sagt, wie dieses formatiert werden soll. Wenn `display` auf `block` gesetzt ist, beginnt das Element mit einer neuen Zeile. Wenn `display` dagegen auf `inline` gesetzt ist, beginnt das Element mit der Zeile, wo das vorhergehende Element oder die vorhergehenden Zeichendaten zu Ende waren. Der Wert `none` kennzeichnet das Element als unsichtbar.

Diese Eigenschaft wird nur in einer Situation vererbt. Wenn ein Element als `display: none` deklariert wird, erben alle seine Kinder diese Eigenschaft, selbst wenn sie diese Einstellung explizit überschreiben. Dadurch können Sie große Passagen eines Dokuments einfach »abschalten«.

> In HTML hat jedes Element einen impliziten Wert für seine `display`-Eigenschaft. Das `<p>`-Element ist immer ein Block, während `<tt>` ein Inline-Element ist. In Stylesheets für HTML-Dokumente werden Sie selten sehen, daß die `display`-Eigenschaft in Deklarationen benutzt wird. Einige Elemente haben keine Regeln, weil die implizite display-Einstellung ausreicht. In Abwesenheit einer impliziten oder expliziten Einstellung für die `display`-Eigenschaft kann ein Allzweck-XML-Prozessor nur erraten, welche Einstellung er benutzen soll. Möglicherweise wählt er `inline`, wodurch der gesamte Text in einem riesigen Absatz untergebracht wird. Das Ergebnis sieht natürlich alles andere als schön aus. Bei XML-Anwendungen wollen Sie daher vielleicht für jedes Element die `display`-Eigenschaft deklarieren.

Eigenschaften für Block-Elemente

Zu jedem Block gehört ein unsichtbarer Kasten, der seinem Inhalt die Form gibt, für einen gesunden Abstand zu seinen Nachbarn sorgt und gewissermaßen eine Leinwand definiert, auf die der gezeichnet werden soll. In Abbildung 4-10 sind alle Teile dieses *Kastenmodells* zu sehen. Der Inhalt des Blocks ist unmittelbar von einem rechteckigen Pufferbereich umgeben, der als *Begrenzungskasten* bezeichnet wird. Dieser hat einen bestimmten sogenannten *Innenabstand* (padding) zum Inhalt. Der als *Begrenzung* bezeichnete Umkreis dieses Bereichs wird manchmal als Linie oder Rand auf einer, zwei, drei oder allen vier Seiten dargestellt. Die Stärke dieser Linien wird von innen nach außen gemessen. Außerhalb der Begrenzung befindet sich eine weitere Platzhalterhülle, die durch vier als *Außenabstände* (margins) bezeichnete Weiten definiert ist.

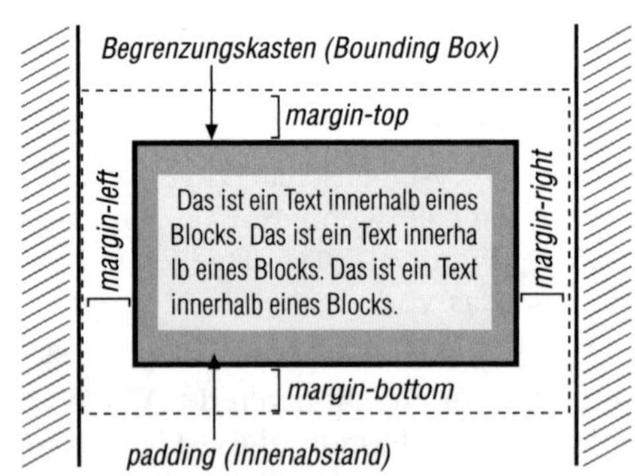

Abbildung 4-10: Das CSS-Kastenmodell

Die Begrenzungen eines Blocks nehmen den Inhalt auf und trennen den Block von Nachbarblöcken. Etwaige Hintergrundbilder oder -farben sind auf den Bereich innerhalb der Begrenzung beschränkt, während Texte und ineinandergeschachtelte Kästen auf einen noch kleineren Bereich beschränkt sind – das durch Begrenzung abzüglich Innenabstand festgelegte Rechteck. Wenn die Begrenzung nicht dargestellt wird, ist der Innenabstand oft auf Null gesetzt. Die Außenabstände markieren einen rechteckigen Bereich außerhalb des Kastens, der andere Kästen auf Distanz hält.

Außenabstände

Eine verbreitete Methode, den Platz um ein Element herum anzupassen, besteht darin, Außenabstände festzulegen. Ein Außenabstand ist der Raum zwischen dem Begrenzungskasten eines Elements und dem eines benachbarten (oder umschlossenen) Elements. Die vier Seiten eines Kastens haben ihre eigene margin-Eigenschaft: `margin-left`, `margin-right`, `margin-top` und `margin-bottom`. Der Wert kann eine Länge oder ein Prozentsatz der Weite des umschlossenen Elements sein.

Die `margin`-Eigenschaft ist ein schneller Weg, alle vier Seiten des Außenabstandes zu definieren. Ihr Wert ist eine Liste von ein bis vier Längen oder Prozentwerten, die durch Freizeichen voneinander getrennt sind. Wenn nur ein Wert angegeben ist, bezieht sich dieser Wert auf alle vier Seiten. Wenn zwei Werte vorhanden sind, legt der erste den oberen und unteren Außenabstand und der zweite den linken und rechten Außenabstand fest. Wenn es drei Werte gibt, wird der erste dem oberen Außenabstand, der zweite dem linken und rechten Außenabstand und der dritte dem unteren Außenabstand zugewiesen. Wenn schließlich vier Werte angegeben sind, entsprechen diese dem oberen, rechten, unteren bzw. linken Außenabstand. Der Standardwert für nicht definierte Außenabstände ist Null. Die folgenden Regeln sind also äquivalent:

```
para { margin-left: 10em; margin-right: 10em; margin-top: 5% }
para { margin: 5% 10em 0 }
```

In beiden Fällen ist das `<para>`-Element mit einem linken und rechten Außenabstand von 10 em, einem oberen Außenabstand von 5% der vertikalen Ausdehnung des umschlossenen Elements (d.h. dessen Höhe) und keinem unteren Außenabstand definiert. Negative Werte sind möglich. Bei einem negativen Außenabstand wird der Begrenzungskasten um den entsprechenden Betrag aus dem es umschließenden Kasten heraus verschoben. Folgendes Stylesheet verwenden wir für eine HTML-Datei, um den Effekt von einem aus einem farbigen Bereich herauslaufenden Text zu erzeugen:

```
body { background-color: silver }
p { right-margin: -15% }
```

Außenabstände überschneiden sich oft. Absätze in einer Spalte berühren sich beispielsweise an ihrer oberen und unteren Seite. Statt nun die Außenabstände zu addieren und somit einen größeren Zwischenraum zu erhalten, bleibt der kleinere Außenabstand unberücksichtigt, und statt dessen wird der größere verwendet. Dieser Vorgang wird als *Zusammenfallen* der Außenabstände bezeichnet. Wenn ein Absatz also einen oberen Außenabstand von 24 Punkten und einen unteren Außenabstand von 10 Punkten hat, beträgt die tatsächliche Distanz zwischen zwei Absätzen 24 Punkte. Die Regeln zum Zusammenfallen von Außenabständen sind in Wahrheit etwas komplizierter, doch eine vollständige Erklärung würde den Rahmen dieses Kapitels sprengen.

Rahmen

Oftmals erscheint es reizvoll, ein Element mit einer rechteckigen Kontur zu umgeben, damit sich dieses besser abhebt. Das zuvor benutzte Beispiel eines Warnhinweises würde die Aufmerksamkeit der Leser mehr auf sich ziehen, wenn dieser in einem Rahmen stehen würde. Mit der `border`-Eigenschaft können Sie viele Arten von Effekten erzeugen – von gepunkteten Linien, die einen Block umgeben, bis hin zu Linien an einer beliebigen Seite.

Sie brauchen drei Parameter, um Ihren gewünschten Rahmen zu definieren. Der Breitenparameter `width` kann ein absolutes oder relatives Maß oder einer von drei voreingestellten Werten sein:

`thin` (dünn)
`medium` (Standard)
`thick` (dick)

Der nächste Parameter ist `style`. Acht style-Parameter werden in CSS2 zur Verfügung gestellt:

`solid` (durchgezogen)
`dashed` (gestrichelt)
`dotted` (gepunktet)
`groove` (3D-Effekt)
`ridge` (3D-Effekt)
`double` (doppelt durchgezogen)
`inset` (3D-Effekt)
`outset` (3D-Effekt)

Der letzte Parameter ist `color`. Fügen Sie alle Parameter in beliebiger Reihenfolge und durch Leerzeichen voneinander getrennt zusammen in eine Liste ein. Hier sehen Sie einige Beispiele:

```
border: thin solid green;
border: red groove thick;
border: inset blue 12pt;
```

Innenabstand

Doch etwas fehlt. Vergegenwärtigen Sie sich, daß dieser Rahmen innen an den Außenabständen anliegt, die ihn direkt gegen den Text des Blocks drücken. Wir brauchen folglich etwas zusätzlichen Platz innerhalb des Rahmens, damit dieser nicht in den Text fließt. Die `padding`-Eigenschaft kleidet die Innenseite des Rahmens mit einem Zwischenraum aus, die den Text umschließt und verhindert, daß dieser mit dem Rahmen zusammenstößt. Der Wert dieser Eigenschaft ist eine Liste von ein bis vier Längenmaßen, die durch Leerzeichen voneinander getrennt sind. Die Anwendung der Längen auf die Seiten ist die gleiche wie bei der `margin`-Eigenschaft.

Erweitern wir unser letztes Beispiel eines Warnfensters, indem wir ihm, wie in Abbildung 4-11 zu sehen, einen Rahmen geben:

```
warning {
  display: block;
  border: thick solid gray;
}
warning:before {
  content: "WARNUNG!";
  font-weight: bold;
  color: red }
warning
```

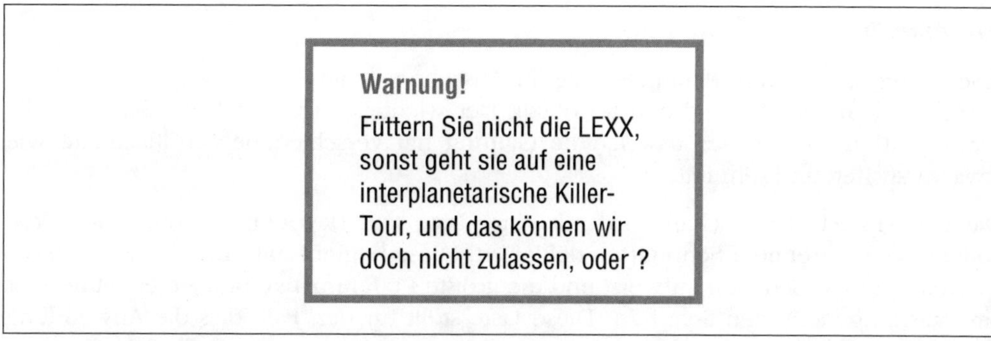

Abbildung 4-11: Ein Warnhinweis in einem Rahmen

Ausrichtung und Einzug

`text-align` ist eine Eigenschaft, die die Ausrichtung oder Justierung von Zeilen in einem Absatz definiert. Es könnte zum Beispiel vorkommen, daß Sie an der linken und rechten Seite einer Spalte einen akkuraten Rand haben wollen. Ein anderes Mal wollen Sie vielleicht rechts oder links einen Flattertext oder auch einen zentrierten Text haben. Folgende Werte werden unterstützt:

`left`
: Richtet den Text am linken Rand aus (Flattertext rechts).

`right`
: Richtet den Text am rechten Rand aus (Flattertext links).

`center`
: Zentriert jede Zeile innerhalb des Blocks (Flattertext links und rechts).

`justify`
: Dehnt jede Zeile bis an den linken und rechten Rand des Blocks (Blocksatz).

In den meisten CSS-Prozessoren wird standardmäßig Linksausrichtung verwendet. Beachten Sie, daß `left` und `right` absolute und von der Textausrichtung unabhängige Werte sind.

Mit der `text-indent`-Eigenschaft wird die erste Zeile eines Blocks eingerückt. Es lassen sich positive oder negative absolute Längen definieren, und der Einzug kann auch als Prozentwert der Breite des Blocks angegeben werden.

Texteigenschaften

Bisher haben wir über Blöcke als Container für Text gesprochen. Konzentrieren wir uns nun auf den Text selbst. In diesem Abschnitt sind einige Eigenschaften aufgeführt, die festlegen, wie Zeichendaten – zum Beispiel Schriftarten, -stile und -farben – aussehen und sich verhalten sollen.

Schriftfamilie

Eine Schrift hat mehrere Parameter, die ihr Aussehen steuern, zum Beispiel die Schriftgröße, die Schriftstärke und den Schriftstil. Der wichtigste ist jedoch die Schriftfamilie (Courier, Helvetica, Times usw.). Jede Gattung hat verschiedene Schriftschnitte wie etwa kursiv, fett und sehr fett.

Die `font-family`-Eigenschaft wird mit einer Liste von bevorzugten, durch Kommas voneinander getrennten Schriftarten deklariert. Diese beginnt mit der Schriftart, die die speziellsten Eigenschaften aufweist und die größte Präferenz hat, und sie endet mit der am meisten generischen Schriftart. Diese Liste stellt für den Fall, daß die Anwendung des Benutzers keinen Zugriff auf die von Ihnen angeforderte spezielle Schriftart hat, eine Reihe von Alternativen zur Verfügung. Ganz am Ende der Liste sollte eine generische Schriftklasse stehen, die die Entscheidung über die passende Schriftart im Prinzip der Software des Benutzers überläßt. Generische Schriftklassen sind zum Beispiel:

`serif`
: Zu dieser Kategorie gehören Schriftarten, die dekorative Anhängsel oder Serifen aufweisen. Einige weitverbreitete Serif-Schriftarten sind beispielsweise Palatino, Times und Garamond.

`sans-serif`
: Diesen Schriftarten fehlen Serifen, und sie sind im Vergleich zu den `serif`-Schriftarten relativ schlicht. Helvetica und Avant-Garde gehören in diese Gruppe.

`monospace`
: Dies sind Schriftarten, bei denen jedes Zeichen genau den gleichen Platz einnimmt. Bei den meisten anderen Schriftarten haben die Buchstaben dagegen unterschiedliche Breiten. Dieser Schrifttyp wird normalerweise für Quelltexte von Computerprogrammen, Fernschreiber-Simulationen, Tabellen und ASCII-Kunst verwendet.[1] Beispiele für monospace-Schriftarten sind Courier und Monaco.

`cursive`
: In diese nicht mit Kursivschrift zu verwechselnde Gruppe fallen Schriftarten, bei denen die Zeichen wie bei einer Kalligraphie oder einer Handschrift miteinander

1 Siehe *http://www.textfiles.com/art/*.

verbunden sind. Solche Schriftbilder werden häufig für Einladungen zu Hochzeiten und für Diplom-Urkunden verwendet. Da es sich dabei auf den meisten Systemen um keine Standard-Kategorie handelt, sollten Sie diese Schriftarten, wenn überhaupt, recht sparsam einsetzen.

`fantasy`
: Dazu gehören all die seltsamen Schriftarten wie Comic Strip, Ransom Note und Wild West. Auch diese Art von Schriftarten steht den meisten Benutzern wahrscheinlich nicht zur Verfügung. Also gehen Sie mit den Schriftarten aus dieser Kategorie sparsam um!

Beispiele für diese Schriftarten sind in Abbildung 4-12 zu sehen.

Abbildung 4-12: Generische Schriftfamilien

Sagen wir, Sie wollen die Schriftart Palatino auswählen. Zapf Humanist 521 gilt allgemein als qualitativ hochwertige Variante von Palatino. Ein Klon von Monotype auf manchen Windows-Systemen mit der Bezeichnung Book Antiqua ist nicht so sorgfältig geschnitten, jedoch recht brauchbar. Außerdem gibt es reichlich minderwertigen Schund mit Bezeichnungen wie Palisades oder Palestine. Wenn weder Palatino noch eine verwandte Schriftart gefunden werden kann, bietet sich Times New Roman als Ersatz an. (Diese Schriftart hat mit Palatino nicht mehr gemein, als daß sie ebenfalls Serifen hat, doch zumindest hat sie mehr Ähnlichkeit als Helvetica.) Times New Roman ist manchmal als Times Roman, TmsRmn oder Times zu finden.

Nun müssen Sie die Reihenfolge in Ihrer Liste bestimmen. Sie haben abzuwägen, ob Sie mehr Palatino-Klone von zweifelhafter Qualität in die Liste aufnehmen oder ob Sie diese zugunsten völlig anderer, aber qualitativ hochwertigerer Alternativ-Schriftarten kürzen wollen. Drei Ansätze könnten etwa sein:

```
font-family: Palatino, "BT Humanist 521", "Book Antiqua", Palisades,
    "Times New Roman", "Times Roman", Times, serif;

font-family: Palatino, "Times New Roman", serif;

font-family: "BT Humanist 521", Palatino, serif;
```

Beachten Sie, daß Schriftart-Namen mit Leerzeichen in Anführungszeichen gesetzt werden müssen. Die Verwendung von Großbuchstaben ist nicht notwendig.

Die erste Option bietet die meisten Alternativen, doch es besteht das Risiko, daß das Aussehen des Dokuments in der Qualität sinkt, falls Palisades ausgewählt werden sollte. Die zweite Option ist wesentlich kürzer und besagt: »Wenn ich nicht Palatino haben kann, dann nimm einfach Times New Roman.« Die dritte Option hätte am liebsten BT Humanist 521, würde sich jedoch auch mit normalem Palatino bescheiden. Alle diese Optionen enthalten die generische Schriftart `serif` als Notlösung, so daß das System eine beliebige Serifen-Schriftart auswählen kann, wenn alle sonstigen Versuche fehlschlagen.

Schriftgröße

Die Größe einer Schrift wird durch die `font-size`-Eigenschaft bestimmt. Der Wert kann in absoluten Einheiten (üblicherweise Punkten) oder relativen Einheiten (Prozentwerten oder em der Eltern-Schriftart) angegeben werden. Sie können auch halbabsolute Schlüsselwörter verwenden:

```
xx-small
x-small
small
medium
large
x-large
xx-large
```

Die CSS-Spezifikation empfiehlt, daß CSS-Prozessoren die einzelnen Größen 1,2-mal größer darstellen sollten als die jeweils vorhergehende (so daß `xx-large` 3,6-mal größer wäre als `xx-small`). Die tatsächlichen Größen kann der Benutzer jedoch nach eigenem Belieben festlegen. Damit steht um den Preis des Verlustes der absoluten Genauigkeit eine angenehme Methode zur Verfügung, die Größen so festzulegen, wie sie Ihrem Publikum am besten zusagen. In Abbildung 4-13 ist zu sehen, wie diese unterschiedlichen Schriftgrößen in etwa aussehen könnten.

Auch relative Schlüsselwörter stehen zur Verfügung:

```
larger
smaller
```

Mit diesen läßt sich der Schriftgrad um einen bestimmten Faktor vergrößern oder verkleinern.

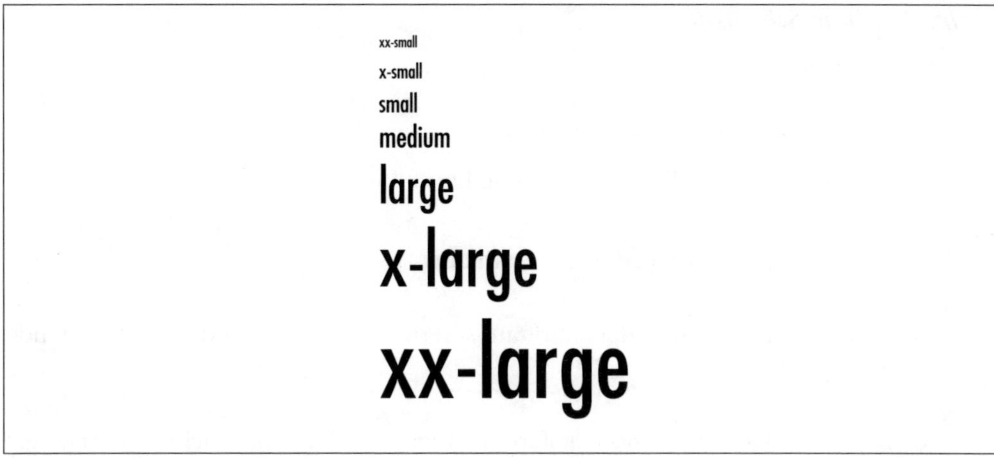

Abbildung 4-13: Schriftgrößen

Anpassen von Zeilenabstand und Schriftgröße

Während `font-size` die Größe der dargestellten Zeichen bestimmt, wirkt sich die `line-height`-Eigenschaft auf die Gesamthöhe von Schrift zuzüglich dem darüberliegenden Durchschuß aus. Wenn `line-height` größer ist als `font-size`, wird die Differenz gleichmäßig mit einem Zwischenraum oberhalb und unterhalb der betreffenden Zeile aufgefüllt. Dadurch sieht der Block entweder aufgelockerter oder gedrängter aus.

Im folgenden Beispiel haben wir einen einfachen, einen doppelten und einen eineinhalbfachen Abstand zwischen den Zeilen festgelegt:

```
para1 { line-height: 1 }
para2 { line-height: 2 }
para3 { line-height: 1.5 }
```

Schriftarten mit der gleichen Punkt-Größe können in Abhängigkeit von verschiedenen, zusammenfassend als *Schriftbild* bezeichneten Charakteristika größer oder kleiner aussehen. Das wichtigste dieser Charakteristika ist die x-Höhe oder `ex`. Bei Latein-(sprich: europäischen) Schriften ist `ex` die Höhe eines kleinen »x«. (In anderen Schriften kommen andere Kriterien zum Einsatz, doch immer sind es Bruchteile der Element-eigenen Schriftgröße oder `em`.) Als Folge davon sehen einige Schriften größer als andere aus.

Für den ganz engagierten Designer gibt es einen Weg, dieses Problem zu umgehen. Um die Größen von Schriften innerhalb einer Schriftfamilie im Verhältnis zu anderen zu frisieren, kann die `font-size-adjust`-Eigenschaft verwendet werden. Der *Aspektwert* ist das Verhältnis der x-Höhe zur Schriftgröße. Wenn Sie den als Dezimalbruch angegebenen Erscheinungswert Ihrer gewünschten Schriftart als Parameter für `font-size-adjust` angeben, kann der Browser Ersatzschriftarten anpassen, damit diese die gleiche scheinbare Größe haben wie die gewünschte Schriftart.

Schriftstärke und Schriftstil

Schriftfamilien enthalten Varianten, die es dem Autor gestatten, Teilen des Texts Betonungen oder Bedeutungsnuancen hinzuzufügen. Es gibt zwei Arten von Varianten: Schriftstile (z.B. kursiv) und Schriftstärken (z.B. mager oder fett).

Die `font-style`-Eigenschaft hat vier mögliche Einstellungen:

`normal`
: Die traditionelle, gerade Version der Schriftart.

`italic`
: Eine kursive (italic) Version der Schriftart, sofern verfügbar, oder die entsprechende oblique-Version.

`oblique`
: Die kursive (oblique) Version, sofern verfügbar, oder eine leicht angeschrägte Normalschrift.

`inherit`
: Die Einstellung des Eltern-Elements jeglicher Art.

Die CSS-Spezifikation ist bezüglich des Kursiv-Effekts auf Sprachen, in denen üblicherweise keine Kursivzeichen verwendet werden, nicht eindeutig. Folglich ist es wahrscheinlich am besten, für andere Sprachen eine alternative Schrift anzugeben:

```
em { font-style: italic }
em:lang(ja) { font-family: ...;
              font-style: normal }
```

Mit der `font-weight`-Eigenschaft wird gesteuert, wie fett oder mager eine Schrift sein soll. Die folgenden Schlüsselwort-Werte sind definiert:

`light`
: Eine magere und körperlose Version der Schriftart, sofern verfügbar. Andernfalls kann das System des Benutzers eine solche automatisch generieren.

`normal`
: Die Standardvariante der Schriftart.

`bold`
: Eine kräftigere, fettere Version der Schriftart, sofern verfügbar. Andernfalls kann das System des Benutzers eine solche automatisch generieren.

Es gibt auch relative Schlüsselwörter, die die Stärke in bezug auf die Eigenschaft des Eltern-Elements verringern oder erhöhen:

`lighter`
: Verringert die Stärke um eine Stufe.

`bolder`
: Erhöht die Stärke um eine Stufe.

Neun Stärkestufen stehen zur Verfügung, so daß die Stärke mit `lighter` und `bolder` um jeweils 1/9 der Skala feinabgestimmt werden kann. Alternativ kann ein numerischer

Wert von 100 bis 900 (in 100er Schritten) verwendet werden. Nicht jede Schriftart hat neun Stärken, so daß es vorkommen kann, daß eine Änderung der Zahl um 100 keine sichtbare Wirkung hat. Der Wert 400 entspricht `normal`, und `bold` ist auf 700 eingestellt. Abbildung 4-14 zeigt einige Schriftstärken und -stile.

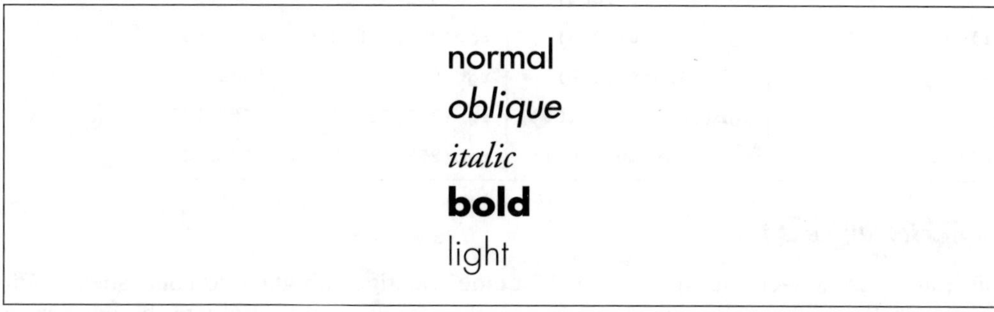

Abbildung 4-14: Schriftstärken und -stile

Farbe

Die Farbe ist ein wichtiges Merkmal für Text, insbesondere wenn dieser am Computer dargestellt wird. Text hat zwei Farbeigenschaften: `color` für den Vordergrund und `background-color` für den Hintergrund.

Es gibt eine ganze Reihe von vordefinierten Farben, die Sie mit Namen aufrufen können. Alternativ kann eine Farbe mit einem 3-Zahlen-Code festgelegt werden, wobei die Zahlen den Werten für Rot, Grün und Blau (RGB) entsprechen. Diese Zahlen können Prozentwerte, ganze Zahlen von 0-255 oder hexadezimale Werte von `#000000` bis `#ffffff` sein. In Tabelle 4-1 sehen Sie einige Beispiele.

Tabelle 4-1: Farbauswahl

Voreingestellter Name	Prozentwerte	Ganze Zahlen	Hexadezimalwerte
`aqua`	`rgb(0%,65%,65%)`	`rgb(0,160,160)`	`#00a0a0`
`black`	`rgb(0%,0%,0%)`	`rgb(0,0,0)`	`#000000`
`blue`	`rgb(0%,32%,100%)`	`rgb(0,80,255)`	`#0050ff`
`fuchsia`	`rgb(100%,0%,65%)`	`rgb(255,0,160)`	`#ff00a0`
`gray`	`rgb(65%,65%,65%)`	`rgb(160,160,160)`	`#a0a0a0`
`green`	`rgb(0%,100%,0%)`	`rgb(0,255,0)`	`#00ff00`
`lime`	`rgb(0%,65%,0%)`	`rgb(0,160,0)`	`#00a000`
`maroon`	`rgb(70%,0%,32%)`	`rgb(176,0,80)`	`#b00050`
`navy`	`rgb(0%,0%,65%)`	`rgb(0,0,160)`	`#0000a0`
`olive`	`rgb(65%,65%,0%)`	`rgb(160,160,0)`	`#a0a000`

Tabelle 4-1: Farbauswahl (Fortsetzung)

Voreingestellter Name	Prozentwerte	Ganze Zahlen	Hexadezimalwerte
`purple`	`rgb(65%,0%,65%)`	`rgb(160,0,160)`	`#a000a0`
`red`	`rgb(100%,0%,32%)`	`rgb(255,0,80)`	`#ff0050`
`silver`	`rgb(90%,90%,90%)`	`rgb(225,225,255)`	`#d0d0d0`
`teal`	`rgb(0%,65%,100%)`	`rgb(0,160,255)`	`#00a0ff`
`white`	`rgb(100%,100%,100%)`	`rgb(255,255,255)`	`#ffffff`
`yellow`	`rgb(100%,100%,0%)`	`rgb(255,255,0)`	`#ffff00`

Generierter Text

Die automatische Generierung von Text ist eine wichtige Fähigkeit von Stylesheets. Wir haben ein Beispiel gesehen, in dem ein Warnfenster mit einer automatisch generierten Überschrift »WARNUNG!« erzeugt wurde. Die allgemeine Form einer Text generierenden Eigenschaft ist:

```
content: Zeichenkette1 Zeichenkette2 ...
```

Jede Zeichenkette ist entweder ein Wert in Anführungszeichen (wie etwa `"WARNUNG!"`) oder eine Funktion, die Text erzeugt. Einige dieser Text erzeugenden Funktionen sind:

`url(`*`Adresse`*`)`
: Diese Funktion öffnet eine Datei an einer durch *`Adresse`* angegebenen URL und fügt die Inhalte der Datei an dieser Stelle in den Text ein. Dies bietet sich zur Einbindung eines Textrumpfs an.

`attr(`*`AttrName`*`)`
: Diese Funktion fügt den Wert eines Attributs mit Namen *`AttrName`* ein.

`counter(`*`Name`*`)`
: Diese nützliche Funktion liest den Wert eines internen Zählers mit dem Bezeichner *`Name`* aus und wandelt ihn in Text um.

Zähler

Zähler in CSS sind Variablen, die numerische Werte enthalten. Verwendet werden sie für Kapitelnummern, geordnete Listen und alle sonstigen Elemente, die mit einer laufenden Nummer bezeichnet werden müssen. Um einen Zähler zu benutzen, müssen Sie ihm einen Namen geben und CSS mitteilen, wann dieser mit Hilfe der Eigenschaft `counter-increment` um 1 erhöht werden soll. Mit der Funktion `counter()` können Sie den Wert des Zählers jederzeit auslesen. Hier ein Beispiel:

```
chapter { counter-increment: chapnum }
chapter > title:before { content: "Kapitel " counter(chapnum) ". " }
```

Hier erzeugen wir einen Zähler mit dem Namen `chapnum` und erhöhen ihn jedesmal um 1, wenn der CSS-Prozessor ein neues `<chapter>`-Element findet. Das `<title>`-Element wird mit dieser Nummer davor in folgender Weise dargestellt:

```
Kapitel 3. Sonic der Igel
```

`counter-reset` ist eine weitere Eigenschaft, die sich auf Zähler auswirkt. Wenn das betreffende Element abgearbeitet wird, setzt sie den Zählerwert auf 0 zurück. Dies kann für Dinge wie numerierte Listen benutzt werden, die jeweils mit `1` beginnen sollen, statt sie über das ganze Dokument hinweg durchzunumerieren:

```
numberedlist { counter-reset: list_item_number; }
listitem { counter-increment: list_item_number; }
listitem:before { content: counter(list_item_number) ". "; }
```

Nun beginnt die Numerierung jeder Liste mit `1`:

```
Erste Liste:
  1. Anton
  2. Berta
  3. Cäsar
  4. Dora

Zweite Liste:
  1. Ri
  2. Ra
  3. Rutsch
```

Ein praktisches Beispiel

Wir kommen nun dazu, aus dem, was wir bisher gelernt haben, etwas Vernünftiges zu machen. Wir werden für das XHTML-Dokument aus Beispiel 3-2 ein Stylesheet erstellen.

Obwohl XHTML-Elemente über implizite Formatierungen verfügen, müssen wir diese häfig erweitern oder überschreiben, um sie facettenreicher aussehen zu lassen. Bei Stylesheet-fähigen Browsern können wir dies mit einem CSS-Stylesheet erreichen.

In XHTML können Sie die Stylesheet-Informationen mit einem `<style>`-Element innerhalb des `<head>`-Elements der XHTML-Datei ablegen. Von der Einbindung von Formatinformationen in Dokumentdateien ist jedoch ernsthaft abzuraten, denn sie führt zu vielfältigen Problemen, wenn Sie das Dokument erweitern und wiederverwenden wollen. Statt dessen werden wir das Stylesheet mit dem `<link>`-Element von XHTML als gesonderte Datei deklarieren.

Vor dem Erstellen des Stylesheets wollen wir einige Änderungen an der XHTML-Datei vornehmen, damit diese voll in den Genuß der Fähigkeiten von CSS kommen kann. Zunächst werden wir einige `<div>`-Elemente hinzufügen, die als Container für die Abschnitte fungieren. Da es in HTML keine Block-Container gibt, wurde der Spezifikation `<div>` als Allzweck-Unterteilungselement hinzugefügt. Da dieses jedoch sehr allgemein ist, müssen wir, um dessen Funktionen voneinander abzugrenzen, zusätzlich ein `class`-Attribut verwenden. In gleicher Weise werden wir auch zu anderen Elementen `class`-Attribute hinzufügen und dadurch die Anzahl der Informationen erhöhen, die jeweils einem einzelnen Formatstil zugewiesen werden können.

Beispiel 4-1 zeigt das Listing der neuen XHTML-Datei. Das Stylesheet ist in Beispiel 4-2 zu sehen.

Beispiel 4-1: Das überarbeitete XHTML-Dokument

```
<?xml version="1.0"?>
<!DOCTYPE html
    PUBLIC "-//W3C//DTD XHTML 1.0 Strict//EN"
    "http://www.w3.org/TR/xhtml1/DTD/xhtml1-strict.dtd">

<html xmlns="http://www.w3.org/1999/xhtml" xml:lang="en" lang="de">

  <head>
    <title>Institut für Schwarze Wissenschaften</title>
    <link rel="stylesheet" href="style1.css"/>
  </head>

  <body>
    <h1>Institut für Schwarze Wissenschaften</h1>
    <p class="bigp"><em>Willkommen</em> in Dr. Otto Schlimms <span
       class="inst">Institut für Schwarze Wissenschaften!</span></p>

    <div class="toc">
      <h2>Inhalt</h2>
      <ol>
        <li><a href="#staff">Unser Team</a></li>
        <li><a href="#courses">Aufsehenerregende Kurse</a></li>
        <li><a href="#research">Bahnbrechende Forschungen</a></li>
        <li><a href="#contact">Nehmen Sie Kontakt mit uns auf!</a></li>
      </ol>
    </div>

    <a name="staff" />
    <div class="section" id="staff">
      <h2>Unser Team</h2>
      <dl>
        <dt><span class="person"><a href="schlimm.html">Dr.
          Otto Schlimm</a></span></dt>
        <dd>
          <img src="Bilder/schlimm.gif" width="60" height="80" />
          Gründer des <span class="inst">Instituts</span>,
          Erfinder des Mondmagneten und der metallfressenden Termite, dreimal
          als genialster Bösewicht ausgezeichnet. Lehrt Todesstrahlen 101,
          Physik, Astronomie und kriminelle Energie.
        </dd>
        <dt><span class="person"><a href="grzinsky.html">Dr.
          Ruth "Ruthless" Grzinsky</a></span></dt>
        <dd>
```

Beispiel 4-1: Das überarbeitete XHTML-Dokument (Fortsetzung)

```
        <img src="Bilder/grzinsky.gif" width="60" height="80" />
        Kopf des Nanoroboterüberfalls auf Fort Knox von 2002.
        Lehrt Computer-Wissenschaften, Nanotechnologie und Ausschaltung
        von Sicherheitssystemen.
      </dd>
      <dt><span class="person"><a href="zucav.html">Dr.
        Sebastian Zucav</a></span></dt>
      <dd>
        <img src="Bilder/zucav.gif" width="60" height="80" />
        Ein geheimnisumwitterter Mann mit einem Ausbund an
        zerstörerischem Intellekt. Lehrt Chemie, Gifte, Sprengstoffe,
        Glücksspiel und Ökonomie der Erpressung.
      </dd>
    </dl>
  </div>

  <a name="courses" />
  <div class="section" id="courses">
    <h2>Aufsehenerregende Kurse</h2>
    <p>Wählen Sie unter faszinierenden Themen wie...</p>
    <ul>
      <li>Ausbildung von Kobras im Töten</li>
      <li>Pflege und Fütterung von mutierten Bestien</li>
      <li>Superhelden und ihre Schwächen</li>
      <li>Die wundervolle Welt des Geldes</li>
      <li>Entführungen: Oldtimer bis Supertanker</li>
    </ul>
  </div>

  <a name="research" />
  <div class="section" id="research">
    <h2>Bahnbrechende Forschungen</h2>
    <p>Dr. Schlimms <span class="inst">Institut für
      Schwarze Wissenschaften</span> ist eine der führenden
      Forschungseinrichtungen der Welt. Laufende Projekte sind zum
      Beispiel:</p>

    <h3 class="projectname">Verdecken des Himmels</h3>
    <p class="projdesc">Ein wahrhaft teuflischer Plan, den Himmel mit
      grellen Neonreklamen zu erfüllen, bis die Regierungen der Welt sich
      bereit erklären, hundert Milliarden Euro an uns zu zahlen.
      <span class="laughter">Mha ha ha ha ha!</span></p>

    <h3 class="projectname">Killer-Tauben</h3>
    <p class="projdesc">Ein abgrundtief böser Plan, Tauben zu
      mutieren und zu wirksamen Killermaschinen auszubilden, wodurch wir in
      der Lage sind, von der Öffentlichkeit <em>enorme
      Schutzgelder</em> dafür zu erpressen, daß wir diese
      nicht freilassen. <span class="laughter">Mha ha ha ha
      ha!</span></p>
```

Beispiel 4-1: Das überarbeitete XHTML-Dokument (Fortsetzung)

```
        <h3 class="projectname">Schrecken aus der Tiefe</h3>
        <p class="projdesc">Ein finsterer Plan, der so entsetzlich und
          furchtbar ist, daß wir ihn erst Teilnehmern ab dem dritten
          Studienjahr offenbaren können. Wir sagen nur, daß es
          sich dabei um das übelste Projekt handelt, das wir je hatten!
            <span class="laughter">Mha ha ha ha ha!</span></p>
      </div>

      <a name="contact" />
      <div class="section" id="contact">
        <h2>Nehmen Sie Kontakt mit uns auf!</h2>
        <p>Wenn Sie der Meinung sind, daß Sie das Zeug zu einem
          wirklich teuflischen Wissenschaftler haben, wozu unter anderem ein
          schrankenloser Intellekt, unmenschliche Grausamkeit und eine finstere
          Abscheu gegenüber Ihrem Nächsten gehören, vereinbaren
          Sie mit uns einen Termin für ein Bewerbungsgespräch. Senden
          Sie einen adressierten und frankierten Rückumschlag an:
        </p>
        <address>Institut für Schwarze Wissenschaften,
Immatrikulationsbüro,
10 Clover Lane,
Todesinsel,
Verminte Gewässer vor der Küste von Sri Lanka</address>
    </div>

  </body>
</html>
```

In Beispiel 4-2 sehen Sie das Stylesheet.

Beispiel 4-2: Ein Stylesheet für ein XHTML-Dokument

```
/*
------------- SECTIONS -------------
*/  ❶

body {  ❷
  color: black;
  background-color: silver;
}

.section {  ❸
  margin: .5em;
  padding: .5em;
  border: thick solid gray;
  background-color: white;
}

.toc {
  margin: .5em;
  padding: .5em;
  border: thick solid gray;
```

Beispiel 4-2: Ein Stylesheet für ein XHTML-Dokument (Fortsetzung)

```
  background-color: white;
}

/*
------------- HEADS -------------
*/

body > h1 {  ❹
  color: black;
  font-size: 3em;
  font-family: sans-serif;
}

.section > h2 {
  color: green;
  font-size: 2em;
}

.toc > h2 {
  color: blue;
  font-size: 2em;
}

.projectname {
  color: navy;
  font-size: 1.5em;
  font-style: italic;
  font-family: sans-serif;
}

/*
------------- BLOCKS -------------
*/

p {
  font-size: 1.2em;
}

p.bigp {
  font-size: 1.5em;
}

p.projdesc {
  margin: .25em;
}

address {
  color: black;
  white-space: normal;
  font-size: 2em;
  font-family: monospace;
```

Beispiel 4-2: Ein Stylesheet für ein XHTML-Dokument (Fortsetzung)

```
}

div li {  ❺
  font-size: 1.4em;
  font-family: sans-serif;
}

dd {
  color: black;
  font-size: 1.2em;
  margin: 1em;
}

/*
------------- INLINES -------------
*/

em {
  font-style: italic;
  font-weight: bold;
}

.laughter {
  color: purple;
  font-style: italic;
  font-weight: bold;
}

.person {
  font-weight: bold;
}

.inst {
  font-style: italic;
}
```

❶ Um Stylesheets besser lesbar zu machen, können Kommentare recht hilfreich sein.

❷ Das `<body>`-Element eignet sich gut zur Plazierung von allgemeingültigen Deklarationen für das ganze Dokument.

❸ Der Selektor `.section` kann jedes Element finden, das das Attribut `class="section"` hat. Hier verwenden wir es ausschließlich mit `<div>`-Elementen, so daß der Name des Elements weggelassen werden kann.

❹ Beachten Sie den hierarchischen Kontext-Selektor mit dem größer-als-Symbol (>). head- und title-Elemente sind in Abhängigkeit vom Ort ihres Auftretens oftmals unterschiedlich formatiert.

❺ Dies ist eine weitere Art von Kontext-Selektoren, bei denen die beiden durch Leerzeichen voneinander getrennten Elemente in der gleichen Abstammungslinie liegen müssen.

5

Dokumentenmodelle: Eine höhere Stufe der Steuerung

Eines der mächtigsten Leistungsmerkmale von XML besteht drin, daß Sie sich damit Ihre eigene Auszeichnungssprache erstellen sowie die Elemente und Attribute definieren können, die am besten zu den Informationen passen, die Sie erfassen möchten, statt auf eine mehr schlecht als recht passende Allzweck-Sprache angewiesen zu sein. Was aber noch fehlt, ist eine Methode, die Sprache formal zu definieren, das Vokabular an Elementen und Attributen auf eine handhabbare Menge zu beschränken und die Grammatik der Elemente zu kontrollieren. Das Verfahren, in XML eine Sprache formal zu definieren, wird als *Dokumentenmodellierung* bezeichnet. In diesem Kapitel werden wir zwei Methoden zur Modellierung eines Dokuments behandeln: Dokumenttyp-Definitionen (DTDs), in denen die Struktur eines Dokuments durch Deklarieren von Regeln beschrieben wird; und das XML-Schema, das die Struktur des Dokuments anhand eines Musters unter Verwendung von Element-Vorlagen (Templates) beschreibt.

Modellierung von Dokumenten

Was meinen wir mit einem »Dokumentenmodell?« Das Dokumentenmodell definiert die Dokumente, die mit einer Sprache erstellt werden können, oder es bestimmt – um die XML-Terminologie zu benutzen – welche Dokumente mit der Sprache *konform* sind. Ein Dokumentenmodell beantwortet solche Fragen wie: »Kann dieses Element einen Titel haben?« oder »Muß es zu diesem Element einen Preis geben?«

Abbildung 5-1 veranschaulicht dies. Oben im Bild sehen Sie ein Dokumentenmodell (entweder eine DTD oder ein Schema – im Moment kümmern wir uns noch nicht darum, was von beiden). Das Modell ist eine spezielle Art von Dokument – in einer Syntax geschrieben, mit der XML-Sprachen beschrieben werden können –, das explizit die Grammatik und das Vokabular für eine einzelne Auszeichnungssprache darlegt. Bisweilen nennen wir die vom Modell beschriebene Sprache *Dokumenttyp* oder *XML-Anwendung*. Mit einem solchen Modell ist es möglich zu bestimmen, ob ein XML-Dokument mit dem Dokumenttyp konform ist oder nicht.

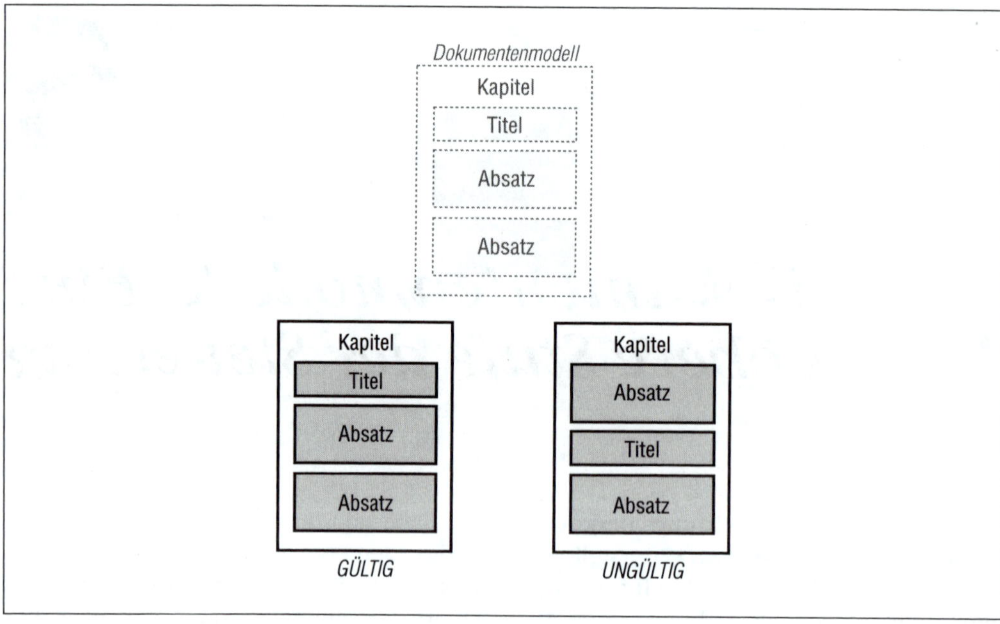

Abbildung 5-1: Vergleich von Dokumenten mit einem Modell

Außer dem Dokumentenmodell sehen Sie in Abbildung 5-1 zwei Dokumente. Dabei handelt es sich um tatsächliche Dokumente, die jemand geschrieben hat und die wir *Dokument-Instanzen* nennen, um sie von der Abstraktion eines Dokumentenmodells zu unterscheiden. Das Dokument auf der linken Seite ist mit der durch das Dokumentenmodell beschriebenen Sprache konform, das andere jedoch nicht. Konforme Dokumente werden in Zusammenhang mit der Sprache als *gültig* bezeichnet. Andere Dokumente sind *ungültig*.

Brauchen Sie ein Dokumentenmodell?

Sie wissen zwar nun, was ein Dokumentenmodell ist, doch wie können Sie wissen, ob Sie auch eines brauchen? Die Wartung eines Dokumentenmodells nur für ein oder zwei Dokumente kann recht lästig sein, doch wenn Sie viele haben und Ihre Anforderungen an die Qualitätskontrolle hoch sind, kann es sich auszahlen. Hier sind einige Situationen, in denen ein Dokumentenmodell das Leben erleichtern kann:

- Die Dokumente werden von Menschen geschrieben und als Daten für ein Computerprogramm benutzt. Software ist berüchtigt dafür, wählerisch in bezug auf Datenformate zu sein, denn es ist schwer, Programme zu schreiben, die mit wechselnden Formaten zurechtkommen. Indem das Muster auf eine vorhersehbare Form eingeschränkt wird, gestaltet sich das Schreiben der Software wesentlich einfacher, und die Möglichkeit von Fehlern verringert sich. Ein Vergleich jeder Instanz eines

Dokuments mit einem Modell stellt sicher, daß Sie sich nicht vor das Problem gestellt sehen, einen quadratischen Zapfen in eine runde Buchse einpassen zu müssen.

- Für Ihr Dokument sind bestimmte Felder erforderlich. Eine Produkt-Bestellformular verlangt zum Beispiel die Angabe einer Postanschrift, damit Sie wissen, wo Sie das Paket hinschicken sollen. Mit einem Dokumentenmodell läßt sich sicherstellen, daß alle erforderlichen Felder vorhanden sind.
- Sie erbitten Dokumente von Personen, die mit der Sprache nicht vertraut sind. Da das Modell selbst ein Dokument ist, kann es eine öffentlich zugängliche Ressource sein, die sich die betreffenden Personen herunterladen, auf die sie Verknüpfungen erstellen und die sie durchgehen können. Ein Dokumentenmodell kann als Datenquelle für strukturierte Autoren-Umgebungen wie etwa einen XML-Editor dienen. In einem solchen Programm kann der Editor die erforderlichen Felder automatisch bereitstellen und dem Autor mit einer Liste von geeigneten Elemente-Sätzen zur Hand gehen.
- Sie wollen ein solides Gerüst für eine wachsende Sprache oder Familie von Sprachen. Ein Dokumentenmodell bietet eine einfache Möglichkeit, einen Standard wie etwa den für HTML Version 4.0 zu schaffen. Für XML-Software ist es von entscheidender Bedeutung, Sprachversionen im Auge zu behalten, denn ältere Programme können mit neueren Versionen einer Sprache inkompatibel sein. Dokumentenmodelle können kombiniert werden, um gemischte Sprachen zu schafften. Zum Beispiel verwendet DocBook das CALS-Tabellenmodell, statt zu versuchen, ein eigenes zu definieren.

Natürlich gibt es auch Gründe, kein Dokumentenmodell zu verwenden. Ein Modell kann schwer zu warten sein – besonders zu Beginn, wenn sich Ihre Sprache noch in der Test- und Wachstumsphase befindet. Es kann die Verarbeitungsgeschwindigkeit ausbremsen, etwa wenn XML-Browser ein Dokumentenmodell über ein Netzwerk laden müssen. Schließlich ist es vielleicht einfach nicht Ihr Stil, ein autoritäres Modell zu haben, das Ihnen vorschreibt, welche Elemente Sie verwenden können und welche nicht. Und dann ist da die Arbeit, die es macht, ein Modell zu planen oder nach einem zu suchen, das für Ihren Bedarf geeignet ist.

Ob Sie ein Dokumentenmodell benutzen, liegt letztendlich bei Ihnen: XML ist so konzipiert, daß es mit und ohne funktioniert. Wir empfehlen, daß Sie sich mit den Fähigkeiten und Anforderungen vertraut machen und dann für sich selbst entscheiden, wann Sie den Sprung machen.

Einige Dokumentenmodelle (namentlich DTDs) haben Schwierigkeiten mit Namensräumen. Erinnern Sie sich aus Kapitel 2, *Markup und Kern-Konzepte*, daß Namensräume eine Methode sind, Elemente aus verschiedenen Quellen zusammenzufassen – beispielsweise MathML-Gleichungen in ein HTML-Dokument einzubetten. Dies richtet im Zusammenhang mit DTDs Chaos an, da diese die benutzbaren Elemente auf eine vorherbestimmte und endgültige Menge beschränken wollen. Im Moment gibt es für dieses Dilemma keine befriedigende Lösung. Sie können einfach nicht jede Art von Namensraum vorausahnen und dessen Attribute und Elemente in Ihrer DTD deklarieren, denn theoretisch könnte es eine unendliche Anzahl von ihnen geben.

Das W3C kennt dieses Problem und arbeitet an einer Lösung. DTDs gab es schon, als an Namensräume noch nicht zu denken war. Es ist daher nicht zu erwarten, daß sich die DTD-Syntax drastisch ändern wird. Sollte es dennoch zu Änderungen kommen, werden Erweiterungen so erfolgen und Ausnahmen in einer Weise zugelassen werden, daß es zu keinem Bruch mit älteren Systemen kommt. Es handelt sich um ein schwieriges Problem, doch es wird irgendwann in naher Zukunft eine Antwort geben.

Der standalone-Parameter

In Kapitel 2, *Markup und Kern-Konzepte*, wurde der `standalone`-Parameter kurz erwähnt, jedoch nicht näher darauf eingegangen. Lassen Sie uns nun erklären, wofür er verwendet wird. Der `standalone`-Parameter sagt einem XML-Prozessor, ob es externe Markup-Deklarationen gibt oder nicht. Wenn Sie die Einstellung `standalone="yes"` verwenden, kann die Anwendung davon ausgehen, daß sich alles, was sie für die Formatierung des Dokuments wissen muß, in der internen Teilmenge befindet. Um dem Inhalt vollständig auszugestalten, sind mit anderen Worten keine Informationen von außerhalb des Dokuments notwendig.

Wenn Sie nicht sicher sind, wie Sie den `standalone`-Parameter setzen sollen, lassen Sie ihn einfach weg. Standardmäßig steht der Wert auf `"no"`, und der XML-Prozessor lädt, was er braucht. Wenn sie angebracht ist, hat die Einstellung `standalone="yes"` jedoch ihre Vorteile: Sie bedeutet eine Zeitersparnis bei der Verarbeitung des Dokuments, ein Browser braucht nicht die Verbindung offenzuhalten und ein Archivierungssystem kann die Ressourcen, die auf die Verfolgung von Dokument-Beziehungen hätten verwendet werden müssen, besser anderweitig einsetzen.

Ob ein Dokument als standalone deklariert werden kann, hängt von drei Dingen ab:

Externe Entities

Ein externes Entity ist (anders als Verweise auf DTD-Deklarationen) definitionsgemäß ein Inhalt, der außerhalb Ihres Dokuments gespeichert ist. Wenn Sie daher in Ihrem Dokument einen externen Entity-Verweis benutzen, muß die verarbeitende Anwendung den Ersatztext finden und laden. Ein solches Dokument ist offensichtlich nicht standalone.

Abhilfe bietet hier die Entfernung aller Bezüge auf externe Inhalte, indem Sie externe Entity-Verweise dauerhaft durch ihren jeweiligen Ersatztext austauschen. Im wesentlichen ersparen Sie dem XML-Prozessor den Schritt, die Entity-Verweise selbst zu ersetzen. Andererseits vereitelt dies den Zweck der Verwendung von Entities, und Sie fahren möglicherweise besser, wenn Sie die externen Entities im Dokument belassen.

Eine Ausnahme von dieser Regel sind Entity-Verweise auf externe DTD-Teilmengen. Sie müssen nicht alle Elemente, Attribute und sonstigen Deklarationen in die interne Teilmenge Ihres Dokuments verschieben, denn es ist nicht immer erforderlich, daß der XML-Prozessor die DTD sieht, um Ihren XML-Code zu verarbeiten. Solange die nächsten beiden Bedingungen in dieser Liste erfüllt sind, können Sie das Dokument ohne weiteres als standalone kennzeichnen.

In der externen Teilmenge deklarierte allgemeine Entities

Wenn im Dokument allgemeine Entities benutzt werden, überprüfen Sie, ob diese außerhalb der internen Teilmenge deklariert sind. Ist dies der Fall, müssen Sie die Deklarationen in die interne Teilmenge verschieben oder die Entity-Verweise durch ihren jeweiligen Ersatztext austauschen, so wie Sie es auch mit externen Entities tun würden. Bei Einzelzeichen-Entities sollten Sie statt dessen die Verwendung von Zahlen-definierten Zeichen-Entity-Verweisen in Betracht ziehen. Wenn alle Entities in der internen Teilmenge tatsächlich deklariert sind, kann das Dokument als standalone deklariert werden.

Standard-Attribut-Werte

Einige Elemente in Ihrem Dokument haben vielleicht standardmäßig verknüpfte Attribut-Werte. Ein Hypertext-Link könnte zum Beispiel ein festes Attribut `xlink:form` haben, das Sie niemals selbst setzen müssen. Ohne die DTD würde eine verarbeitende Anwendung nichts von dem Standard-Attribut wissen, und das Verhalten des Links könnte sich ändern. In diesem Fall müßten Sie das Attribut selbst bereitstellen. Sie können entweder eine Attributlisten-Deklaration in der internen Teilmenge ablegen oder das Attribut in jedes Element einfügen. Wenn nun einige Elemente im Dokument mit ihnen verknüpfte Standard-Attribut-Werte haben und die Attribute in der internen Teilmenge deklariert sind, kann das Dokument als standalone deklariert werden.

Standardverhalten ohne ein Dokumentenmodell

Wenn Sie beschließen, kein Dokumentenmodell zu benutzen, müssen Sie wissen, wie sich Ihre Elemente und Attribute verhalten. Ein Allzweck-XML-Prozessor geht in Ermangelung genauerer Anweisungen von einem Standardverhalten aus. Hier ist in einigen Punkten aufgeführt, was Sie erwarten dürfen:

Unbeschränkte Benamung

Sie können ungestraft jeden Element-Namen benutzen. Wenn diese von einem anderen Namensraum kommen, müssen sie jedoch sicherstellen, daß Sie den Namensraum deklarieren.

Keine Grammatikregeln
: Ein Element kann alles enthalten – gemischte Inhalte, Elemente oder Text – oder es kann leer sein.

Keine Einschränkungen für Attribute
: Ein Element kann beliebige Attribute enthalten. Attribute aus dem Namensraum `xml:` behalten jedoch ihre speziellen Eigenschaften.

  Alle Attribute werden als Typ `CDATA` (Zeichendaten) behandelt. Das bedeutet, daß Sie für Verknüpfungen möglicherweise keine `ID`- und `IDREF`-Attribute benutzen können. Wenn Sie Namen wie `id` und `idref` benutzen, kann die Software so geschrieben worden sein, daß sie diese erkennt und als `ID`- und `IDREF`-Typen behandelt, doch sie muß es nicht.

  Attribute sind optional. Ein Standardwert wird nicht zur Verfügung gestellt.

Nicht alle XML-Prozessoren sind jedoch Allzweck-Prozessoren. Sie können Software begegnen, die ein spezielles XML-Muster erwartet, sich jedoch nicht damit abgibt, die Datei anhand einer DTD zu überprüfen.

DTD-Syntax

Der meist verbreitete Typ von Dokumentenmodell ist die Dokumenttyp-Definition (DTD). DTDs gingen XML zeitlich voraus. Sie sind eigentlich eine Hinterlassenschaft von SGML mit fast vollständig erhaltener Syntax. Eine DTD definiert einen Dokumenttyp auf folgende Weise:

- Sie deklariert eine Menge von erlaubten Elementen. Sie können keine anderen Element-Namen benutzen als die aus diesem Satz. Stellen Sie sich dies als »Vokabular« der Sprache vor.
- Sie definiert für jedes Element ein *Content-Modell*. Das Content-Modell ist ein Muster, das besagt, welche Elemente oder Daten sich in welcher Reihenfolge und in welcher Anzahl innerhalb eines Elements befinden dürfen und ob diese Pflicht oder optional sind. Stellen Sie sich dies als »Grammatik« der Sprache vor.
- Sie deklariert für jedes Element eine Menge von erlaubten Attributen. Jede Attribut-Deklaration definiert den Namen, den Datentyp, die Standardwerte (soweit vorhanden) und das Verhalten (z.B. ob es Pflicht oder optional ist) des Attributs.
- Sie stellt eine Vielzahl von Mechanismen zur Verfügung, um die Verwaltung des Modells zu erleichtern, beispielsweise die Benutzung von Parameter-Entities sowie die Fähigkeit, Teile des Modells aus einer externen Datei zu importieren. Diese Mechanismen sind in »Entity-Deklarationen« weiter unten in diesem Kapitel beschrieben.

Dokument-Prolog

Anders als ein XML-Dokument muß eine DTD nicht unbedingt einen Prolog haben. Eine DTD kann eine optionale XML-Deklaration von der gleichen Art haben, wie sie für XML-Dokumente erforderlich ist. Wenn Sie einen anderen Zeichensatz als den standardmäßigen UTF-8 (mehr zu Zeichensätzen finden Sie in Kapitel 7, *Internationalisierung*) spezifizieren oder die standardmäßige XML-Versionsnummer 1.0 verändern müssen, ist das der Ort, wo Sie dies tun können.

Wenn Sie einen Zeichensatz in der DTD einstellen, wird dieser nicht automatisch auf die XML-Dokumente übertragen, die DTD benutzen. Für XML-Dokumente muß in deren Dokument-Prologen eine eigene Kodierung spezifiziert werden.

Es gibt andere Teile des üblichen Dokument-Prologs, die nicht für DTDs passen. Die XML-Deklarationseigenschaft `standalone` und die Dokumenttyp-Deklaration sind eigentlich irrelevant. Erstere wird von einem XML-Prozessor wahrscheinlich ignoriert werden, während letztere eher einen Syntax-Fehler auslösen wird. In diesem Buch benutzen wir für DTD-Beispiele keinen Dokument-Prolog.

Deklarationen

Wie in Abbildung 5-2 zu sehen, ist eine DTD eine Menge von Regeln oder *Deklarationen*. Jede Deklaration fügt der Sprache, die Sie beschreiben, ein neues Element, einen Satz von Attributen, ein Entity oder eine Notation hinzu. DTDs können mit Parameter-Entities kombiniert werden – eine Technik, die als *Modularisierung* bezeichnet wird. Sie können auch innerhalb der internen Teilmenge des Dokuments Deklarationen hinzufügen.

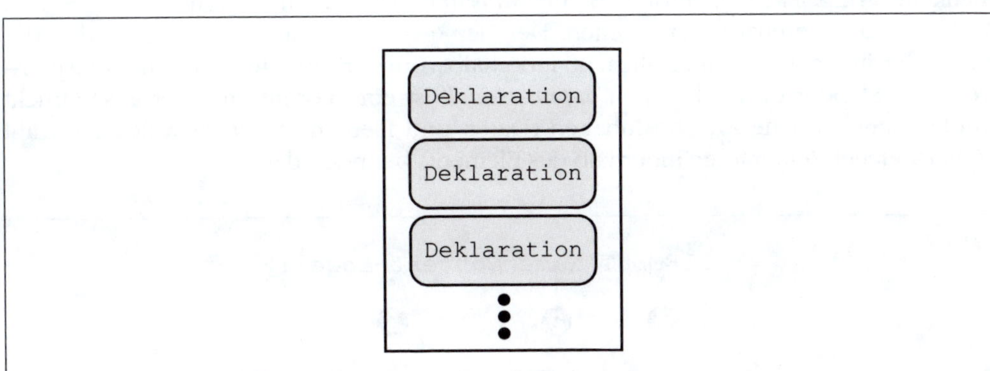

Abbildung 5-2: Syntax einer DTD

Die Reihenfolge der Deklarationen ist in zwei Situationen von Bedeutung. Wenn es erstens redundante Deklarationen gibt (beispielsweise einen Versuch, das gleiche Element zweimal zu deklarieren), ist die zuerst aufgeführte vorrangig, und alle anderen werden ignoriert. Dies ist wichtig zu wissen, wenn Sie entweder in der internen Teilmenge oder durch Staffelung von DTDs Deklarationen überschreiben. Wenn zweitens in Deklarationen Parameter-Entities verwendet werden, müssen diese deklariert werden, bevor sie als Verweise benutzt werden.

Soweit es Leerräume betrifft, ist die Syntax von Deklarationen flexibel. Mit Ausnahme der Zeichenkette am Anfang, die den Deklarationstyp kennzeichnet, können Sie überall zusätzliche Leerräume einfügen. Beispielsweise sind die folgenden Ausdrücke alle in Ordnung:

```
<!ELEMENT           Dingsda        ALL>
<!ELEMENT
  Dingsda
  ALL>
<!ELEMENT Dingsda (            ene       |
                               mene      |
                               mopel     )*>
```

Element-Deklarationen

Die erste und wichtigste Überlegung hat in einer XML-Markup-Sprache der Menge an Elementen zu gelten. Für jedes Element, das Sie in Ihrem Dokumenttyp zu verwenden möchten, muß es in der DTD eine Element-Deklaration geben. Eine Element-Deklaration tut zwei Dinge: Sie fügt dem Namensraum der Sprache einen neuen Element-Namen hinzu, und sie gibt an, was sich in dem Element befinden darf. Insgesamt gesehen begründen die Element-Deklarationen eine *Grammatik* für die Sprache, d.h. ein Muster, anhand dessen bestimmt werden kann, welche Dokumente gültig sind.

Wie in Abbildung 5-3 veranschaulicht, setzen sich Element-Deklarationen aus der Zeichenkette `<!ELEMENT` (1), gefolgt von einem Namen (2), einem Content-Modell (3) und dem Abschlußbegrenzer > zusammen. Der Name ist der Name des Elements, d.h. der Name, der in einer Dokument-Instanz innerhalb von Markup-Tags erscheint, beispielsweise `Titel` oder `Graphik`. Das *Content-Modell* ist eine Formel, mit der ausgedrückt werden kann, welche Art von Inhalten (Daten und Elemente) sich in welcher Anzahl und in welcher Reihenfolge innerhalb des Elements befinden darf.

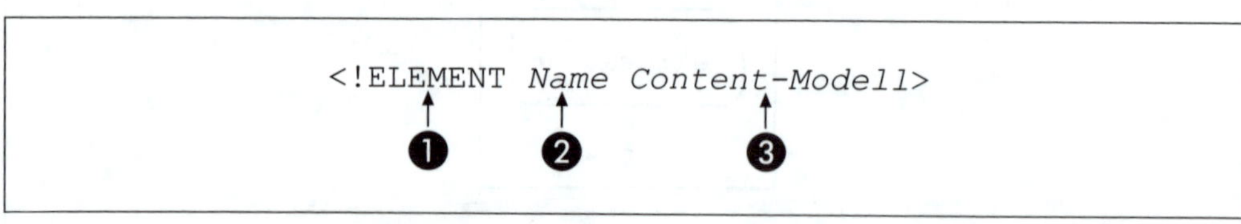

Abbildung 5-3: Syntax einer Element-Deklaration

Die Groß- und Kleinschreibung des Namens ist zu beachten. Ein als `fremdsprachlich` deklarierter Name muß also immer so geschrieben werden und nicht `FREMDSPRACHLICH` oder `FremdSprachlich`. Dies ist ein großer Unterschied gegenüber SGML. Auf den ersten Blick mag dies zwar als unnötige Mühe erscheinen, doch es vereinfacht das Schreiben von Software zur Verarbeitung von XML. Oft werden Element-Namen durchgängig klein geschrieben. So lassen sie sich einfach leichter merken.

Es gibt fünf verschiedene Arten von Content-Modellen:

Leere Elemente

Das einfachste deklarierbare Content-Modell ist das eines leeren Elements, das aus dem Schlüsselwort `EMPTY` besteht. Zum Beispiel:

```
<!ELEMENT Graphik EMPTY>
```

Elemente ohne Content-Beschränkungen

Dieses Content-Modell deklariert ein Element, das beliebige andere Elemente enthalten kann. Es benutzt das Schlüsselwort `ALL`:

```
<!ELEMENT Universal-Container ALL>
```

Ein Element, das alles enthalten kann, ist in einer DTD natürlich von begrenztem Wert, und diese Art von Content-Modell regelt die Struktur nicht in dem Maße, wie dies ein strengeres Content-Modell tun würde. Für den schnellen Entwurf von Dokumenttypen ist es jedoch mitunter als Zwischenlösung ganz brauchbar.

Elemente, die nur Zeichendaten enthalten

Für Elemente, die Zeichendaten, jedoch keine Elemente enthalten, benutzen Sie das Content-Modell `(#PCDATA)`:

```
<!ELEMENT Betonung (#PCDATA)>
```

Das Schlüsselwort `#PCDATA` steht eigentlich für »parsed-character data« (analysierte Zeichendaten). Diese Beschreibung bedeutet, daß die Zeichen von einem XML-Parser auf Entity-Verweise überprüft werden, die dann durch ihre Entity-Werte ersetzt werden. (Das Rautenzeichen und eine Schreibung vollständig in Großbuchstaben helfen, das Schlüsselwort von eventuell benutzten tatsächlichen Elementen zu unterscheiden.) Sie sollten beachten, daß solche Entities keine Elemente enthalten dürfen.

Elemente, die nur Elemente enthalten

Inhalte, die nur aus Elementen bestehen, werden mit einer Formel in einer speziellen, in Tabelle 5-1 beschriebenen Notation ausgedrückt. Ein solches Content-Modell könnte eine der folgenden Formen haben:

```
<!ELEMENT Artikel (Absatz+)>
<!ELEMENT Artikel (Titel, (Absatz | Abschnitt1)+)>
<!ELEMENT Artikel (Titel, Untertitel?, ((Absatz+, Abschnitt1*) |
Abschnitt1+))>
```

Elemente mit gemischtem Inhalt

Gemischter Inhalt besteht sowohl aus Elementen als auch aus Zeichendaten. Ein Element mit diesem Inhaltstyp muß mit einem Content-Modell deklariert werden, das dem folgenden Muster entspricht:

```
<!ELEMENT Absatz (#PCDATA | Betonung | xref)*>
```

Zuerst kommt das Schüsselwort `ELEMENT`. Diesem folgt der Name des Elements, eine Liste der erlaubten Elemente und `#PCDATA`, die voneinander durch senkrechte Striche (|) getrennt sind und in Klammern stehen, und schließlich ein Sternchen. Das Sternchen, das Fragezeichen und andere in Content-Modellen von Elementen benutzte Symbole werden in Tabelle 5-1 beschrieben.

Content-Modelle, die Elemente enthalten, benutzen eine spezielle Menge von Symbolen, um sichtbar zu machen, welche Elemente in welcher Häufigkeit und in welcher Reihenfolge enthalten sein dürfen. Die Syntax von Content-Modellen ist kompakt und anfangs etwas schwierig zu lesen, doch mit einiger Übung können Sie lernen, sie schnell zu analysieren.[1] Die Symbole sind in Tabelle 5-1 aufgeführt.

Tabelle 5-1: In Content-Modellen von Elementen verwendete Symbole

Symbol	Bedeutung	Beispiel
`,`	Beschreibt eine vorgeschriebene Folge von Elementen. Fungiert auch als AND-Operator.	`A , B` bedeutet, daß ein `B` einem `A` folgen muß. Ein `B`, dem ein `A` folgt, wird nicht akzeptiert.
`|`	Beschreibt eine Alternative. Bisweilen auch als OR-Operator bezeichnet.	`rot | gelb | grün` bedeutet, daß hierbei `rot`, `gelb` oder `grün` akzeptiert wird. Genau eine Auswahl ist erlaubt – nicht mehr und nicht weniger. Den gleichen Element-Namen in einer durch OR verknüpften Liste von Elementen zweimal zu benutzen ist ein Fehler.
`(`*`content`*`)`	Faßt den Inhalt (*`Content`*) zusammen, so daß sich ein nachfolgender Operator auf das Gesamtgebilde bezieht. Die Klammern können bis in eine beliebige Tiefe verschachtelt werden.	`( A | B ), C` bedeutet, daß einem `A` oder einem `B` ein `C` folgen muß. Damit sind die beiden erlaubten Folgen `A C` und `B C`. Vergleichen Sie dies mit dem Ausdruck `A | (B, C)`, der entweder ein `A` allein oder `B C` erlaubt.
`?`	Kennzeichnet das vorausgehende Element bzw. die vorausgehende Elementegruppe als optional.	`Notiz?` bedeutet, daß es dem Autor freisteht, an dieser Stelle ein Element `Notiz` zu benutzen oder es einfach wegzulassen.

1 Wenn Sie mit Regulären Ausdrücken vertraut sind, kommt Ihnen die Syntax von Content-Modellen vielleicht bekannt vor. Tatsächlich ist sie der Syntax von Regulären Ausdrücken sehr ähnlich.

Tabelle 5-1: In Content-Modellen von Elementen verwendete Symbole (Fortsetzung)

Symbol	Bedeutung	Beispiel
`+`	Verlangt mindestens eine/s der vorausgehenden Elemente oder Elementgruppen. Es gibt jedoch keine Obergrenze dafür, wieviele es geben kann. (Benutzen Sie überhaupt keinen Operator, wenn genau eine Instanz vorgeschrieben sein soll.)	`( Katze | Hund ) +` bedeutet, daß es eine Anzahl von Katzen und Hunden geben muß, die größer als Null ist. Wir könnten zum Beispiel `Katze` oder `Hund Hund Hund Katze` haben.
`*`	Legt fest, daß eine beliebige Anzahl der vorausgehenden Elemente oder Element-Gruppen vorkommen kann. Dies ist der freieste aller Operatoren.	`( #PCDATA | Betonung ) *` beschreibt den Inhalt als eine Zeichenkette von variabler Länge (möglicherweise auch Null-Länge) mit eingestreuten `Betonungen` in zufälligen Abständen.

Lassen Sie uns ein komplexes Beispiel für eine Element-Deklaration analysieren:

```
<!ELEMENT Artikel
  (Titel, Untertitel?, Autor*, (Absatz | Tabelle | Liste)+, Bibliographie?)
>
```

Die beste Art, das Content-Modell dieser Deklaration für ein `Artikel`-Element zu lesen, besteht darin, sich das Gesamtgebilde als Element-Gruppe vorzustellen (erinnern Sie sich, daß mit Klammern Bestandteile zu Gruppen zusammengefaßt werden). Jeder Bestandteil der Gruppe kann entweder ein Element oder selbst wieder eine Gruppe sein. Beginnen wir mit der äußeren Gruppe und arbeiten wir uns dann nach innen vor:

`Titel`
: Es gibt ist kein Operator vorhanden – also muß es am Anfang des Inhalts genau einen `<Titel>` geben.

`Untertitel?`
: Dem `<Titel>` folgt ein optionaler `<Untertitel>`. Wir wissen, daß er optional ist, denn der Operator Fragezeichen bedeutet »Null oder Eins«.

`Autor*`
: Das Sternchen sagt uns, daß es Null oder mehr `<Autor>`-Elemente geben kann. Diese müssen in einer Zeile stehen.

`(Absatz | Tabelle | Liste)+`
: Als nächstes haben wir eine Gruppe von Elementen, auf die der Eins-oder-mehr-Operator angewendet wird. Das bedeutet, daß wir eine beliebige Anzahl von `<Tabellen>`-, `<Tabellen>` und `<Listen>`-Elementen kombinieren können, doch eines muß mindestens vorhanden sein.

`Bibliographie?`
: Schließlich kann am Ende des Inhalts optional eine `<Bibliographie>` erscheinen.

Einige gültige Instanzen dieses `<Artikel>`-Elements sind:

```
Titel, Untertitel, Autor, Absatz, Absatz, Absatz
Titel, Autor, Autor, Absatz, Liste, Absatz, Tabelle, Absatz, Bibliographie
Titel, Liste, Liste, Liste, Bibliographie
Titel, Untertitel, Tabelle, Absatz
```

In diesem Beispiel haben Sie eine Deklaration für ein Element gesehen, das nur Elemente enthält. Hier ist ein Beispiel mit gemischtem Inhalt, der sowohl analysierte Zeichendaten (Parsed Character Data) als auch Elemente enthält:

```
<!ELEMENT Absatz
  (#PCDATA | Betonung | Person)*
>
```

Ein Beispiel für ein `Absatz`-Element, das zu diesem Modell paßt, ist zum Beispiel:

```
<Absatz>Und so kletterte <Person>Tom Swift</Person> zurück in sein Flugzeug, um
sich fertig für den Abflug zu machen. Er bemerkte jedoch einen starken Benzin-
Geruch, und ihm wurde klar, daß er sich <Betonung>tatsächlich</Betonung> in
Schwierigkeiten befand. Es war wieder genau wie in &Episode-6;.</Absatz>
```

Attributlisten-Deklarationen

Nach dem Deklarieren der Elemente deklarieren Sie vorhandene Attribute. Für jedes Element deklarieren Sie für gewöhnlich alle seine Attribute an einer Stelle, wofür Sie *Attribut-Deklarationslisten* verwenden. Die Syntax dafür ist in Abbildung 5-4 zu sehen.

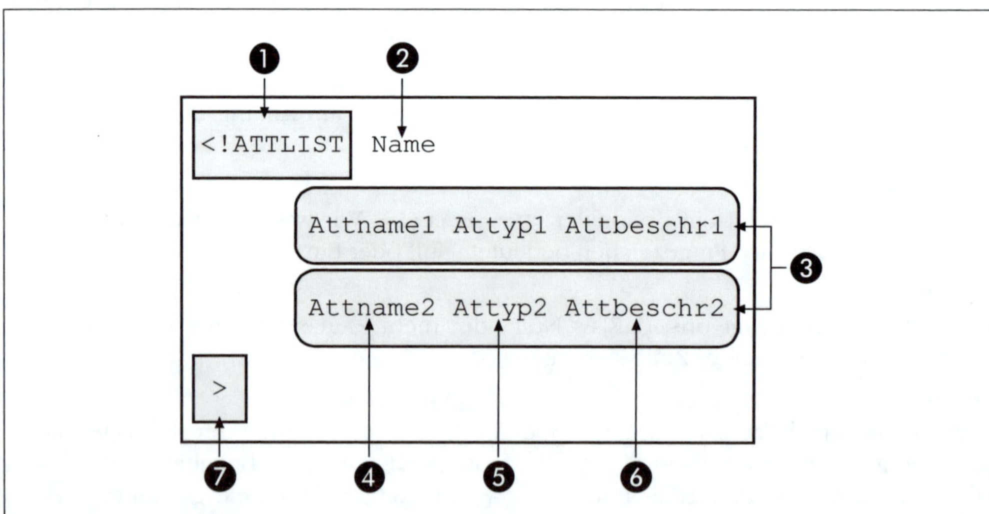

Abbildung 5-4: Syntax von Attribut-Deklarationslisten

Die Deklaration beginnt mit der Zeichenkette `<!ATTLIST` (1). Dieser folgen der Name des Elements, zu dem die Attribute gehören (2), eine Anzahl von Attribut-Deklarationen

(3) und schließlich der Abschluß-Begrenzer > (7). Jede Attribut-Deklaration besteht aus einem Attribut-Namen (4), dessen Datentyp oder aufgezählten Werten (5) und einer Beschreibung des Attribut-Verhaltens (6).

Eine Attribut-Deklaration tut die folgenden drei Dinge:

- Sie gibt dem Attribut einen Namen.
- Sie spezifiziert den Datentyp des Attributs oder eine Liste von zulässigen Werten, die dieses annehmen kann.
- Sie beschreibt das Verhalten des Attributs, d.h. ob es einen Standardwert gibt oder ob der Autor einen Wert vorgeben muß.

Im folgenden sehen Sie ein Beispiel für eine Attribut-Deklarationsliste, in der drei Attribute für ein <Memo>-Element deklariert sind. Beachten Sie, daß wir zu diesem Beispiel Leerräume hinzugefügt haben, um es besser lesbar zu machen:

```
<!ATTLIST Memo
          id                 ID                 #REQUIRED    ❶
          Sicherheit         (hoch | niedrig)   "hoch"       ❷
          Schlüsselwörter    NMTOKENS           #IMPLIED     ❸
>
```

❶ Das erste Attribut, `id`, ist vom Typ `ID`. Das Schlüsselwort `#REQUIRED` bedeutet, daß dieses Attribut vom Autor spezifiziert werden muß.

❷ `Sicherheit`, das zweite Attribut, kann einen der beiden Werte `hoch` oder `niedrig` annehmen. Standard ist `hoch`.

❸ Das dritte Attribut `Schlüsselwörter` nimmt einen Wert vom Typ `NMTOKENS` an, der weiter unten in diesem Abschnitt beschrieben wird. Das Schlüsselwort `#IMPLIED` bedeutet, daß dieses Attribut optional ist und keinen Standardwert hat.

Es folgt eine vollständige Liste der Attribut-Datentypen:

`CDATA` *(Zeichendaten)*

Dies ist der freieste der Attribut-Typen. Alle Zeichendaten können verwendet werden, darunter auch Zeichen-Entities und interne allgemeine Entities. Andere Auszeichnungen wie Elemente oder Steueranweisungen dürfen in Attribut-Werten für diesen oder irgendeinen anderen Attribut-Typ nicht auftauchen. Benutzen Sie zur Deklaration dieses Attribut-Typs die Buchstabenfolge `CDATA`. Zum Beispiel:

```
<!ATTLIST Kreis-Durchmesser CDATA "30 Zentimeter">
```

Einige Beispiele für mit einem `CDATA`-Wert spezifizierte Attribute sind:

```
Abmessungen="35x12x9 mm"
Firma="O'Reilly Verlag GmbH &amp; Co. KG"
Text=" 5 + 7 = 3 * 4 "
```

Wenn die Attribut-Werte Anführungszeichen enthalten, müssen Sie entweder innerhalb des Werts für die Anführungszeichen ein Zeichen-Entity benutzen oder den Wert mit anderen Anführungszeichen umgeben. Um beispielsweise für das Attribut

`Name` den Wert `Friedrich "Rotbart" Barbarossa` zu spezifizieren, könnten Sie den Wert mit einfachen Anführungszeichen umgeben und sagen: `Name = 'Friedrich "Rotbart" Barbarossa'`. Zeilenvorschub- und Tabulator-Zeichen im Wert werden zu einem Leerzeichen umgewandelt. Eine Kette von Leerzeichen bleibt erhalten, egal ob sie dem eigentlichen Text nun vorangeht oder nachfolgt oder irgendwo in der Mitte vorkommt.

`NMTOKEN` *(Namens-Token)*

Ein *Namens-Token* ist eine Zeichenkette, die mit einem Buchstaben beginnt und Zahlen, Buchstaben und bestimmte Interpunktionszeichen enthalten kann. Benutzen Sie die Buchstabenfolge `NMTOKEN` im Typenfeld, um diese Art von Attribut zu deklarieren:

```
<!ATTLIST Teile-Nummer NMTOKEN #REQUIRED>
```

Einige Beispiele für Attribute mit einem `NMTOKEN`-Wert sind:

```
Leder="Ziege"
Datei="README.txt"
Version="v3.4-b"
```

Alle Leerräume im Wert werden durch den XML-Prozessor entfernt.

`NMTOKENS` *(Namens-Token-Listen)*

Eine *Namens-Token-Liste* ist eine Folge von einem oder mehr `NMTOKEN`, die voneinander durch Leerzeichen getrennt sind. Ein XML-Prozessor entfernt dem eigentlichen Text vorangehende und nachfolgende Leerräume und stutzt andere Leerräume auf ein einzelnes Leerzeichen. Benutzen Sie die Buchstabenfolge `NMTOKENS` im Typenfeld, um diese Art von Attribut zu deklarieren. Hier ist ein Beispiel:

```
<!ATTLIST Artikel Schlüsselwörter NMTOKENS #IMPLIED>
```

Einige Beispiele für Attribute mit Namens-Token-Listen sind:

```
name="Gregor Mendel"
format="dünner blauer Rand"
```

`ID` *(eindeutiger Identifier)*

Dies ist eine besondere Art von Attribut, die einem Element ein Label gibt, das im Dokument garantiert eindeutig ist. Zwei Elemente dürfen nicht den gleichen `ID`-Attribut-Wert haben. Ein `ID`-Attribut hat das gleiche Verhalten und die gleiche Syntax wie `NMTOKEN`. Es wird mit der Buchstabenfolge `ID` deklariert:

```
<!ATTLIST Datensatz ID #REQUIRED>
```

Einige Beispiele für `ID`-Attribute sind:

```
id="Artikel-2001-06-14"
label="JAVABUCH.KAPITEL.EINLEITUNG"
```

`IDREF` *(Identifier-Verweis)*

Dieser Attribut-Typ ähnelt dem Typ des eindeutigen Identifiers, doch statt das Element, in dem es sich befindet, mit einem Label zu kennzeichnen, verweist er auf die `ID` eines anderen Elements. Wenn es kein Element mit dem spezifizierten `ID`-

Wert gibt, meldet der Parser einen Fehler. Dies wird für interne Links wie zum Beispiel Querverweise benutzt. Benutzen Sie die Buchstabenfolge `IDREF` im Typenfeld in folgender Weise:

```
<!ATTLIST Verweis auf verwandtes Wort IDREF #REQUIRED>
```

`IDREFS` *(Identifier-Verweis-Liste)*

Eine Liste von durch Leerzeichen voneinander getrennten `IDREF`-Werten nach dem gleichen Muster wie `NMTOKENS`. Jede `IDREF` in der Liste muß zu einem `ID`-Attributwert im Dokument passen, oder der Parser wird sich beschweren. Benutzung des `IDREFS`-Typ-Identifiers:

```
<!ATTLIST Buchsatz Verweise IDREFS #REQUIRED>
```

`ENTITY` *(Entity-Name)*

Dieser Typ akzeptiert den Namen eines allgemeinen Entities als Wert. Sie benutzen ihn, nachdem Sie ein Entity in der DTD deklariert haben. Hier ist beispielsweise die Deklaration (unter Verwendung des Typ-Schlüsselworts `ENTITY`):

```
<!ATTLIST ungeordnete Liste Symbol ENTITY #IMPLIED>
<!ENTITY Blaupunkt SYSTEM "Symbole/blaupunkt.png">
```

Und so würden wir ihn benutzen:

```
<ungeordnete Liste Symbol="Blaupunkt">
```

`ENTITIES` *(Entity-Namen-Liste)*

Der Wert dieses Attributs ist eine Liste von Entity-Namen, die durch Leerzeichen voneinander getrennt sind. Ein Entity-Namen-Listen-Attribut benutzt den Typennamen `ENTITIES`. Zum Beispiel:

```
<!ATTLIST Album Dateiliste ENTITIES #REQUIRED>
```

Aufzählungswerte-Liste

Eine Aufzählungswerte-Liste ist eine Liste von Schlüsselwörtern, die Sie definieren. Ein Attribut mit einer Aufzählungswerte-Liste ist nützlich, wenn es eine kleine Menge von möglichen Werten gibt. Dieser Typ von Attribut wird nicht mit einem Schlüsselwort im Typenfeld deklariert, sondern Sie spezifizieren eine Liste von Werten in Klammern, die voneinander durch senkrechte Striche (|) getrennt sind. Ein Wahr-falsch-Attribut könnte beispielsweise folgendermaßen deklariert werden:

```
<!ATTLIST Teil auf Lager ( wahr | falsch ) #IMPLIED>
```

Oder Sie könnten in der Werteliste die Wochentage spezifizieren:

```
<!ATTLIST Plan
  Tag ( Mo | Di | Mi | Do | Fr | Sa | So ) #REQUIRED
>
```

Ein Attribut kann gleichzeitig nur einen der Werte in der Liste haben:

```
<Plan Tag="Fr">
```

Wenn Sie einen Standardwert deklarieren, muß es sich dabei um eine der Auswahlmöglichkeiten aus der Liste handeln:

```
<!ATTLIST Form
  Typ (Kreis | Quadrat | Dreieck) "Quadrat">
```

`NOTATION` *(Notationsliste)*
: Wie bei einem `NMTOKENS`-Attribut besteht der Wert eines `NOTATION`-Attributs aus einer Folge von Namens-Token. Ein Attribut dieses Typs paßt auf einen oder mehrere *Notationstypen*. Dies sind Anweisungen dafür, wie formatierte oder XML-fremde Daten verarbeitet werden sollen. Eine Notation kann zum Beispiel so definiert werden, daß führende und angehängte Leerräume in einem Element erhalten bleiben, wenn diese normalerweise vom Parser entfernt werden würden. Weiter unten in diesem Kapitel werden wir mehr über Notationen erfahren.

Es gibt mehrere verschiedene Arten von Verhalten für Attribute:

Standardwert zugewiesen
: Wenn der Benutzer keinen Wert für dieses Attribut vorgibt, geht der XML-Prozessor davon aus, daß ein Standardwert in der DTD vorgegeben wird. Das Spezifizieren eines Standardwerts in der DTD ist oftmals eine gute Idee, wenn ein Wert am häufigsten vorkommt. Um einen Standardwert zu deklarieren, setzen Sie ihn in der Verhaltensspalte einfach in Anführungszeichen. Zum Beispiel:

```
<!ATTLIST Nachricht
  Wichtigkeit (hoch | mittel | niedrig) "mittel"
>
```

Hier haben wir aus der Aufzählungswerte-Liste `mittel` als Standard gewählt. Wenn der Benutzer das Attribut `Wichtigkeit` im Element `<Nachricht>` wegläßt, benutzt der XML-Prozessor den Standardwert.

Das Attribut ist optional (`#IMPLIED`*)*
: Wenn Sie ein Attribut als optional deklarieren, weist der XML-Prozessor keinen Standardwert zu: Das Attribut ist praktisch nicht vorhanden. Sie benutzen das Schlüsselwort `#IMPLIED`, um zu sagen, daß es keinen Standardwert gibt und daß die Verwendung des Attributs optional ist. Zum Beispiel:

```
<!ATTLIST Reservierung
  Extras (Gang Platz | Essen Inklusive | Kissen) #IMPLIED
>
```

Der Benutzer muß einen Wert vorgeben (`#REQUIRED`*)*
: Wenn es keinen guten Standardwert gibt und das Attribut nicht freibleiben kann, sollten Sie es als `#REQUIRED` deklarieren. In diesem Fall meldet der Parser einen Fehler, wenn das Attribut weggelassen oder ihm ein leerer Wert gegeben wird. Hier sehen Sie ein Beispiel:

```
<!ATTLIST Buch isbn CDATA #REQUIRED>
```

Der Wert ist bereits gesetzt, und der Benutzer kann ihn nicht ändern (`#FIXED`*)*
: In seltenen Fällen kann es vorkommen, daß ein Attribut stets den gleichen Wert haben muß. Vielleicht passen Sie eine öffentliche DTD an und wollen sie auf

irgendeine Weise weniger flexibel machen. Neben der Verwendung des Schlüsselworts `#FIXED` müssen Sie den Wert vorgeben. Henry Ford, dessen erste Autos es nur in schwarzer Farbe gab, hätte vielleicht die folgende Art von Deklaration benutzt:

```
<!ATTLIST Auto
  Farbe (beige, weiß, schwarz, rot, blau, silber) #FIXED "schwarz"
>
```

Sie müssen nicht unbedingt alle Attribute für ein Element an einer Stelle deklarieren. XML ermöglicht es ihnen, diese in mehreren Deklarationslisten abzulegen, die vom XML-Parser zusammengeführt werden, wenn er in der DTD liest. Dies gibt Ihnen einige Flexibilität bei der Anpassung einer DTD. Wenn Sie ein neues Attribut zu einem Element hinzufügen wollen, für das bereits einige Attribute in der DTD deklariert sind, können Sie Ihre Deklaration an einer anderen Stelle hinzufügen – sagen wir in der internen Teilmenge – und sie wird automatisch eingebunden.

Notationen und nicht analysierte Daten

XML ist primär als Container für Textinformationen konzipiert. Zum Abspeichern von binären Daten wie Bitmap-Bildern oder komprimiertem Text ist es nicht so ideal, doch es ist auch nicht völlig inkompatibel. Die Medien-übersättigte Welt, in der wir leben, wird mit Bildern, Sound-Sequenzen, Animationen und allem, was Sie sich nur denken können, förmlich bombardiert. Wenn XML nur mit Text umgehen könnte, wäre es zu beschränkt, um von praktischem Wert zu sein. Zum Glück stellt XML einen Mechanismus zur Koexistenz mit XML-fremden Daten zur Verfügung, der als *Notationsspezifikation* bezeichnet wird.

Grob definiert ist eine Notation ein spezielles Label, das dem XML-Prozessor sagt, auf welche Art von Daten er blickt. Eine Verwendungsmöglichkeit für Notationen besteht darin, Daten zu bezeichnen, die kein Text sind. Eine andere ist die Bezeichnung von Textdaten, die ein besonderes Format haben – beispielsweise ein Datum.

Notationsdeklarationen

Die Syntax für das Deklarieren eines Notationstyps ist:

```
<!NOTATION Name Identifier>
```

Dabei ist *`Name`* der Name eines Notationstyps, und *`Identifier`* ist ein externer Identifier, der für den XML-Prozessor irgendeine Bedeutung hat. Welche Bedeutung dies genau ist, hängt von der Anwendung ab. Tatsächlich gibt es in der XML-Gemeinde zahlreiche Diskussionen darüber, was als externer Identifier einer Notation benutzt werden soll, der alles von einer URL für ein Standard-Dokument bis hin zu einem MIME-Typ oder den Namen einer Softwareanwendung auf dem lokalen System sein kann. Tabelle 5-2 zeigt Beispiele für solche externen Identifier.

Tabelle 5-2: Einige externe Identifier von Notationen

Beispiel	Bedeutung
`SYSTEM "application/x-troff"`	Der MIME-Typ für einen in troff kodierten Text
`SYSTEM "ISO 8601:1988"`	Die Nummer eines internationalen Standards für Datumsformate (z.B. 1994-02-03)
`SYSTEM "http://www.w3.org/TR/NOTE-datetime"`	Die URL eines technischen Dokuments im Internet über Datumsformate
`PUBLIC "-//ORA//NON-SGML Preferred Date Format//EN" "http://www.oreilly.com/xml/dates.html"`	Ein Formal Public Identifier für eine Online-Ressource
`SYSTEM "/usr/local/bin/xv"`	Ein Softwareprogramm auf dem lokalen System, das aufgerufen werden soll, um nicht analysierte Daten zu verarbeiten

All diese Beispiele sind möglich. Keines hat bisher ein einheitliches Notations-Identifier-Schema begründet. Somit liegt es an Ihnen, welches Sie benutzen. Wichtig ist, daß der Identifier eindeutig ist und daß er dem XML-Prozessor genug Informationen zur Verfügung stellt, um die Daten zu verarbeiten. Es gibt keine verbindliche Regel, doch wir werden eine Vielzahl von Beispielen sehen.

Die Notationsdeklaration schafft ein Label, das Sie in Verbindung mit der Deklaration eines Attributs oder eines ungeparsten externen Entities benutzen. Dies wird im nächsten Abschnitt erklärt.

Ungeparste Entities

Externe allgemeine Entities importieren XML-Daten aus anderen Dateien. Es gibt eine andere Art von Entity – das *ungeparste Entity* – das XML-fremde Daten importiert. Die Deklaration eines ungeparsten Entity ähnelt mit Ausnahme der Tatsache, daß dem System- oder Public Identifier das Schlüsselwort `NDATA` und ein Notationstyp folgen, der eines externen allgemeinen Entity. Zum Beispiel:

```
<!ENTITY Lied "sing_man_tau.wav" NDATA audio-wav>
```

Im folgenden Beispiel haben wir zwei Notationstypen deklariert: `jpeg` und `png`, die jeweils ihre MIME-Typen als Identifier benutzen. Das Element `<Graphik>` ist als leer deklariert und hat ein Attribut `source`, dessen Wert ein Entity-Name ist. Wir deklarieren auch die ungeparsten Entities `Bob` und `Judith` so, daß sie auf Graphik-Dateien verweisen, die über das Attribut in der den Deklarationen folgenden XML-Instanz `<Dok>` in das Element `<Graphik>` weitergereicht werden.

```
<?xml version="1.0"?>
<!DOCTYPE Dok [
  <!ELEMENT Dok ANY>
```

```
    <!ELEMENT Graphik EMPTY>
    <!ATTLIST Graphik
      source ENTITY #REQUIRED
    >
    <!NOTATION jpeg SYSTEM "image/jpeg">
    <!NOTATION png SYSTEM "image/png">
    <!ENTITY Bob  "Bilder/bob.jpeg" NDATA jpeg>
    <!ENTITY Judith "Bilder/judith.png" NDATA png>
]>
<Dok>
  <Graphik source="Bob"/>
  <Graphik source="Judith"/>
</Dok>
```

Wenn der XML-Prozessor auf ein `<Graphik>`-Element stößt, findet er den Entity-Namen im `source`-Attribut. Da das Entity kraft des Schlüsselworts `NDATA` als ungeparst deklariert ist, behandelt der XML-Prozessor es nicht wie XML-Daten, sondern reicht es unmittelbar in den Teil des Programms weiter, der weiß, wie es zu verarbeiten ist. In einem Webbrowser gibt es beispielsweise eine Funktion, die bestimmte Arten von Graphik-Daten verstehen und diese auf dem Bildschirm wiedergeben kann. Manchmal kann die Software mit den Daten nichts anfangen. Sie gibt dann vielleicht eine Fehlermeldung aus und fragt den Benutzer, was sie mit den Daten tun soll, oder sie verwirft diese einfach.

Betten Sie ein ungeparstes Entity nicht direkt in das XML-Dokument ein. Reichen Sie das Entity statt dessen über ein Attribut an ein Element weiter, so wie wir es im vorigen Beispiel getan haben. Das folgende Beispiel-Dokument ist nicht wohlgeformt:

```
<?xml version="1.0"?>
<!DOCTYPE Dok [
  <!ELEMENT Dok ANY>
  <!NOTATION jpeg SYSTEM "image/jpeg">
  <!ENTITY Bob  "Bilder/bob.jpeg" NDATA jpeg>
]>
<Dok>
  &Bob;
</Dok>
```

Kennzeichnung von Element-Formaten mit Notationen

Notationen können helfen zu spezifizieren, wie Zeichendaten interpretiert werden sollen. Nehmen wir beispielsweise an, Sie haben ein Formular erstellt, das eine Identifikationsnummer erfordert. Jemand, der dieses Formular ausfüllt, könnte seine Personalausweis-Nummer, seine Reisepaß-Nummer oder andere Identifikationsnummern eintragen. Sie können eine Notation benutzen, um zu kennzeichnen, welches Format Sie verwenden.

Sehen Sie sich das folgende Beispiel an, in dem Notationen verwendet werden, um zwischen verschiedenen Datenformaten und Typen von Computer-Code zu unterscheiden:

```
<?xml version="1.0"?>
<!DOCTYPE record [
  <!ELEMENT doc (title, listing+)>
  <!ELEMENT title (#PCDATA)*>
  <!ELEMENT listing (#PCDATA)*>
  <!ATTLIST listing
    format NOTATION (scheme-lisp | ansi-c) #REQUIRED
  >
  <!NOTATION scheme-lisp SYSTEM "IEEE 1178-1990">
  <!NOTATION ansi-c      SYSTEM "ISO/IEC 9899:1999">
]>

<doc>
  <title>Factorial Function</title>
  <listing format="scheme-lisp">
    (defun fact (lambda (n) (if (= n 1) 1 (fact (- n 1)))))
  </listing>
  <listing format="ansi-c">
    int fact( int n ) {
      if( n == 1 ) return 1;
      return n * fact( n - 1 );
    }
  </listing>
</doc>
```

Dieses Beispiel enthält zwei Listings mit Code. Die Notation beschreibt, wie Textdaten interpretiert werden sollen. Die externen Identifier stammen von den internationalen Standard-Institutionen IEEE und ISO. Aus dem Dokument geht nicht hervor, was mit den Daten in den `<listing>`-Elementen geschehen soll, doch solange der XML-Prozessor die externen Identifier erkennt, können wir davon ausgehen, daß die entscheidende Anwendung weiß, was zu tun ist.

Ein Vorbehalt gegenüber Notationen

XML macht keine genauen Angaben über den Umgang mit nicht analysierten Daten. Wir können Ihnen nicht sagen, wie eine Anwendung reagiert, wenn sie auf ein `NDATA`-Attribut oder eine Steueranweisung stößt. Es ist Sache des Entwicklers der Anwendung, die Fähigkeit zum Definieren dieses Verhaltens zur Verfügung zu stellen.

Leider bedeutet das, daß Notationen nicht sehr gut portierbar sind. Sie gehen von vielen Annahmen aus, etwa ob der XML-Prozessor mit einem Datentyp zurechtkommt oder ob er einen bestimmten externen Identifier erkennt. Wenn Ihr XML-Dokument von verschiedenen Programmen verarbeitet wird, besteht die große Gefahr, daß es zumindest mit einem von ihnen inkompatibel ist. Daher sollten Sie Notationen sparsam und mit Bedacht verwenden.

Möglicherweise ist es besser, eine Steueranweisung (PI) zu benutzen. Da es sich dabei um einen anwendungsspezifischen Marker handelt, ist eine Steueranweisung eine naheliegende Methode, um spezielle Anweisungen für den Umgang mit nicht analysierten Daten zu erteilen. Die XML-Empfehlung sieht vor, einen Notationsnamen als ersten Teil einer Steueranweisung zu benutzen, so daß der Rest der Steueranweisung korrekt interpretiert wird.

Entity-Deklarationen

In Kapitel 2, *Markup und Kern-Konzepte*, haben wir kurz über Entities und Entity-Deklarationen gesprochen. Nun wollen wir Entity-Deklarationen detaillierter behandeln. Die folgende Liste zeigt die unterschiedlichen Typen von Entity-Deklarationen. Sie werden die Deklarationen für allgemeine Entities kennen, doch die Deklarationen für Parameter-Entities sind neu.

Allgemeines Entity

Ein einfacher Ersatz für analysierten Text. Zum Beispiel:

```
<!ENTITY Teko "Telekommunikationsunternehmen">
```

Spezifiziert das allgemeine Entity als `&Teko;`.

Externes allgemeines Entity

Ein Entity, das Text aus einer externen Quelle enthält. Im ersten Beispiel wird die Quelle durch ihren Formal Public Identifier spezifiziert. Im zweiten Beispiel wird sie durch ihre Adresse im System oder Netzwerk spezifiziert:

```
1. <!ENTITY hb PUBLIC "-//Acme Gadgets//TEXT Handbuch 23//EN"
     "http://www.acme-gadgets.com/Manuals/prod23.htm">
2. <!ENTITY hb SYSTEM "/Pub/Docs/Manuals/prod23.htm">
```

Referenziert das Entity als `&hb;`.

Ungeparstes externes Entity

Ein Entity, das XML-fremde Daten aus einer externen Quelle enthält. Im ersten Beispiel wird die Quelle durch ihren Formal Public Identifier spezifiziert. Im zweiten Beispiel werden die Daten jedoch aus einer anderen Datei importiert:

```
1. <!ENTITY Logo PUBLIC "-//Acme Gadgets//NON-XML Logo//EN"
     "http://www.acme-gadgets.com/Bilder/logo.gif" NDATA gif>
2. <!ENTITY Logo SYSTEM "Bilder/logo.gif" NDATA gif>
```

Referenziert das Entity als `&Logo;`.

Parameter-Entity

Ein einfacher Ersatz für DTD-Text. Zum Beispiel:

```
<!ENTITY % Paratext "(#PCDATA | Betonung | Akronym)*">
```

Referenziert das Entity als `%Paratext;`.

Externes Parameter-Entity

Ein Entity, das eine DTD oder einen Teil einer DTD aus einer externen Quelle enthält. Im ersten Beispiel wird die Quelle durch ihren Formal Public Identifier spezifiziert. Im zweiten Beispiel wird sie durch ihre Adresse im System oder Netzwerk spezifiziert.

```
<!ENTITY % Tabellen PUBLIC "-//Acme Gadgets//DTD-Tabellen 2.1//EN"
  "/xmlstuff/dtds/Acme/tables2.1.dtd">
<!ENTITY % Tabellen SYSTEM "http://www.xmljunk.org/dtds/
  tables2.1.dtd">
```

Referenziert das Entity als `%Tabellen;`.

Parameter-Entities

Wir haben Parameter-Entities bereits erwähnt, ihre Beschreibung jedoch bis jetzt zurückgestellt. Ein *Parameter-Entity* nimmt Text aus einer DTD auf und kann entweder in der internen oder in der externen Teilmenge verwendet werden. Es kann keinen XML-Text enthalten, noch darf innerhalb eines XML-Dokuments ein Verweis auf ein Parameter-Entity erscheinen.

Damit sie von allgemeinen Entities unterschieden werden können, wird für Deklarationen von und Verweise auf Parameter-Entities eine etwas andere Syntax verwendet. In der Deklaration steht vor dem Entity-Namen ein Prozentzeichen (`%`), während für den Verweis ein Prozentzeichen an Stelle des Kaufmanns-Und-Zeichens (`&`) verwendet wird. Hier ist ein Beispiel, das für zwei Parameter-Entities die Deklarationen und einige Verweise zeigt:

```
<!ENTITY % Inhalt "Absatz | Anmerkung | Warnhinweis">
<!ENTITY % id.att "id   ID   #REQUIRED">

<!ELEMENT Kapitel (Titel, Epigraph, (%Inhalt;)+)>
<!ATTLIST Kapitel %id.att;>
<!ELEMENT Anhang (Titel, (%Inhalt;)+)>
<!ATTLIST Anhang %id.att;>
```

Dies macht deutlich, wie Parameter-Entities den Entwurf und die Wartung einer DTD vereinfachen. Die Content-Modelle von `<Kapitel>` und `<Anhang>` weisen einige Gemeinsamkeiten auf, nämlich den Text `Absatz | Anmerkung | Warnhinweis`. Ihre Attributlisten-Deklarationen sind die gleichen und verlangen ein `ID`-Attribut. Wir haben die DTD vereinfacht, indem wir für diese gemeinsamen Teile Parameter-Entities definiert haben. Sie können dann, um sich unnötige Schreibarbeit zu ersparen und die Übersichtlichkeit des Codes zu verbessern, innerhalb von Element- und Attribut-Deklarationen auf die Parameter-Entities verweisen. Das ermöglicht es Ihnen auch, die Content-Modelle vieler Elemente an einer Stelle zu modifizieren.

Gehen Sie mit Bedacht vor, wenn Sie Parameter-Entities benutzen. Schnell schleichen sich syntaktische Fehler wie etwa ein zusätzliches Komma oder vergessene Klammern im Ersatztext ein, die schwer zu finden sind. Der folgende Code ist beispielsweise nicht richtig:

```
<!ENTITY % Inhalt "Absatz | Anmerkung | Warnhinweis">

<!ELEMENT Kapitel (Titel, Epigraph, %Inhalt;+)>
```

und wird in den folgenden, syntaktisch falschen Text übertragen:

```
<!ELEMENT Kapitel (Titel, Epigraph, Absatz | Anmerkung | Warnhinweis+)>
```

Ohne Klammern um die letzten drei Elemente (`Absatz | Anmerkung | Warnhinweis`) macht dieses Content-Modell keinen Sinn.

Externe Parameter-Entities

Externe Parameter-Entities ähneln externen allgemeinen Entities insofern, als sie Text aus einer anderen Datei importieren. Wie alle Parameter-Entities werden sie ausschließlich innerhalb von DTDs verwendet. Sie benutzen diese Art von Entity, um Teile einer DTD zu importieren, die in verschiedenen Dateien abgespeichert sind – eine Technik, die als *Modularisierung* bezeichnet wird. Wenn diese mit Bedacht angewandt wird, ist sie ein mächtiges Werkzeug zum Organisieren und Anpassen großer DTDs.

Die Deklaration eines externen Parameter-Entities ähnelt der Deklaration eines Parameter-Entity, doch statt eines Ersatztextes gibt es einen Public oder System-Identifier, dem das Schlüsselwort `PUBLIC` bzw. `SYSTEM` vorangestellt ist. Einige Beispiele sind:

```
<!ENTITY % Inline-Elemente SYSTEM "inlines.mod">
<!ENTITY % ISOamsa PUBLIC
  "ISO 8879:1986//ENTITIES Weitere mathematische Symbole: Pfeil-Beziehungen
    //EN//XML"
  "/usr/local/sgml/isoents/isoamsa.ent">

%Inline-Elemente;
%ISOamsa;
```

Im ersten Beispiel wird ein externes Parameter-Entity mit einem System-Identifier deklariert. Der System-Identifier ist eine Datei mit Deklarationen für Elemente und Attribute, die wir mit dem Verweis `%Inline-Elemente;` in die DTD bringen können. Im zweiten Beispiel wird ein Formal Public Identifier benutzt, um eine von der ISO veröffentlichte Menge von Zeichen-Entities (Weitere mathematische Symbole ISO-8879:1986) anzufordern. Mit externen Parameter-Entities können Sie mischen und einpassen, um sich so Ihre eigene eindeutige DTD zusammenzustellen. Im Laufe dieses Kapitels werden wir noch mehr über den Entwurf und die Anpassung von DTDs zu sprechen haben.

Beispiel: Kontoauszug

Lassen Sie uns nun all unsere Kräfte zusammennehmen und anwenden, was wir bisher gelernt haben, um eine DTD für eine Kontoauszugsanwendung zu entwerfen. Beispiel 5-1 veranschaulicht, wie ein solches Dokument aussehen könnte.

Beispiel 5-1: Ein Muster-Dokument für Kontoauszüge

```
<?xml version="1.0"?>
<!DOCTYPE Kontoauszug SYSTEM "kontoauszug.dtd">

<Kontoauszug>

  <Gutschrift typ="Direkt-Einzahlung">
    <Auftraggeber>Bobs Schrauben</Auftraggeber>
    <Betrag>3500,00</Betrag>
    <Datum>21.6.01</Datum>
    <Beschreibung kategorie="Einnahme">Euroscheck</Beschreibung>
  </Gutschrift>

  <Bezahlung typ="Scheck" nummer="980">
    <Zahlungsempfänger>Kimora Sport-Geräte</Zahlungsempfänger>
    <Betrag>289,90</Betrag>
    <Datum>23.6.01</Datum>
    <Beschreibung kategorie="Freizeit">Kendo-Ausrüstung</Beschreibung>
  </Bezahlung>

  <Bezahlung typ="Geldautomat">
    <Betrag>100,00</Betrag>
    <Datum>24.6.01</Datum>
    <Beschreibung kategorie="bar">Taschengeld</Beschreibung>
  </Bezahlung>

  <Bezahlung typ="Lastschrift">
   <Zahlungsempfänger>Henkelmännchen</Zahlungsempfänger>
    <Betrag>76,86</Betrag>
    <Datum>26.6.01</Datum>
    <Beschreibung kategorie="Essen">Mittagessen mit Heinz</Beschreibung>
  </Bezahlung>

  <Bezahlung typ="Scheck" nummer="981">
    <Zahlungsempfänger>Tante Emmas Laden</Zahlungsempfänger>
    <Betrag>102,28</Betrag>
    <Datum>29.6.00</Datum>
    <Beschreibung kategorie="Essen">Lebensmittel</Beschreibung>
  </Bezahlung>

  <Bezahlung typ="Lastschrift">
    <Zahlungsempfänger>BOL</Zahlungsempfänger>
    <Betrag>125,00</Betrag>
    <Datum>30-6-01</Datum>
    <Beschreibung kategorie="Arbeit">Bücher von O'Reilly</Beschreibung>
  </Bezahlung>

</Kontoauszug>
```

Wenn Sie sich dieses Muster ansehen, was können Sie dann über den Dokumenttyp sagen? Das Wurzelelement ist `<Kontoauszug>`. Es enthält eine Reihe von Buchungen, von denen jede entweder eine `<Bezahlung>` oder eine `<Gutschrift>` ist. Mit diesen Informationen bewaffnet, können Sie die erste Deklaration schreiben:

```
<!ELEMENT Kontoauszug (Gutschrift | Bezahlung)*>
```

Das war recht einfach. Es sieht so aus, als ob das Element `<Gutschrift>` etwas komplexer wäre. Es hat die folgenden Kinder: `<Auftraggeber>`, `<Betrag>`, `<Datum>` und `<Beschreibung>`. Versuchen wir es mit der Deklaration:

```
<!ELEMENT Gutschrift (Auftraggeber | Betrag | Datum | Beschreibung)*>
```

Mit dieser Deklaration gibt es ein Problem: Sie verhindert nicht, daß Sie mehrere Elemente des gleichen Typs eingeben, obwohl es mehr Sinn machen würde, nur eines von jedem Typ zu haben. Auch wollen Sie wahrscheinlich, daß einige dieser Elemente vorgeschrieben sind, und mit einem Sternchen (`*`) ist dies nicht zu erreichen. Vielleicht ist die folgende Variante besser:

```
<!ELEMENT Gutschrift (Auftraggeber, Betrag, Datum, Beschreibung?)>
```

Nun sind alle Elemente vorgeschrieben – mit Ausnahme der `<Beschreibung>`, die optional ist. Das einzige Problem mit dieser Version besteht darin, daß die Elemente in dieser Reihenfolge stehen müssen, da sie voneinander durch Kommas getrennt sind. Die Reihenfolge spielt jedoch wahrscheinlich keine Rolle. Leider sind DTDs nicht sehr gut darin, vorgeschriebene Elemente in einer beliebigen Reihenfolge zu gestatten. Damit die ersten drei vorgeschriebenen Elemente in einer beliebigen Reihenfolge stehen können, müßte das Content-Modell so aussehen:

```
<!ELEMENT Gutschrift (
   ((Betrag, ((Datum, Auftraggeber) | (Auftraggeber, Datum))) |
    (Datum, ((Betrag, Auftraggeber ) | (Auftraggeber, Betrag))) |
    (Auftraggeber, ((Betrag, Datum) | (Datum, Betrag)))), Beschreibung)>
```

Igittigitt! Bleiben wir bei der zweiten Version. Wir können mit der vorgeschriebenen Reihenfolge leben, wenn das Content-Modell dadurch einfacher wird. Komplexe DTDs sind fehlerträchtig, und sie sind schwerer zu verwalten.

Das Element `<Gutschrift>` hat auch ein Attribut – `typ`. Dieses enthält Zeichendaten, um beispielsweise zu kennzeichnen, ob eine Einzahlung bar oder per Scheck erfolgt ist. Sie können das Attribut wie folgt deklarieren:

```
<!ATTLIST Gutschrift typ #CDATA #IMPLIED>
```

Es gibt zwei Möglichkeiten, um dies zu optimieren. Erstens wollen Sie wahrscheinlich, daß das Attribut vorgeschrieben ist. Bei einer Buchung den Typ der Einzahlung wegzulassen könnte später für Verwirrung sorgen. Zweitens ist `#CDATA` ziemlich frei, und der Autor kann einfach alles eingeben: vielleicht »Schlafanzüge« oder auch »007«. Es ist besser, die Werte einzuschränken. Hier ist unser zweiter Wurf:

```
<!ATTLIST Gutschrift typ (bar | Scheck | Direkt-Einzahlung | Überweisung)
  #REQUIRED>
```

Wenn Sie natürlich später zu der Meinung kommen, daß es andere Werte gibt, die Sie als Einzahlungstyp benutzen möchten, müssen Sie diese zuerst der DTD hinzufügen.

Das Element `<Bezahlung>` ist so ähnlich wie `<Gutschrift>`:

```
<!ELEMENT Bezahlung (Zahlungsempfänger?, Betrag, Datum, Beschreibung?)>
<!ATTLIST Bezahlung typ (Geldautomat | Scheck | Lastschrift) #REQUIRED>
```

Wir haben den `<Zahlungsempfänger>` in diesem Fall optional gemacht. Ist dieser nicht angegeben, wird von der Annahme ausgegangen, daß der Autor der Empfänger des Geldes ist.

Die restlichen Elemente sind einfach:

```
<!ELEMENT Betrag (#PCDATA)*>
<!ELEMENT Datum (#PCDATA)*>
<!ELEMENT Beschreibung (#PCDATA)*>
<!ELEMENT Zahlungsempfänger (#PCDATA)*>
<!ELEMENT Auftraggeber(#PCDATA)*>
```

Die `<Beschreibung>` hat ebenfalls ein Attribut:

```
<!ATTLIST Beschreibung
  kategorie (bar | Freizeit | Essen | Einnahme | Arbeit) 'Essen'>
```

Beachten Sie, daß wir `Essen` zum Standardwert für dieses Attribut gemacht haben. Wenn nun der Autor das Attribut `kategorie` wegläßt, fügt der XML-Prozessor diesen Wert ein. Dies scheint kein schlechter Gedanke zu sein, denn Essen ist das, was der Autor dieses Kontoauszugs am häufigsten gekauft hat.

Es gibt noch etwas, das wir tun können, bevor wir die Deklarationen in eine DTD einbauen. Einige der Elemente haben bestimmte gemeinsame Eigenschaften. Wir können Parameter-Entities benutzen, um diese Beziehung sichtbar zu machen sowie die Les- und Wartbarkeit der DTD zu erhöhen. Hier sind einige Entities, die wir deklarieren können:

```
<!ENTITY % basic.content '#PCDATA'>
<!ENTITY % buchung.content 'Betrag, Datum, Beschreibung?'>
```

Parameter-Entities können auf diese Weise nur in der externen Teilmenge verwendet werden, nicht aber in der internen Teilmenge. Mit den Worten der XML-Empfehlung: »Im internen Teil der DTD können Parameter-Entity-Referenzen nur dort stehen, wo Markup-Deklarationen stehen können, jedoch nicht innerhalb von Markup-Deklarationen. (Dies gilt nicht für Verweise, die in externen Parameter-Entities erscheinen oder für die externe Teilmenge.)«

Das erste Parameter-Entity ist das Content-Modell für die kleineren Elemente wie etwa `<Datum>`. Das zweite nimmt gemeinsame Inhalte für `<Bezahlung>` und `<Gutschrift>` auf. Beispiel 5-2 bringt alles zusammen.

Beispiel 5-2: Die Kontoauszug-DTD

```
<!--

Eine einfache Kontoauszug-DTD

-->

<!-- Parameter-Entities -->

<!ENTITY % basic.content '#PCDATA'>
<!ENTITY % buchung.content 'Betrag, Datum, Beschreibung?'>

<!-- Haupt-Elemente -->

<!ELEMENT Kontoauszug  (Gutschrift | Bezahlung)*>
<!ELEMENT Gutschrift   (Auftraggeber, %buchung.content;)>
<!ATTLIST Gutschrift    typ (bar | Scheck | Direkt-Einzahlung | Überweisung)
  #REQUIRED nummer #CDATA #IMPLIED>
<!ELEMENT Bezahlung   (Zahlungsempfänger?, %buchung.content;)>
<!ATTLIST Bezahlung    typ (Geldautomat | Scheck | Lastschrift) #REQUIRED>

<!-- Grund-Elemente -->

<!ELEMENT Betrag              (%basic.content;)*>
<!ELEMENT Datum               (%basic.content;)*>
<!ELEMENT Zahlungsempfänger   (%basic.content;)*>
<!ELEMENT Auftraggeber        (%basic.content;)*>
<!ELEMENT Beschreibung        (%basic.content;)*>
<!ATTLIST Beschreibung
  kategorie (bar | Freizeit | Essen | Einnahme | Arbeit) 'Essen'>
```

Eine DTD sollte problemlos benutzt und erweitert werden können. In diesem Beispiel ist alles einfach und klar gehalten, indem dort, wo dies die Lesbarkeit verbessert, Kommentare und Leerräume verwendet wurden. `ATTLIST`-Deklarationen stehen dicht bei den `ELEMENT`-Deklarationen für das gleiche Element, und die Elemente sind entsprechend ihrer Funktion zusammengefaßt worden. Die Parameter-Entities verbessern die Übersichtlichkeit und bieten eine Möglichkeit, das Verhalten für viele Dinge gleichzeitig zu verändern. Wir könnten beispielsweise das Entity `%basic.content;` in folgender Weise neu definieren:

```
<!ENTITY % basic.content '#PCDATA | Ortsname'>
```

Dies würde die Content-Modelle für alle Grundelemente erweitern, so daß sie zusätzlich zu den Zeichendaten optionale `<Ortsname>`-Elemente enthalten. Zum Beispiel:

```
<Zahlungsempfänger>Restaurant <Ortsname>Der Keller</Ortsname> im
  <Ortsname>Jumeirah Beach Hotel</Ortsname> in
  <Ortsname>Dubai</Ortsname> am
  <Ortsname>Persischen Golf</Ortsname></Zahlungsempfänger>
```

In den folgenden Abschnitten werden weitere Methoden zum Organisieren Ihrer DTD beschrieben. Bei sehr großen DTDs, die sich über mehrere Module verteilen, werden diese zu einer Notwendigkeit.

Tips für Entwurf und Anpassung von DTDs

Das Entwerfen und Erstellen von DTDs ist zu einem Teil eine Wissenschaft und zum anderen Teil eine Kunstform. Die Grundkonzepte sind recht einfach, doch das Verwalten einer großen DTD, wozu möglicherweise die Wartung von Hunderten von Element- und Attribut-Deklarationen gehört, die dabei auch noch lesbar und fehlerfrei bleiben sollen, kann schon eine Herausforderung bedeuten. Dieser Abschnitt bietet eine Sammlung von Hinweisen und bester Techniken, die Sie vielleicht nützlich finden. Im nächsten Abschnitt sehen Sie ein konkretes Beispiel, das sich dieser Techniken bedient.

Halten Sie Ordnung

DTDs sind bekanntlich schwer zu lesen, doch eine gute Organisation hilft auf jeden Fall. Ein paar zusätzliche Minuten, die Sie in das Aufräumen und in das Schreiben von Kommentaren investieren, können Ihnen später Stunden der Fehlersuche ersparen. Oft ist eine DTD ihre eigene Dokumentation. Wenn Sie von anderen benutzt werden soll, ist ein klarer Code doppelt wichtig.

Organisieren Sie Deklarationen nach Funktionen

Halten Sie die Deklarationen entsprechend ihrem Zweck in voneinander getrennten Abschnitten. In kleinen DTDs erleichtert dies die Navigation innerhalb der Datei. In größeren DTDs wollen Sie die Deklarationen vielleicht sogar in gesonderte Module aufteilen. Einige Kategorien, nach denen Gruppen zusammengestellt werden können, sind zum Beispiel Blöcke, Inline-Elemente, hierarchische Elemente, Teile von Tabellen, Listen usw. Wie sie in dem Beispiel im nächsten Abschnitt sehen werden, sind die Deklarationen nach ihrer Funktion (Block, Inline, hierarchisch) eingeteilt.

Leerräume

Polstern Sie Ihre Deklarationen mit reichlich Leerzeichen und Tabulatoren aus. Content-Modelle und Attributlisten leiden unter einer sehr gedrängten Syntax. Wenn Sie daher Zwischenräume zwischen den einzelnen Teilen lassen oder für diese sogar jeweils eine eigene Zeile verwenden, tragen Sie mit dazu bei, daß diese verständlicher werden. Rücken Sie die Zeilen innerhalb von Deklarationen ein, damit die Begrenzungen klarer hervortreten. Fügen Sie zwischen logische Abschnitte zusätzliche Leerzeilen ein, und vielleicht benutzen Sie auch einen Kommentar mit einer Reihe verborgener Zeichen, um eine Trennlinie hinzuzufügen. Wenn Sie schnell einmal die Datei durchgehen wollen, werden Sie feststellen, daß das Navigieren so wesentlich einfacher ist.

So könnte eine DTD aussehen, bei der keinerlei Wert auf Zwischenräume gelegt wurde:

```
<!ATTLIST Abschnitt id ID #REQUIRED Titel CDATA #IMPLIED Rolle CDATA
  #IMPLIED>
<!ATTLIST Artikel Sicherheit (hoch|niedrig|mittel) "hoch" Schlüsselwörter
CDATA
  #IMPLIED Autor CDATA #IMPLIED id ID #REQUIRED>
<!ATTLIST xref xlink:form CDATA #FIXED "einfach"
  xlink:href CDATA #REQUIRED>
```

Mit einigen eingefügten Zwischenräumen sieht das Ganze wesentlich besser aus:

```
<!ATTLIST Abschnitt
   id                            ID                        #REQUIRED
   Titel                         CDATA                     #IMPLIED
   Rolle                         CDATA                     #IMPLIED
   >
<!ATTLIST Artikel
   Sicherheit          ( hoch | niedrig | mittel )         "high"
   Schlüsselwörter               CDATA                     #IMPLIED
   Autor                         CDATA                     #IMPLIED
   id                            ID                        #REQUIRED
   >
<!ATTLIST xref
   xlink:form                    CDATA                     #FIXED "einfach"
   xlink:href                    CDATA                     #REQUIRED
   >
```

Kommentare

Benutzen Sie großzügig Kommentare – sie sind wie Wegweiser in einer Textwüste. Stellen Sie zunächst an den Anfang einer jeden Datei einen Kommentar, der den Zweck der DTD oder des Moduls erläutert, die Versionsnummer angibt und Kontakt-Informationen zur Verfügung stellt. Wenn es sich um ein individuell angepaßtes Frontend zu einer öffentlichen DTD handelt, vergessen Sie nicht, das Original zu erwähnen, auf dem es beruht, würdigen Sie die Autoren und erläutern Sie die von Ihnen vorgenommenen Änderungen. Anschließend beschriften Sie auf diese Weise jeden Abschnitt und Unterabschnitt der DTD.

Fügen Sie überall da einen Kommentar hinzu, wo dieser hilfreich sein könnte, die Benutzung der DTD zu erklären oder Ihre Entscheidung zu erläutern. Wenn Sie die DTD modifizieren, fügen Sie neue Kommentare hinzu, die Ihre Änderungen beschreiben. Kommentare stellen einen Teil der Dokumentation dar, und unklare oder überholte Dokumentationen können schlimmer sein als überhaupt keine.

Versionsverfolgung

Wie bei Software wird Ihre DTD wahrscheinlich aktualisiert werden, wenn sich Ihre Anforderungen ändern. Sie sollten sich über die Versionen auf dem laufenden halten, indem Sie diese numerieren. Um Verwirrung zu vermeiden, ist es wichtig, daß Sie die Versionsnummer ändern, wenn Sie Änderungen am Dokument vornehmen. Üblicherweise erhält die erste offizielle Veröffentlichung die Nummer »1.0«. Danach erhöht sich bei kleineren Veränderungen die Dezimalstelle um einen Zähler: »1.1«, »1.2« usw. Bei größeren Veränderungen erhöhen Sie die ganze Zahl um einen Zähler: »2.0«, »3.0« usw. Dokumentieren Sie die Veränderungen von Version zu Version. Es stehen Versionskontrollsysteme zur Verfügung, die diesen Vorgang automatisieren. Auf Unix-Systemen sind sowohl das RCS- als auch das CVS-Paket die getreuen Freunde der Entwickler.

Parameter-Entities

Parameter-Entities können wiederkehrende Teile von Deklarationen aufnehmen und ermöglichen Ihnen, diese an einer Stelle zu bearbeiten. In der externen Teilmenge können sie in Elementtyp-Deklarationen benutzt werden, um Element-Gruppen und Content-Modelle aufzunehmen oder in Attribut-Deklarationslisten, um Attribut-Definitionen aufzunehmen. Die interne Teilmenge ist ein wenig strenger. Parameter-Entities können nur vollständige Deklarationen enthalten, jedoch keine Fragmente.

Nehmen wir beispielsweise an, wir wollen, daß jedes Element ein optionales `ID`-Attribut für Verknüpfungen und ein optionales `class`-Attribut hat, um spezifische Rolleninformationen zuzuweisen. Wir können ein Parameter-Entity so deklarieren, daß es gemeinsame Attribute aufnimmt:

```
<!ENTITY % common.atts "
  id         ID        #IMPLIED
  class      CDATA     #IMPLIED"
  >
```

Dieses Entity kann dann in Attributlisten-Deklarationen verwendet werden:

```
<!ATTLIST etwas %common.atts;>
<!ATTLIST mehr %common.atts;
   extra     CDATA     #FIXED "blabla"
   >
```

Auswahl von Attributen und Elementen

Eine DTD von Grund auf zu erstellen, ist nicht so einfach. Sie müssen Ihre Informationen in ihre begrifflichen Bestandteile aufspalten und sie als hierarchische Struktur verpacken, doch es ist nicht immer ganz klar, wie die Informationen aufgeteilt werden können. Das Buch-Modell macht in dieser Hinsicht keine Probleme, denn dessen Unterteilung in hierarchische Container wie Kapitel, Abschnitte und Absätze liegt auf der Hand. Die Modelle für Gleichungen, Moleküle und Datenbanken sind indessen weniger naheliegend. Für solche Anwendungen brauchen Sie einen beweglichen Verstand, um die Dokumente in die optimale Mischung von Elementen und Attributen aufzuspalten. Die folgenden Tips sind Grundsätze, die Ihnen beim Entwurf von DTDs helfen können:

- Wählen Sie sinnvolle Namen. Wenn Ihr Dokument ausschließlich aus Elementen wie `<Ding>`, `<Objekt>` und `<Passage>` zusammengesetzt ist, ist es fast unmöglich herauszufinden, was was ist. Namen sollten in engem Zusammenhang mit dem logischen Zweck eines Elements stehen. Es ist besser, für unterschiedliche Aufgaben spezielle Elemente anzulegen, als einige wenige Elemente damit zu überfordern, mit vielen verschiedenen Situationen fertig zu werden. Die HTML-Elemente `<DIV>` und `<SPAN>` sind beispielsweise nicht ideal, denn sie können viele verschiedene Rollen übernehmen.

- Hierarchie bedeutet Zusatzinformation. Eine Zeitung hat Artikel, die Absätze und Überschriften enthalten. Container schaffen Begrenzungen, die das Schreiben von Stylesheets und das Verarbeiten von Anwendungen erleichtern. Und sie verfügen über implizite Eigentümerbezeichnungen, die eine bequeme Handhabung ermöglichen und für Prozessoren Navigationshilfen zur Verfügung stellen. Container bieten zusätzlich Tiefe – eine weitere Dimension, in die sich die Struktur erstrecken kann.

  Bemühen Sie sich um eine Baum-Struktur, die einem breiten, buschigen Strauch ähnelt. Wenn Sie zu tief gehen, beginnt das Markup, den Inhalt unter sich zu begraben, und es wird schwerer, ein Dokument zu bearbeiten. Zu flache Strukturen hingegen gehen zu Lasten des Informationsgehalts. Als gute Analogie können Sie sich Dokumente und ihre Komponenten als ineinandergeschachtelte Kästen vorstellen. Mit einem großen Kasten, der mit einer Million winziger Kästchen angefüllt ist, läßt es sich wesentlich schwerer arbeiten als mit einem Kasten, der einige wenige mittlere Kästen enthält, in deren Innern sich wiederum kleinere Kästen befinden usw.

- Sie sollten wissen, wann Sie Elemente, wann Attribute verwenden. Ein Element nimmt Inhalte auf, die Teil Ihres Dokuments sind. Ein Attribut modifiziert das Verhalten eines Elements. Die Kunst besteht darin, ein ausgewogenes Verhältnis zwischen der Verwendung von allgemeinen Elementen mit Attributen zur Spezifizierung des Zwecks und der Schaffung eines Elements für jeden einzelnen Anwendungsfall zu finden.

Modularisierung

Es kann vorteilhaft sein, eine riesige DTD in kleinere Komponenten oder *Module* aufzuspalten. Der erste Vorteil besteht darin, daß eine modularisierte DTD leichter gewartet werden kann, und zwar aus Gründen der zuvor erwähnten Organisation und weil die einzelnen Teile separat bearbeitet oder zur Fehlersuche »ausgeschaltet« werden können. Weiterhin wird die DTD dadurch konfigurierbar. Module in verschiedenen Dateien können gegeneinander einfach durch Neudefinieren eines einzigen Parameter-Entities ausgetauscht werden. Selbst innerhalb der gleichen Datei kann angegeben werden, ob sie einbezogen oder ausgeschlossen werden sollen.

XML stellt zwei Methoden zur Verfügung, wie Sie Ihre DTD modularisieren können. Die erste besteht darin, die einzelnen Teile in gesonderten Dateien abzuspeichern und sie dann mit externen Parameter-Entities zu importieren. Die zweite besteht darin, ein syntaktisches Gebilde zu benutzen, das bedingter Abschnitt genannt wird. In beiden Fällen handelt es sich um mächtige Methoden, eine DTD flexibler zu machen.

Importieren von Modulen aus externen Quellen

Eine DTD muß sich nicht notwendigerweise in einer einzigen Datei befinden. Tatsächlich ist es häufig sinnvoll, sie an verschiedenen Stellen abzuspeichern. Vielleicht möchten Sie etwas aus der DTD von jemand anderem entlehnen und diese als Teilmenge in Ihre eigene importieren. Oder Sie wollen die DTD vielleicht nur ein bißchen übersichtlicher machen, indem Sie die einzelnen Teile in verschiedene Dateien einsortieren.

Um ganze DTDs oder Teile von DTDs zu importieren, benutzen Sie ein externes Parameter-Entity. Hier sehen Sie ein Beispiel für eine komplette DTD, deren einzelne Teile aus verschiedenen Modulen importiert werden:

```
<!ELEMENT catalog (title, metadata, front, entries+)>
<!ENTITY % basic.stuff   SYSTEM "basics.mod">
<!ENTITY % front.matter  SYSTEM "front.mod">
<!ENTITY % metadata      PUBLIC "-//Standards Stuff//DTD Metadata
  v3.2//EN" "http://www.standards-stuff.org/dtds/metadata.dtd">
```

Diese DTD hat zwei lokale Komponenten, die durch System-Identifier spezifiziert werden. Jede Komponente hat die Dateinamen-Erweiterung *.mod*. Das ist der übliche Weg zu sagen, daß eine Datei Deklarationen enthält, jedoch nicht allein als DTD benutzt werden soll. Die letzte Komponente ist eine DTD, die für sich allein stehen kann. In diesem Beispiel ist sie eine öffentliche Ressource.

Es gibt ein mögliches Problem mit dem Importieren von DTD-Text. Ein externes Parameter-Entity importiert den *gesamten* Text in einer Datei, nicht nur einen Teil davon. Sie erhalten alle Deklarationen und nicht nur ein paar ausgewählte. Schlimmer noch, es gibt keinen lokalen Definitionsbereich, innerhalb dessen Deklarationen in der lokalen DTD automatisch diejenigen aus der importierten Datei überschreiben. Die Deklarationen werden in ein einziges logisches Entity eingebaut, und alle Informationen darüber, was von wo importiert wurde, gehen verloren, bevor die DTD analysiert werden kann.

Es gibt ein paar Wege, wie dieses Problem umgangen werden kann. Sie können Deklarationen überschreiben, indem Sie sie neu deklarieren oder genauer gesagt vordeklarieren. Mit anderen Worten:

- Wenn es mehrere Deklarationen für den gleichen Element-Namen gibt, wird die erste benutzt, auf die der XML-Prozessor trifft, und der Rest wird ignoriert.
- Wenn es mehrere Attribut-Deklarationslisten für den gleichen Element-Namen gibt, werden diese in einer Liste miteinander verkettet.
- Wenn ein Attribut-Name innerhalb dieser Liste mehr als einmal deklariert wird, gibt der zuerst erwähnte den Ausschlag.

Nehmen wir an, Sie haben in einer Datei eine Menge von Deklarationen, zu denen die folgenden Element-Deklarationen gehören:

```
<!ELEMENT Polyeder (Seite+, Winkel+)>
```

Wenn Sie diese Datei in eine lokale DTD importieren, die Deklarationen für dieses spezielle Element jedoch überschreiben wollen, besteht die Lösung darin, die Deklaration, die Sie haben wollen, *vor* die Deklarationen zu setzen, die Sie nicht haben wollen. Hier sehen Sie, wie Sie dies tun würden:

```
<!ELEMENT Polyeder (Seite, Seite, Seite+, Winkel, Winkel, Winkel+)>
<!ENTITY % Formen "formen.mod">
%Formen;
```

Dies setzt voraus, daß Sie immer noch vorhaben, ein `<Polyeder>`-Element zu benutzen, doch sagen wir, Sie wollen dieses Element in Ihrer DTD überhaupt nicht mehr. Wie können Sie eine importierte Deklaration außer Kraft setzen? Um dies zu erreichen, müssen wir ein neues syntaktisches Konstrukt einführen, das bedingter Abschnitt genannt wird.

Bedingte Abschnitte

Ein *bedingter Abschnitt* ist eine spezielle Form von in einer DTD benutztem Markup, die einen Textbereich für die Einbeziehung in die DTD bzw. den Ausschluß aus der DTD markiert.[2] Wenn Sie vorausahnen, daß ein Teil Ihrer DTD eines Tages vielleicht eine unerwünschte Option ist, können Sie daraus einen bedingten Abschnitt machen und dem Endbenutzer die Entscheidung darüber überlassen, ob er diese behalten will oder nicht. Beachten Sie, daß bedingte Abschnitte nur in externen Teilmengen, nicht jedoch in internen Teilmengen benutzt werden können.

Bedingte Abschnitte sehen so ähnlich aus wie als CDATA markierte Abschnitte. Sie verwenden eckige Klammern als Begrenzer, das Schlüsselwort `CDATA` wird jedoch entweder durch `INCLUDE` oder durch `IGNORE` ersetzt. Die Syntax sieht folgendermaßen aus:

```
<![switch[DTD-Text]]>
```

`switch` fungiert dabei wie ein Ein/Aus-Schalter, der den *`DTD-Text`* aktiviert, wenn sein Wert `INCLUDE` ist, oder ihn als inaktiv markiert, wenn er auf `IGNORE` gesetzt ist. Zum Beispiel:

```
<![INCLUDE[
<!-- Diese Deklarationen werden einbezogen -->
<!ELEMENT tek (salmei, dalmei, adomei?)>
<!ATTLIST att1 att2 CDATA #IMPLIED)>
]]>
<![IGNORE[
<!-- Diese Deklarationen werden ignoriert -->
<!ELEMENT lirum (#PCDATA)*>
<!ELEMENT larum (ruck|zuck) 'zuck')>
]]>
```

2 In SGML können Sie bedingte Abschnitte sowohl in Dokumenten als auch in DTDs benutzen. XML beschränkt deren Gebrauch auf DTDs.

Die Verwendung der fest kodierten Literale `INCLUDE` und `IGNORE` ist nicht besonders günstig, denn Sie müssen jeden bedingten Abschnitt von Hand bearbeiten, um den Schalter ein- oder auszuknipsen. Für gewöhnlich ist der Schalter ein Parameter-Entity, das irgendwo definiert werden kann:

```
<!ENTITY % optional.stuff "INCLUDE">
<![%optional.stuff;[
<!-- Diese Deklarationen können einbezogen werden oder auch nicht -->
<!ELEMENT tek (salmei, dalmei, adomei?)>
<!ATTLIST att1 att2 CDATA #IMPLIED)>
]]>
```

Da das Parameter-Entity `optional.stuff` mit dem Schlüsselwort `INCLUDE` definiert ist, werden die Deklarationen im markierten Abschnitt benutzt. Wenn `optional.stuff` als `IGNORE` definiert worden wäre, würden die Deklarationen im Dokument ignoriert werden.

Diese Technik ist besonders leistungsfähig, wenn Sie das Entity innerhalb einer Dokumenten-Teilmenge deklarieren. Im nächsten Beispiel deklariert unsere DTD ein allgemeines Entity, das die Bezeichnung `Disclaimer` hat. Der tatsächliche Wert des Entities hängt davon ab, ob `useDisclaimer` auf `INCLUDE` gesetzt worden ist:

```
<![%useDisclaimer;[[
  <!ENTITY Disclaimer "<p>Dies ist Beta-Software. Wir können keine Gewähr dafür
  übernehmen, daß sie fehlerfrei ist.</p>">
]]>
<!ENTITY Disclaimer "">
```

In Dokumenten, in die Sie einen Disclaimer einfügen wollen, brauchen Sie das Schalter-Entity einfach nur in der internen Teilmenge zu deklarieren:

```
<?xml version="1.0"?>
<!DOCTYPE Handbuch SYSTEM "handbuch.dtd" [
  <!ENTITY % useDisclaimer "IGNORE">
]>

<Handbuch>
  <Titel>Bedienungsanleitung für Techno-Wuzzy</title>

  &Disclaimer;
  ...
```

In diesem Beispiel ist das Entity `useDisclaimer` auf `IGNORE` gestellt. Der `Disclaimer` ist somit als leere Zeichenkette deklariert, und der Text des Dokuments wird keinen Disclaimer enthalten. Dies ist ein einfaches Beispiel für die Anpassung einer DTD mit Hilfe von bedingten Abschnitten und Parameter-Entities.

Bedingte Abschnitte können verschachtelt werden, doch die äußeren Abschnitte überschreiben die inneren. Wenn also der äußere Abschnitt auf `IGNORE` gestellt ist, werden seine Inhalte (einschließlich etwaiger bedingter Abschnitte in seinem Innern) unabhängig von deren Wert vollständig abgeschaltet. Zum Beispiel:

```
<![INCLUDE[
<!-- Dieser Text wird einbezogen -->
  <![IGNORE[
  <!-- Dieser Text wird ignoriert -->
  ]]>
]]>
<![IGNORE[
<!-- Dieser Text wird ignoriert -->
  <![INCLUDE[
  <!-- Warnung: Dieser Text wird ebenfalls ignoriert! -->
  ]]>
]]>
```

Öffentliche DTDs machen häufig regen Gebrauch von bedingten Abschnitten, um ein Höchstmaß an Anpassung zu ermöglichen. Die DocBook-XML-DTD Version 1.0 enthält zum Beispiel folgendes:

```
<!ENTITY % screenshot.content.module "INCLUDE">
<![%screenshot.content.module;[
<!ENTITY % screenshot.module "INCLUDE">
<![%screenshot.module;[
<!ENTITY % local.screenshot.attrib "">
<!ENTITY % screenshot.role.attrib "%role.attrib;">
<!ELEMENT screenshot (screeninfo?, (graphic|graphicco))>
<!ATTLIST screenshot
                %common.attrib;
                %screenshot.role.attrib;
                %local.screenshot.attrib;
>
<!--end of screenshot.module-->]]>

<!ENTITY % screeninfo.module "INCLUDE">
<![%screeninfo.module;[
<!ENTITY % local.screeninfo.attrib "">
<!ENTITY % screeninfo.role.attrib "%role.attrib;">
<!ELEMENT screeninfo (%para.char.mix;)*>
<!ATTLIST screeninfo
                %common.attrib;
                %screeninfo.role.attrib;
                %local.screeninfo.attrib;
>
<!--end of screeninfo.module-->]]>
<!--end of screenshot.content.module-->]]>
```

Der äußerste bedingte Abschnitt umgibt Deklarationen für `<screenshot>` und auch `<screeninfo>`, die sich in seinem Innern befinden. Sie können sowohl `<screenshot>` als auch `<screeninfo>` vollständig eliminieren, indem Sie in Ihrer lokalen DTD `screenshot.content.module` auf `IGNORE` stellen, bevor die Datei geladen wird. Alternativ können Sie nur den Abschnitt um die `<screeninfo>`-Deklarationen abschalten – vielleicht um Ihre eigene Version von `<screeninfo>` zu deklarieren. (Durch Abschalten der Deklarationen für ein Element in der importierten Datei vermeiden Sie Warnhinweise von Ihrem Parser wegen redundanter Deklarationen.) Beachten Sie, daß es Parameter-

Entities zum Zuweisen verschiedener Arten von Content- und Attribut-Definitionen gibt, beispielsweise `%common.attrib;`. Weiterhin gibt es Einfügestellen für Ihre eigenen Attribute wie etwa `%local.screenshot.attrib;`.

Durch den sachgerechten Gebrauch von bedingten Abschnitten läßt sich eine DTD extrem flexibel machen, obwohl sie dann vielleicht schwerer zu lesen ist. In Ihren persönlichen DTDs sollten Sie bedingte Abschnitte sparsam einsetzen und versuchen, sie so zu entwerfen, daß sie von Anfang an Ihrem Bedarf entsprechen. Später, wenn die DTD zu einer öffentlichen Ressource wird, ist es sinnvoll, bedingte Abschnitte hinzuzufügen, um Anpassungen durch den Endbenutzer zu ermöglichen.

Verwenden der internen Teilmenge

Erinnern Sie sich aus Kapitel 2, *Markup und Kern-Konzepte*, daß die interne Teilmenge der Teil eines XML-Dokuments ist, der Entity-Deklarationen enthalten kann. Tatsächlich ist sie jedoch weit mächtiger, denn Sie können in der internen Teilmenge beliebige Deklarationen ablegen, die in einer DTD stehen würden. Die einzigen Dinge, die Beschränkungen unterliegen, sind bedingte Abschnitte (können nicht benutzt werden) und Parameter-Entities (können nur vollständige Deklarationen, jedoch keine Fragmente enthalten). Dies ist nützlich für das Überschreiben oder das Ein- und Ausschalten von Teilen der DTD. Hier sehen Sie die allgemeine Form:

```
<!DOCTYPE Wurzelelement URI [ Deklarationen ]>
```

Wenn ein Parser die DTD liest, wird zuerst die interne Teilmenge und dann die externe Teilmenge gelesen. (Erinnern Sie sich, daß die Reihenfolge von Deklarationen wichtig ist, da die ersten Regeln nachstehende überschreiben.) Die gleichen Regeln, die für Deklarationen importierende DTDs Anwendung finden, sind auch hier gültig. Zum Beispiel:

```
<!DOCTYPE Inventar SYSTEM "InventarBericht.dtd" [

<!-- Überschreiben der DTD zur Einbindung eines "Kategorie"-Attributs -->
<!ATTLIST Stück Kategorie (Schraube | Bolzen | Mutter) #REQUIRED>

<!-- Neudefinieren des <Preis>-Elements -->
<!ELEMENT Preis (Währung, Betrag)>
<!ENTITY % Preis.Modul "IGNORE">

<!-- Benutzung eines anderen Moduls für Abbildungen -->
<!ENTITY % Abbildungen SYSTEM "myfigs.mod">

]>
```

Die Attributlisten-Deklaration in dieser internen Teilmenge fügt zur Menge von Attributen für `<Stück>` das Attribut `<Kategorie>` hinzu. Die Element-Deklaration überschreibt die Deklaration in der DTD für `<Preis>`. Wenn Ihr Parser sich über mehrere Deklarationen für das gleiche Element beschwert, hat die von Ihnen importierte DTD vielleicht bedingte Abschnitte um die einzelnen Deklarationen herum, die Sie abschalten können, so wie es in der zuvor erwähnten DocBook-DTD der Fall ist. Das ist der Zweck der Entity-Deklaration für das folgende `Preis.Modul`. Die letzte Deklaration überschreibt in der DTD ein externes Parameter-Entity, das ein Modul importiert. Dadurch wird dieses veranlaßt, statt dessen die Datei *myfigs.mod* zu laden.

Beispiel: Barebones DocBook

Es wird Zeit, daß wir uns eine größere, komplexere Anwendung ansehen. Inspiriert von DocBook, der von der OASIS Group (*http://www.oasis-open.org/docbook/index.html*) verwalteten Markup-Sprache für technische Dokumentationen, haben wir eine abgespeckte Version entwickelt, mit der wir spielen können. Wenn Sie ein Beispiel für ein Barebones DocBook-Dokument sehen wollen, gehen Sie zurück zu »XML-Anwendung: DocBook« in Kapitel 2, *Markup und Kern-Konzepte*.

Die DTD in Beispiel 5-3 ist mit Markierungen für die am Ende des Beispiels aufgeführten Kommentare versehen.

Beispiel 5-3: Barebones DocBook-DTD

```
<!-- ================================================================ -->
<!--
     Barebones DocBook-DTD Version 0.1
     Offered as a teaching tool, without any warranty whatsoever.

     Module dependencies:
       1. Cals Table (XML) Version 1.0 by Norman Walsh
       2. ISO-8879 character Entities

     Contact: Erik Ray <eray@oreilly.com>
-->

<!-- ================================================================ -->
<!--                    ATTRIBUTE GROUPS                              -->
<!--       Common attributes for list declarations.                   -->
<!-- ================================================================ -->

❶
<!ENTITY % common.atts "
                                   id        ID        #IMPLIED
                                   role      CDATA     #IMPLIED
                                   xml:space (default | preserve) 'default'
">

❷
<!ENTITY % id.required.atts "
                                   id        ID        #REQUIRED
                                   renderas  NMTOKEN   #IMPLIED
                                   role      CDATA     #IMPLIED
                                   xml:space (default | preserve) 'default'
">
```

Beispiel 5-3: Barebones DocBook-DTD (Fortsetzung)

❸
```
<!-- ================================================================== -->
<!--                           ELEMENT GROUPS                           -->
<!--          Sets of elements for content models.                     -->
<!-- ================================================================== -->

<!ENTITY % block.group "
                                 blockquote
                               | figure
                               | note
                               | para
                               | programlisting
                               | table
">

<!ENTITY % chaplevel.group "
                                 appendix
                               | chapter
                               | preface
">

<!ENTITY % inline.group "
                                 acronym
                               | application
                               | citetitle
                               | command
                               | date
                               | emphasis
                               | filename
                               | firstterm
                               | quote
                               | sgmltag
                               | symbol
                               | systemitem
                               | xref
">

<!ENTITY % list.group "
                                 itemizedlist
                               | orderedlist
                               | variablelist
">

<!ENTITY % ubiq.group "
                                 indexterm
                               | graphic
                               | comment
">
```

Beispiel 5-3: Barebones DocBook-DTD (Fortsetzung)

❹
```
<!-- ================================================================ -->
<!--                         CONTENT MODELS                           -->
<!--   Pre-fab content models for element declarations.               -->
<!-- ================================================================ -->

<!ENTITY % component.title.content "
                              title,
                              subtitle?
">

<!ENTITY % component.content "
                                %block.group;
                              | %list.group;
                              | %ubiq.group;
">

<!ENTITY % indexterm.content "
                                #PCDATA
                              | %inline.group;
">

<!ENTITY % para.content "
                                #PCDATA
                              | footnote
                              | %inline.group;
                              | %ubiq.group;
">

<!ENTITY % title.content "
                                #PCDATA
                              | %inline.group;
">
```

❺
```
<!-- ================================================================ -->
<!--                    HIERARCHICAL ELEMENTS                         -->
<!-- ================================================================ -->

<!ELEMENT appendix (
                              %component.title.content;,
                              (
                                  %component.content;
                                | sect1
                              )*
)>
<!ATTLIST appendix
                              %id.required.atts;
>
```

Beispiel 5-3: Barebones DocBook-DTD (Fortsetzung)

```
<!ELEMENT book (
                                title?, subtitle*, author?,
                                (
                                    %chaplevel.group;
                                )*
)>
<!ATTLIST book
                                %common.atts;
>

<!ELEMENT chapter (
                                %component.title.content;,
                                (
                                    %component.content;
                                  | sect1
                                )*
)>
<!ATTLIST chapter
                                %id.required.atts;
>

<!ELEMENT preface (
                                %component.title.content;,
                                (
                                    %component.content;
                                  | sect1
                                )*
)>
<!ATTLIST preface
                                %id.required.atts;
>

<!ELEMENT sect1 (
                                %component.title.content;,
                                (
                                    %component.content;
                                  | sect2
                                )*
)>
<!ATTLIST sect1
                                %id.required.atts;
>

<!ELEMENT sect2 (
                                %component.title.content;,
                                (
                                    %component.content;
                                  | sect3
                                )*
)>
```

Beispiel 5-3: Barebones DocBook-DTD (Fortsetzung)

```
<!ATTLIST sect2
                              %id.required.atts;
>

<!ELEMENT sect3 (
                              %component.title.content;,
                              (
                                 %component.content;
                              )*
)>
<!ATTLIST sect3
                              %id.required.atts;
>


❻
<!-- ============================================================ -->
<!--                     BLOCK ELEMENTS                           -->
<!-- ============================================================ -->

<!ELEMENT author
                              (#PCDATA)*
>

<!ELEMENT blockquote (
                              title?,
                              (
                                 para
                               | %ubiq.group;
                              )+
)>
<!ATTLIST blockquote
                              %common.atts;
>

<!ELEMENT comment
                              (%para.content;)*
>
<!ATTLIST comment
                              %common.atts;
>

<!ELEMENT figure (
                              title, graphic
)>
<!ATTLIST figure
                              %id.required.atts;
>

<!ELEMENT footnote (
                              para+
```

Beispiel 5-3: Barebones DocBook-DTD (Fortsetzung)

```
)>
<!ATTLIST footnote
                              %common.atts;
>

❼
<!NOTATION gif             SYSTEM "image/gif">
<!NOTATION eps             SYSTEM "image/eps">
<!ELEMENT graphic
                              EMPTY
>
<!ATTLIST graphic
                              fileref   CDATA     #REQUIRED
                              %common.atts;
>

<!ELEMENT note (
                              title?,
                              (
                                  %block.group;
                                | %list.group;
                                | %ubiq.group;
                              )*
)>
<!ATTLIST note
                              %common.atts;
>

<!ELEMENT para
                              (%para.content;)*
>
<!ATTLIST para
                              %common.atts;
>


❽
<!ELEMENT programlisting
                              (%para.content;)*
>
<!ATTLIST programlisting
                              xml:space (preserve) #FIXED 'preserve'
                              id        ID        #IMPLIED
                              role      CDATA     #IMPLIED
>

<!ELEMENT subtitle
                              (%title.content;)*
>
```

Beispiel 5-3: Barebones DocBook-DTD (Fortsetzung)

```
<!ATTLIST subtitle
                                %common.atts;
>
```

❾

```
<!-- Reference CALS table module. -->
<!ENTITY % calstbls PUBLIC
  "-//Norman Walsh//DTD CALS Table Model XML V1.0//EN"
  "calstblx.dtd">
%calstbls;

<!ELEMENT title
                                (%title.content;)*
>
<!ATTLIST title
                                %common.atts;
>


<!-- ================================================================ -->
<!--                         LIST ELEMENTS                            -->
<!-- ================================================================ -->

<!ELEMENT itemizedlist (
                                title?,
                                (
                                    %ubiq.group;
                                  | listitem
                                )+
)>
<!ATTLIST itemizedlist
                                %common.atts;
>

<!ELEMENT listitem (
                                (
                                    %block.group;
                                  | %list.group;
                                  | %ubiq.group;
                                )+
)>
<!ATTLIST listitem
                                %common.atts;
>

<!ELEMENT orderedlist (
                                title?,
                                (
                                    %ubiq.group;
                                  | listitem
```

Beispiel 5-3: Barebones DocBook-DTD (Fortsetzung)

```
                              )+
)>
<!ATTLIST orderedlist
                              numeration (arabic|alpha|roman) 'arabic'
                              %common.atts;
>

<!ELEMENT term
                              (%para.content;)*
>
<!ATTLIST term
                              %common.atts;
>

<!ELEMENT variablelist (
                              title?,
                              (
                                  %ubiq.group;
                                | varlistentry
                              )+
)>
<!ATTLIST variablelist
                              %common.atts;
>

<!ELEMENT varlistentry (
                              (%ubiq.group;)*,
                              term+,
                              (%ubiq.group;)*,
                              listitem,
                              (%ubiq.group;)*
)>
<!ATTLIST varlistentry
                              %common.atts;
>


❿
<!-- ================================================================= -->
<!--                      INLINE ELEMENTS                              -->
<!-- ================================================================= -->

<!ELEMENT acronym          (%para.content;)*>
<!ATTLIST acronym
                              %common.atts;
>

<!ELEMENT application      (%para.content;)*>
<!ATTLIST application
                              %common.atts;
>
```

Beispiel 5-3: Barebones DocBook-DTD (Fortsetzung)

```
<!ELEMENT citetitle          (%para.content;)*>
<!ATTLIST citetitle
                                %common.atts;
>

<!ELEMENT command            (%para.content;)*>
<!ATTLIST command
                                %common.atts;
>

<!ELEMENT date               (%para.content;)*>
<!ATTLIST date
                                %common.atts;
>

<!ELEMENT emphasis           (%para.content;)*>
<!ATTLIST emphasis
                                %common.atts;
>

<!ELEMENT filename           (%para.content;)*>
<!ATTLIST filename
                                %common.atts;
>

<!ELEMENT firstterm          (%para.content;)*>
<!ATTLIST firstterm
                                %common.atts;
>

<!ELEMENT function           (%para.content;)*>
<!ATTLIST function
                                %common.atts;
>

<!ELEMENT quote              (%para.content;)*>
<!ATTLIST quote
                                %common.atts;
>

<!ELEMENT sgmltag            (%para.content;)*>
<!ATTLIST sgmltag
                                class      CDATA      #IMPLIED
                                %common.atts;
>

<!ELEMENT symbol             (%para.content;)*>
<!ATTLIST symbol
                                %common.atts;
>
```

Beispiel 5-3: Barebones DocBook-DTD (Fortsetzung)

```
<!ELEMENT systemitem         (%para.content;)*>
<!ATTLIST systemitem
                                role       (computer|url)    #REQUIRED
                                %common.atts;
>
```

⓫

```
<!ELEMENT xref               EMPTY>
<!ATTLIST xref
                                linkend   IDREF      #REQUIRED
                                format    CDATA      #IMPLIED
                                %common.atts;
>
```

⓬

```
<!-- ============================================================ -->
<!--                       INDEX ELEMENTS                          -->
<!-- ============================================================ -->

<!ELEMENT indexterm (
                                (
                                    primary
                                  | secondary
                                  | see
                                  | seealso
                                )*
)>
<!ATTLIST indexterm
                                class ( singular | startofrange
                                        | endofrange ) "singular"
                                startref  CDATA      #IMPLIED
                                %common.atts;
>

<!ELEMENT primary
                                (%indexterm.content;)*
>
<!ATTLIST primary
                                sortas    CDATA      #IMPLIED
                                %common.atts;
>

<!ELEMENT secondary
                                (%indexterm.content;)*
>
<!ATTLIST secondary
                                sortas    CDATA      #IMPLIED
                                %common.atts;
>
```

Beispiel 5-3: Barebones DocBook-DTD (Fortsetzung)

```
<!ELEMENT see
                              (%indexterm.content;)*
>
<!ATTLIST see
                              sortas    CDATA     #IMPLIED
                              %common.atts;
>

<!ELEMENT seealso
                              (%indexterm.content;)*
>
<!ATTLIST seealso
                              sortas    CDATA     #IMPLIED
                              %common.atts;
>
```

⓭

```
<!-- ================================================================== -->
<!--                ISO-8879 Entity modules                                -->
<!-- ================================================================== -->

<!ENTITY % ISOamso
    PUBLIC "ISO 8879:1986//ENTITIES Added Math Symbols: Ordinary//EN//XML"
    "isoamso.ent"
>
<!ENTITY % ISOamsr
    PUBLIC "ISO 8879:1986//ENTITIES Added Math Symbols: Relations//EN//XML"
    "isoamsr.ent"
>
<!ENTITY % ISOdia
    PUBLIC "ISO 8879:1986//ENTITIES Diacritical Marks//EN//XML"
    "isodia.ent"
>
<!ENTITY % ISOgrk3
    PUBLIC "ISO 8879:1986//ENTITIES Greek Symbols//EN//XML"
    "isogrk3.ent"
>
<!ENTITY % ISOlat1
    PUBLIC "ISO 8879:1986//ENTITIES Added Latin 1//EN//XML"
    "isolat1.ent"
>
<!ENTITY % ISOlat2
    PUBLIC "ISO 8879:1986//ENTITIES Added Latin 2//EN//XML"
    "isolat2.ent"
>
<!ENTITY % ISOnum
    PUBLIC "ISO 8879:1986//ENTITIES Numeric and Special Graphic//EN//XML"
    "isonum.ent"
>
```

Beispiel 5-3: Barebones DocBook-DTD (Fortsetzung)

```
<!ENTITY % ISOpub
    PUBLIC "ISO 8879:1986//ENTITIES Publishing//EN//XML"
    "isopub.ent"
>
<!ENTITY % ISOtech
    PUBLIC "ISO 8879:1986//ENTITIES General Technical//EN//XML"
    "isotech.ent"
>

%ISOamso;
%ISOamsr;
%ISOgrk3;
%ISOlat1;
%ISOlat2;
%ISOnum;
%ISOpub;
%ISOtech;
```

Hier sind die Anmerkungen zur Barebones DocBook-DTD:

❶ Parameter-Entity-Deklaration, um Deklarationen für Attribute, die in den meisten Elementen vorkommen, aufzunehmen. `role` ist ein Allzweck-Attribut für die Schaffung von Element-Varianten. `xml:space` ist für die meisten Elemente auf `default` gesetzt.

❷ Ein weiteres Parameter-Entity mit allgemeinen Attribut-Deklarationen. In diesem Falle ist das `id`-Attribut notwendig. Elemente, die häufig Ziel von Querverweisen sind wie etwa `<chapter>`, sollten ein vorgeschriebenes `ID`-Attribut haben.

❸ Parameter-Entity-Deklarationen für Sätze von Elementen. Nach Funktionen gruppiert, werden sie später in Content-Modellen von Elementen verwendet.

❹ Parameter-Entity-Deklarationen für Content-Modelle von Elementen. Mit diesen Entities sind Element-Deklarationen wesentlich einfacher zu warten und zu lesen.

❺ Hierarchische Elemente sind Elemente, die die Haupt- und Unterbestandteile eines Buchs wie etwa Kapitel, Abschnitte, Unterabschnitte usw. repräsentieren.

❻ Block-Elemente sind Elemente, die Text und Markup in komplexen Strukturen von Absätzen bis hin zu Tabellen enthalten.

❼ `<graphic>` ist ein Marker, der in das Dokument ein Bild einfügt. Das Attribut `fileref` benennt die Datei, aus der die Graphik importiert werden soll.

❽ `<programlisting>` enthält Computerprogramm-Code, so daß alle Freizeichen, Tabulatoren usw. erhalten bleiben müssen. Deshalb setzt die Attributlisten-Deklaration `xml:space` auf `preserve`.

❾ Die Deklarationen werden aus einer anderen DTD, dem CALS-Tabellenmodell importiert. Dadurch erhält Barebones DocBook volle Unterstützung für `<table>`-Elemente.

⑩ Inline-Elemente sind Elemente, die den Textfluß nicht unterbrechen und die Formatierungsattribute von ihren Block-Eltern-Elementen erben.

⑪ `<xref>` ist ein Querverweis-Marker. Sein Attribut `linkend` ist eine `IDREF` auf irgendein Element mit einem `ID`-Attribut. Das Attribut `format` kann benutzt werden, um ein Muster zu spezifizieren, das kennzeichnet, wie der Querverweis repräsentiert werden soll. `format="title"` würde beispielsweise besagen: »Wenn das Ziel-Element einen Titel hat, gib ihn hier aus«.

⑫ `<indexterm>` ist ein Marker für einen Begriff, der in einem Index erscheinen soll. Ein Programm, das den Index aufbaut, liest das gesamte Buch und achtet auf die Positionen aller `<indexterm>`-Marker. Diese Positionsinformationen können benutzt werden, um entweder die Seitenzahlen zu berechnen oder Anker für Hypertext-Links vom Index zurück zum Text zu setzen.

⑬ Für Sonderzeichen, die wir vielleicht im Dokument benutzen wollen, werden Entity-Deklarationsmodule importiert.

XML Schema: Eine Alternative zu DTDs

Einige Leute haben sich beklagt, daß DTDs eine alte und unflexible Syntax benutzen und für einige Zwecke nicht ausdrucksstark genug sind. Andere finden es merkwürdig, daß Dokumente einer Syntax folgen und DTDs einer anderen. Die Content-Modelle und Attributlisten-Deklarationen sind schwer zu lesen und zu verstehen, und es ist frustrierend, daß keine Muster für Daten in Elementen und Attributen spezifiziert werden können.

Aus diesen Gründen gibt es eine Reihe von Vorschlägen, die Alternativen zur ehrwürdigen DTD bieten. XML Schema (bisweilen auch als XSchema bezeichnet), das wir hier einführen, ist ein Beispiel dafür. Anders als die DTD-Syntax ist die Syntax von XML Schema wohlgeformtes XML. Dadurch können Sie für deren Bearbeitung Ihre bevorzugten XML-Werkzeuge benutzen. Außerdem bietet XML Schema sehr viel mehr Kontrolle über Datentypen und Muster, was es zu einer attraktiveren Sprache für die Erzwingung strenger Dateneingabeanforderungen macht.

Sehen Sie sich das folgende Beispiel an – ein Formular für eine Volkszählung. Der von Tür zu Tür gehende Volkszähler gibt die Informationen in ein kleines elektronisches Tablett ein. Ein Schema hilft durch erzwungene Datentypen die Daten zu organisieren, insbesondere für den Fall, daß er etwas in das falsche Feld einträgt. Hier sehen Sie, wie eine Instanz des Dokumenttyps in XML aussehen könnte.

```
<Zensus datum="05.12.2000">
  <ZensusBeauftragter>738</ZensusBeauftragter>
  <Adresse>
    <Nummer>45</Nummer>
    <Strasse>Kommetsrüti</Strasse>
    <Ort>Wolhusen</Ort>
    <Kanton>Luzern</Kanton>
```

```
    </Adresse>
    <Belegung>
      <Bewohner Status="Erwachsener">
        <Vorname>Irmgard</Vorname>
        <Name>Unternährer-Bärtschi</Name>
        <Alter>51</Alter>
      </Bewohner>
      <Bewohner>
        <Vorname>Walter</Vorname>
        <Name>Erni</Name>
        <Alter>97</Alter>
      </Bewohner>
      <Bewohner>
        <Vorname>Cordula</Vorname>
        <Name>Stöckli</Name>
        <Alter>22</Alter>
      </Bewohner>
    </Belegung>
  </Zensus>
```

Hier sehen Sie nun, wie wir das Schema kodieren:

```
<xsd:schema xmlns:xsd="http://www.w3.org/1999/XMLSchema">

  <xsd:annotation>
    <xsd:documentation>
      Volkszählungsformular für die Republik von Oz
      Ministerium für Bürokratie, Smaragdenstadt
    </xsd:documentation>
  </xsd:annotation>

  <xsd:element name="Zensus" type="zensusTyp"/>

  <xsd:complexType name="zensusTyp">
    <xsd:sequence>
      <xsd:element name="ZensusBeauftragter" type="xsd:decimal" minOccurs="0"/>
      <xsd:element name="Adresse" type="adresse"/>
      <xsd:element name="Belegung" type="belegung"/>
    </xsd:sequence>
    <xsd:attribute name="Datum" type="xsd:date"/>
  </xsd:complexType>

  <xsd:complexType name="adresse">
    <xsd:sequence>
      <xsd:element name="Nummer"  type="xsd:decimal"/>
      <xsd:element name="Strasse" type="xsd:string"/>
      <xsd:element name="Stadt"   type="xsd:string"/>
      <xsd:element name="Provinz" type="xsd:string"/>
    </xsd:sequence>
    <xsd:attribute name="Postleitzahl" type="PCode"/>
  </xsd:complexType>

  <xsd:simpleType name="PCode">
    <xsd:restriction base="xsd:string">
```

```
      <xsd:pattern value="[A-Z]-d{3}"/>
    </xsd:restriction>
  </xsd:simpleType>

  <xsd:complexType name="belegung">
    <xsd:sequence>
    <xsd:element name="Bewohner" minOccurs="1" maxOccurs="50">
     <xsd:complexType>
     <xsd:sequence>
       <xsd:element name="Vorname" type="xsd:string"/>
       <xsd:element name="Name" type="xsd:string"/>
       <xsd:element name="Alter">
        <xsd:simpleType>
         <xsd:restriction base="xsd:positiveInteger">
           <xsd:maxExclusive value="200"/>
         </xsd:restriction>
        </xsd:simpleType>
       </xsd:element>
      </xsd:sequence>
     </xsd:complexType>
    </xsd:element>
   </xsd:sequence>
  </xsd:complexType>

</xsd:schema>
```

Die erste Zeile identifiziert dieses Dokument als Schema und verknüpft es mit dem XML Schema-Namensraum. Aus praktischen Gründen lassen wir für den Rest der Diskussion das Namensraum-Präfix `xsd:` weg. Das nächste Element – `<annotation>` – ist eine Stelle, wo der Zweck des Schemas sowie andere Einzelheiten dokumentiert werden können.

Deklarieren von Elementen und Attributen

Als nächstes kommt in unserem Beispiel die erste Elementtyp-Deklaration. Das Attribut `name` weist einen generischen Identifier zu, während das Attribut `type` den *Typ* des Elements setzt. Es gibt zwei Elementtypen: simple und complex. Die Element-Deklaration *simple* hat keine Attribute oder Elemente für Inhalte. Da dieses spezielle Element das Wurzelelement ist, muß es sich um complex, den anderen Typ handeln. In diesem Falle wird dem complex-Typ ein Name gegeben (`zensusTyp`), den wir später benutzen, um ihn zu beschreiben. Obwohl Namen nicht vorgeschrieben sind, ist es eine gute Idee, sie zu Ihrer eigenen Sicherheit zu benutzen.

Komplexe und einfache Elementtypen

Im nächsten Teil des Schemas wird `zensusTyp` als `<complexType>`-Element definiert. Es enthält drei weitere Elemente-Deklarationen und eine Attribut-Deklaration. Damit werden nicht nur die drei Elemente `<Zensusbeauftragter>`, `<Adresse>` und `<Belegung>`

deklariert, sondern das Content-Modell für `ZensusTyp` begründet. `sequence` legt fest, daß ein `<Zensus>`-Element alle drei Elemente in dieser Reihenfolge enthalten muß; außerdem kann `Zensus` das Attribut `Datum` haben.

Dies unterscheidet sich ziemlich vom Format einer DTD, wo das Content-Modell aus einer Zeichenkette innerhalb der Element-Deklaration besteht und Attribute gesondert in einer Attributlisten-Deklaration deklariert werden.

Beschränkungen von Content-Modellen

Wenn eine Folge von Einzelelementen nicht genügend Informationen bietet, stellt XML Schema weitere Optionen zur Verfügung. Mit den Attributen `minOccurs` und `maxOccurs` kann eingestellt werden, wie oft etwas erscheinen darf. Mit `minOccurs="0"` wird der Standardwert 1 überschrieben und das Element optional gemacht. Mit `maxOccurs="unbounded"` werden jegliche Maximalangaben entfernt, so daß das Element beliebig oft erscheinen kann.

Datentypen

Wie wir in der ersten Element-Deklaration gesehen haben, hat jede Element- und Attribut-Deklaration ein `type`-Attribut. Einige Typen wie etwa `string` und `decimal` sind von XML Schema vordefiniert. `string`-Typen sind gewöhnliche Zeichendaten ähnlich dem `CDATA`-Typ in DTD-Diktion. Der `decimal`-Typ ist eine Zahl. Später deklarieren wir ein Element `<Alter>` als vom Typ `positiveInteger`, wodurch lediglich die positiven ganzen Zahlen erfaßt werden. Zusätzlich dürfen diese nicht größer als 200 sein.

Vordefinierte Datentypen

Sie haben recht – mit DTDs wäre dies nicht zu erreichen. In DTDs gibt es keine Möglichkeit, Zeichendaten auf ein Muster zu beschränken, während uns in XML Schema dafür ein paar Methoden zur Verfügung stehen. In der folgenden Aufstellung sehen Sie weitere vordefinierte Typen:

`byte, float, long`
: Numerische Formate. Ein `byte` ist eine beliebige vorzeichenbehaftete, 8 Bit breite Zahl und ein `long` ist eine beliebige vorzeichenbehaftete, 32 Bit breite Zahl. Ein `float` ist eine Fließkommazahl, zum Beispiel 5,032E-6. Andere numerische Werte repräsentieren wie INF (unendlich), -INF (negativ unendlich) und NaN (Not a Number, keine Zahl, eine vom US-amerikanischen Institut für Elektro- und Elektronik-Ingenieure (IEEE) definierte Kategorie für Fließkomma-Operationen) keine Zahlen, sondern abstrakte Vorstellungen.

`time, date, timeInstant, timeDuration`
: Muster für Zeitstempel, Datum und Dauer.

`boolean`
: Ein Wert, der `true` (wahr) oder `false` (falsch) sein kann. Auch die numerischen Äquivalente 0 oder 1 sind möglich.

`binary`
: Ein Muster für Binärzahlen, zum Beispiel `00101110`.

`language`
: Ein Sprach-Code wie `de-AT`.

`uri-reference`
: Das Muster für irgendeinen URI, zum Beispiel *http://www.pfannkuchen.org/berliner.xml#zutaten*.

`ID, IDREF, IDREFS, NMTOKEN, NMTOKENS`
: Attribut-Typen, die genauso funktionieren wie ihre Entsprechungen in DTDs.

Es gibt noch wesentlich mehr Typen, die XSchema für bestimmte Dokumente sehr interessant machen, und zwar insbesondere für solche, die mit speziellen Arten von Datenanwendungen wie etwa Datenbanken und Auftragseingabeformularen zu tun haben. Wir brauchen auf diese Weise kein Programm zu schreiben, das die Datentypen überprüft, denn der XML-Parser übernimmt diese Arbeit für uns.

Facetten

Facetten sind Eigenschaften, die benutzt werden, um einen Datentyp genauer zu spezifizieren, um für die Werte von Daten Schranken und Grenzen definieren zu können. Das Element `<Alter>`, dessen Datentyp `positiveInteger` (eine positive ganze Zahl) ist, hat beispielsweise einen Maximalwert – eine sogenannte `maxExclusive`-Facette – von 200 bekommen. In XSchema gibt es noch 13 andere Facetten, darunter `precision`, `scale`, `encoding`, `pattern`, `enumeration`, `maxLength` und andere.

Pattern (Muster)

Mit der komplexen Typen-Deklaration `adresse` wird eine weitere Art von Musterbeschränkung eingeführt. Sie hat ein Attribut `Postleitzahl` vom Typ `PCode`, das durch `restriction` als `string` angelegt und mit Hilfe einer `<pattern>` (Muster)-Deklaration definiert wird. Wenn Sie das gewünschte Muster nicht unter den vordefinierten Typen finden, können Sie mit diesem Element Ihr eigenes erstellen. Wir haben `PCode` mit der Muster-Zeichenkette `[A-Z]-d{3}` definiert, was »ein beliebiges Zeichen aus dem Alphabet, gefolgt von einem Bindestrich und drei Ziffern« (also eine amerikanische Postleitzahl) bedeutet.

Fortgeschrittene Fähigkeiten

Wir werden mit dem Schreiben von Schemata nicht tiefer ins Detail gehen. Einige Fähigkeiten können wir jedoch erwähnen. Zunächst einmal gibt es wesentlich mehr, was sich mit Typen erreichen läßt. Elemente und Attribute können Aufzählungswerte haben.

Deklarationen können zusammengefaßt werden, damit sie die gleichen Eigenschaften erben und eine komplexere Content-Modellierung bieten, und sie können auch die Eigenschaften anderer Deklarationen auf objekt-orientierte Weise erben.

XML Schema bietet eine interessante Alternative zu DTDs, die es Dokument-Architekten ermöglicht, wesentlich feiner strukturierte Felder zu entwerfen. Doch XML Schema ersetzt DTDs nicht generell. Warum sollte es nur eine Methode geben, um in einem Dokument die Struktur zu beschreiben? DTDs haben weiterhin ihre Stärken: eine handliche Größe, eine vertraute Syntax und Einfachheit. Gemeinsam bieten beide Alternativmethoden, um gleiche Ziele zu erreichen, und Sie können davon ausgehen, daß zu dieser Mischung bald noch mehr Vorschläge hinzukommen.

6

Transformation: Ein Dokument, viele Verwendungszwecke

Ihr XML-Dokument ist nun ein wohlorganisierter Container mit Informationen, doch dieser wirkt noch statisch. Nach all dem Ärger mit dem Kneten Ihrer Daten, so daß diese wohlgeformtes XML ergeben und (optional) konform mit einer DTD sind, sollen Sie nun auf einem weiteren unflexiblen Format sitzen, das Sie nirgendwo sonst benutzen können? Sicher, ein Dokumentformat wie DocBook ist nützlich für die strukturelle Abbildung von Informationen, doch sind Sie nicht immer noch an Softwareanwendungen gebunden, die speziell für deren Verarbeitung erstellt wurden? Was ist, wenn Sie das Dokument in einem HTML-Browser betrachten wollen, der kein XML unterstützt? Oder es als Text für den Druck ausgeben wollen? Sind Sie wegen dieser Funktionalität der Gnade von Software-Entwicklern ausgesetzt?

Keine Sorge – XML hat Sie nicht im Stich gelassen. In Wirklichkeit hat es die Tür für Sie aufgestoßen. Die klare, eindeutige Abbildung von Text-Elementen macht es leicht, ein Dokument wiederzuverwenden. Andere Formate wie Microsoft Word, HTML und troff bauen so stark auf Präsentations-Eigenschaften, daß es schwer ist, irgendeine Struktur herauszufinden. Automatische Anpassung und Umformatierung ohne Zerstörung des Inhalts ist damit fast unmöglich. Zum Glück sind Sie mit XML gut gerüstet, und die Opfer, die Sie gebracht haben, um bis hierher zu gelangen, werden sich mit Formflexibilität und Datenintegrität auszahlen.

Dies ist das interessanteste Kapitel des Buches, denn es zeigt, wie XML mit seinen strengen Regeln und hohen Anfangsinvestitionen Ihnen mehr Möglichkeiten gibt, die Daten später in Ihrem Dokument zu benutzen, und Anwendungen, Suchläufe, Abfragen und andere anspruchsvolle Operationen mit den Daten auszuführen. Die *Transformation*, d.h. der Vorgang des Umwandelns eines XML-Dokuments von einer Form in eine andere, ist der Höhepunkt der Nützlichkeit von XML. In fast wunderbarer Weise können Sie ein Dokument durch ein Transformationsprogramm schieben und auf der anderen Seite etwas vollkommen anderes herausbekommen, ohne dabei irgendwelche wichtigen Informationen zu verlieren.

Kurz gesagt gehören zu dem Vorgang Ihr Dokument, ein Transformations-Stylesheet und eine Software, die ein neues und transformiertes Dokument generiert. Sie schreiben das Stylesheet unter Verwendung einer einfachen Sprache mit der Bezeichnung XSLT (Extensible Style Language for Transformation) selbst. Wie in diesem Kapitel demonstriert, ist XSLT ein leistungsstarkes Mittel, um Anweisungen zum Umpacken von Informationen von einem XML-Dokumenttyp in einen anderen auszudrücken.

Hier sind einige Gründe dafür, warum Sie ein XML-Dokument in eine andere Form umwandeln wollen könnten:

Speichern in einem Format, Darstellen in einem anderen
: Ein häufiges Szenario ist folgendes: Sie wollen ein Dokument im Web veröffentlichen, doch der Dokumenttyp ist für die Darstellung zu komplex. Cascading Style-Sheets sind für diese Aufgabe nicht geeignet. Es wäre leichter, das Dokument in HTML umzuwandeln, das bereits seine eigene implizite Formatierung hat. Ein XSLT-Stylesheet kann für Sie jedes beliebige XML-Dokument in XHTML umwandeln.

Konvertieren in ein nützlicheres Format
: Jemand übergibt Ihnen ein Dokument, doch es ist nicht in dem Format, das Sie brauchen. Sie schreiben zum Beispiel unter Verwendung eines behördlichen Standardformulars einen Subventionsantrag, doch die Informationen, die Sie brauchen, liegen in einem anderen Dokument-Format vor. Ein XSLT-Stylesheet kann diese Informationen in das von Ihnen benötigte Format transformieren.

Das Dokument kompakter machen
: Ein XSLT-Stylesheet kann eine riesige Datei voller Daten, die Sie nicht brauchen, auf eine schlankere Form beschränken, die nur die ausgewählten Elemente enthält.

Benutzung des Dokuments als Benutzer-Schnittstelle für Datenbank-Abfragen
: Einige Webserver führen XSLT-Transformationen im Hintergrund aus. Dies ist eine praktische Methode, um eine wohlformatierte Antwort auf Datenbank-Abfragen zu erstellen. Ein einfaches CGI-Skript generiert einen XPointer-Satz, und das Stylesheet ruft die Daten ab und erstellt einen Ergebnis-Baum. Zum Schluß werden XHTML-Dateien erzeugt.

Dies sind mögliche Zielstellungen, aber könnten Sie diese nicht auch durch Programmierung erreichen? Sicher, doch für viele Arten von Transformationen ist das Schreiben eines Programms unnötig kompliziert. XSLT ist speziell dafür konzipiert worden, Transformationen und nichts anderes auszuführen, wodurch es leichter zu erlernen, einfacher zu lesen und für die jeweilige Aufgabe optimiert ist.

Transformationen (Grundlagen)

XSLT steht für Extensible Stylesheet Language for Transformation, eine Teilmenge der allgemeineren Stylesheet-Sprache XSL. Es mag zunächst merkwürdig erscheinen, eine Transformation als eine Art der Formatierung zu betrachten, doch es wird klar, wenn Sie sehen, wie diese funktioniert. Wie andere Stylesheet-Sprachen auch ist eine Transformations-Spezifikation eine Menge von Regeln, die zu Elementen passen. Jede Regel beschreibt, was auf der Grundlage der eingegebenen Daten ausgegeben werden soll. Der einzige Unterschied besteht darin, daß XSLT als Ausgabeformat XML produziert.

Wie in früheren Kapiteln werden wir XML-Dokumente als graphische Darstellung in Baum-Form abbilden. Alle Bestandteile der XML-Struktur – Elemente, Attribute, Textpassagen und sogar Kommentare – werden in einem Schaubild als Kästchen oder *Knoten* dargestellt. Wenn ein Bestandteil einen anderen enthält, zeichnen wir eine absteigende Linie vom Elternknoten zum Kind.

Es gibt sieben verschiedene Arten von Knoten:

Element
: Der Element- und der Wurzelknoten (in Kürze beschrieben) haben eine besondere Eigenschaft gemeinsam, die sie von anderen Knoten unterscheidet: Sie allein können andere Knoten enthalten. Ein Element-Knoten kann andere Elemente und zusätzlich jeden anderen Knotentyp mit Ausnahme des Wurzelknotens enthalten. Diese Art von Knoten wird in einem Baum als Abzweigpunkt oder – wenn er keine Attribute oder Inhalte hat – als Blatt abgebildet.

Attribut
: Es mag vielleicht merkwürdig erscheinen, doch ein Attribut wird eher als Knoten und nicht so sehr als Teil seines Elements gesehen. Für das Element selbst stellt das Attribut einen Inhalt dar, deshalb wird es als separater Knoten gesehen. Der Attribut-Knoten wird als *Blatt-Knoten* bezeichnet, weil er sein eigener Zweig ist und keine Kinder hat.

Text
: Text ist ein weiterer Blatt-Knoten. Dieser ist stets das Kind eines Elements, doch nicht unbedingt das einzige Kind. Ein Text-Knoten ist eine durchgehende Kette von Zeichendaten ohne dazwischenliegende Knoten. In einem Element kann es viele Text-Knoten geben, die alle voneinander durch Elemente, Steueranweisungen oder Kommentare getrennt sind.

Kommentar
: Ein Kommentar ist ein Knoten, selbst wenn er technisch gesehen nichts zum Inhalt des Dokuments beiträgt. Damit der Dokumentenbaum vollständig ist, wird er als Knoten eingefügt, so daß er XML-Prozessoren, falls notwendig, zur Verfügung steht.

Steueranweisung
: Wie der Kommentar wird die Steueranweisung (PI) der Vollständigkeit halber eingefügt, selbst wenn sie nur für einen bestimmten XML-Prozessor eine Bedeutung hat.

Namensraum
: Eine Namensraum-Deklaration wird nicht als Attribut behandelt, denn sie hat über den Rest des Dokuments besondere Macht. Deshalb ist sie ein gesonderter Knotentyp.

Wurzel

Der Wurzel-Knoten enthält alles im Dokument. Verwechseln Sie ihn nicht mit dem Wurzel- oder Dokument-Element. Der Wurzel-Knoten ist ein abstrakter Punkt oberhalb des Dokument-Elements. Sie können ihn sich als Elternteil des Dokument-Elements und von allem außerhalb des Dokument-Elements mit Ausnahme der Dokumenttyp-Deklaration (die normalerweise nicht als Knoten und nicht einmal als Teil des Dokumentenbaums gilt) vorstellen.

Das folgende Dokument enthält alle diese Arten von Knoten, und Abbildung 6-1 zeigt, wie dies als Baum aussieht.

```
<?xml version="1.0"?>
<!-- Lecker! -->
<Sandwich xmlns="http://www.amifood.org/ns">
  <Zutat Typ="Grapefruit">Gelee</Zutat>
  <Zutat><?streichfähig?>
    Erdnußbutter</Zutat>
  <Zutat>Brot
    <!-- bevorzugt Weißbrot --></Zutat>
</Sandwich>
```

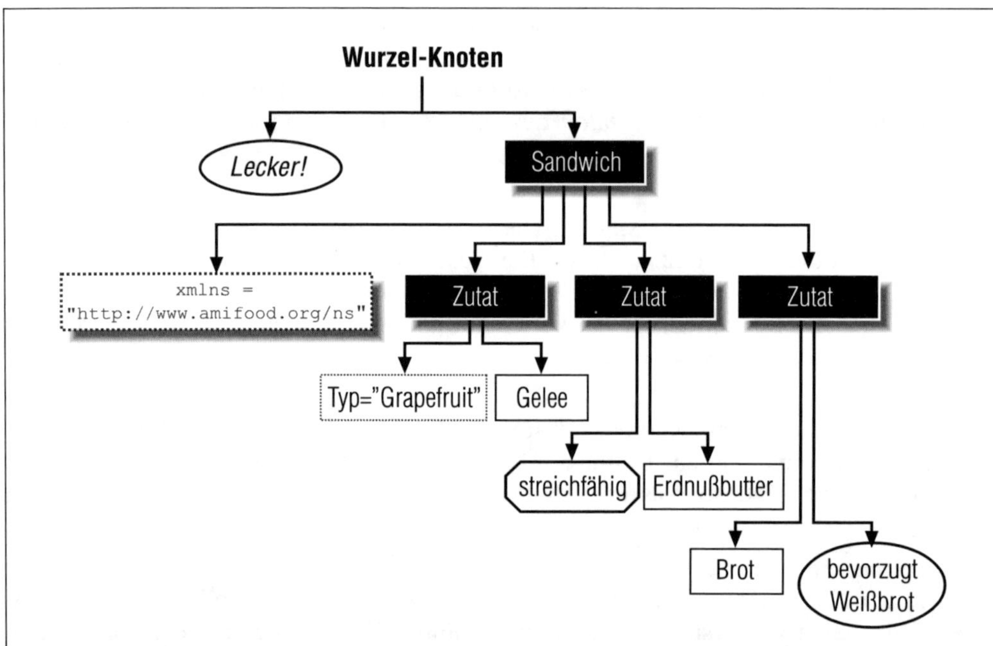

Abbildung 6-1: Baum-Ansicht mit allen Arten von Knoten

Die Baum-Metapher ist für das Verständnis von XSLT von zentraler Bedeutung. Wir bezeichnen das Eingabe-Dokument einer XSLT-Transformation als *Quell-Baum* und die Ausgabe als *Ergebnis-Baum*. So wie ein von einem Weidenbaum abgeschnittener Zweig eingepflanzt werden kann, um einen neuen Baum heranzuziehen, können Sie die Zweige aus einem XML-Dokument herausziehen, um kleinere Bäume, sogenannte *Unterbäume* zu erhalten.

Sehen Sie sich zum Beispiel das folgende XML-Dokument an:

```
<?xml version="1.0"?>
<Bauanleitung type="Zusammenbau" id="Modellbau-Rakete">
  <Teileliste>
    <Teil Bezeichnung="A" Anzahl="1">Rumpf, linke Hälfte</Teil>
    <Teil Bezeichnung="B" Anzahl="1">Rumpf, rechte Hälfte</Teil>
    <Teil Bezeichnung="F" Anzahl="4">Steuerflosse</Teil>
    <Teil Bezeichnung="N" Anzahl="3">Raketendüse</Teil>
    <Teil Bezeichnung="C" Anzahl="1">Mannschaftskapsel</Teil>
  </Teileliste>
  <Anweisungen>
    <Schritt>
      Kleben Sie die Teile A und B zum Rumpf zusammen.
    </Schritt>
    <Schritt>
      Geben Sie etwas Leim auf die Steuerflossen (Teil F) und stecken Sie diese
      in die Schlitze im Rumpf.
    </Schritt>
    <Schritt>
      Kleben Sie die Raketendüsen (Teil N) mit einem kleinen Tropfen Leim
      an der Unterseite des Rumpfes an.
    </Schritt>
    <Schritt>
      Verbinden Sie die Mannschaftskapsel mit dem oberen Ende des Rumpfes.
      Benutzen Sie dazu keinen Leim, denn sie hat eine Sprungfeder, mit der sie
      sich vom Rumpf lösen kann.
    </Schritt>
  </Anweisungen>
</Bauanleitung>
```

Das gesamte Dokument ist ein Baum mit `<Bauanleitung>` als Wurzel. Die Elemente `<Teileliste>` und `<Anweisungen>` haben ebenfalls die Form von Bäumen mit eigenen Wurzeln und Zweigen. XSLT setzt auf dieses Prinzip, um die Transformation in kleinere, besser handhabbare Teile zu zerlegen. Jede Transformationsregel ist auf eine Ebene gerichtet und hat mit dem Rest des Baums nichts zu tun. Sie enthält Verweise auf die anderen Regeln, die die Verarbeitung bis hinunter zu den Blättern fortführen.

Mit dem Beispiel könnten Sie ein Stylesheet mit den folgenden Regeln schreiben:

1. Verarbeiten Sie das Element `<Bauanleitung>`. Da dies das äußerste Element ist, sollten Sie Strukturen einrichten, die notwendig sind, um den Rest des Ergebnis-Baums wie etwa ein Inhaltsverzeichnis oder einen Index aufzunehmen. Arbeiten Sie die Zweige ab.

2. Verarbeiten Sie das `<Teileliste>`-Element, indem Sie im ersten Teil des Ergebnis-Baums einen Titel anlegen und eine Liste einrichten. Machen Sie mit den Kindern weiter.

3. Verarbeiten Sie das Element `<Anweisungen>` mit einem weiteren Titel und einer weiteren Liste. Verarbeiten Sie eventuell vorhandene Kinder.
4. Geben Sie jedes `<Teil>`-Element als Punkt in einer Aufzählungsliste aus, die die Textdaten aus dem Quell-Baum aufnimmt.
5. Geben Sie jedes `<Schritt>`-Element als Punkt in einer numerierten Liste aus, die die Textdaten aus dem Quell-Baum aufnimmt.

Jede Regel hat drei Dinge zu erledigen. Erstens *sucht* sie nach einem Knoten, in diesem Fall einem Elementtyp. Zweitens spezifiziert sie die Struktur des Ergebnis-Baums. Drittens benennt sie explizit die Zweige des Unterbaums, wenn diese ebenfalls verarbeitet werden sollen. Mit diesen Zutaten kann jeder Unterbaum im Quell-Dokument von der Wurzel bis zu den Blättern verarbeitet werden, wobei gestaffelte Unterbäume erzeugt werden, die zusammengefügt werden, um den Ergebnis-Baum zu erstellen.

Was haben wir nun von diesem Transformationsmodell? Es wäre leichter, die Verarbeitungsmethoden von CSS zu benutzen, bei denen Element-Namen Formatierungen zugeordnet werden, ohne daß wir dem Prozessor sagen müssen, mit den Kindern der einzelnen Elemente weiterzumachen. Dieser zusätzliche Schritt hat jedoch eine bessere Kontrolle zur Folge. Auf der Eingabeseite können wir ohne Probleme den Knoten auswählen, den wir haben wollen, und für die Ausgabe haben wir mehr Flexibilität in der Ausführung der Abwärts-Verarbeitung oder *Rekursion*.

Von größter Bedeutung ist die *Containment*-Vorstellung, die sich am einfachsten durch Unterbäume abbilden läßt. Tatsächlich handelt es sich dabei um einen der wichtigsten Vorteile von XML-Auszeichnungen. Eine Regel, die ein Container-Element findet, kann benutzt werden, um die umgebende Struktur für die Kinder einzurichten, die folgen sollen. Beispielsweise kann die Container-Regel eine Überschrift erzeugen und eine numerierte Liste einrichten, so daß die Kinder der Liste sich nur selbst als Listenpunkte deklarieren müssen. Dies ist mit der einfachen Zuweisung von Formatierungseigenschaften durch CSS weitaus schwieriger zu erreichen. Dort müßten Sie zunächst herausfinden, ob ein Punkt der erste in der Liste ist und diesen dann die Liste für seine Geschwister einrichten lassen. Aus diesen Gründen sind Unterbäume der beste Weg, Transformationen auszuführen.

Ausdrücken der Struktur mit Vorlagen (Templates)

In CSS weisen wir Formatierungen zu, indem wir in Regeln Parameter setzen. Bei Ausgaben, die in der Struktur dem Eingabe-Dokument entsprechen, funktioniert dies tadellos, doch für XSLT ist dies nicht genug, denn der Ergebnis-Baum ist möglicherweise vollkommen anders strukturiert als die Quelle. Der leichteste Weg, die Struktur eines Unterbaums abzubilden, besteht darin, den Unterbaum einfach so aufzuschreiben, wie er erscheinen würde. Dieses wortgetreue Modell wird als *Template* oder *Vorlage* bezeichnet. Folglich bezeichnen wir die Regeln in einer Transformation als *Vorlagenregeln* oder *Template-Regeln*.

Hier sehen Sie ein Beispiel für eine Vorlagenregel:

```
<xsl:template match="/">
  <html>
    <head>
      <title>Meine erste Template-Regel</title>
    </head>
    <body>
      <h1>Hallo Welt!</h1>
    </body>
  </html>
</xsl:template>
```

Ihre Ausgabe ist eine HTML-Datei:

```
<html>
<head>
<title>Meine erste Template-Regel</title>
</head>
<body>
<h1>Hallo Welt!</h1>
</body>
</html>
```

Die Regel ist ein `<template>` genanntes XML-Element, dessen Inhalte die Elemente und Daten sind, die den Ergebnis-Unterbaum bilden. In diesem Falle ist das Ergebnis eine komplette HTML-Datei. Dieses Beispiel ist nicht so wahnsinnig interessant, denn es benutzt keine der ursprünglichen Daten oder Strukturen aus dem Quell-Baum. Sie könnten diese Regel auf ein beliebiges Dokument anwenden, und ausgegeben würde stets die gleiche HTML-Datei. Dennoch handelt es sich um eine Vorlagenregel, die in XSLT vollkommen in Ordnung ist.

Beachten Sie im Element `<template>` das Attribut `match`. Dieses Attribut ist der Teil der Regel, der die entsprechende Ebene eines Quell-Baums herausgreift – ein Vorgang, der als *Selektion* bezeichnet wird. Hier selektiert das Attribut den Wurzel-Knoten, jenen abstrakten Punkt direkt oberhalb des Dokument-Elements. Genau dort beginnt die Transformation, und deshalb ist unsere Beispiel-Regel die erste Regel, die in einem XSLT-Stylesheet ausgeführt wird. Da die Regel keine Verarbeitung über den Wurzel-Knoten hinaus erlaubt (es sind keine Verweise auf die Kinder dieses Knotens vorhanden), werden alle anderen Regeln praktisch abgeblockt. Die Transformation beginnt nicht nur mit dieser Regel, sondern sie endet hier auch.

Eine nützlichere Vorlagenregel könnte eines oder mehrere der speziellen Elemente `<apply-templates>` oder `<value-of>` beinhalten, die die Verarbeitung auf eine andere Ebene des Baums heben. An diesem Punkt baut eine andere Regel den Ergebnis-Baum weiter auf und reicht die Verarbeitung wiederum weiter. Dies setzt sich fort, bis der Prozessor die unterste Ebene erreicht und an die Spitze des Baums zurückkehrt. Was an Vorlagen jedoch wichtig ist, ist die Tatsache, daß der Ergebnis-Baum sich an die Regeln des Stylesheet selbst hält.

Das Stylesheet als XML-Dokument

Die Vorlagenregel ist ein XML-Element, und im Prinzip ist das ganze Stylesheet selbst ein XML-Dokument. Es muß wohlgeformt sein und insgesamt den XML-Regeln folgen. Ein unsere Beispiel-Regel enthaltendes Minimal-Stylesheet würde in etwa so aussehen:

```
<?xml version="1.0"?>

<xsl:stylesheet xmlns:xsl="http://www.w3.org/1999/XSL/Transform"
                version="1.0">

<xsl:template match="/">
  <html>
    <head>
      <title>Meine erste Template-Regel</title>
    </head>
    <body>
      <h1>Hallo Welt!</h1>
    </body>
  </html>
</xsl:template>

</xsl:stylesheet>
```

Wie bei jedem XML-Dokument steht ganz oben eine XML-Deklaration. Dieser folgt ein Wurzel-Element vom Typ `<xsl:stylesheet>`, das sämtliche Vorlagenregeln enthält. Mit einer Namensraum-Deklaration wird hier auch deklariert, daß es sich um ein XSLT-Stylesheet handelt, und als Version von XSLT wird `version="1.0"` festgelegt.

Statt `<xsl:stylesheet>` können Sie auch `<xsl:transform>` als Dokument-Element benutzen: Die beiden Namen sind gegeneinander austauschbar. Es folgt eine Aufstellung der in diesem Element erlaubten Attribute:

`version`
: Dieses vorgeschriebene Attribut legt die verwendete XSLT-Version fest. Die einzige Wahl, die Sie im Moment haben, ist `1.0`.

`xmlns:xsl`
: Hier legen Sie den Namensraum für die XSLT-spezifischen Elemente fest. Empfehlenswert ist *http://www.w3.org/1999/XSL/Transform/*.

`id`
: Verwenden Sie dieses Attribut, wenn Sie eine ID festlegen wollen.

`extension-element-prefixes`
: Dieses Attribut legt ein Präfix für Elemente fest, die als XSLT-spezifische Funktionen verarbeitet werden sollen, auch wenn sich diese nicht im XSL-Namensraum befinden. XSLT-Engines benutzen dieses Attribut, um ihre eigenen speziellen Funktionsmerkmale zu deklarieren. Beispielsweise benutzt *xt* von James Clark das Präfix `xt`. Die Verwendung dieses Attributs erfordert auch ein zusätzliches Attribut für die Namensraum-Deklaration.

`exclude-result-prefixes`

Dieses Attribut begründet ein Elementnamen-Präfix dergestalt, daß jedes Element, das es enthält, aus dem Ergebnis-Baum ausgeschlossen ist – etwa so, wie Elemente mit dem `xsl:`-Präfix nicht in den Ergebnis-Baum einbezogen werden. Die Verwendung dieses Attributs erfordert auch ein zusätzliches Attribut für die Namensraum-Deklaration.

Der `xsl`-Namensraum wird vom Transformationsprozessor benutzt, um herauszufinden, welche Elemente Teil der Stylesheet-Infrastruktur sind und welche in den Ergebnis-Baum eingebaut werden sollen. Wenn der vollständige Name eines Elements mit dem Namensraum-Präfix `xsl:` beginnt, handelt es sich um eine Orientierung für die Transformation. Ansonsten wird er wie im vorigen Beispiel `<html>` und `<h1>` in das Ausgangsdokument durchgereicht.

Es ist wichtig zu beachten, daß Elemente außerhalb des `xsl`-Namensraums genauso den Regeln von XML unterliegen wie die transformationsspezifischen. Das heißt, sie müssen wohlgeformt sein, oder das ganze Dokument leidet darunter. Versuchen Sie herauszufinden, warum die folgende Regel ungültig ist:

```
<xsl:template match="/">
  <lirum>
    <larum>
      <Loeffelstiel>
    </larum>
  </lirum>
</xsl:template>
```

Die Antwort: Das Element `<Loeffelstiel>` hat weder ein End-Tag noch benutzt es die korrekte Syntax für ein leeres Element (`<Loeffelstiel/>`).

Ein interessantes Problem im Zusammenhang mit XSLT-Stylesheets besteht darin, daß sie nicht mit einer DTD validiert werden können. Das XSLT-Vokabular ist zwar beschränkt, doch Vorlagenregeln können jede Art von Elementen, Attributen oder Daten enthalten. Da weiterhin Unterbäume viele Regeln erfassen können, gibt es keine Möglichkeit, die Inhalte der einzelnen Elemente zu testen, ohne eine vollständige Transformation auszuführen. DTDs haben somit für XSLT-Stylesheets keinerlei Nutzen. Dies könnte bedeuten, daß Ihre Transformation ungültige Ergebnis-Bäume hervorbringt. Es kann auch ein Problem darstellen, wenn Sie Ihr Stylesheet mit einem Programm bearbeiten wollen, das gültige Dokumente erfordert. Es gibt einige Editoren, die mit lediglich wohlgeformten Dokumenten nicht zurechtkommen. Wenn Sie jedoch Ihr Stylesheet mit Bedacht schreiben, sich Zeit für die Fehlersuche lassen und einen Editor benutzen, der sich nicht beklagt, wenn keine DTD vorhanden ist, sollten Sie eigentlich klarkommen.

Anwenden von XSLT-Stylesheets

Es gibt, abhängig von Ihren Bedürfnissen, mehrere Strategien für die Ausführung einer Transformation. Wenn Sie ein transformiertes Dokument für Ihren eigenen Gebrauch haben wollen, könnten Sie ein Programm wie *xt* benutzen, um es auf Ihrem lokalen System zu transformieren. Bei Web-Dokumenten wird die Transformation entweder serverseitig oder clientseitig ausgeführt. Einige Webserver können eine Stylesheet-Deklaration erkennen und transformieren das Dokument, wenn es übertragen wird. Eine weitere Möglichkeit besteht darin, das Quell-Dokument zum Client zu schicken, um die Transformation auszuführen. Der Internet Explorer 5.0 war der erste Browser, der XSLT implementiert hat und damit die Möglichkeit für dieses Verfahren eröffnet hat. Welche Methode Sie wählen, hängt von verschiedenen Faktoren ab, beispielsweise wie oft sich die Daten ändern, welche Art von Last Ihr Server bewältigen kann und ob Sie einen Vorteil davon haben, dem Benutzer Ihre XML-Quelldateien auszuhändigen.

Wenn die Transformation vom Webserver oder Client ausgeführt wird, müssen Sie in das Dokument einen Verweis auf das Stylesheet ähnlich dem zur Verknüpfung von Dokumenten mit CSS-Stylesheets benutzten (siehe Kapitel 4, *Die Präsentation: Erstellung des fertigen Produkts*) als Steueranweisung einbinden. Dieser sollte etwa so aussehen:

```
<?xml-stylesheet type="text/xml" href="mytrans.xsl"?>
```

Das Attribut `type` ist ein MIME-Typ. Der Wert `text/xml` sollte ausreichen, auch wenn er sich in Zukunft in etwas anderes wie etwa `text/xslt` wandeln könnte. Das Attribut `href` zeigt auf die Adresse des Stylesheet.

XSLT ist noch immer recht neu. Sie werden daher möglicherweise feststellen, daß einige Implementierungen von Transformationssoftware unvollständig sind oder die offizielle W3C-Empfehlung unzureichend befolgen. Die Ergebnisse sehen möglicherweise mit verschiedenen Werkzeugen jeweils anders aus. Beispielsweise erfordert der Internet Explorer 5.0 einen anderen Namensraum als den, der von der technischen XSLT-Spezifikation empfohlen wird. Diese Situation sollte besser werden, wenn mehr Anbieter XSLT implementieren und die Standards ausreifen. Lesen Sie bis dahin die Dokumentation über das von Ihnen benutzte Transformationswerkzeug, um dessen Eigenarten zu verstehen.

Ein vollständiges Beispiel

Setzen wir nun all die einzelnen Teile zusammen und sehen wir uns eine Transformation in Aktion an. Beispiel 6-1 zeigt ein vollständiges Stylesheet mit vier Regeln. Die erste Regel sucht nach einem Element `<Zitateliste>`. Sie steuert die äußersten Elemente, die Container `<html>` und `<body>`, zum Ergebnis-Baum bei. Beachten Sie das neue Element `<xsl:apply-templates>`, eine spezielle Anweisung in XSLT, die veranlaßt, daß die Transformation bei den Kindern des Elements <Zitateliste> fortgesetzt wird. Dies ist ein Beispiel für den zuvor erwähnten Rekursionsvorgang. Die nächste Regel sucht nach <Zitat>-Elementen und verpackt ihre Inhalte in <blockquote>-Tags. Die letzten beiden Regeln erzeugen <p>-Elemente und fügen die Inhalte der von ihnen gefundenen Elemente ein.

Beispiel 6-1: Ein XSLT-Stylesheet

```
<?xml version="1.0"?>
<xsl:stylesheet id="zitate"
                   version="1.0"
                   xmlns:xsl="http://www.w3.org/1999/XSL/Transform">

<xsl:template match="Zitateliste">
  <html>
    <body>
      <h1>Zitate</h1>
      <xsl:apply-templates/>
    </body>
  </html>
</xsl:template>

<xsl:template match="Zitat | Aphorismus">
  <blockquote>
    <xsl:apply-templates/>
  </blockquote>
</xsl:template>

<xsl:template match="body">
  <p><xsl:apply-templates/></p>
</xsl:template>

<xsl:template match="Quelle">
  <p align="right"><xsl:apply-templates/></p>
</xsl:template>

</xsl:stylesheet>
```

Wir brauchen nun einen Quell-Baum als Eingabe für die Transformation. Beispiel 6-2 ist eine XML-Datei, mit der eine Liste von Zitaten kodiert ist und die mehr als vier Typen von Elementen enthält. Es gibt in unserem Stylesheet keine Regeln für die Elemente <Sprecher>, <Forum> und <Datum>. Was passiert mit diesen bei der Transformation?

Beispiel 6-2: Eine XML-Datei

```
<?xml version="1.0"?>

<Zitateliste>

  <Zitat id="1">
    <body>
```

Beispiel 6-2: Eine XML-Datei (Fortsetzung)

```
      Das Trinken von Kaffee könnte nach Angaben indischer
      Wissenschaftler Menschen vor Radioaktivität schützen.
      Diese haben herausgefunden, daß Mäuse, denen Koffein
      verabreicht wurde, sonst tödliche Dosen an Radioaktivität
      überleben.
    </body>
    <Quelle Typ="Publikation">
      <Forum>Wissenschaft heute</Forum>
      <Datum>6/99</Datum>
    </Quelle>
  </Zitat>

  <Kategorie Typ="Humor">
    <Kategorie Typ="schräg">

      <Zitat Typ="Humor" id="2">
        <comment>
          Finde heraus, welche Folge!
        </comment>
        <body>
          Der Versuch ist der erste Schritt vor dem Versagen.
        </body>
        <Quelle Typ="TV-Show">
          <Sprecher>Homer</Sprecher>
          <Forum>Die Simpsons</Forum>
        </Quelle>
      </Zitat>

      <Aphorismus Typ="Humor" id="3">
        <body>
          Fleiß zahlt sich morgen aus. Faulheit schon heute.
        </body>
      </Aphorismus>

      <?Sprüche-Klopfer xyz-987?></Kategorie>
    <Kategorie Typ="ulkig">

      <Zitat Typ="Humor" id="4" Freund="ja">
        <body>
          Ich habe immer noch diese Träume, in denen die Wellen
          des Toten Meeres voller Assembler-Code sind.
        </body>
        <Quelle>Greg Travis</Quelle>
      </Zitat>

    </Kategorie>
  </Kategorie>
  <Kategorie Typ="Philosophie">

    <Aphorismus id="5">
      <body>
```

Beispiel 6-2: Eine XML-Datei (Fortsetzung)

```
        Die Zunge ist die einzige Waffe, die durch stetigen Gebrauch
        schärfer wird.
      </body>
    </Aphorismus>

    <Zitat id="6">
      <body>
        Wer höher oben ist, weiß, was richtig ist;
        wer tiefer unten ist, weiß, was sich verkaufen wird.
      </body>
      <Quelle>Konfuzius</Quelle>
    </Zitat>

  </Kategorie>

</Zitateliste>
```

Wenn wir die Transformation durchführen, erhalten wir die Ausgabe, die in Beispiel 6-3 zu sehen ist. Zu unserer Erleichterung sind die Daten in den nicht abgebildeten Elementen nicht verloren. Die Transformation hat alle Leerräume innerhalb der Quellbaum-Elemente bewahrt und sie vollständig in den Ergebnis-Baum übertragen. Die Daten `Homer` und `Die Simpsons` stehen genau wie ihre Container-Elemente im Quell-Baum jeweils in eigenen Knoten, in der Ausgabe getrennt durch einen Zeilenwechsel.

Beispiel 6-3: Ausgabe der Transformation

```
<html>
<body>
<h1>Zitate</h1>

  <blockquote>
    <p>
      Das Trinken von Kaffee könnte nach Angaben indischer
      Wissenschaftler Menschen vor Radioaktivität schützen.
      Diese haben herausgefunden, daß Mäuse, denen Koffein
      verabreicht wurde, sonst tödliche Dosen an Radioaktivität
      überleben.
    </p>
    <p align="right">
      Wissenschaft heute
      6/99
    </p>
  </blockquote>

  <blockquote>
    <p>
      Der Versuch ist der erste Schritt vor dem Versagen.
    </p>
    <p align="right">
      Homer
```

Beispiel 6-3: Ausgabe der Transformation (Fortsetzung)

```
      Die Simpsons
    </p>
  </blockquote>

  <blockquote>
    <p>
      Fleiß zahlt sich morgen aus. Faulheit schon heute.
    </p>
  </blockquote>

  <blockquote>
    <p>
      Ich habe immer noch diese Träume, in denen die Wellen
      des Toten Meeres voller Assembler-Code sind.
    </p>
    <p align="right">
      Greg Travis
    </p>
  </blockquote>

  <blockquote>
    <p>
      Die Zunge ist die einzige Waffe, die durch stetigen Gebrauch
      schärfer wird.
    </p>
  </blockquote>

  <blockquote>
    <p>
      Wer höher oben ist, weiß, was richtig ist;
      wer tiefer unten ist, weiß, was sich verkaufen wird.
    </p>
    <p align="right">
      Konfuzius
    </p>
  </blockquote>

</body>
</html>
```

Dieses Transformations-Stylesheet enthält die meisten der in diesem Kapitel vorgestellten wichtigen Konzepte. Es handelt sich jedoch um ein recht simples Beispiel, und Ihre Ansprüche werden wahrscheinlich weit über dieses hinausgehen. In den weiteren Abschnitten werden wir sehen, wie die XPath-Sprache benutzt wird, um Ihnen beim Auffinden und Zusammenbringen der Bestandteile eines Dokuments eine chirurgische Präzision zu verleihen. Außerdem werden wir weitere Zauberkunststücke lernen wie zum Beispiel das Sortieren, die Ausgabe-Steuerung, die Kombination von Stylesheets und anderes mehr.

Auswahl von Knoten

Um in XSLT irgendetwas Anspruchsvolles zu tun, müssen wir uns in dem Dokument so gewandt umherbewegen wie ein Affe im Gehölz. Jederzeit müssen wir genau wissen, wo wir sind und wo wir als nächstes hingehen. Weiterhin müssen wir in der Lage sein, eine Gruppe von Knoten mit höchster Präzision zur Abarbeitung auszuwählen. Diese Navigationsfertigkeiten bietet uns XPath,[1] eine anspruchsvolle Sprache, mit der in einem Dokument Adressen markiert und Sätze von Knoten ausgewählt werden können.

Lokalisierungspfade

Die Lokalisierung von Knoten ist ein wichtiges Konzept bei der Navigation in XML. In XSLT müssen wir häufig die Adresse eines Knotens oder einer Gruppe von Knoten irgendwo in einem Dokument beschreiben. In XPath wird diese Beschreibung als *Lokalisierungspfad* bezeichnet. Ein gutes Beispiel dafür ist das Attribut `match` von `<xsl:template>`, das für die Regel einen Pfad zu einer zu verarbeitenden Gruppe von Knoten spezifiziert. Obwohl die Beispiele, die wir bisher gesehen haben, alle recht simpel waren, können Lokalisierungspfade recht anspruchsvoll sein.

Lokalisierungspfade gibt es in zwei Ausführungen: absolut und relativ. *Absolute Pfade* beginnen an einem ganz bestimmten Verweis-Punkt, nämlich dem Wurzel-Knoten. Im Gegensatz dazu beginnen *relative Pfade* an einem veränderlichen Punkt, den wir *Kontext-Knoten* nennen.

Ein Lokalisierungspfad besteht aus einer Reihe von *Schritten*, die den Pfad vom Ausgangspunkt immer weiter führen. Ein Schritt selbst hat drei Teile: eine *Achse*, die beschreibt, in welche Richtung die Reise geht, einen *Knoten-Test*, der spezifiziert, auf welche Arten von Knoten der Schritt zutrifft, und einen Satz von optionalen *Prädikaten*, die Boolsche (Wahr/falsch-) Tests benutzen, um die Kandidaten noch weiter herauszutrennen. In Tabelle 6-1 sind die Typen von Knoten-Achsen aufgeführt.

Tabelle 6-1: Knoten-Achsen

Achsen-Typ	findet
Ancestor	Alle Knoten oberhalb des Kontext-Knotens, darunter den Eltern-Knoten, den Großeltern-Knoten usw. bis hinauf zum Wurzel-Knoten.
Ancestor-or-self	Wie oben, zusätzlich jedoch den Kontext-Knoten.
Attribute	Attribute des Kontext-Knotens.
Child	Kinder des Kontext-Knotens.
Descendant	Kinder des Kontext-Knotens, zusätzlich jedoch deren Kinder usw. bis hinunter zu den Blättern des Unterbaumes.
Descendant-or-self	Wie oben, zusätzlich jedoch den Kontext-Knoten.

1 Die XPath-Sprache ist eine W3C-Empfehlung. Version 1.0 wurde im November 1999 verabschiedet.

Tabelle 6-1: Knoten-Achsen (Fortsetzung)

Achsen-Typ	findet
Following	Knoten, die dem Kontext-Knoten auf einer beliebigen Ebene im Dokument folgen.
Following-sibling	Knoten, die dem Kontext-Knoten auf der gleichen Ebene folgen (d.h., deren Kontext-Knoten der gleiche Elternknoten ist).
Namespace	Alle Knoten eines bestimmten Namensraumes.
Parent	Den Eltern-Knoten des Kontext-Knotens.
Preceding	Knoten, die auf einer beliebigen Ebene im Dokument dem Kontext-Knoten vorhergehen.
Preceding-sibling	Knoten, die dem Kontext-Knoten auf der gleichen Ebene vorhergehen (d.h., deren Kontext-Knoten der gleiche Eltern-Knoten ist).
Self	Den Kontext-Knoten selbst.

Nach der Achse kommt ein Knotentest-Parameter, der mit der Achse durch einen doppelten Doppelpunkt (`::`) verbunden ist. In einigen Fällen kann an Stelle eines expliziten Knotentyps ein Name verwendet werden, wobei der Knotentyp aus der Achse abgeleitet wird. Bei der attribute-Achse wird angenommen, daß der Knoten ein Attribut ist, und bei der namespace-Achse wird angenommen, daß der Knoten ein Namensraum ist. Bei allen anderen Achsen wird angenommen, daß der Knoten ein Element ist. Wenn ein Knotenachsen-Specifier fehlt, wird angenommen, daß die Achse `child` und der Knoten vom Typ Element ist. In Tabelle 6-2 sind die Knotentests aufgeführt.

Tabelle 6-2: Knotentests

Ausdruck	findet
`/`	Den Wurzel-Knoten: nicht das Wurzel-Element, sondern den Knoten, der das Wurzel-Element und alle ihm vorausgehenden Kommentare und Steueranweisungen (PIs) enthält.
`node()`	Jeden Knoten mit Ausnahme von Wurzel und Attributen.
`*`	In der Attributachse jedes Attribut, in der Namensraum-Achse jeden Namensraum, in allen anderen Achsen jedes Element.
`Rangun`	In der Attributachse das Attribut des Kontext-Knotens (in diesem Beispiel `Rangun`), in einer Namensraum-Achse einen Namensraum mit dem Namen `Rangun`, in allen anderen Achsen jedes Element vom Typ `<Rangun>`.
`text()`	Jeden Text-Knoten.
`processing-instruction()`	Jede Steueranweisung.
`processing-instruction('.Ng 4')`	Die Steueranweisung `.Ng 4`.

Tabelle 6-2: Knotentests (Fortsetzung)

Ausdruck	findet
`comment()`	Jeden Kommentarknoten.
`@*`	Jedes Attribut. (Das `@` ist ein Kürzel, das in Abwesenheit einer Achsen-Spezifikation den implizit angenommenen Knotentyp `element` überschreibt.) Dies ist gleichbedeutend mit `attribute::*`.
`@role`	Ein Attribut mit der Bezeichnung `role`.
`.`	Den Kontext-Knoten (mit anderen Worten: alles). Dies ist gleichbedeutend mit `self::*`.

Die Kombination von Achse und Knotentest ist einfach. Schauen wir uns einige Beispiele an, wozu wir das Dokument in Beispiel 6-2 heranziehen. Der Kontext-Knoten sei das `<Zitat>`-Element mit `id="2"`. Das Ergebnis einiger Lokalisierungspfade sehen Sie in Tabelle 6-3.

Tabelle 6-3: Lokalisierungspfad-Beispiele

Pfad	findet
`child::node()`	Damit werden drei Knoten gefunden: der Kommentar »Finde heraus, welche Folge!« und die beiden Elemente `<body>` und `<Quelle>`. Da die Standard-Achse `child` ist, können wir den Achsen-Specifier weglassen und `node()` schreiben.
`child::*`	Damit werden drei Knoten gefunden: die Elemente `<comment>`, `<body>` und `<Quelle>`. Wiederum können wir den Achsen-Specifier weglassen und `*` schreiben.
`parent::*`	Nur ein Knoten kann der Eltern-Knoten sein, so daß damit ein einziges `<Kategorie>`-Element gefunden wird.
`parent::Zitateliste`	Damit wird nichts gefunden, denn der Elternknoten des Kontext-Knotens ist keine `<Zitateliste>`.
`ancestor-or-self::/`	Damit wird unabhängig davon, wo im Dokument wir uns gerade befinden, der Wurzel-Knoten gefunden, denn der Wurzel-Knoten (`/`) ist der Vorgänger von allem anderen.
`ancestor-or-self::Zitat`	Damit wird nur der Kontext-Knoten gefunden, der sowohl auf den `self`-Teil von `ancestor-or-self` als auch auf den Knotentest `Zitat` paßt.
`self::Zitat`	Aus dem gleichen Grund wird damit der Kontext-Knoten gefunden. Die `self`-Achse ist nützlich, um den Kontext-Knotentyp festzulegen.
`child::comment()`	Damit wird der Kommentar-Knoten mit dem Wert »Finde heraus, welche Folge!« gefunden.
`preceding-sibling::*`	Damit wird nichts gefunden, denn der Kontext-Knoten ist das erste Kind seines Eltern-Knotens.

Tabelle 6-3: Lokalisierungspfad-Beispiele (Fortsetzung)

Pfad	findet
`following-sibling::node()`	Es werden zwei Knoten gefunden: ein `<Aphorismus>`-Element und eine Steueranweisung mit dem Wert `xyz-987`.
`following::Zitat`	Damit werden zwei Elemente gefunden: die `<Zitat>`-Elemente mit `id="4"` und `id="6"`.

Wenn die Achsen- und Knotentypen nicht ausreichen, um die Auswahl einzuschränken, können Sie ein oder mehrere Prädikate benutzen. Ein Prädikat ist ein von eckigen Klammern (`[]`) umschlossener Boolescher Ausdruck. Jeder Knoten, der diesen Test (zusätzlich zum Knotentest und dem Achsen-Specifier) besteht, wird in den endgültigen Knotensatz einbezogen. Bei durch den Test fallenden Knoten (das Prädikat wird mit `false` evaluiert) ist dies nicht so. In Tabelle 6-4 sehen Sie einige Beispiele.

Tabelle 6-4: Beispiele für Prädikate

Lokalisierungspfad	findet
`child::Produkt[child::Farbe]`	Findet jedes `<Produkt>`, das ein Kind des Kontext-Knotens ist und ein Kind vom Typ `<Farbe>` hat. `child::Farbe` ist ein Lokalisierungspfad, der nach der Evaluierung zu einem Knotensatz wird. Wenn der Satz leer ist, ist das Ergebnis des Prädikats `falsch`, andernfalls `wahr`.
`Produkt[@Preis="4,99"]`	Findet jedes `<Produkt>`, das ein Kind des Kontext-Knotens ist und dessen Attribut `Preis` der Zeichenkette `4,99` entspricht. `@Preis` ist ein Kürzel für `attribute::Preis`.
`child::*[position()!=last()]`	Findet alle Elementtyp-Kinder des Kontext-Knotens mit Ausnahme des letzten. Die Funktion `position()` gibt eine Zahl zurück, die die Stellung des Kontext-Knotens im Kontext-Knotensatz repräsentiert. `last()` ist eine Funktion, die die Position des letzten Knotens im Kontext-Knotensatz zurückgibt.
`preceding::node()[1]`	Findet den Knoten direkt vor dem Kontext-Knoten. Die Zahl in eckigen Klammern ist gleichbedeutend mit `[position()=1]`.
`parent::Stein[@Glanz='Funkeln' | @Glanz='Schimmern']`	Findet den Elternknoten des Kontext-Knotens, wenn dieser ein Element vom Typ `<Stein>` ist und ein Attribut `Glanz` hat, dessen Wert entweder `Funkeln` oder `Schimmern` ist.

Lokalisierungspfad-Schritte werden miteinander mit dem Verkettungsoperator Schrägstrich (`/`) verknüpft. Jeder Schritt schränkt den Knotensatz ein bzw. baut ihn auf, vergleichbar etwa mit einer Wegbeschreibung: »Gehen Sie zum Domplatz und von dort die Hohe Straße hinunter. Am Stollwerckhaus...«. Die Syntax kann recht weitschweifig sein. Einige Kürzel sind in Tabelle 6-5 aufgeführt.

Tabelle 6-5: Lokalisierungspfad-Kürzel

Suchmuster	findet
/*	Findet das Dokument-Element. Jeder Lokalisierungspfad, der mit einem Schrägstrich (/) beginnt, ist ein absoluter Pfad, wobei der erste Schritt den Wurzel-Knoten repräsentiert. Der nächste Schritt ist *, womit jedes Element gefunden wird.
parent::*/following-sibling::Absatz	Findet alle <Absatz>-Elemente, die dem Eltern-Knoten des Kontext-Knotens folgen.
..	Findet den Eltern-Knoten. Der doppelte Punkt (..) ist ein Kürzel für parent::node().
.//Absatz	Findet jedes Element vom Typ <Absatz>, das ein Nachfahre des aktuellen Knotens ist. Der doppelte Schrägstrich (//) ist ein Kürzel für /descendant-or-self::*//.
//Absatz	Findet jedes <Absatz>-Element, das ein Nachfahre des Wurzel-Knotens ist. Mit anderen Worten werden alle <Absatz>-Elemente an einer beliebigen Stelle im Dokument gefunden. Bei einem Lokalisierungspfad, der mit einem doppelten Schrägstrich (//) beginnt, wird angenommen, daß er mit dem Wurzel-Knoten beginnt.
//Kapitel[1]/Abschnitt[1]/Absatz[1]	Findet das erste <Absatz>-Element innerhalb des ersten <Abschnitt>-Elements innerhalb des ersten <Kapitel>-Elements im Dokument.
../*	Findet alle Geschwister und zusätzlich den Kontext-Knoten. Um den Kontext-Knoten auszuschließen, benutzen Sie diesen Ausdruck: preceding-sibling::* | following-sibling::*.

Suchmuster

Lokalisierungspfade werden am häufigsten in den match-Attributen von <xsl:template>-Elementen benutzt (wir nennen sie Suchmuster). Sie verhalten sich jedoch ein wenig anders als in dem gerade beschriebenen generischen Fall.

Zunächst können nur Nachfahren- oder Selbstverweis-Achsen benutzt werden. Der Prozessor arbeitet am effizientesten in Abwärts-Richtung – beginnend mit dem Wurzel-Knoten und endend bei den Blättern. Achsen wie parent und preceding machen die Dinge zu kompliziert und könnten möglicherweise zu Endlos-Schleifen führen.

Der zweite Unterschied besteht darin, daß Suchmuster eigentlich von rechts nach links evaluiert werden – nicht in die andere Richtung, wie zuvor angedeutet. Dies paßt natürlicher zum Verarbeitungsstil von XSLT. Wenn der Prozessor den Quell-Baum durchgeht, führt er eine fortlaufende Liste von als nächstes zu verarbeitenden Knoten, die als *Kontext-Knotensatz* bezeichnet wird. Jeder Knoten in diesem Satz wird der Reihe nach abgearbeitet. Der Prozessor schaut sich die Menge von Regeln im Stylesheet an, findet einige, die auf den zu verarbeitenden Knoten zutreffen und wählt aus diesem Satz die am besten passende Regel. Die Kriterien für die Auswahl der Regel beruhen auf dem Suchmuster.

Nehmen wir an, es gäbe eine Regel mit dem Suchmuster `Kapitel/Abschnitt/Absatz`. Um dieses Muster zu testen, instanziert der Prozessor zunächst den zu verarbeitenden Knoten als Kontext-Knoten. Dann stellt er der Reihenfolge nach die folgenden Fragen:

1. Ist der Kontext-Knoten ein Element vom Typ `<Absatz>`?
2. Ist der Eltern-Knoten dieses Knotens ein Element vom Typ `<Abschnitt>`?
3. Ist der Großeltern-Knoten dieses Knotens ein Element vom Typ `<Kapitel>`?

Logisch betrachtet ist dies kein großer Unterschied zu den Lokalisierungspfaden, die wir zuvor gesehen haben. Sie müssen nur Ihre Vorstellung davon verändern, wo der Pfad beginnt. Es könnte sinnvoller sein, das Suchmuster in folgender Weise umzuschreiben:

```
abstract-node/child::Kapitel/child::Abschnitt/child::Absatz
```

wobei *`abstract-node`* ein solcher Knoten ist, daß ein von ihm ausgehender Lokalisierungspfad einen Satz an Knoten findet, der den zu verarbeitenden Knoten einschließt.

Schauen wir uns nun einige praktische Beispiele an, wobei wir unser Dokument aus Beispiel 6-2, die Sammlung von Zitaten und Aphorismen benutzen. Um einen Elementtyp auszuwählen, benutzen Sie ihn einfach als Suchmuster. Schauen Sie sich zum Beispiel die folgenden Regeln an:

```
<xsl:template match="Aphorismus">
  <blockquote>
    <apply-templates/>
  </blockquote>
</xsl:template>

<xsl:template match="body">
  <p><apply-templates/></p>
</xsl:template>
```

Wenn wir diese Regeln anwenden, erhalten wir einen Ergebnis-Baum, der wie folgt aussieht:

```
<blockquote>
  <p>
    Fleiß zahlt sich morgen aus. Faulheit schon heute.
  </p>
</blockquote>
```

```
<blockquote>
  <p>
    Die Zunge ist die einzige Waffe, die durch stetigen Gebrauch
    schärfer wird.
  </p>
</blockquote>
```

Alternativ können wir nach einem Attribut suchen. Die folgende Regel funktioniert mit jedem Attribut `Freund` und fügt eine spezielle Meldung hinzu:

```
<xsl:template match="@Freund">
  <font size="-1">Ein guter Freund von mir</font>
</xsl:template>
```

Der Operator | kann mehrere Typen von Elementen finden:

```
<xsl:template match="Zitat | Aphorismus">
  <blockquote>
    <xsl:apply-templates/>
  </blockquote>
</xsl:template>
```

Mit den Hierarchie-Operatoren `/` und `//` können wir anspruchsvollere Suchvorgänge ausführen. Die folgende Regel findet jedes `<Zitat>`, das ein Kind des Dokument-Elements ist und deshalb nicht innerhalb eines `<Kategorie>`-Elements steht:

```
<xsl:template match="/*/Zitat">
  <blockquote>
    <xsl:apply-templates/>
  </blockquote>
</xsl:template>
```

Das Gegenteil davon ist die Suche nur nach `<Zitat>`-Elementen, die innerhalb von `<Kategorie>`-Elementen stehen:

```
<xsl:template match="Kategorie/Zitat">
  <blockquote>
    <xsl:apply-templates/>
  </blockquote>
</xsl:template>
```

Oder die Suche nach denen, die sich in der ersten Kategorie-Ebene befinden:

```
<xsl:template match="/*/Kategorie/Zitat">
  <blockquote>
    <xsl:apply-templates/>
  </blockquote>
</xsl:template>
```

Eine weitere Methode, den Geltungsbereich eines Suchmusters einzuschränken, kann mit Knotentests erfolgen. Die folgenden zwei Regeln finden beide ein `<Zitat>`, dessen `id` 4 ist:

```
<xsl:template match="Zitat[@id='4']">
  <blockquote>
    <xsl:apply-templates/>
```

```
    </blockquote>
  </xsl:template>

  <xsl:template match="Zitat[id('4')]">
    <blockquote>
      <xsl:apply-templates/>
    </blockquote>
  </xsl:template>
```

Hierarchische Tests können ebenfalls verwendet werden. Mit der folgenden Regel werden alle `<Zitat>`-Elemente gefunden, deren Quelle Greg Travis ist:

```
  <xsl:template match="Zitat[Quelle/text('Greg Travis')]">
    <blockquote>
      <xsl:apply-templates/>
    </blockquote>
  </xsl:template>
```

Wir können auch Regeln kombinieren, um genauer auszuwählen. Die folgenden beiden Regeln schränken die Wirkung des Stylesheets zusammengenommen so ein, daß es sich nur auf die `<Kategorie>`-Elemente mit `type="Humor"` auswirkt:

```
  <xsl:template match="Kategorie[type='Humor']">
    <blockquote>
      <xsl:apply-templates/>
    </blockquote>
  </xsl:template>

  <xsl:template match="Kategorie">
  </xsl:template>
```

Wie wir später sehen werden, wenn wir die Auflösung von Konflikten behandeln, tritt die zweite Regel nur dann in Aktion, wenn die erste nichts findet. Wenn sie dagegen ein Element findet, verhindert sie jede Verarbeitung des Elements oder seiner Inhalte, da die Regel leer ist.

Auflösung von Regelkollisionen

Es ist möglich, daß mehr als eine Regel auf einen Knoten paßt. In diesem Fall muß der XSLT-Prozessor unter diesen genau eine Regel auswählen, und diese Regel sollte unseren Erwartungen hinsichtlich der besten Entsprechung genügen. Hier sind die Regeln für die Prioritäten unter Suchmustern:

1. Wenn das Muster mehrere, durch senkrechte Striche (|) voneinander getrennte Alternativen enthält, wird jeder Alternative die gleiche Bedeutung beigemessen, als ob es eine gesonderte Regel für jede gäbe.

2. Ein Muster, das spezifische hierarchische Informationen enthält, hat eine höhere Priorität als ein Muster, das allgemeine Informationen enthält. Beispielsweise ist das Muster `Kapitel/Abschnitt/Absatz` spezifischer als `Absatz` und hat Vorrang.

3. Ein Muster mit Wildcard ist allgemeiner und hat deshalb eine geringere Priorität als ein Muster mit spezifischen Informationen. Das Muster `Material/Schund` schlägt das Wildcard-Muster `Material/*` aus dem Felde.

4. Ein Muster mit einem erfolgreichen Test-Ausdruck in eckigen Klammern (`[ ]`) überschreibt ein Muster ohne Test-Ausdruck, das ansonsten jedoch identisch ist. Somit ist `Bobo[@Rolle="Clown"]` besser als `Bobo`.

5. Wenn immer noch mehr als eine Regel übrigbleibt, können andere Informationen wie etwa die Position im Stylesheet benutzt werden, um den Satz weiter einzuschränken.

Die Grundvorgabe ist, daß Regeln, die in ihrer Anwendung spezifischer sind, Priorität gegenüber allgemeineren Regeln haben. Wäre dies nicht der Fall, wäre es unmöglich, alles erfassende Regeln und Standardfälle zu schreiben. Position und Reihenfolge kommen erst dann ins Spiel, wenn alle anderen Mittel der Differenzierung ergebnislos bleiben. Es liegt am Transformationsprozessor festzulegen, wie die endgültige Wertung erfolgen soll.

Das `<xsl:template>`-Element hat ein optionales `priority`-Attribut, das so eingestellt werden kann, daß eine Priorität gegenüber anderen Regeln vergeben und der Festlegungsvorgang überschrieben wird. Der Wert müßte eine reelle Zahl (d.h. diese muß einen Dezimalpunkt haben) zwischen 1.0 und -1.0 mit einem Standard von 0 sein. Eine größere Zahl überschreibt eine kleinere Zahl.

Standard-Regeln

Um das Schreiben von Stylesheets zu erleichtern, ist in XSLT ein Satz von Standard-Regeln definiert. Wenn keine Regel aus dem Stylesheet paßt, stellen die Standardregeln ein Notunterstützungssystem zur Verfügung. Deren allgemeines Verhalten ist so, daß alle Daten in Elementen und Attributen vom Quell-Baum in den Ergebnis-Baum übertragen werden und daß ein implizites `<xsl:apply-templates>`-Element angenommen wird, um eine rekursive Verarbeitung zu ermöglichen. Die folgende Liste faßt die Standard-Regeln für jeden Knotentyp zusammen:

Wurzel

Die Verarbeitung beginnt mit der Wurzel. Um die Verarbeitung des gesamten Baums zu erzwingen, werden standardmäßig Vorlagen auf alle Kinder angewendet. Die Regel sieht so aus:

```
<xsl:template match="/">
  <xsl:apply-templates/>
</xsl:template>
```

Element

Wir wollen, daß der Prozessor jedes Element im Baum erfaßt und keine Zweige ausläßt, für die Regeln definiert sind. Die Regel ähnelt der für den Wurzel-Knoten:

```
<xsl:template match="*">
  <xsl:apply-templates/>
</xsl:template>
```

Attribut

Der Wert jedes Attributs soll in den Ergebnis-Baum einbezogen werden, so daß die folgende Regel verwendet wird:

```
<xsl:template match="@*">
  <xsl:value-of select="."/>
</xsl:template>
```

Text

Es ist unpraktisch, in jede Vorlage für Ausgabetext das `<xsl:value-of>`-Element einzubinden. Da wir fast immer wollen, daß die Textdaten ausgegeben werden, erfolgt dies standardmäßig:

```
<xsl:template match="text()">
  <xsl:value-of select="."/>
</xsl:template>
```

Steueranweisung (PI)

Standardmäßig werden diese Knoten ausgelassen. Die Regel ist folgende:

```
<xsl:template match="processing-instruction()"/>
```

Kommentar

Kommentare werden im Ergebnis-Baum standardmäßig ebenfalls weggelassen:

```
<xsl:template match="comment()"/>
```

XPath-Ausdrücke

Wenn wir uns innerhalb einer Regel befinden, können wir ein anspruchsvolleres XPath-Gebilde mit der Bezeichnung *Ausdruck* benutzen. Ausdrücke sind Anweisungen, die alle Arten von nützlichen Informationen aus den Knoten im Quell-Baum extrahieren und diese dann auf die Ausgabe anwenden können. Der Lokalisierungspfad ist eine Teilmenge dieser inhaltsreichen Sprache. Es gibt fünf Typen von Ausdrücken:

Boolesche Ausdrücke

Ein Ausdruckstyp mit zwei möglichen Werten: `wahr` und `falsch`.

Knotensatz

Eine Sammlung von üblicherweise mit einem Lokalisierungspfad gewonnenen Knoten, auf die die Kriterien eines Ausdrucks zutreffen.

Zahl

Ein numerischer Wert, nützlich für das Zählen von Knoten sowie für die Ausführung einfacher arithmetischer Operationen.

Zeichenkette (String)

Ein Text-Fragment, das vielleicht aus dem Eingabe-Baum stammt und verarbeitet oder um generierten Text vermehrt wurde.

Ergebnisbaum-Fragment

Ein Gemisch von Knoten in einer Baum-Struktur, die kein wohlgeformtes XML sind.

Die folgenden Abschnitte zeigen, wie die einzelnen Typen von Auswahl-Ausdrücken benutzt werden.

Boolesche Ausdrücke

Flexibilität unter veränderlichen Bedingungen ist ein mächtiges Leistungsmerkmal von XSLT. Wann immer eine Wahl zu treffen ist, können wir das Ergebnis eines Booleschen Ausdruckes auf einen von zwei möglichen Werten hin untersuchen: `wahr` oder `falsch`.

Am häufigsten werden Boolesche Ausdrücke im Prädikat-Test eines Suchmusters verwendet. In der folgenden Regel schränkt der Test beispielsweise die Liste der in Frage kommenden Knoten ein:

```
<xsl:template match="Kategorie[Typ='Humor']">
  Hier etwas ganz Witziges...

  <blockquote>
    <xsl:apply-templates/>
  </blockquote>
</xsl:template>
```

Weiterhin kann ein Boolescher Ausdruck mit dem `<xsl:if>`-Element benutzt werden. Dessen Inhalt kann, abhängig von einer einzigen Test-Bedingung, zur Ausgabe gelangen oder eben auch nicht. Die folgende Regel zeigt, wie dies funktioniert:

```
<xsl:template match="*">
  <xsl:if test="child::*">
    Ich habe Kinder.
  </xsl:if>
</xsl:template>
```

Der Ausdruck im `test`-Attribut `child::*` wertet eine Knoten-Liste aus, die alle Kinder des Kontext-Knotens enthält. Das Ergebnis wird automatisch in einen Booleschen Wert konvertiert: `wahr`, wenn der Satz nicht leer ist, `falsch`, wenn er leer ist. Wenn es zumindest ein Kind des Kontext-Knotens gibt, ist die Test-Bedingung wahr, und der Text »Ich habe Kinder« wird in den Ergebnis-Baum einbezogen. Andernfalls wird nichts ausgegeben.

Ein ähnliches Konstrukt ist `<xsl:choose>`. Dieses Element bietet eine Auswahlmöglichkeit zwischen mehreren Optionen, nicht nur ein oder aus. Hier ist ein Beispiel:

```
<xsl:template match="*">
  <xsl:choose>
    <xsl:when test="self::Kapitel">
      Ich bin ein Kapitel.
    </xsl:when>
    <xsl:when test="self::Anhang">
      Ich bin ein Anhang.
    </xsl:when>
    <xsl:otherwise>
      Ich weiß nicht, was ich bin.
```

```
      </xsl:otherwise>
    </xsl:choose>
  </xsl:template>
```

Jeder `<xsl:when>`-Test wird der Reihe nach ausgewertet, und der erste passende Knoten ist der, dessen Inhalt verwendet wird. Wir können so viele dieser Tests benutzen, wie wir wollen, um eine große Sammlung von Auswahlmöglichkeiten zu erstellen. Wenn keine der Test-Bedingungen wahr ist, wird standardmäßig der Inhalt von `<xsl:otherwise>` verwendet.

Wie wir gerade gesehen haben, wird ein nicht-Boolescher Ausdruck implizit als Boolescher Ausdruck interpretiert, wenn der Kontext keinen anderen Typ zuläßt. Das `test`-Attribut von `<xsl:while>` muß vom Typ Boolean sein. Der von `self::Kapitel` zurückgegebene Knotensatz wird so in einen Booleschen Wert konvertiert: `wahr`, wenn der Kontext-Knoten ein `<Kapitel>` ist, und `falsch`, wenn dies nicht der Fall ist. Um einen Ausdruck explizit in einen Booleschen Ausdruck zu konvertieren, können Sie die Funktion `boolean()` benutzen. Die Konvertierungsregeln finden Sie in Tabelle 6-6.

Tabelle 6-6: Boolesche Konvertierungsregeln

Ausdruckstyp	**Regel**
Knotensatz	Wahr, wenn der Satz zumindest einen Knoten enthält – falsch, wenn er leer ist.
Zeichenkette (String)	Wahr, sofern die Zeichenkette nicht eine Null-Länge hat.
Zahl	Wahr, sofern der Wert nicht Null oder NaN (Not a Number) ist.
Ergebnisbaum-Fragment	Wahr, wenn das Ergebnisbaum-Fragment Knoten enthält – andernfalls falsch.

Numerische Ausdrücke können verglichen werden, um Boolesche Ausdrücke zu erstellen. Die Vergleichsoperatoren werden in Tabelle 6-7 beschrieben. Beachten Sie, daß der kleiner-als-Operator (<) mit dem Entity `<` geschrieben wird. Da ein XSLT-Stylesheet ein XML-Dokument ist, müssen wir die Regeln der Wohlgeformtheit beachten.

Tabelle 7-7: Vergleichsoperatoren

Operator	**Rückgabe**
`expr = expr`	Wahr, wenn beide Ausdrücke den gleichen Wert (Zeichenkette oder numerisch) haben, andernfalls falsch.
`expr != expr`	Wahr, wenn die Ausdrücke nicht den gleichen Wert (Zeichenkette oder numerisch) haben, andernfalls falsch.
`expr < expr`	Wahr, wenn der Wert des ersten numerischen Ausdrucks kleiner ist als der Wert des zweiten, andernfalls falsch.
`expr > expr`	Wahr, wenn der Wert des ersten numerischen Ausdrucks größer ist als der Wert des zweiten, andernfalls falsch.

Tabelle 6-7: Vergleichsoperatoren (Fortsetzung)

Operator	Rückgabe
expr <= *expr*	Wahr, wenn der Wert des ersten numerischen Ausdrucks kleinergleich dem Wert des zweiten ist, andernfalls falsch.
expr >= *expr*	Wahr, wenn der Wert des ersten numerischen Ausdrucks größergleich dem Wert des zweiten ist, andernfalls falsch.

Boolesche Ausdrücke können mit Operatoren für Boolesche arithmetische Operationen kombiniert werden. Die Operatoren sind in Tabelle 6-8 aufgeführt.

Tabelle 6-8: Boolesche Operatoren

Operator	Rückgabe
expr `and` *expr*	Wahr, wenn beide Boolesche Ausdrücke wahr sind, andernfalls falsch.
expr `or` *expr*	Wahr, wenn zumindest ein Boolescher Ausdruck wahr ist, andernfalls falsch.
`not(` *expr* `)`	Negiert den Wert des Booleschen Ausdrucks: Wahr, wenn der Ausdruck falsch ist, andernfalls falsch.
`true()`	Wahr.
`false()`	Falsch.

Knotensatz-Ausdrücke

Ein Knotensatz-Ausdruck erstellt einen Satz von aus dem Dokument herausgesuchten Knoten. In diesem Satz gibt es keine Duplikate. Knotensatz-Ausdrücke haben die gleiche Form wie Lokalisierungspfade. Tatsächlich sind Lokalisierungspfade eine Teilmenge von Knotensatz-Ausdrücken. Anders als Suchmuster beschränken Knotensatz-Ausdrücke jedoch nicht die Arten von Achsen, die wir benutzen können.

Knotensatz-Ausdrücke werden am häufigsten in `<xsl:apply-templates>` sowie in Elementen benutzt, die ein `select`-Attribut haben. `<xsl:apply-templates>` ist ein nützliches Element in Vorlagenregeln, die festlegen, welche Knoten dem Kontext-Knotensatz hinzugefügt werden sollen. Ohne ein bestimmtes `select`-Muster wird das Standard-Muster `child::*` benutzt, das alle Kind-Elemente des Kontext-Knotens findet. Wir können dieses Muster jedoch überschreiben und selektiver sein:

```
<xsl:template match="Kategorie">
  <xsl:apply-templates select="Aphorismus"/>
</xsl:template>
```

In dieser Vorlagenregel erstellt das `<xsl:apply-templates>`-Element einen Kontext-Knotensatz, der aus allen `<Aphorismus>`-Elementen besteht, die Kinder des Kontext-Knotens sind. Die Funktionen, die auf Knotensätze angewendet werden können, sind in Tabelle 6-9 aufgeführt.

Tabelle 6-9: Knotensatz-Funktionen

Funktion	Rückgabe
`count(` *`Knotensatz`* `)`	Die Anzahl der Elemente in *`Knotensatz`*. Beispielsweise gibt `count(parent::*)` den Wert 1 zurück, da ein Knoten nur einen Eltern-Knoten haben kann.
`generate-id(` *`Knotensatz`* `)`	Eine Zeichenkette, die einen eindeutigen Identifier für den ersten Knoten in *`Knotensatz`* oder für den Kontext-Knoten enthält, wenn das Argument weggelassen wird. Diese Zeichenkette, die es für verschiedene Knoten garantiert nicht zweimal gibt, wird vom Prozessor generiert.
`last()`	Die Nummer des letzten Knotens im Kontext-Knotensatz. `last()` ähnelt `count()`, nur daß `last()` ausschließlich mit dem Kontext-Knotensatz und nicht mit einem willkürlich gewählten Satz funktioniert.
`local-name(` *`Knotensatz`* `)`	Den Namen des ersten Knotens im *`Knotensatz`* ohne das Namensraum-Präfix. Ohne Argument wird der lokale Name des Kontext-Knotens zurückgegeben.
`name(` *`Knotensatz`* `)`	Wie `local-name()`, mit der Ausnahme, daß das Namensraum-Präfix ebenfalls zurückgegeben wird.
`namespace-uri(` *`Knotensatz`* `)`	Den URI des Namensraumes für den ersten Knoten im *`Knotensatz`*. Ohne Argument wird der Namensraum-URI für den Kontext-Knoten zurückgegeben.
`position()`	Die Nummer des Kontext-Knotens im Kontext-Knotensatz.

Wie im einzelnen in Tabelle 6-10 zu sehen, gibt es auch einige Funktionen, die Knotensätze erzeugen.

Tabelle 6-10: Knotensätze zurückgebende Funktionen

Funktion	Rückgabe
`id(` *`String`* `)`	Einen einzelnen Knoten, der ein `ID`-Attribut hat, das dem Wert von *`String`* entspricht, oder einen leeren Satz, wenn kein Knoten gefunden wird. Es wird maximal ein Knoten zurückgegeben, denn die `ID` muß eindeutig sein.
`key(` *`String Objekt`* `)`	Einen Satz aller Knoten, die einen Schlüssel mit dem Namen *`String`* und dem Wert *`Objekt`* haben. (Wir werden Schlüssel weiter unter in diesem Kapitel noch näher behandeln.)
`document(`*`URI`*`,` *`Basis`*`)`	Den Satz von Knoten, der durch einen URI mit einem optionalen XPointer mit bezug auf *`Basis`* oder, wenn das zweite Argument weggelassen wird, auf den Kontext-Knoten spezifiziert ist.

Numerische Ausdrücke

Wir zählen Knoten, um herauszufinden, ob ein Knoten der erste oder letzte in einer Liste ist oder sich darin an einer bestimmten Position befindet. Bisweilen wollen wir auch numerische Daten verarbeiten. All dies kann mit numerischen Ausdrücken erreicht werden.

Eine Zahl ist in XSLT als 64-Bit-Fließkommazahl, egal, ob diese ein Dezimalzeichen hat oder nicht. Alternativ kann eine Zahl für den Fall, daß eine Konvertierung fehlschlagen sollte, als NaN (Not a Number) spezifiziert sein. Die Regeln für die Konvertierung eines beliebigen Ausdrucks in einen numerischen Wert sind in Tabelle 6-11 aufgeführt.

Tabelle 6-11: Regeln zur Konvertierung von Ausdrücken in Zahlen

Ausdruckstyp	Regel
Knotensatz	Der erste Knoten wird in eine Zeichenkette konvertiert und anschließend die String-Konvertierungsregel verwendet.
Boolean	Der Wert `wahr` wird in die Zahl 1 konvertiert und `falsch` in die Zahl 0.
Zeichenkette (String)	Wenn die Zeichenkette die zeichengetreue Hintereinanderschreibung einer Zahl ist (d.h. `-123.5`), wird sie in diese Zahl konvertiert. Andernfalls wird der Wert `NaN` verwendet.
Ergebnisbaum-Fragment	Wie Knotensätze wird ein Ergebnisbaum-Fragment in eine Zeichenkette umgewandelt, auf die dann die String-Regel angewendet wird.

XSLT stellt, wie im einzelnen in Tabelle 6-12 zu sehen, eine Reihe von Funktionen und Operatoren zur Verfügung, mit denen numerische Werte manipuliert werden können.

Tabelle 6-12: Numerische Operatoren und Funktionen

Funktion	Rückgabe
`expr` `+` *`expr`*	Die Summe von zwei numerischen Ausdrücken.
`expr` `-` *`expr`*	Die Differenz aus dem ersten numerischen Ausdruck minus dem zweiten.
`expr` `*` *`expr`*	Das Produkt aus zwei numerischen Ausdrücken.
`expr` `div` *`expr`*	Den ersten numerischen Ausdruck geteilt durch den zweiten Ausdruck.
`expr` `mod` *`expr`*	Den ersten numerischen Ausdruck modulo den zweiten Ausdruck.
`round(` *`expr`* `)`	Den auf die nächstgelegene ganze Zahl gerundeten Wert des Ausdrucks.
`sum(` *`expr, expr, ...`* `)`	Die Summe der Ausdrücke.
`floor(` *`expr`* `)`	Den auf eine ganze Zahl abgerundeten Wert des Ausdrucks.
`ceiling(` *`expr`* `)`	Den auf eine ganze Zahl aufgerundeten Wert des Ausdrucks.

String-Ausdrücke

Ein String bzw. eine Zeichenkette ist eine Aufreihung von Zeichendaten wie etwa »Wie geht's?«, »990« oder »z«. Mit der Funktion `string()` kann jeder Ausdruck in eine Zeichenkette konvertiert werden. Um Zeichenketten zu erzeugen, benutzt die Funktion die Regeln in Tabelle 6-13.

Tabelle 6-13: Regeln zur Konvertierung von Ausdrücken in Zeichenketten

Ausdruckstyp	Regel
Knotensatz	Als Zeichenkette wird der Text-Wert des ersten Knotens benutzt.
Boolean	Die Zeichenkette ist `true`, wenn der Ausdruck wahr ist, andernfalls `false`.
Zahl	Der Wert der Zeichenkette ist die Zahl, so wie sie ausgegeben werden würde. Beispielsweise ergibt `string(1 + 5 - 9)` für die Zeichenkette `-3`.
Ergebnisbaum-Fragment	Der Wert der Zeichenkette ist die Verkettung der Text-Werte aller Knoten im Fragment.

In Tabelle 6-14 sind die Funktionen aufgelistet, die zur Erzeugung von Zeichenketten zur Verfügung stehen.

Tabelle 6-14: Funktionen zur Erzeugung von Zeichenketten

Funktion	Rückgabe
`concat(` *`String`*`,` *`String`*`, ...)`	Eine Zeichenkette, die eine Verkettung der String-Argumente ist.
`format-number(` *`Zahl`*`,` *`Muster`*`,` *`lokal`* `)`	Eine Zeichenkette, die die *`Zahl`* enthält und entsprechend dem *`Muster`* und einem durch das optionale Argument *`lokal`* spezifizierten Satz an landestypischen Regeln formatiert ist.
`normalize-space(` *`String`* `)`	Den *`String`*, wobei führende und angehängte Leerräume (Leerzeilen, Tabulatoren, Freizeichen) entfernt und alle anderen Leerräume durch einzelne Leerzeichen ersetzt werden. Bei fehlendem Argument wird der Wert des Kontext-Knotens verwendet.
`substring(` *`String`*`,` *`Zahl1`*`,` *`Zahl2`* `)`	Einen Teilbereich des *`String`*-Arguments, der mit dem vom Anfang gerechneten Zeichen *`Zahl1`* beginnt und mit dem vom Beginn dieses Teilbereichs gerechneten Zeichen *`Zahl2`* endet.
`substring-after` `(` *`String`*`,` *`Suchstring`* `)`	Einen Teilbereich des *`String`*-Arguments, der am Ende des ersten Auftretens des *`Suchstring`* beginnt und am Ende des *`String`* endet.

Tabelle 6-14: Funktionen zur Erzeugung von Zeichenketten (Fortsetzung)

Funktion	Rückgabe
`substring-before ( String, Suchstring )`	Einen Teilbereich des *String*-Arguments, der am Anfang des *String* beginnt und am Anfang des ersten Auftretens des *Suchstring* endet.
`translate ( String, Suchstring, Ersatzstring )`	Den *String*, wobei alle Fundstellen des *Suchstring* durch den *Ersatzstring* ersetzt sind.

Die in Tabelle 6-15 aufgelisteten Funktionen stehen für String-Operationen zur Verfügung.

Tabelle 6-15: Funktionen für String-Operationen

Funktion	Rückgabe
`contains( String, Substring )`	Wahr, wenn *Substring* innerhalb des *String* enthalten ist, andernfalls falsch.
`starts-with( String, Substring )`	Wahr, wenn der *String* mit dem *Substring* beginnt, andernfalls falsch.
`string-length( String )`	Die Anzahl der Zeichen innerhalb des *String*.

Feinabstimmung der Vorlagen

Nach der Auseinandersetzung mit den Grundlagen der Template-Regeln und -Selektion wollen wir uns nun einige Methoden zur Anpassung des Verfahrens ansehen. In diesem Abschnitt werden das Erstellen von Knoten, das Generieren von Zahlen und Text sowie das Sortieren und Schleifen in Knotensätzen behandelt.

Ausgabe von Knotenwerten mit <xsl:value-of>

Die Standardregel für Elemente und Attribute ist die Ausgabe der Inhalte als Text. Damit sind uns andere Möglichkeiten der Ausgabe der Werte von Knoten verschlossen. `<xsl:value-of>` ist das Werkzeug für die Berechnung und Rückgabe von Werten. Damit Sie sehen, wie dies mit Knoten funktioniert, schauen Sie sich bitte die folgende Regel an:

```
<xsl:template match="Quelle">
  <xsl:value-of select="."/>
</xsl:template>
```

Wenn wir diese Regel an das `<Zitateliste>`-Beispiel anlehnen, erhalten wir folgendes Ergebnis:

```
Publikation
Wissenschaft heute
6/99

TV-Show
Homer
Die Simpsons

Greg Travis

Konfuzius
```

Die Werte für die einzelnen Knotentypen werden wie folgt berechnet:

Wurzel
: Der Wurzel-Knoten erbt den Wert des Dokument-Elements.

Element
: Alle geparsten Zeichen-Daten im Element zusammen mit den Werten seiner Nachfahren.

Attribut
: Der Wert des Attributs mit aufgelösten Entities und entfernten führenden und angehängten Leerräumen.

Text
: Der gesamte Text im Knoten.

Steueranweisung (PI)
: Alles innerhalb der PI-Begrenzer mit Ausnahme des Namens.

Kommentar
: Der Text innerhalb der Kommentar-Begrenzer.

Namensraum
: Der URI des Namensraums.

Wird `<xsl:value-of>` auf einen Knotensatz angewendet, wird nur der Wert des ersten Knotens verwendet. Wir könnten versucht sein, die folgende Regel zu benutzen, doch sie würde nur den Wert des ersten Knotens zurückgeben:

```
<xsl:template match="Zitat">
  <xsl:value-of select=".//Quelle"/>
</xsl:template>
```

`<xsl:value-of>` ist nicht nur für die Ermittlung von Knoten-Werten nützlich, sondern auch für die Ausführung von Berechnungen. Die folgende Regel gibt beispielsweise die Anzahl der Zitate in der Liste aus:

```
<xsl:template match="Zitateliste">
  <p>Gesamt: <xsl:value-of select="count(//Zitat)"/> Zitate.</p>
</xsl:template>
```

Schleifen mit <xsl:for-each>

`<xsl:for-each>` ist ein Konstrukt, das einen ganzen Knotensatz innerhalb einer einzigen Regel verarbeitet. `<xsl:for-each>` richtet intern einen neuen Kontext-Knotensatz und Kontext-Knoten ein, die nützlich für lokalisierte Effekte wie den Aufbau von formatierten Listen und den Aufruf von Sonderfunktionen sind. Die folgende Regel generiert ein Inhaltsverzeichnis:

```
<xsl:template match="Buch">
  <xsl:for-each select="Kapitel">
    <xsl:value-of select="position()"/>.
    <xsl:value-of select="Titel"/>.
  </xsl:for-each>
  <xsl:apply-templates/>
</xsl:template>
```

Diese Regel benutzt `<xsl:for-each>`, um eine numerierte Liste der Kapitel-Titel zu erstellen, bevor die einzelnen Kapitel mit der `<xsl:apply-templates>`-Anweisung verarbeitet werden.

Erstellen von Knoten

Wie wir in den Beispielen zuvor gesehen haben, können wir Elemente und Attribute normalerweise erstellen, indem wir sie ganz einfach in Vorlagenregeln schreiben. Obwohl dieser Methode wegen ihrer Einfachheit im allgemeinen der Vorzug zu geben ist, hat sie ihre Grenzen. Vielleicht wollen wir zum Beispiel ein Attribut mit einem Wert erstellen, der durch ein kompliziertes Verfahren ermittelt werden muß. Die folgende Regel veranschaulicht dieses Verfahren:

```
<xsl:template match="a">
  <p>Auf der
    <a>
      <xsl:attribute
        name="href">http://www.oreilly.com/catalog/<xsl:call-template
        name="prodname"/></xsl:attribute>
        Katalogseite
    </a> finden Sie weitere Informationen.)
  </p>
</xsl:template>
```

In dieser Regel erzeugt das Element `<xsl:attribute>` einen neuen Attribut-Knoten mit dem Namen `href`. Der Wert dieses Attributs ist der Inhalt des den Knoten erzeugenden Elements, in diesem Fall eines URI mit durch ein `<xsl:call-template>`-Element bereitgestelltem variablen Text. So wie wir es hier geschrieben haben, ist es nicht möglich, den variablen Text innerhalb des Elements `<a>` einzubinden, so daß wir ihn in einem gesonderten Schritt zur Erstellung eines Attribut-Knotens ausgelagert haben.

Erstellung von Elementen mit <xsl:element>

Neben `<xsl:attribute>` gibt es eine Anweisung, mit der ein beliebiger Knotentyp erstellt werden kann. `<xsl:element>` erzeugt Elemente. Dies ist nützlich, wenn der Name eines Elements dynamisch berechnet wird:

```
<xsl:template match="Ding">
  <xsl:element name="{@type}">
    <xsl:value-of select="."/>
  </xsl:element>
</xsl:template>
```

Das Attribut `name` legt den Elementtyp fest. Wenn das Eingabe-Dokument folgendes beinhaltet:

```
<Ding type="Kreis">Radius: 3</Ding>
<Ding type="Quadrat">Seite: 7</Ding>
```

sieht die Ausgabe so aus:

```
<Kreis>Radius: 3</Kreis>
<Quadrat>Seite: 7</Quadrat>
```

Attribute und Attribut-Sätze

Wir haben gesehen, wie Attribute mit `<xsl:attribute>` generiert werden können. Wie bei der Generierung von Elementen können Sie den Namen und den Wert des Attributs dynamisch gewinnen. Beachten Sie jedoch, daß eine `<xsl:attribute>`-Anweisung vor jedem anderen Inhalt kommen muß. Andernfalls erhalten Sie einen Fehler.

Um einen einzigen Satz von Attributen auf viele verschiedene Elemente anzuwenden, können Sie `<xsl:attribute-set>` benutzen. Dazu definieren Sie zunächst den Satz wie folgt:

```
<xsl:attribute-set name="allg-Atts">
  <xsl:attribute name="id"/>
    <xsl:value-of select="generate-id()"/>
  </xsl:attribute>
  <xsl:attribute name="class">
    Zitat
  </xsl:attribute>
</xsl:attribute-set>
```

Damit wird ein Satz aus zwei Attributen erzeugt, ein `ID` und `class="Zitat"`. Auf den Satz kann aus einem beliebigen Element heraus über seinen Namen `allg-Atts` zugegriffen werden. Nun können wir das Attribut `use-attribute-sets` benutzen, um auf den von uns definierten Attribut-Satz zu verweisen:

```
<xsl:template match="Zitat">
  <blockquote xsl:use-attribute-sets="allg-Atts">
    <xsl:value-of select="."/>
  </blockquote>
</xsl:template>
```

Sie können mehr als einen Attribut-Satz spezifizieren, indem Sie deren durch Leerzeichen voneinander getrennte Namen auflisten.

Einfügen von Text mit <xsl:text>

Normalerweise fügen Sie der Vorlage Text hinzu, indem Sie diesen einfach eingeben. Damit erhalten Sie jedoch häufig unerwünschte Leerzeichen und Zeilenumbrüche. Wenn Sie eine strenge Kontrolle über Leerräume benötigen, sollten Sie `<xsl:text>` benutzen. Dieses Element erhält sämtliche Freizeichen, Tabulatoren, Zeilenvorschübe und -umbrüche genau so, wie Sie diese eingeben.

Mit dieser Anweisung können Sie auch verbotene Zeichen wie `<` und `&` einbeziehen. Dafür müssen Sie das Attribut `disable-output-escaping` verwenden:

```
<xsl:template match="Codelisting">
  <h3>Code-Beispiel</h3>
  <pre>
    <xsl:text disable-output-escaping="yes">
      cout << "Ausgabe von Strings in C++";
    </xsl:text>
  </pre>
</xsl:template>
```

Generieren von Steueranweisungen und Kommentaren

Das Erzeugen von Steueranweisungen und Kommentaren ist einfach. Um eine Steueranweisung zu erzeugen, nimmt das Element `<xsl:processing-instruction>` ein Attribut `Name` und Text-Inhalt entgegen:

```
<xsl:template match="Marker">
  <xsl:processing-instruction name="Formatierung">
    Seite=<xsl:value-of select="{@page}"/>
  </xsl:processing-instruction>
</xsl:template>
```

Diese Regel erzeugt die folgende Ausgabe:

```
<?Formatierung Seite=1?>
```

Mit dem Element `<xsl:comment>` ohne Attribute können Sie einen Kommentar erzeugen:

```
<xsl:template match="Kommentar">
  <xsl:comment>
    <xsl:value-of select="."/>
  </xsl:comment>
</xsl:template>
```

Um die Steueranweisung oder Inhalte für einen Kommentar zu erzeugen, müssen Sie entweder einfachen Text oder ein Element wie `<xsl:value-of>` spezifizieren, das zu Text wird. Jede andere Art von Spezifikation führt zu einem Fehler.

Numerierung

Wir können Nummern mit Hilfe von `<xsl:value-of>` berechnen und darstellen, doch dies ermöglicht nur einen eingeschränkten Typ der Formatierung: dezimal-numerisch. XSLT bietet hier mit `<xsl:number>` eine größere Flexibilität. Sie können mit diesem Element Nummern als römische Zahlen, mit vorangestellten Nullen oder als Buchstaben ausgeben. Auch eine integrierte Funktion zum Zählen von Knoten ist vorhanden. Kommen wir zu unserem Inhaltsverzeichnis-Beispiel zurück: Hier sehen Sie, wie wir ein Inhaltsverzeichnis mit `<xsl:number>` generieren könnten:

```
<xsl:template match="Buch">
  <xsl:for-each select="Kapitel">
    <xsl:number value="position()"/>.
    <xsl:value-of select="Titel"/>.
  </xsl:for-each>
</xsl:template>
```

um eine Ausgabe wie diese zu erhalten:

```
1. Aquaman verlernt das Schwimmen
2. Der böse König Oystro schickt Mörder
3. Godzilla rettet den Tag
4. Aquaman wird mit Kugelfisch vergiftet
5. Aqualad besorgt das Gegengift
6. Atlantis wählt Aquaman ins Amt
```

Das Standardverhalten ist das gleiche wie bei `<xsl:value-of>`: gute alte Dezimalzahlen. Mit dem Attribut `format` haben wir mehr Optionen. Beispielsweise können wir römische Zahlen benutzen:

```
<xsl:template match="Buch">
  <xsl:for-each select="Kapitel">
    <xsl:number value="position()" format="I"/>.
    <xsl:value-of select="Titel"/>.
  </xsl:for-each>
</xsl:template>
```

Dies ergibt:

```
I.   Aquaman verlernt das Schwimmen
II.  Der böse König Oystro schickt Mörder
III. Godzilla rettet den Tag
IV.  Aquaman wird mit Kugelfisch vergiftet
V.   Aqualad besorgt das Gegengift
VI.  Atlantis wählt Aquaman ins Amt
```

Tabelle 6-16 zeigt einige andere Verwendungsmöglichkeiten für das Attribut `format`.

Tabelle 6-16: Nummern-Formate

Format-String	Numerierungsschema
1	1, 2, 3, 4, ...
0	0, 1, 2, 3, ...
4	4, 5, 6, 7, ...
01	01, 02, 03, ..., 09, 10, 11, ...
I	I, II, III, IV, ...
i	i, ii, iii, iv, ...
iii	iii, iv, v, vi, ...
A	A, B, C, D, ...
a	a, b, c, d, ...
G	G, H, I, J, ...

Stellen Sie sich nun vor, Sie wollen eine alphabetische Liste haben, die mit »i« beginnt. Der Format-String `i` ist die Voreinstellung für eine kleine römische, nicht jedoch eine alphabetische Numerierung. Sie brauchen das zusätzliche Attribut `letter-value`, um den Formattyp explizit einzustellen:

```
<xsl:template match="Buch">
  <xsl:for-each select="Kapitel">
    <xsl:number value="position()" format="i"
        letter-value="alphabetic"/>.
    <xsl:value-of select="Titel"/>.
  </xsl:for-each>
</xsl:template>
```

Dies ergibt:

```
i. Aquaman verlernt das Schwimmen
j. Der böse König Oystro schickt Mörder
k. Godzilla rettet den Tag
l. Aquaman wird mit Kugelfisch vergiftet
m. Aqualad besorgt das Gegengift
n. Atlantis wählt Aquaman ins Amt
```

Bei großen Zahlen können Sie die zur Gruppierung der Ziffern benutzte Zeichensetzung bestimmen. In Deutschland werden jeweils drei Ziffern in einer Zahl mit einem Punkt voneinander getrennt (d.h. 1.000.000), während andere Länder sich davon unterscheidende Schemata benutzen. In den USA etwa werden diese Dreiergruppen mit Kommas voneinander getrennt (d.h. 1,000,000). Es gibt zwei Attribute, die dieses Erscheinungsbild bestimmen. Mit dem ersten, `grouping-separator`, wird ein Zeichen zur Unterteilung der Zifferngruppen festgelegt. Das zweite, `grouping-size`, bestimmt die Anzahl der Ziffern in einer Gruppe. Um eine Zahl als 1*0000*0000 zu formatieren, müßten wir schreiben:

```
<xsl:number
  value="100000000"
  grouping-separator="*"
  grouping-size="4"/>
```

Das nützlichste Leistungsmerkmal von `<xsl:number>` ist die Fähigkeit, Knoten zu zählen. Das Attribut `count` spezifiziert die Art der zu zählenden Knoten. Nehmen wir beispielsweise an, wir wollen, daß jeder Kapitel-Titel mit einer Nummer davor erscheint, etwa so:

```
<h1>Kapitel 5. Aqualad besorgt das Gegengift</h1>
```

Die folgende Regel erledigt die Aufgabe:

```
<xsl:template match="Kapitel/Titel">
  <h1>
    Kapitel
    <xsl:number count="Kapitel"/>
    <xsl:value-of select="."/>
  </h1>
</xsl:template>
```

`count` schaut nur auf Knoten, die Geschwister sind. `<Kapitel>`-Elemente liegen immer auf der gleichen Ebene, da sie Kinder von `<Buch>` sind, so daß diese Forderung erfüllt ist. Doch was ist, wenn die Knoten nicht alle auf der gleichen Ebene liegen? Fußnoten zum Beispiel erscheinen in unterschiedlichen Absätzen. Wenn wir sie daher numerieren wollen, müssen wir in der Lage sein, über die aktuelle Ebene hinauszuschauen. Wir können dies erreichen, indem wir das Attribut `level` auf `any` stellen. Hier sehen Sie ein Beispiel:

```
<xsl:template match="Fußnote">
  <xsl:text>[<xsl/text>
  <xsl:number count="Fußnote" from="Kapitel" level="any"/>
  <xsl:text>]<xsl/text>
</xsl:template>
```

Diese Regel fügt an der Stelle der Fußnote eine Nummer in Klammern ein. Das Attribut `from="Kapitel"` führt dazu, daß die Numerierung mit dem ersten `<Kapitel>`-Start-Tag beginnt. `level="any"` stellt sicher, daß alle Fußnoten gezählt werden, unabhängig von der Ebene, auf der sie sich befinden.

Sortieren

Elemente müssen häufig sortiert werden, um Nutzen zu bringen. Tabellenkalkulationen, Kataloge und statistische Erhebungen sind nur einige Beispiele für Dokumente, die eine Sortierung erfordern. Stellen Sie sich ein Telefonbuch vor, das nach drei Schlüsseln sortiert ist: Name, Vorname und Wohnort. Das Dokument sieht folgendermaßen aus:

```
<Telefonbuch>
  ...


  <Eintrag id="44456">
    <Name>von Schlettow-Schlammstein</Name>
    <Vorname>Janina-Adelheid</Vorname>
    <Wohnort>Jungfernbusch</Wohnort>
    <Straße>Roter Damm 999</Straße>
    <Telefon>0190-666666</Telefon>
  </Eintrag>

  <Eintrag id="44457">
    <Name>Ratlos</Name>
    <Vorname>Rudi</Vorname>
    <Wohnort>Dummerstorf</Wohnort>
    <Straße>Triftweg 12a</Straße>
    <Telefon>0190-1234</Telefon>
  </Eintrag>
    ...
</Telefonbuch>
```

Standardmäßig verarbeitet die Transformation jeden Knoten in der Reihenfolge seines Auftretens im Dokument. Der Eintrag mit `id="44456"` wird somit vor `id="44457"` ausgegeben. Dies wäre offensichtlich nicht die alphabetische Reihenfolge, so daß wir die Ergebnisse irgendwie sortieren müssen. Es findet sich, daß wir dies mit einem Element tun können, das `<xsl:sort>` heißt. Hier sehen Sie, wie die Regel für das Dokument-Element aussehen könnte:

```
<xsl:template match="Telefonbuch">
  <xsl:apply-templates>
    <xsl:sort select="Wohnort"/>
    <xsl:sort select="Name"/>
    <xsl:sort select="Vorname"/>
  </xsl:apply-templates>
</xsl:template>
```

Es gibt hier drei Sortier-Achsen. Zuerst werden alle Ergebnisse nach dem Wohnort sortiert. Als nächstes werden die Einträge nach dem Namen sortiert. Zum Schluß werden die Einträge nach dem Vornamen sortiert.

Beispiel: Kontoauszug

Es wird nun Zeit für ein brauchbares Beispiel, das die bisher diskutierten Konzepte veranschaulicht. Der Kontoauszug aus Beispiel 5-1 ist ein gutes Versuchsobjekt, also verwenden wir es erneut. In Beispiel 6-4 sehen Sie eine weitere Instanz des Kontoauszug-Dokuments. Es handelt sich dabei um das gleiche Dokument, das wir in Kapitel 5, *Dokumentenmodelle: Eine höhere Stufe der Steuerung*, benutzt haben, nur mit der Ausnahme, daß am Ende eine weitere `<Bezahlung>` hinzugefügt wurde, was zu einem negativen Saldo führt:

Beispiel 6-4: Kontoauszug-Instanz

```
<?xml version="1.0"?>
<!DOCTYPE Kontoauszug SYSTEM "kontoauszug.dtd">

<Kontoauszug>

  <Gutschrift typ="Direkt-Einzahlung">
    <Auftraggeber>Bobs Schrauben</Auftraggeber>
    <Betrag>3500,00</Betrag>
    <Datum>21.6.01</Datum>
    <Beschreibung kategorie="Einnahme">Euroscheck</Beschreibung>
  </Gutschrift>

  <Bezahlung typ="Scheck" nummer="980">
    <Zahlungsempfänger>Kimora Sport-Geräte</Zahlungsempfänger>
    <Betrag>289,90</Betrag>
    <Datum>23.6.01</Datum>
    <Beschreibung kategorie="Freizeit">Kendo-Ausrüstung</Beschreibung>
  </Bezahlung>

  <Bezahlung typ="Geldautomat">
    <Betrag>100,00</Betrag>
    <Datum>24.6.01</Datum>
    <Beschreibung kategorie="bar">Taschengeld</Beschreibung>
  </Bezahlung>

  <Bezahlung typ="Lastschrift">
    <Zahlungsempfänger>Henkelmännchen</Zahlungsempfänger>
    <Betrag>76,86</Betrag>
    <Datum>26.6.01</Datum>
    <Beschreibung kategorie="Essen">Mittagessen mit Heinz</Beschreibung>
  </Bezahlung>

  <Bezahlung typ="Scheck" nummer="981">
    <Zahlungsempfänger>Tante Emmas Laden</Zahlungsempfänger>
    <Betrag>102,28</Betrag>
    <Datum>29.6.01</Datum>
    <Beschreibung kategorie="Essen">Lebensmittel</Beschreibung>
  </Bezahlung>

  <Bezahlung typ="Lastschrift">
    <Zahlungsempfänger>BOL</Zahlungsempfänger>
    <Betrag>125,00</Betrag>
    <Datum>30.6.01</Datum>
    <Beschreibung kategorie="Arbeit">Bücher von O'Reilly</Beschreibung>
  </Bezahlung>

  <Bezahlung typ="Scheck" nummer="982">
    <Zahlungsempfänger>Auktionshaus Pfaff</Zahlungsempfänger>
    <Betrag>3400,00</Betrag>
    <Datum>31.6.01</Datum>
    <Beschreibung kategorie="Verschiedenes"> Biedermeiertisch, der einst Geheimrat
```

Beispiel 6-4: Kontoauszug-Instanz (Fortsetzung)

```
      Goethe gehört haben soll,</Beschreibung>
  </Bezahlung>

</Kontoauszug>
```

Unser Transformations-Stylesheet zeigt, wie eine XML-Dokumente-Instanz in XSLT verarbeitet werden kann, um ein vollständig anderes Dokument zu generieren. Das Ziel besteht darin, die Transaktionen zu systematisieren und einen Bericht der letzten Aktivitäten sowie des aktuellen Status des Giro-Kontos auszugeben. Nehmen wir an, daß der Saldo am Beginn des Dokuments Null ist.

Das Ausgabeformat ist HTML, so daß es in einem beliebigen Webbrowser betrachtet werden kann. Die erste Vorlagenregel richtet die Struktur und die notwendigen Tags der HTML-Seite ein:

```
<xsl:template match="Kontoauszug">
  <html>
    <head/>
    <body>
              <!-- hier kommt der Inhalt der Seite hin -->
    </body>
  </html>
</xsl:template>
```

Lassen Sie uns nun einen Abschnitt hinzufügen, um die Einnahmen zusammenzufassen. Der Abschnittskopf, der in ein `<h3>`-Element verpackt ist, wird mit neuem, im Dokument nicht vorhandenen Text (unter Zuhilfenahme von `<xsl:text>`) und den Daten aus der ersten und letzten Transaktion (unter Zuhilfenahme von `<xsl:value-of>`) generiert. Nach dem Kopf werden mit `<xsl:apply-templates>` alle Einnahme-Transaktionen in der Reihenfolge ihres Erscheinens aufgeführt. Die Regel sieht nun folgendermaßen aus (die neu eingefügten Teile sind fett dargestellt):

```
<xsl:template match="Kontoauszug">
  <html>
    <head/>
    <body>
      <!-- Einnahme-Informationen -->
      <h3>
        <xsl:text>Einnahme vom </xsl:text>
        <xsl:value-of select="child::*[1]/Datum"/>
        <xsl:text> bis zum </xsl:text>
        <xsl:value-of select="child::*[last()]/Datum"/>
        <xsl:text>:</xsl:text>
      </h3>
      <xsl:apply-templates select="Gutschrift"/>
    </body>
  </html>
</xsl:template>
```

Nachdem dies erledigt ist, wollen wir einen Abschnitt zur Beschreibung der Abzüge vom Giro-Konto hinzufügen. Es wäre schön, wenn diese Transaktionsliste nach der Höhe der Beträge sortiert wäre. Dazu benutzen wir das Element `<xsl:sort>`. Die Regel lautet nun:

```
<xsl:template match="Kontoauszug">
  <html>
    <head/>
    <body>

      <!-- Einnahme-Informationen -->
      <h3>
        <xsl:text>Einnahme vom </xsl:text>
        <xsl:value-of select="child::*[1]/Datum"/>
        <xsl:text> bis zum </xsl:text>
        <xsl:value-of select="child::*[last()]/Datum"/>
        <xsl:text>:</xsl:text>
      </h3>
      <xsl:apply-templates select="Gutschrift"/>
      <!-- Zahlungsinformationen -->
      <h3>
        <xsl:text>Ausgaben vom </xsl:text>
        <xsl:value-of select="child::*[1]/Datum"/>
        <xsl:text> bis zum </xsl:text>
        <xsl:value-of select="child::*[last()]/Datum"/>
        <xsl:text>, geordnet nach der Höhe der Beträge:</xsl:text>
      </h3>
      <xsl:apply-templates select="Bezahlung">
        <xsl:sort data-type="number" order="descending"
                  select="Betrag"/>
      </xsl:apply-templates>
    </body>
  </html>
</xsl:template>
```

Schließlich wollen wir den Konto-Saldo darstellen. Wir benutzen `<xsl:number>`, um die Summe der Transaktionen zu berechnen. Es werden zwei `sum()`-Ausdrücke benötigt: einer für den Gesamtbetrag der Zahlungen und einer für den Gesamtbetrag der Einnahmen. Anschließend werden wir den Gesamtbetrag der Zahlungen vom Gesamtbetrag der Einnahmen subtrahieren. Um klar herauszustellen, ob der Benutzer sich in den roten Zahlen befindet oder nicht, werden wir das berechnete Ergebnis farblich markieren und einen Warnhinweis ausgeben, wenn es negativ ist. Hier sehen Sie die Regel:

```
<xsl:template match="Kontoauszug">
  <html>
    <head/>
    <body>

      <!-- Einnahme-Informationen -->
      <h3>
        <xsl:text>Einnahme vom </xsl:text>
        <xsl:value-of select="child::*[1]/Datum"/>
```

```
  <xsl:text> bis zum </xsl:text>
  <xsl:value-of select="child::*[last()]/Datum"/>
  <xsl:text>:</xsl:text>
</h3>
<xsl:apply-templates select="Gutschrift"/>

<!-- Zahlungsinformationen -->
<h3>
  <xsl:text>Ausgaben vom </xsl:text>
  <xsl:value-of select="child::*[1]/Datum"/>
  <xsl:text> bis zum </xsl:text>
  <xsl:value-of select="child::*[last()]/Datum"/>
  <xsl:text>, geordnet nach der Höhe der Beträge:</xsl:text>
</h3>
<xsl:apply-templates select="Bezahlung">
  <xsl:sort data-type="number" order="descending"
          select="Betrag"/>
</xsl:apply-templates>

<h3>Saldo</h3>
<p>
  <xsl:text>Ihr Saldo per </xsl:text>
  <xsl:value-of select="child::*[last()]/Datum"/>
  <xsl:text> beträgt </xsl:text>
  <tt><b>
    <xsl:choose>
      <xsl:when test="sum( Bezahlung/Betrag )
                > sum( Gutschrift/Betrag )">
        <font color="red">
          <xsl:value-of select="sum( Gutschrift/Betrag )
                              - sum( Bezahlung/Betrag )"/>
<xsl:text> DM</xsl:text>
        </font>
      </xsl:when>
      <xsl:otherwise>
        <font color="blue">
          <xsl:value-of select="sum( Gutschrift/Betrag )
                              - sum( Bezahlung/Betrag )"/>
<xsl:text> DM</xsl:text>
        </font>
      </xsl:otherwise>
    </xsl:choose>
  </b></tt>
</p>
<xsl:if test="sum( Bezahlung/Betrag ) > sum( Gutschrift/Betrag )">
  <p>
    <font color="red">
      <xsl:text>ACHTUNG! Konto unverzüglich ausgleichen!</xsl:text>
    </font>
  </p>
</xsl:if>
```

```
    </body>
  </html>
</xsl:template>
```

Nun brauchen wir einige Regeln, um die Elemente `<Bezahlung>` und `<Gutschrift>` zu bearbeiten. Die erste numeriert, wie unten zu sehen, die einzelnen Zahlungen und faßt sie jeweils fein säuberlich in einem Satz zusammen:

```
<xsl:template match="Bezahlung">
  <p>
    <xsl:value-of select="position()"/>
    <xsl:text>. Am </xsl:text>
    <xsl:value-of select="Datum"/>
    <xsl:text> haben Sie </xsl:text>
    <tt><b>
      <xsl:value-of select="Betrag"/>
      <xsl:text> DM</xsl:text>
    </b></tt>
    <xsl:text> an </xsl:text>
    <i>
      <xsl:value-of select="Zahlungsempfänger"/>
    </i>
    <xsl:text> für </xsl:text>
    <xsl:value-of select="Beschreibung"/>
    <xsl:text> bezahlt.</xsl:text>
  </p>
</xsl:template>
```

Für die meisten Zahlungstypen funktioniert dies gut genug, mit `typ="Geldautomat"` will es allerdings nicht so recht funktionieren. Beachten Sie in der Dokument-Instanz, daß der `Geldautomat`-Bezahlung eine Beschreibung des Zahlungsempfängers fehlt, da angenommen wird, daß der Autor des Kontoauszugs der Empfänger des Geldes ist. Lassen Sie uns also eine spezielle Regel nur für diesen Fall erstellen:

```
<xsl:template match="Bezahlung[@typ='Geldautomat']">
  <p>
    <xsl:value-of select="position()"/>
    <xsl:text>. Am </xsl:text>
    <xsl:value-of select="Datum"/>
    <xsl:text> haben Sie von einem Geldautomat </xsl:text>
    <tt><b>
      <xsl:value-of select="Betrag"/>
      <xsl:text> DM</xsl:text>
    </b></tt>
    <xsl:text> für </xsl:text>
    <xsl:value-of select="Beschreibung"/>
    <xsl:text> abgehoben.</xsl:text>
  </p>
</xsl:template>
```

Und schließlich sehen Sie hier die Regel für die `<Gutschrift>`:

```
<xsl:template match="Gutschrift">
  <p>
```

```
      <xsl:value-of select="position()"/>
      <xsl:text>. Am </xsl:text>
      <xsl:value-of select="Datum"/>
      <xsl:text> wurden von </xsl:text>
      <i>
        <xsl:value-of select="Auftraggeber"/>
      </i>
      <tt><b>
        <xsl:value-of select="Betrag"/>
        <xsl:text> DM</xsl:text>
      </b></tt>
      <xsl:text> auf Ihr Konto eingezahlt.</xsl:text>
    </p>
  </xsl:template>
```

Wenn wir dies alles in einem Stylesheet vereinen, erhalten wir das Listing in Beispiel 6-5.

Beispiel 6-5: Kontoauszugs-Transformations-Stylesheet

```
<?xml version="1.0"?>

<!--
=========================================================================
Ein einfaches Transformations-Stylesheet zur Extraktion von
Informationen aus einem Kontoauszug
=========================================================================
-->

<xsl:stylesheet xmlns:xsl="http://www.w3.org/1999/XSL/Transform"
                version="1.0">

<xsl:template match="Kontoauszug">
  <html>
    <head/>
    <body>
      <h3>
        <xsl:text>Einnahme vom </xsl:text>
        <xsl:value-of select="child::*[1]/Datum"/>
        <xsl:text> bis zum </xsl:text>
        <xsl:value-of select="child::*[last()]/Datum"/>
        <xsl:text>:</xsl:text>
      </h3>
      <xsl:apply-templates select="Gutschrift"/>
      <h3>
        <xsl:text>Ausgaben vom </xsl:text>
        <xsl:value-of select="child::*[1]/Datum"/>
        <xsl:text> bis zum </xsl:text>
        <xsl:value-of select="child::*[last()]/Datum"/>
        <xsl:text>, geordnet nach der Höhe der
        Beträge:</xsl:text>
      </h3>
      <xsl:apply-templates select="Bezahlung">
```

Beispiel 6-5: Kontoauszugs-Transformations-Stylesheet (Fortsetzung)

```
        <xsl:sort data-type="number" order="descending" select="Betrag"/>
      </xsl:apply-templates>
      <h3>Saldo</h3>
      <p>
        <xsl:text>Ihr Saldo per </xsl:text>
        <xsl:value-of select="child::*[last()]/Datum"/>
        <xsl:text> beträgt </xsl:text>
        <tt><b>
          <xsl:choose>
            <xsl:when test="sum( Bezahlung/Betrag ) > sum( Gutschrift/Betrag )">
              <font color="red">
                <xsl:value-of select="sum( Gutschrift/Betrag )
                                      - sum( Bezahlung/Betrag )"/>
                <xsl:text> DM</xsl:text>
              </font>
            </xsl:when>
            <xsl:otherwise>
              <font color="blue">
                 <xsl:value-of select="sum( Gutschrift/Betrag )
                                      - sum( Bezahlung/Betrag )"/>
                 <xsl:text> DM</xsl:text>
              </font>
            </xsl:otherwise>
          </xsl:choose>
        </b></tt>
      </p>
      <xsl:if test="sum( Bezahlung/Betrag ) > sum( Gutschrift/Betrag )">
        <p>
          <font color="red">
            <xsl:text>ACHTUNG! Konto unverzüglich ausgleichen!</xsl:text>
          </font>
        </p>
      </xsl:if>
    </body>
  </html>
</xsl:template>

<xsl:template match="Bezahlung[@typ='Geldautomat']">
  <p>
    <xsl:value-of select="position()"/>
    <xsl:text>. Am </xsl:text>
    <xsl:value-of select="Datum"/>
    <xsl:text> haben Sie von einem Geldautomaten </xsl:text>
    <tt><b>
      <xsl:value-of select="Betrag"/>
      <xsl:text> DM</xsl:text>
    </b></tt>
    <xsl:text> für </xsl:text>
    <xsl:value-of select="Beschreibung"/>
    <xsl:text> abgehoben.</xsl:text>
  </p>
```

Beispiel 6-5: Kontoauszugs-Transformations-Stylesheet (Fortsetzung)

```
</xsl:template>

<xsl:template match="Bezahlung">
  <p>
    <xsl:value-of select="position()"/>
    <xsl:text>. Am </xsl:text>
    <xsl:value-of select="Datum"/>
    <xsl:text> haben Sie </xsl:text>
    <tt><b>
      <xsl:value-of select="Betrag"/>
      <xsl:text> DM</xsl:text>
    </b></tt>
    <xsl:text> an </xsl:text>
    <i>
      <xsl:value-of select="Zahlungsempfänger"/>
    </i>
    <xsl:text> für </xsl:text>
    <xsl:value-of select="Beschreibung"/>
    <xsl:text> bezahlt.</xsl:text>
  </p>
</xsl:template>

<xsl:template match="Gutschrift">
  <p>
    <xsl:value-of select="position()"/>
    <xsl:text>. Am </xsl:text>
    <xsl:value-of select="Datum"/>
    <xsl:text> wurden von </xsl:text>
    <i>
      <xsl:value-of select="Auftraggeber"/>
    </i>
    <tt><b>
      <xsl:value-of select="Betrag"/>
      <xsl:text> DM</xsl:text>
    </b></tt>
    <xsl:text> auf Ihr Konto eingezahlt.</xsl:text>
  </p>
</xsl:template>
</xsl:stylesheet>
```

Beispiel 6-6 zeigt die resultierende HTML-Datei. In Abbildung 6-2 sehen Sie diese in einem Browser.

Beispiel 6-6: Der Ergebnis-Baum

```
<html>
<body>
<h3>Einnahmen vom 21.6.01 bis zum 31.6.01:</h3>
<p>1. Am 21.6.01 wurden von <i>Bobs Schrauben</i> <tt><b>3500,00 DM</b></tt> auf Ihr
Konto eingezahlt.</p>
<h3>Ausgaben vom 21.6.01 bis zum 31.6.01, geordnet nach der Höhe der Beträge:</h3>
```

Beispiel 6-6: Der Ergebnis-Baum (Fortsetzung)

```
<p>1. Am 31.6.01 haben Sie <tt><b>3400,00 DM</b></tt> an <i>Auktionshaus Pfaff</i>
für dreibeiniger Biedermeiertisch, der einst Geheimrat Goethe gehört haben soll,
gezahlt.</p>
<p>2. Am 23.6.01 haben Sie <tt><b>289,90 DM</b></tt> an <i>Kimora Sport-Geräte</i>
für Kendo-Ausrüstung gezahlt.</p>
<p>3. Am 30.6.01 haben Sie <tt><b>125,00 DM</b></tt> an <i>BOL</i> für Bücher von
O'Reilly gezahlt.</p>
<p>4. Am 29.6.01 haben Sie <tt><b>102,28 DM</b></tt> an <i>Tante Emmas
Laden</i> für Lebensmittel gezahlt.</p>
<p>5. Am 24.6.01 haben Sie <tt><b>100,00 DM</b></tt> von einem Geldautomaten für
Taschengeld abgehoben.</p>
<p>6. Am 26.6.01 haben Sie <tt><b>76,86 DM</b></tt> an <i>Henkelmännchen</i> für
Mittagessen mit Heinz gezahlt.</p>
<h3>Saldo</h3>
<p>Ihr Saldo per 31.6.01 beträgt <tt><b><font
color="red">-594,04 DM</font></b></tt>
</p>
<p>
<font color="red">ACHTUNG! Konto unverzüglich ausgleichen!</font>
</p>
</body>
</html>
```

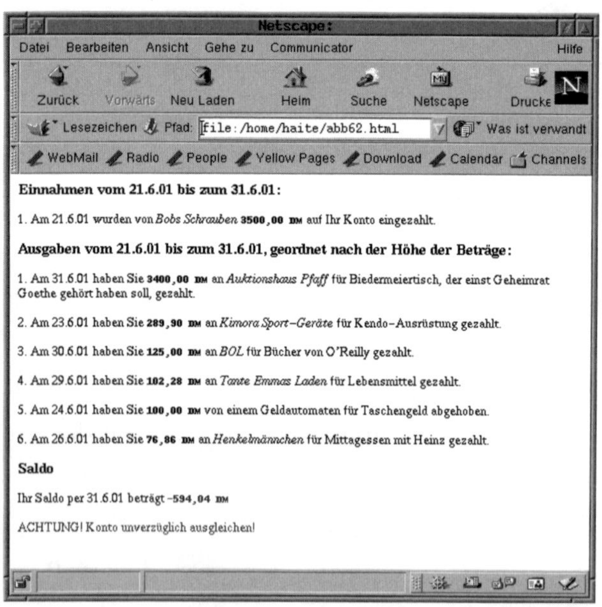

Abbildung 6-2: Kontoauszug-Angaben in Netscape

Fortgeschrittene Techniken

Sie sind nun bereit, ein XSLT-Power-User zu werden. In diesem Abschnitt werden ein paar tolle Techniken wie etwa die Benennung von und die Parameter-Übergabe an Vorlagenregeln, die Verwendung von Modi zur Veränderung des Verhaltens von Regeln und die Behandlung von Leerräumen eingeführt.

Benannte Vorlagen

Alle Vorlagenregeln, die wir bisher gesehen haben, waren durch ihre jeweiligen Suchmuster spezifiziert. Bisweilen wollen wir eine Vorlagenregel jedoch explizit aufrufen. XSLT stellt für diesen Zweck die *benannte Vorlage* zur Verfügung. Eine benannte Vorlage stellt für sich häufig wiederholende Aufgaben einen Vorteil dar, denn sie vereinfacht den Code und macht ihn besser lesbar. Software-Entwickler können sich benannte Vorlagen als Subroutinen vorstellen, die in Programmiersprachen eine ganz ähnliche Rolle spielen.

Eine benannte Vorlage unterscheidet sich nicht von anderen Regeln, nur daß sie kein `match`-Attribut, sondern ein `name`-Attribut hat, durch das sie ein Label erhält. Um zu dieser Regel zu springen, benutzen Sie ein `<xsl:call-template>` genanntes Element. Anders als bei einer normalen Vorlagenregel verändern sich der Kontext-Knoten und der Knotensatz beim Aufruf einer benannten Vorlage nicht.

Hier sehen Sie ein Beispiel für eine benannte Vorlage, die eine Gruppe von Navigationslinks für eine HTML-Seite generiert:

```
<xsl:template name="Navbar">
  <div class="Navbar">
    <xsl:text>Aktuelles Dokument: </xsl:text>
    <xsl:value-of select="Titel"/>
    <br/>
    <a href="index.htm">Home</a> |
    <a href="help.htm">Hilfe</a> |
    <a href="toc.htm">Inhalte</a>
  </div>
</xsl:template>
```

Vor die Links haben wir zwei Zeilen gesetzt, um den Titel des aktuellen Dokuments auszugeben. Dies zeigt, daß der aktuelle Knoten der gleiche ist wie in der Regel, die die benannte Vorlage aufgerufen hat. Um unsere benannte Vorlage `Navbar` aufzurufen, benutzen wir das Element `<xsl:call-template>`. Beachten Sie, daß wir die Vorlage sooft aufrufen können, wie wir wollen. In diesem Falle wollen wir die Navigationsleiste sowohl oben als auch unten auf der Seite haben. Also rufen wir `Navbar` zweimal auf:

```
<xsl:template match="Hauptblock">
  <body>
    <xsl:call-template name="Navbar"/>
    <xsl:apply-templates/>
```

```
    <xsl:call-template name="Navbar"/>
  </body>
</xsl:template>
```

Parameter und Konstanten

Wie Subroutinen und Funktionen aus Programmiersprachen können benannte Vorlagen von den sie aufrufenden Regeln Parameter entgegennehmen. Parameter sind gespeicherte Ausdrücke, auf die mit Symbolen zugegriffen werden kann. Nehmen wir zum Beispiel an, wir wollen eine Vorlagenregel haben, die für die Leser einen Warnhinweis generiert. Wir können einen Parameter benutzen, um einen Titel wie »Wichtiger Hinweis« oder »Achtung!« für den Warnhinweis festzusetzen:

```
<xsl:template name="Hinweis">
  <xsl:param name="Titel">Hinweis</xsl:param>

  <blockquote class="Hinweis">
    <h3>
      <xsl:value-of select="$Titel"/>
    </h3>
    <xsl:apply-templates/>
  </blockquote>
</xsl:template>
```

Das Element `<xsl:param>` tut zwei Dinge. Erstens deklariert es einen Parameter mit dem Namen `Titel`, und zweitens setzt es für den Fall, daß die aufrufende Regel keinen Wert spezifiziert, den Standardwert für diesen Parameter auf die Zeichenkette `Hinweis`. Das Element `<xsl:value-of>` gibt den Wert des Parameters aus dem speziellen, *Parameter-Verweis* genannten Ausdruck `$Titel` aus. Das Dollar-Zeichen (`$`) dient der Unterscheidung des Parameter-Verweises von der einfachen Zeichenkette `Titel`. Wenn Sie den Parameter-Verweis innerhalb eines Attributs verwenden, müssen Sie ihn mit geschweiften Klammern (`{}`) umschließen:

```
<a href="{$Datei}">Nächste Seite</a>
```

Hier sehen Sie, wie die benannte Vorlage mit dem `Titel`-Parameter aufgerufen werden könnte:

```
<xsl:template name="Warnung">
  <xsl:call-template name="Hinweis">
    <xsl:with-param name="Titel">
      Geben Sie Acht!
    </xsl:with-param>
  </xsl:call-template>
</xsl:template>
```

Um einen Wert zu definieren, der an einer beliebigen Stelle im Stylesheet benutzt werden kann, können Sie das Deklarationselement `<xsl:variable>` verwenden. Im Gegensatz zu dem, was der Name vermuten läßt, wird damit keine Variable erzeugt, die Sie während der Transformation modifizieren können. Der Wert ist vom Moment seiner

Deklaration an konstant und kann im Verlauf der Transformation nicht mehr verändert werden. Hier sehen Sie einige Beispiele für die Deklaration eines solchen Konstanten-Werts:

```
<xsl:variable name="Jahr" select="2001"/>

<xsl:variable name="doppelter-Zeilenabstand">
  <xsl:text>

  </xsl:text>
</xsl:variable>

<xsl:variable name="Autor-Name">
  <xsl:value-of select="/Buch/Buchinfo/Autorengruppe/Autor/Vorname"/>
  <xsl:text> </xsl:text>
  <xsl:value-of select="/Buch/Buchinfo/Autorengruppe/Autor/Nachname"/>
</xsl:variable>
```

Wie bei Parametern ist bei einem Konstanten-Verweis ein Dollar-Zeichen (`$`)-Präfix vorgeschrieben, und wenn auf ihn in Attribut-Werten verwiesen wird, muß er von geschweiften Klammern (`{}`) umschlossen werden. Konstanten können in anderen Konstanten-Deklarationen benutzt werden, solange sie keine rekursiven Definitionen wie folgende bilden:

```
<xsl:variable name="PIP">
  $PIP Inline Printing
</xsl:variable>
```

Auch auf sich gegenseitig verweisende Definitionen wie im folgenden Beispiel sind nicht möglich:

```
<xsl:variable name="Var1">
  $Var2
</xsl:variable>

<xsl:variable name="Var2">
  $Var1
</xsl:variable>
```

Konstanten können auch innerhalb von Vorlagenregeln benutzt werden. Das ermöglicht es Ihnen, einen Wert einmal zu berechnen und dann viele Male zu verwenden. Die folgende Regel erzeugt eine Nummer in Klammern zur Markierung einer Fußnote und verknüpft diese mit dem Fußnotentext am Ende der Seite. Die Nummer der Fußnote wird einmal berechnet, jedoch zweimal benutzt.

```
<xsl:template match="footnote">
  <xsl:variable name="fnum"
      select="count(preceding::footnote[ancestor::chapter//.])+1"/>
  <a>
    <xsl:attribute name="href">
      <xsl:text>#FOOTNOTE-</xsl:text>
      <xsl:number value="$fnum" format="1"/>
    </xsl:attribute>
```

```
      <xsl:text>[</xsl:text>
      <xsl:number value="$fnum"/>
      <xsl:text>]</xsl:text>
    </a>
  </xsl:template>
```

Statt die Berechnung im Inhalt des Elements auszuführen, haben wir diese innerhalb eines `select`-Attributs vorgenommen. Beide Methoden sind in Ordnung, doch die Element-Inhalt-Methode ist für komplexe Berechnungen wie solche mit Auswahlmöglichkeiten besser.

Modi

Bisweilen wollen wir Knoten in Abhängigkeit davon, wo im Dokument sie benutzt werden, jeweils unterschiedlich behandeln. Vielleicht wollen wir beispielsweise, daß Fußnoten in Tabellen nicht mit Zahlen, sondern alphabetisch durchnumeriert werden. XSLT bietet dazu spezielle Regel-Modifier, die als *Modi* bezeichnet werden.

Um einen Modus einzurichten, fügen Sie einfach ein `mode`-Attribut hinzu, bei dem für das betreffende `<xsl:template>`-Element sowie das die Vorlage aufrufende Element ein bestimmtes Label festgelegt wird. Das Modus-Label kann alles sein, was Sie wollen, solange es nur unter den Modus-Labeln eindeutig ist. Das folgende Beispiel zeigt, wie dies zu tun ist:

```
<xsl:template match="footnote">
  <xsl:variable name="fnum"
      select="count(preceding::footnote[ancestor::chapter//.])+1"/>
  <a>
    <xsl:attribute name="href">
      <xsl:text>#FOOTNOTE-</xsl:text>
      <xsl:number value="$fnum" format="1"/>
    </xsl:attribute>
    <xsl:text>[</xsl:text>
    <xsl:number value="$fnum"/>
    <xsl:text>]</xsl:text>
  </a>
</xsl:template>

<xsl:template match="footnote" mode="tabular">
  <xsl:variable name="fnum"
      select="count(preceding::footnote[ancestor::chapter//.])+1"/>
  <a>
    <xsl:attribute name="href">
      <xsl:text>#FOOTNOTE-</xsl:text>
      <xsl:number value="$fnum" format="1"/>
    </xsl:attribute>
    <xsl:text>[</xsl:text>
    <xsl:number value="$fnum" format="a"/>
    <xsl:text>]</xsl:text>
  </a>
</xsl:template>
```

```
<xsl:template match="table-entry">
  <xsl:apply-templates mode="tabular"/>
</xsl:template>
```

Die erste Regel definiert das Standardverhalten einer Fußnote, während die zweite den Sonderfall von Fußnoten im `Tabellen`-Modus einrichtet. Das Verhalten unterscheidet sich nur darin, wie die Fußnoten-Numerierung formatiert wird. Die dritte und letzte Regel ist eine Tabellenzellen-Regel, die den `Tabellen`-Modus aktiviert.

Es ist wichtig, daß Sie sich daran erinnern, daß Regeln ohne den Modus-Specifier vom Prozessor nicht beachtet werden, wenn er sich in einem bestimmten Modus befindet. Statt dessen werden die Standardregeln verwendet. Das bedeutet, daß Sie für jedes Element, das gewählt werden könnte, eine neue Regel schreiben müssen.

Text und Leerräume

XSLT stellt drei Haupt-Klassifikationen für Ausgaben zur Verfügung: XML, HTML und Text. Zwischen ihnen gibt es feine Unterschiede in der Formatierung, beispielsweise in der Behandlung von Leerräumen und vordefinierten Entities. `<xsl:output>` ist ein Top-Level-Element, das die entsprechende Klassifikation festlegt.

Der Standard-Ausgabetyp XML macht in dieser Hinsicht keine Probleme: Leerräume und vordefinierte Entities werden auf genau die gleiche Weise behandelt wie im Eingabe-Baum, so daß es keine Überraschungen geben sollte, wenn Sie auf die Ausgabe schauen. Wenn Ihr resultierendes Dokument XML sein wird, bauen Sie folgende Anweisung in Ihr Stylesheet ein:

```
<xsl:output method="xml"/>
```

HTML ist ein Sonderfall. Da nicht alle Browser mit den neuen XML-Anforderungen klarkommen, konvertiert dieser Modus den Ergebnis-Baum in ein älteres, SGML-ähnlicheres Format, konkret in HTML der Version 4.0. Elemente wie `<br/>` werden in `br` konvertiert, und Steueranweisungen enden mit dem Begrenzer `>` und nicht mit `?>`. Für Inhalte im HTML-Stil bauen Sie folgende Anweisung in Ihr Stylesheet ein:

```
<xsl:output method="html"/>
```

Wenn Sie jedoch XHTML ausgeben wollen, benutzen Sie den XML-Modus, und nicht den HTML-Modus.

Der Text-Modus ist nützlich für die Generierung von Dokumenten mit Auszeichnungen, die sich radikal von XML oder HTML unterscheiden. Formate wie troff und TEX verwenden in ihrem Markup beispielsweise keine von `<` und `>` umgebenen Tags. Wenn Sie die Ausgabe auf Text-Modus stellen, erzeugt der Prozessor einen Ergebnis-Baum, gibt jedoch nur die Text-Daten aus. Er gibt auch die Entities `<` und `&` als ihre letztlichen Text-Äquivalente `<` und `&` aus. Die für Text-Modus in Ihrem Stylesheet zu benutzende Anweisung lautet:

```
<xsl:output method="text"/>
```

Kombinieren von Stylesheets

Es kann verschiedene Gründe dafür geben, mehrere Stylesheets für das gleiche Dokument zu benutzen. Es wäre zum Beispiel möglich, daß Sie eine Reihe von Dokumenten unterstützen, die weitgehend gleich zu formatieren sind, die jedoch einige wenige lokale Unterschiede aufweisen. Oder Sie müssen verschiedene Namensräume mit jeweils einem eigenen Satz an Formaten kombinieren. Sie wollen vielleicht einige Formate aus einer Bibliothek entlehnen und die überschreiben, die Sie anpassen wollen. In XSLT gibt es zwei Methoden zur Kombination von Stylesheets: Inklusion und Import.

Ein Stylesheet zu *inkludieren* bedeutet, seine Inhalte direkt in das Ziel-Stylesheet einzufügen. Alle Regeln und Anweisungen werden so behandelt, als ob sie sich die ganze Zeit über in Ihrem Stylesheet befinden würden. Das Element `<xsl:include>` hat ein Attribut `href`, das für das zu inkludierende Stylesheet einen URI aufnimmt. Sie können dieses Element an einer beliebigen Stelle in Ihrem Stylesheet einfügen, solange es sich nicht innerhalb einer Regel befindet.

Ein Stylesheet zu *importieren* ist ein wenig komplizierter. Die importierten Regeln haben einen niedrigeren Rang als die Regeln, die in Ihrem Stylesheet physisch vorhanden sind. Eine numerische Berechnung bestimmt, welche Regel Anwendung findet, doch im allgemeinen werden importierte Regeln vom Prozessor nur dann herangezogen, wenn eine Regel mit einer ähnlichen Spezifik im ursprünglichen Stylesheet nicht gefunden werden kann. Das Element `<xsl:import>` benutzt ebenfalls ein Attribut `href` zur Spezifizierung eines Stylesheets, doch es kann nur ganz oben im Stylesheet, d.h. vor allen anderen Regeln oder Anweisungen plaziert werden.

Worin besteht nun aber der Vorteil dieser schwächeren Form von Inklusion? Sie ist sinnvoll, wenn Teile eines umfangreicheren Satzes von Regeln überschrieben werden sollen, um die Ergebnisse anzupassen. Während `<xsl:include>` die Regeln auf der gleichen Prioritätsstufe wie Ihre eigenen einfügt, gibt Ihnen `<xsl:import>` mehr Kontrolle über den von außen eingefügten Satz und ermöglicht Ihnen, unter Regeln auszuwählen.

Es kann Situationen geben, wo Sie für einen lokalisierten Bereich Ihre eigenen Regeln zugunsten der importierten überschreiben wollen. Das Element `<xsl:apply-imports>` entspricht `<xsl:apply-templates>`, allerdings mit der Ausnahme, daß es nur importierte Regeln berücksichtigt und physisch vorhandene Regeln ignoriert.

Sie können eine beliebige Anzahl von Stylesheets inkludieren oder importieren, was es Ihnen erlaubt, verschiedene Vokabularien für Transformationen zusammenzustellen und anzupassen. Sie können einen Satz für generische Dokumente-Inhalte haben, einen anderen für Tabellen, noch einen anderen für Seitenleisten usw. Mit der Reihenfolge der Inklusionen wird festgelegt, welche der Kollisionsregeln aus verschiedenen Sätzen benutzt werden: Die früher importierten überschreiben die später importierten. Hier sehen Sie, wie Sie mehrere Stylesheets in Ihr eigenes importieren können:

```
<xsl:stylesheet version="1.0"
                xmlns:xsl="http://www.w3.org/1999/XSL/Transform">
  <xsl:import href="basic_style.xsl"/>
```

```
<xsl:import href="table_styles.xsl"/>
<xsl:import href="chem_formulae.xsl"/>
...
```

Beispiel: Barebones DocBook

Wenden wir unsere Aufmerksamkeit nun einem größeren Beispiel zu. Wir haben DocBook zuerst in Beispiel 2-4 als Beispiel für eine XML-Auszeichnungssprache erwähnt. In Beispiel 5-3 haben wir eine DTD für eine vereinfachte Version des Dokumenttyps aufgezeigt, den wir als Barebones DocBook bezeichnet haben. Beispiel 6-7 zeigt Ihnen, wie Sie ein großes XSLT-Stylesheet zur Übertragung eines Barebones DocBook-Dokuments in HTML schreiben können.

In diesem Beispiel benutzen wir das XSLT-Transformationsprogramm XT von James Clark, das in Java geschrieben und recht einfach einzurichten und zu benutzen ist. Es gibt eine XT-spezifische Funktion, die aus der Ausgabe mehrere Dateien erstellt. Das Element `<xt:document>` weist den Prozessor an, die Ausgaben unter Verwendung der Methode im Attribut `method` (z.B. HTML, XML oder Text) in eine durch das Attribut `href` vorgegebene Datei umzuleiten. In XSLT müssen Sie jedesmal, wenn Sie ein spezielles Steuerelement wie `<xt:document>` benutzen, zuerst den Namensraum spezifizieren, so wie wir es im Element `<xsl:stylesheet>` getan haben.

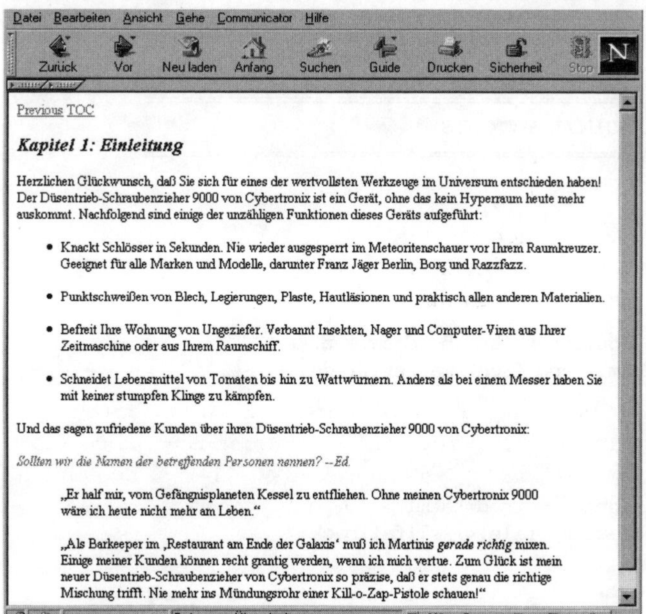

Abbildung 6-3: Eine durch eine Transformation erzeugte Seite

Wenn die Transformation mit dem Dokument in Beispiel 2-4durchgeführt wird, ist das Ergebnis eine Sammlung von HTML-Seiten: eine für das Vorwort, zwei für die Kapitel und eine weitere für den Anhang. Abbildung 6-3 zeigt eine Seite aus diesem neuen Dokument.

Beispiel 6-7: XSLT-Stylesheet zur Konvertierung von Barebones DocBook in HTML

```
<?xml version="1.0"?>

<!--
=========================================================================
XSLT Stylesheet to convert DocBook XML into HTML
Copyright 2000 O'Reilly and Associates

Function: Converts DocBook books into formatted HTML files for easy
          viewing.
Input: DocBook Lite XML
Output: HTML files

Style: Each chapter is a single page
=========================================================================
-->

<xsl:stylesheet xmlns:xsl="http://www.w3.org/1999/XSL/Transform"
                xmlns:xt="http://www.jclark.com/xt"
                extension-element-prefixes="xt"
                version="1.0">

<!--
=========================================================================
                          HIERARCHICAL ELEMENTS
=========================================================================
-->


<!--
match: book
===========
This template is the outermost container for the document.
It sets up a book file (index.html) and front matter files
(copyrght.htm, colophon.htm).

-->
<xsl:template match="book">
  <xt:document href="html/index.html" method="html">
    <xsl:fallback>Error while creating file.</xsl:fallback>
    <html>
      <head>
        <title>
          <xsl:value-of select="title"/>
        </title>
        <link rel="stylesheet" type="text/css" href="../style/style1.css"/>
```

Beispiel 6-7: XSLT-Stylesheet zur Konvertierung von Barebones DocBook in HTML (Fortsetzung)

```
      </head>
      <body>

        <h1 class="book"><xsl:value-of select="title"/></h1>

        <!-- Book info -->
        <p class="bookinfo">
          <xsl:text>by </xsl:text>
          <xsl:apply-templates select="author"/>
        </p>

        <!-- TOC -->
        <h3 class="tochead">Table of Contents</h3>
        <xsl:call-template name="toc"/>

      </body>
    </html>

    <xsl:apply-templates select="preface"/>
    <xsl:apply-templates select="chapter"/>
    <xsl:apply-templates select="appendix"/>

  </xt:document>
</xsl:template>


<!--
toc
===
Build a list of high-level elements

-->
<xsl:template name="toc">

  <xsl:if test="preface">
    <p class="toc">
      <a href="pref.html">Preface</a>
    </p>
  </xsl:if>

  <p class="toc">
    <xsl:for-each select="chapter"/>
      <a>
        <xsl:attribute name="href">
          <xsl:text>ch</xsl:text>
          <xsl:number value="position()" format="01"/>
          <xsl:text>.html</xsl:text>
        </xsl:attribute>
        <xsl:text>Chapter </xsl:text>
        <xsl:value-of select="position()"/>
```

Beispiel 6-7: XSLT-Stylesheet zur Konvertierung von Barebones DocBook in HTML (Fortsetzung)

```
        <xsl:text>: </xsl:text>
        <i><xsl:value-of select="title"/></i>
      </a>
      <br/>
    </xsl:for-each>
  </p>

  <xsl:if test="count(appendix)>0">
    <p class="toc">
      <xsl:for-each select="appendix"/>
        <a>
          <xsl:attribute name="href">
            <xsl:text>app</xsl:text>
            <xsl:number value="position()" format="a"/>
            <xsl:text>.html</xsl:text>
          </xsl:attribute>
          <xsl:text>Appendix </xsl:text>
          <xsl:number value="position()" format="A"/>
          <xsl:text>: </xsl:text>
          <i><xsl:value-of select="title"/></i>
        </a>
        <br/>
      </xsl:for-each>
    </p>
  </xsl:if>
</xsl:template>


<!--
match: appendix
===============
Creates a file for an appendix of the form "appx.html"
where x is the appendix letter.

-->
<xsl:template match="appendix">
  <xsl:variable name="app">
    <xsl:number value="count(preceding::appendix)+1" format="a"/>
  </xsl:variable>
  <xt:document href="app{$app}.html" method="html">
    <xsl:fallback>Error while creating file.</xsl:fallback>
    <xsl:call-template name="file"/>
  </xt:document>
</xsl:template>


<!--
match: chapter
==============
Creates a file for a chapter of the form "chXX.htm"
```

Beispiel 6-7: XSLT-Stylesheet zur Konvertierung von Barebones DocBook in HTML (Fortsetzung)

```
where XX is the number of the chapter (01, 02, etc.).

-->
<xsl:template match="chapter">
  <xsl:variable name="chap">
    <xsl:number value="count(preceding::chapter)+1" format="01"/>
  </xsl:variable>
  <xt:document href="ch{$chap}.html" method="html">
    <xsl:fallback>Error while creating file.</xsl:fallback>
    <xsl:call-template name="file"/>
  </xt:document>
</xsl:template>


<!--
match: preface
==============
Creates a file for a preface.

-->
<xsl:template match="preface">
  <xt:document href="pref.html" method="html">
    <xsl:fallback>Error while creating file.</xsl:fallback>
    <xsl:call-template name="file"/>
  </xt:document>
</xsl:template>


<!--
match: sect1, sect2, sect3
==========================
Create an anchor for linking, then process the contents.

-->
<xsl:template match="sect1|sect2|sect3">
  <xsl:call-template name="drop-anchor"/>
  <xsl:apply-templates/>
</xsl:template>


<!--
drop-anchor
===========
Place an anchor just before the object if it has an ID attribute.

-->
<xsl:template name="drop-anchor">
  <xsl:if test="@id">
    <a>
      <xsl:attribute name="name">
```

Beispiel 6-7: XSLT-Stylesheet zur Konvertierung von Barebones DocBook in HTML (Fortsetzung)

```
        <xsl:value-of select="@id"/>
      </xsl:attribute>
    </a>
  </xsl:if>
</xsl:template>


<!--
==========================================================================
                              HEADS
==========================================================================
-->


<xsl:template match="book/title">
  <h1 class="book"><xsl:apply-templates/></h1>
</xsl:template>


<xsl:template match="appendix/title">
  <h1 class="chapter">
    <xsl:text>Appendix </xsl:text>
    <xsl:number value="count(preceding::appendix)+1" format="A"/>
    <xsl:text>.  </xsl:text>
    <xsl:apply-templates/>
  </h1>
</xsl:template>


<xsl:template match="chapter/title">
  <h1 class="chapter">
    <xsl:text>Chapter </xsl:text>
    <xsl:value-of select="count(preceding::chapter)+1"/>
    <xsl:text>.  </xsl:text>
    <xsl:apply-templates/>
  </h1>
</xsl:template>


<xsl:template match="part/title">
  <h1 class="chapter">
    <xsl:text>Part </xsl:text>
    <xsl:value-of select="count(preceding::part)+1"/>
    <xsl:text>.  </xsl:text>
    <xsl:apply-templates/>
  </h1>
</xsl:template>


<xsl:template match="preface/title">
```

Beispiel 6-7: XSLT-Stylesheet zur Konvertierung von Barebones DocBook in HTML (Fortsetzung)

```
  <h1 class="chapter">Preface</h1>
</xsl:template>


<xsl:template match="sect1/title">
  <h2 class="sect1">
    <xsl:choose>
      <xsl:when test="ancestor::appendix">
        <xsl:number value="count(preceding::appendix)+1" format="A"/>
      </xsl:when>
      <xsl:otherwise>
        <xsl:value-of select="count(preceding::chapter)+1"/>
      </xsl:otherwise>
    </xsl:choose>
    <xsl:text>.</xsl:text>
    <xsl:number value="count(../preceding-sibling::sect1)+1"/>
    <xsl:text>. </xsl:text>
    <xsl:apply-templates/>
  </h2>
</xsl:template>


<xsl:template match="sect2/title">
  <h3 class="sect2">
    <xsl:choose>
      <xsl:when test="ancestor::appendix">
        <xsl:number value="count(preceding::appendix)+1" format="A"/>
      </xsl:when>
      <xsl:otherwise>
        <xsl:value-of select="count(preceding::chapter)+1"/>
      </xsl:otherwise>
    </xsl:choose>
    <xsl:text>.</xsl:text>
    <xsl:number value="count(../../preceding-sibling::sect1)+1"/>
    <xsl:text>.</xsl:text>
    <xsl:number value="count(../preceding-sibling::sect2)+1"/>
    <xsl:text>. </xsl:text>
    <xsl:apply-templates/>
  </h3>
</xsl:template>


<xsl:template match="sect3/title">
  <h3 class="sect3">
    <xsl:choose>
      <xsl:when test="ancestor::appendix">
        <xsl:number value="count(preceding::appendix)+1" format="A"/>
      </xsl:when>
      <xsl:otherwise>
        <xsl:value-of select="count(preceding::chapter)+1"/>
```

Beispiel 6-7: XSLT-Stylesheet zur Konvertierung von Barebones DocBook in HTML (Fortsetzung)

```
        </xsl:otherwise>
      </xsl:choose>
      <xsl:text>.</xsl:text>
      <xsl:number value="count(../../../preceding-sibling::sect1)+1"/>
      <xsl:text>.</xsl:text>
      <xsl:number value="count(../../preceding-sibling::sect2)+1"/>
      <xsl:text>.</xsl:text>
      <xsl:number value="count(../preceding-sibling::sect3)+1"/>
      <xsl:text>. </xsl:text>
      <xsl:apply-templates/>
    </h3>
</xsl:template>


<xsl:template match="appendix//figure/title">
    <h4 class="objtitle">
      <xsl:text>Figure </xsl:text>
      <xsl:number value="count(preceding::appendix)+1" format="A"/>
      <xsl:text>-</xsl:text>
      <xsl:number
        value="count(preceding::figure) -
                  count(ancestor::appendix/preceding::figure) + 1"/>
      <xsl:text>. </xsl:text>
      <xsl:apply-templates/>
    </h4>
</xsl:template>


<xsl:template match="chapter//figure/title">
    <h4 class="objtitle">
      <xsl:text>Figure </xsl:text>
      <xsl:number value="count(preceding::chapter)+1"/>
      <xsl:text>-</xsl:text>
      <xsl:number
        value="count(preceding::figure) -
                  count(ancestor::chapter/preceding::figure) + 1"/>
      <xsl:text>. </xsl:text>
      <xsl:apply-templates/>
    </h4>
</xsl:template>


<xsl:template match="appendix//table/title">
    <h4 class="objtitle">
      <xsl:text>Table </xsl:text>
      <xsl:number value="count(preceding::appendix)+1" format="A"/>
      <xsl:text>-</xsl:text>
      <xsl:number
        value="count(preceding::table) -
                  count(ancestor::appendix/preceding::table) + 1"/>
```

Beispiel 6-7: XSLT-Stylesheet zur Konvertierung von Barebones DocBook in HTML (Fortsetzung)

```
    <xsl:text>. </xsl:text>
    <xsl:apply-templates/>
  </h4>
</xsl:template>


<xsl:template match="chapter//table/title">
  <h4 class="objtitle">
    <xsl:text>Table </xsl:text>
    <xsl:number value="count(preceding::chapter)+1"/>
    <xsl:text>-</xsl:text>
    <xsl:number
      value="count(preceding::table) -
                count(ancestor::chapter/preceding::table) + 1"/>
    <xsl:text>. </xsl:text>
    <xsl:apply-templates/>
  </h4>
</xsl:template>


<xsl:template match="title">
  <h4 class="objtitle">
    <xsl:apply-templates/>
  </h4>
</xsl:template>


<!--
===========================================================================
                           BLOCK ELEMENTS
===========================================================================
-->


<xsl:template match="author">
  <xsl:value-of select="."/>
</xsl:template>


<xsl:template match="blockquote">
  <blockquote class="node">
    <xsl:apply-templates/>
  </blockquote>
</xsl:template>


<xsl:template match="comment">
  <em class="comment"><xsl:apply-templates/></em>
</xsl:template>
```

Beispiel 6-7: XSLT-Stylesheet zur Konvertierung von Barebones DocBook in HTML (Fortsetzung)

```
<xsl:template match="para">
  <p>
    <xsl:apply-templates/>
  </p>
  <xsl:if test="not(ancestor::table)">
    <xsl:for-each select=".//footnote">
      <blockquote class="footnote">
        <xsl:apply-templates/>
      </blockquote>
    </xsl:for-each>
  </xsl:if>
</xsl:template>


<xsl:template match="programlisting">
  <blockquote>
    <pre class="programlisting">
      <xsl:apply-templates/>
    </pre>
  </blockquote>
</xsl:template>


<xsl:template match="figure">
  <xsl:call-template name="drop-anchor"/>
  <div class="figure">
    <xsl:apply-templates select="graphic"/>
  </div>
  <xsl:apply-templates select="title"/>
</xsl:template>


<xsl:template match="graphic">
  <img alt="figure">
    <xsl:attribute name="src">
      <xsl:value-of select="@fileref"/>
    </xsl:attribute>
  </img>
</xsl:template>


<xsl:template match="note">
  <xsl:call-template name="drop-anchor"/>
  <blockquote class="note">
    <xsl:if test="not( title )">
      <h4 class="objtitle">
        <xsl:if test="self::note">
          <xsl:text>NOTE</xsl:text>
        </xsl:if>
```

Beispiel 6-7: XSLT-Stylesheet zur Konvertierung von Barebones DocBook in HTML (Fortsetzung)

```
      </h4>
    </xsl:if>
    <xsl:apply-templates/>
  </blockquote>
</xsl:template>


<!--
=========================================================================
                              FOOTNOTES
=========================================================================
-->


<xsl:template match="footnote">
  <a>
    <xsl:attribute name="href">
      <xsl:text>#FOOTNOTE-</xsl:text>
      <xsl:number value="count( preceding::footnote ) +1"/>
    </xsl:attribute>
    <xsl:text>[note]</xsl:text>
  </a>
</xsl:template>


<xsl:template match="footnote/para">
  <p>
  <a>
    <xsl:attribute name="name">
      <xsl:text>FOOTNOTE-</xsl:text>
      <xsl:number value="count( preceding::footnote ) +1"/>
    </xsl:attribute>
  </a>
    <xsl:if test="count( preceding-sibling::para ) =0">
      <xsl:text>[</xsl:text>
      <xsl:number value="count( preceding::footnote ) +1"/>
      <xsl:text>]</xsl:text>
    </xsl:if>
    <xsl:apply-templates/>
  </p>
</xsl:template>


<!--
=========================================================================
                              XREFs
=========================================================================
-->
```

Beispiel 6-7: XSLT-Stylesheet zur Konvertierung von Barebones DocBook in HTML (Fortsetzung)

```
<xsl:template match="xref">
  <xsl:variable name="ident">
    <xsl:value-of select="@linkend"/>
  </xsl:variable>

  <xsl:for-each select="//*[@id=$ident]">
    <a>
      <xsl:attribute name="href">
        <xsl:choose>
          <xsl:when test="ancestor::appendix">
            <xsl:text>app</xsl:text>
            <xsl:number value="count( preceding::appendix )+1"
                        format="a"/>
            <xsl:text>.html</xsl:text>
          </xsl:when>
          <xsl:when test="ancestor::chapter">
            <xsl:text>ch</xsl:text>
            <xsl:number value="count( preceding::chapter )+1"
                        format="01"/>
            <xsl:text>.html</xsl:text>
          </xsl:when>
          <xsl:otherwise>
            <xsl:text>pref.html</xsl:text>
          </xsl:otherwise>
        </xsl:choose>
        <xsl:text>#</xsl:text>
        <xsl:value-of select="$ident"/>
      </xsl:attribute>

      <xsl:choose>
        <xsl:when test="self::appendix">
          <xsl:text>Appendix </xsl:text>
          <xsl:number value="count( preceding::appendix )+1" format="A"/>
          <xsl:text>, "</xsl:text>
          <xsl:value-of select="title"/>
          <xsl:text>"</xsl:text>
        </xsl:when>

        <xsl:when test="self::chapter">
          <xsl:text>Chapter </xsl:text>
          <xsl:value-of select="count(preceding::chapter)+1"/>
          <xsl:text>, "</xsl:text>
          <xsl:value-of select="title"/>
          <xsl:text>"</xsl:text>
        </xsl:when>

        <xsl:when test="self::preface">
          <xsl:text>the Preface</xsl:text>
        </xsl:when>
```

Beispiel 6-7: XSLT-Stylesheet zur Konvertierung von Barebones DocBook in HTML (Fortsetzung)

```
        <xsl:when test="self::figure">
          <xsl:text>Figure </xsl:text>
          <xsl:choose>
            <xsl:when test="ancestor::appendix">
              <xsl:number value="count( preceding::appendix ) +1"
                          format="A"/>
              <xsl:text>-</xsl:text>
              <xsl:number
                value="count( preceding::figure ) -
                       count( ancestor::appendix/preceding::figure ) +1"/>
            </xsl:when>
            <xsl:when test="ancestor::chapter">
              <xsl:number value="count( preceding::chapter ) +1"/>
              <xsl:text>-</xsl:text>
              <xsl:number
                value="count( preceding::figure ) -
                       count( ancestor::chapter/preceding::figure ) +1"/>
            </xsl:when>
            <xsl:otherwise>
              <xsl:text>0</xsl:text>
              <xsl:text>-</xsl:text>
              <xsl:number value="count( preceding::figure ) +1"/>
            </xsl:otherwise>
          </xsl:choose>
        </xsl:when>

        <xsl:when test="self::table">
          <xsl:text>Table </xsl:text>
          <xsl:choose>
            <xsl:when test="ancestor::appendix">
              <xsl:number value="count( preceding::appendix ) +1"
                          format="A"/>
              <xsl:text>-</xsl:text>
              <xsl:number
                value="count( preceding::table ) -
                       count( ancestor::appendix/preceding::table ) +1"/>
            </xsl:when>
            <xsl:when test="ancestor::chapter">
              <xsl:number value="count( preceding::chapter ) +1"/>
              <xsl:text>-</xsl:text>
              <xsl:number
                value="count( preceding::table ) -
                       count( ancestor::chapter/preceding::table ) +1"/>
            </xsl:when>
            <xsl:otherwise>
              <xsl:text>0</xsl:text>
              <xsl:text>-</xsl:text>
              <xsl:number value="count( preceding::table ) +1"/>
            </xsl:otherwise>
          </xsl:choose>
```

Beispiel 6-7: XSLT-Stylesheet zur Konvertierung von Barebones DocBook in HTML (Fortsetzung)

```
        </xsl:when>

        <xsl:otherwise>
          <xsl:text>{XREF}</xsl:text>
        </xsl:otherwise>

      </xsl:choose>
    </a>
  </xsl:for-each>
</xsl:template>


<!--
filename
========
Return the filename that contains the current node.

-->
<xsl:template name="filename">
  <xsl:choose>
    <xsl:when test="ancestor::appendix">
      <xsl:text>app</xsl:text>
      <xsl:number value="count(preceding::appendix)+1" format="a"/>
      <xsl:text>.htm</xsl:text>
    </xsl:when>
    <xsl:when test="ancestor::chapter">
      <xsl:text>ch</xsl:text>
      <xsl:number value="count(preceding::chapter)+1" format="01"/>
      <xsl:text>.htm</xsl:text>
    </xsl:when>
    <xsl:when test="ancestor::preface">
      <xsl:text>pref.htm</xsl:text>
    </xsl:when>
  </xsl:choose>
</xsl:template>


<!--
=======================================================================
                              LISTS
=======================================================================
-->


<xsl:template match="orderedlist">
  <ol><xsl:apply-templates/></ol>
</xsl:template>


<xsl:template match="orderedlist/listitem">
```

Beispiel 6-7: XSLT-Stylesheet zur Konvertierung von Barebones DocBook in HTML (Fortsetzung)

```
  <li><xsl:apply-templates/></li>
</xsl:template>


<xsl:template match="itemizedlist">
  <ul><xsl:apply-templates/></ul>
</xsl:template>


<xsl:template match="itemizedlist/listitem">
  <li><xsl:apply-templates/></li>
</xsl:template>


<xsl:template match="variablelist">
  <dl><xsl:apply-templates/></dl>
</xsl:template>


<xsl:template match="varlistentry">
  <xsl:apply-templates/>
</xsl:template>


<xsl:template match="varlistentry/term">
  <dt><b><xsl:apply-templates/></b></dt>
</xsl:template>


<xsl:template match="varlistentry/listitem">
  <dd><xsl:apply-templates/></dd>
</xsl:template>

<!--
============================================================================
                              TABLES
============================================================================
-->


<!--
match: table, informaltable
===========================
Convert an XML table into an HTML table.

-->
<xsl:template match="table|informaltable">
  <xsl:call-template name="drop-anchor"/>
  <xsl:if test="self::table">
    <xsl:apply-templates select="title"/>
```

Beispiel 6-7: XSLT-Stylesheet zur Konvertierung von Barebones DocBook in HTML (Fortsetzung)

```
  </xsl:if>
  <table border="1">
    <xsl:apply-templates select="tgroup"/>
  </table>
  <xsl:for-each select=".//footnote">
    <blockquote class="footnote">
      <xsl:apply-templates/>
    </blockquote>
  </xsl:for-each>
</xsl:template>


<xsl:template match="tgroup|thead|tbody">
  <xsl:apply-templates/>
</xsl:template>


<xsl:template match="row">
  <tr><xsl:apply-templates/></tr>
</xsl:template>


<xsl:template match="thead//entry">
  <th><xsl:apply-templates/></th>
</xsl:template>


<xsl:template match="entry">
  <td>
    <xsl:if test="@spanname">
      <xsl:attribute name="colspan">
        <xsl:call-template name="getspan">
          <xsl:with-param name="spanname">
            <xsl:value-of select="@spanname"/>
          </xsl:with-param>
        </xsl:call-template>
      </xsl:attribute>
    </xsl:if>
    <xsl:if test="@morerows">
      <xsl:attribute name="rowspan">
        <xsl:value-of select="@morerows"/>
      </xsl:attribute>
    </xsl:if>
    <xsl:apply-templates/>
  </td>
</xsl:template>


<xsl:template name="getspan">
  <xsl:param name="spanname" value="span"/>
```

Beispiel 6-7: XSLT-Stylesheet zur Konvertierung von Barebones DocBook in HTML (Fortsetzung)

```
  <xsl:variable name="colstart">
    <xsl:for-each
      select="ancestor::tgroup/spanspec[@spanname='$spanname']">
      <xsl:value-of select="@namest"/>
    </xsl:for-each>
  </xsl:variable>
  <xsl:variable name="colend">
    <xsl:for-each
      select="ancestor::tgroup/spanspec[@spanname='$spanname']">
      <xsl:value-of select="@nameend"/>
    </xsl:for-each>
  </xsl:variable>
  <xsl:variable name="colstartnum">
    <xsl:for-each select="ancestor::tgroup/colspec[@colname='$colstart']">
      <xsl:value-of select="@colnum"/>
    </xsl:for-each>
  </xsl:variable>
  <xsl:variable name="colendnum">
    <xsl:for-each select="ancestor::tgroup/colspec[@colname='$colend']">
      <xsl:value-of select="@colnum"/>
    </xsl:for-each>
  </xsl:variable>
  <xsl:value-of select="$colendnum - $colstartnum"/>
</xsl:template>


<!--
========================================================================
                          INLINE ELEMENTS
========================================================================
-->


<xsl:template match="acronym">
  <span class="acronym"><xsl:apply-templates/></span>
</xsl:template>


<xsl:template match="application">
  <em class="application"><xsl:apply-templates/></em>
</xsl:template>


<xsl:template match="citetitle">
  <em class="citetitle"><xsl:apply-templates/></em>
</xsl:template>


<xsl:template match="command">
  <tt class="command"><xsl:apply-templates/></tt>
```

Beispiel 6-7: XSLT-Stylesheet zur Konvertierung von Barebones DocBook in HTML (Fortsetzung)

```
</xsl:template>


<xsl:template match="emphasis">
  <em class="emphasis"><xsl:apply-templates/></em>
</xsl:template>

<xsl:template match="emphasis[@role='bold']">
  <b class="emphasis-bold"><xsl:apply-templates/></b>
</xsl:template>


<xsl:template match="filename">
  <em class="filename"><xsl:apply-templates/></em>
</xsl:template>


<xsl:template match="firstterm">
  <em class="firstterm"><xsl:apply-templates/></em>
</xsl:template>


<xsl:template match="function">
  <tt class="function"><xsl:apply-templates/></tt>
</xsl:template>


<xsl:template match="literal">
  <tt class="literal"><xsl:apply-templates/></tt>
</xsl:template>


<xsl:template match="quote">
  <xsl:text>"</xsl:text>
  <xsl:apply-templates/>
  <xsl:text>"</xsl:text>
</xsl:template>


<xsl:template match="sgmltag">
  <tt class="sgmltag-element">
  <xsl:text><</xsl:text>
  <xsl:apply-templates/>
  <xsl:text>></xsl:text>
  </tt>
</xsl:template>


<xsl:template match="symbol">
  <span class="symbol"><xsl:apply-templates/></span>
```

Beispiel 6-7: XSLT-Stylesheet zur Konvertierung von Barebones DocBook in HTML (Fortsetzung)

```
</xsl:template>


<xsl:template match="systemitem[@class='url']">
  <a>
    <xsl:attribute name="href">
      <xsl:value-of select="."/>
    </xsl:attribute>
    <xsl:value-of select="."/>
  </a>
</xsl:template>


<!--
========================================================================
                         INDEXTERMS
========================================================================
-->


<xsl:template match="indexterm">
  <a>
    <xsl:attribute name="name">
      <xsl:text>INDEX-</xsl:text>
      <xsl:value-of select="@number"/>
    </xsl:attribute>
  </a>
</xsl:template>


<!--
========================================================================
                         FILE TEMPLATES
========================================================================
-->


<!--
file
====
This template generates a new HTML file to contain a chapter, part,
preface, or appendix.

-->
<xsl:template name="file">
  <html>
    <head>
      <title><xsl:value-of select="title"/></title>
      <link rel="stylesheet" type="text/css" href="../style/style1.css"/>
    </head>
```

Beispiel 6-7: XSLT-Stylesheet zur Konvertierung von Barebones DocBook in HTML (Fortsetzung)

```
    <body>
      <!-- Top Nav Bar -->

      <xsl:call-template name="nav-bar"/>
      <hr width="515" align="left"/>

      <!-- Body content -->

      <xsl:apply-templates/>

      <!-- Bottom Nav Bar -->

      <hr width="515" align="left"/>
      <xsl:call-template name="nav-bar"/>
    </body>
  </html>
</xsl:template>


<!--
nav-bar
=======
Create a set of three navigation buttons: previous, up, and next.

-->
<xsl:template name="nav-bar">
  <div class="navbar">
    <table width="515" border="0">
      <tr>
        <td align="left" valign="top" width="172">
          <a>
            <xsl:attribute name="href">
              <xsl:call-template name="prev-link"/>
            </xsl:attribute>
            <xsl:text><-- Previous</xsl:text>
          </a>
        </td>
        <td align="center" valign="top" width="171">
          <a href="index.html">
            <xsl:text>TOC</xsl:text>
          </a>
        </td>
        <td align="right" valign="top" width="172">
          <a>
            <xsl:attribute name="href">
              <xsl:call-template name="next-link"/>
            </xsl:attribute>
            <xsl:text>Next --></xsl:text>
          </a>
        </td>
```

Beispiel 6-7: XSLT-Stylesheet zur Konvertierung von Barebones DocBook in HTML (Fortsetzung)

```
      </tr>
    </table>
  </div>
</xsl:template>


<xsl:template name="prev-link">
  <xsl:choose>
    <xsl:when test="preceding-sibling::appendix">
      <xsl:text>app</xsl:text>
      <xsl:number value="count(preceding-sibling::appendix)" format="a"/>
      <xsl:text>.html</xsl:text>
    </xsl:when>
    <xsl:when test="preceding-sibling::chapter">
      <xsl:text>ch</xsl:text>
      <xsl:number value="count(preceding-sibling::chapter)" format="01"/>
      <xsl:text>.html</xsl:text>
    </xsl:when>
    <xsl:when test="preceding-sibling::preface">
      <xsl:text>pref.html</xsl:text>
    </xsl:when>
    <xsl:otherwise>
      <xsl:text>index.html</xsl:text>
    </xsl:otherwise>
  </xsl:choose>
</xsl:template>


<xsl:template name="next-link">
  <xsl:choose>
    <xsl:when test="self::preface">
      <xsl:text>ch01.html</xsl:text>
    </xsl:when>
    <xsl:when test="self::chapter and following-sibling::chapter">
      <xsl:text>ch</xsl:text>
      <xsl:number value="count(preceding-sibling::chapter)+2" format="01"/>
      <xsl:text>.html</xsl:text>
    </xsl:when>
    <xsl:when test="self::preface and following-sibling::chapter">
      <xsl:text>ch01.html</xsl:text>
    </xsl:when>
    <xsl:when test="self::chapter and following-sibling::appendix">
      <xsl:text>appa.html</xsl:text>
    </xsl:when>
    <xsl:when test="self::appendix and following-sibling::appendix">
      <xsl:text>app</xsl:text>
      <xsl:number value="count(preceding-sibling::appendix)+2"
                  format="a"/>
      <xsl:text>.html</xsl:text>
    </xsl:when>
```

Beispiel 6-7: XSLT-Stylesheet zur Konvertierung von Barebones DocBook in HTML (Fortsetzung)

```
      <xsl:otherwise>
        <xsl:text>index.html</xsl:text>
      </xsl:otherwise>
    </xsl:choose>
</xsl:template>
</xsl:stylesheet>
```

7

Internationalisierung

In diesem Kapitel werden die ambitionierten Bemühungen der XML-Designer behandelt, Auszeichnungen zur Verfügung zu stellen, die überall auf der Welt Gültigkeit haben. Das ist natürlich leichter gesagt als getan. Bis vor kurzem konnte einem Entwickler schon der bloße Gedanke an Internationalisierung den kalten Schweiß auf die Stirn treiben. Dem Computer mußte beigebracht werden, numerische Kodierungen zu erkennen, die richtigen Zeichen auszugeben und den Anwendern zu ermöglichen, potentiell Tausende von verschiedenen Ideogrammen mit der kümmerlichen Tastatur einer Workstation einzugeben. XML, das den Anspruch erhebt, das universelle Markup-System schlechthin zu sein, muß für das Problem, wie die vielen Tausende von Schriftsystemen rund um den Erdball zu behandeln sind, eine Lösung bieten. Wie kann diese Aufgabe erfüllt werden?

XML geht dieses Problem zunächst durch ein Unicode genanntes Zeichenkodierungssystems an, das eine riesige Anzahl von verschiedenen Sprachen und Zeichen handhaben kann. Zweitens sorgt es für Metadaten über die Sprache der ausgezeichneten Inhalte. Schließlich gestattet es dem Entwickler, in Begleittechnologien wie XSLT und CSS ein sprachspezifisches Verhalten vorzugeben.

Zeichensätze und -kodierungen

Computer verstehen keine Buchstaben oder Symbole irgendwelcher Art. Zahlen sind alles, was sie kennen. Jede Datei – ob es sich dabei nun um eine Tabellenkalkulation, einen Brief oder ein XML-Dokument handelt – ist innerhalb des Computers in Wirklichkeit nur eine lange Kette von Binärziffern. Die Daten werden *kodiert*, was bedeutet, daß jedes Symbol in der Datei durch eine eindeutige Zahl repräsentiert wird. Eine Software überträgt die Zeichen, die Sie mit der Tastatur eingeben, in diese numerischen Codes, und ein anderes Programm überträgt Sie zurück in von Menschen lesbaren Text.

Ein Beispiel für diesen Vorgang ist das Morse-Alphabet. Um Text über Telegraphenleitungen zu übertragen, zerlegt der Telegraphist den Text in einzelne Buchstaben, Zahlen und Symbole. Er überträgt jedes dieser Zeichen in sein eindeutiges Morse-Entsprechung – eine Serie von kurzen und langen Signalen – und überträgt die Nachricht über das

Kabel. Am Empfangsende überträgt ein anderer Telegraphist den Code zurück in Text und kritzelt die Nachricht auf einen Notizblock. Das Versenden einer E-Mail funktioniert in ähnlicher Weise: Sie geben die Nachricht mit einer Tastatur ein, eine Software überträgt die Anschläge in Zahlen, die Sequenz wird über das Netzwerk zu seinem Bestimmungsort gesendet, und die Zahlen werden zurück in Text konvertiert und auf dem Monitor des Empfängers dargestellt.

Durch Zuordnung von Zeichen zu numerischen Werten entsteht ein *Zeichensatz*. Der Begriff *Zeichen* beschreibt jede Text-Komponente bzw. jedes Signal, das sich durch eine einzelne Position im Zeichensatz abbilden läßt. Der Buchstabe »Q« aus dem lateinischen Alphabet ist beispielsweise genauso ein einzelnes Zeichen wie sein kleiner Vetter »q«, der griechische Buchstabe Sigma (»σ«) oder der isländische Buchstabe Thorn (»þ«). Ein Zeichen kann auch irgendein Symbol wie etwa ™ oder – sein. In Sprachen wie Chinesisch, wo ganze Wörter als Ideogramm geschrieben werden, kann ein Zeichen das entsprechende Wort repräsentieren. Im Grunde kann alles das ein Zeichen sein, was sich durch ein einzelnes Text-Element repräsentieren läßt. Der Computer schert sich keine Spur um die semantische Bedeutung. Das Zeichen ist lediglich eine Zahl, die einen Tabellenplatz belegt.

Das altehrwürdige und allgegenwärtige ASCII

ASCII (American Standard Code for Information Interchange) ist einer der ersten Zeichensätze überhaupt und heute noch weitverbreitet. In Abbildung 7-1 sind alle 128 seiner kodierten Zeichen aufgeführt. Ursprünglich war ASCII für Fernschreiber-Terminals gedacht und enthält deshalb spezielle *Steuerzeichen*, mit denen keine bestimmten druckbaren Einheiten kodiert werden. Steuerzeichen sind vielmehr Signale an ein Empfangsgerät, die dieses veranlassen, bestimmte Tätigkeiten auszuführen wie etwa die Walze zu drehen, den Druckkopf um ein Zeichen zurückzubewegen oder eine Klingel zu läuten. Heutzutage werden die meisten dieser Signale ignoriert, doch ein paar davon sind nach wie vor in Gebrauch. Das Wagenrücklauf-Zeichen wird weiterhin verwendet, um eine Zeile in einer Datei abzuschließen, und Tabulator-Zeichen werden nach wie vor als ein Vielfaches von Leerzeichen dargestellt. In einigen Terminal-Programmen veranlaßt das Klingelzeichen das System dazu, einen Ton abzugeben.

Da ASCII eine amerikanische Erfindung ist, wundert es nicht, daß darin wenig mehr enthalten ist als die für die Kodierung von englischem Text erforderliche Mindestanzahl von Zeichen und daher eine Unterstützung für andere Sprachen und Alphabete fehlt. Dennoch verwenden viele heute in Gebrauch befindliche Zeichensätze ASCII als Ausgangspunkt, auf den dann eine umfassendere Sammlung von Zeichen aufsetzt.

Die Größe eines Zeichensatzes ist ein Kompromiß zwischen der Speicherplatz-Effizienz (wieviel Speicherplatz ist erforderlich, um Ihren Text aufzunehmen) und der Anzahl der Zeichen, die Sie zur Verfügung stellen wollen. Wegen der Vorliebe des Computers für binäre Zahlen ist die Länge eines Zeichensatzes üblicherweise eine Potenz von 2. ASCII-Zeichen werden durch binäre Zahlen mit einer Länge von sieben Stellen (Bits) repräsentiert. Dies ermöglicht bis zu $2^7 = 128$ Zeichen im Satz. Die Erfinder von ASCII waren der Meinung, daß 128 Zeichen für ihre Zwecke genug seien und beließen es dabei.

00 0	01 1	02 2	03 3	04 4	05 5	06 6	07 7
NUL	SOH	STX	ETX	EOT	ENQ	ACK	BEL
08 8	09 9	0A 10	0B 11	0C 12	0D 13	0E 14	0F 15
BS	TAB	LF	VTB	FF	CR	SO	SI
10 16	11 17	11 18	13 19	14 20	15 21	16 22	17 23
DLE	DC1	DC2	DC3	DC4	NAK	SYN	ETB
18 24	19 25	1A 26	1B 27	1C 28	1D 29	1E 30	1F 31
CAN	EM	SUB	ESC	IS4	IS3	IS2	IS1
20 32	21 33	22 34	23 35	24 36	25 37	26 38	27 39
SP	!	"	#	$	%	&	'
28 40	29 41	2A 42	2B 43	2C 44	2D 45	2E 46	2F 47
(	)	*	+	,	-	.	/
30 48	31 49	32 50	33 51	34 52	35 53	36 54	37 55
0	1	2	3	4	5	6	7
38 56	39 57	3A 58	3B 59	3C 60	3D 61	3E 62	3F 63
8	9	:	;	<	=	>	?
40 64	41 65	42 66	43 67	44 68	45 69	46 70	47 71
@	A	B	C	D	E	F	G
48 72	49 73	4A 74	4B 75	4C 76	4D 77	4E 78	4F 79
H	I	J	K	L	M	N	O
50 80	51 81	52 82	53 83	54 84	55 85	56 86	57 87
P	Q	R	S	T	U	V	W
58 88	59 89	5A 90	5B 91	5C 92	5D 93	5E 94	5F 95
X	Y	Z	[	\	]	^	_
60 96	61 97	62 98	63 99	64 100	65 101	66 102	67 103
`	a	b	c	d	e	f	g
68 104	69 105	6A 106	6B 107	6C 108	6D 109	6E 110	6F 111
h	i	j	k	l	m	n	o
70 112	71 113	72 114	73 115	74 116	75 117	76 118	77 119
p	q	r	s	t	u	v	w
78 120	79 121	7A 122	7B 123	7C 124	7D 125	7E 126	7F 127
x	y	z	{	|	}	~	DEL

Abbildung 7-1: Liste der ASCII-Codes

8-Bit-Kodierungen

Die Computer-Anwendungen entwuchsen dem klaustrophobischen 7-Bit-Zeichensatz rasch. Die Nachfrage nach mit Diakritika versehenen europäischen Zeichen und vielen anderen Symbolen führte zu Implementierungen von 8-Bit-Zeichensätzen. Diese behalten in den unteren 128 Positionen die ursprünglichen ASCII-Kodierungen üblicherweise bei, während in der oberen Hälfte neue Zeichen hinzugefügt werden. Die ISO (International Standards Organization) hat viele dieser durch ihre ISO-Publikationsnummern repräsentierten Zeichensätze spezifiziert:

ISO-8859-1 oder Latin-1
: Der Standard-Zeichensatz für das Betriebssystem UNIX. ISO-8859-1 enthält die meisten westeuropäischen Buchstaben und Symbole.

ISO-8859-2 oder Latin-2
: Enthält mitteleuropäische Zeichen.

ISO-8859-4 oder Latin-4
: Enthält ASCII und Zeichen baltischer Sprachen.

ISO-8859-5
: Enthält ASCII und kyrillische Zeichen.

ISO-8859-6
: Enthält ASCII und arabische Zeichen.

Dies sind nur einige wenige der verfügbaren ISO-Zeichensätze. Andere enthalten griechische, hebräische, isländische und Thai-Zeichen. Wenn Sie all die vielen Sprachen und Zeichen abdecken wollen, brauchen Sie viele spezielle 8-Bit-Sätze.

Selbst unter Systemen, die im gleichen Land entwickelt wurden, ist die Verbreitung inkompatibler Zeichensätze zu verzeichnen. Während Unix standardmäßig Latin-1 verwendet, haben andere Plattformen ihre eigenen, hausgemachten Zeichensätze. Apple hat sich für seine Macintosh-Computer »MacRoman« einfallen lassen. Die frühen Microsoft Windows-Betriebssysteme verwendeten einen eigenen Satz mit der Bezeichnung »Windows ANSI«. Das bedeutet, daß für die Datei-Übertragung von einem Betriebssystem in ein anderes irgendeine Art von Übersetzung erforderlich ist, damit alle Zeichen erhalten bleiben.

Es sind also jede Menge Zeichen in Zeichensätze verpackt worden, die jedermann benutzen kann. Große Klasse! Das Problem ist nur, daß jeder einen anderen Zeichensatz benutzt. Für diejenigen, die im allgemeinen die ursprünglichen ASCII-Zeichen benutzen, ist dies nicht so dramatisch. Ein paar Symbole werden vielleicht etwas merkwürdig aussehen, können jedoch ignoriert werden. Diejenigen aber, die tatsächlich erweiterte Zeichen benutzen, stehen vor einer ernstzunehmenden Frage. Nehmen wir an, Hafsa schreibt in ISO-8859-6 einen Brief an Erna, deren E-Mail-Programm so eingestellt ist, daß es nur ISO-8859-2 dekodieren kann. Auch wenn Erna Arabisch versteht, hat sie noch immer ein Problem: Der Text ist nicht zu entziffern.

Da das Internet die nationalen Grenzen durchbricht und uns auf Dokumente aus der ganzen Welt Zugriff auf Knopfdruck ermöglicht, wird es zu einem zwingenden Erfordernis, soviel wie möglich von diesen Reibungsverlusten zu eliminieren. Ohne Zweifel besteht also ein großer Bedarf an irgendeiner Art von universellem Zeichen-Code. Diesen Bedarf deckt Unicode ab.

Unicode und UCS

Das Unicode Consortium wurde von einer Gruppe von Unternehmen und Einzelpersonen gegründet, um eine Zeichenkodierung zu entwickeln, die alle Hauptschriften der Welt umfaßt. Mit 16 Bit läßt Unicode die Beschränkungen von 8-Bit-Kodierungen hinter sich und schafft Platz für 2^{16} = 65.536 Zeichen. In der aktuellen Version dieses Standards sind weniger als 50.000 dieser Speicherplätze definiert, die alphabetische, Silben- und ideographische Schriftzeichen aufnehmen können, darunter lateinische, griechische, kyrillische, arabische und Thai-Schriftzeichen und zusätzlich 20.000 Han-Ideogramme, die von den Schriften Chinas und Japans benutzt werden, sowie 11.000 Hangul-Ideogramme aus Korea. Die unbesetzten Plätze sind für künftige Zusätze reserviert.

Es war ein Mammut-Projekt. Und dennoch ist Unicode noch immer der Kritik ausgesetzt, nicht weit genug zu gehen. Obwohl die Han-Ideogramme nahezu ein Drittel des Zeichensatzes einnehmen, gibt es noch weitere 60.000 Zeichen, die nicht den Weg in Unicode fanden. Um diesen Sorgen Rechnung zu tragen, hat die ISO den Standard ISO-10646, d.h. das Universal Character System (UCS) definiert. Mit 32 Bit pro Zeichen hat UCS Platz für mehr als 2 Milliarden Zeichen. Es erscheint unwahrscheinlich, daß jemand irgendwann noch mehr als das benötigt. UCS befindet sich noch in Entwicklung und enthält nur eine Kopie des Unicode-Satzes in den unteren 2 Bytes.

XML benutzt als Zeichensatz Unicode. Dies macht Schluß mit dem Streß der Auswahl zwischen inkompatiblen Zeichensätzen, bringt jedoch andere Probleme mit sich. Zunächst einmal kommen die meisten Anwendungen zur Textverarbeitung mit 16-Bit-Kodierungen nicht zurecht, da sie unter der Annahme geschrieben wurden, daß Zeichen immer eine Breite von einem Byte haben. Wenn Sie zweitens nur einen kleinen Bruchteil von Unicode benutzen, bedeutet es eine Platzverschwendung, bei der vollen Zeichenbreite von 2 Byte zu bleiben. Wenn Sie mit einer 8-Bit-Kodierung leben können, läßt sich die Größe Ihrer Datei um die Hälfte verringern. Zum Glück gibt uns XML etwas Flexibilität bei der Benutzung von Unicode, womit sich beide Probleme lösen lassen.

Teilmengen von Zeichensätzen

Es ist unwahrscheinlich, daß Sie alle 50.000 Unicode-Zeichen brauchen, um ein Dokument zusammenzustellen. Aus diesem Grunde kann Unicode in Teilmengen aufgespalten werden, in denen die Zeichen für die einzelnen Schriften zusammengefaßt sind. Die Idee besteht darin, einen Zeichensatz zu schaffen, der auf diesen Teilbereichen beruht, wobei dessen Kodierung jedoch so neu zugeordnet wird, daß sie mit einem kleineren, 8 Bit breiten Platz auskommt. Die Reihenfolge der Zeichen ist die gleiche, die Zeichen beginnen jedoch mit einer niedrigeren Nummer. Zur Unterscheidung vom ursprünglichen Zeichensatz wird die Teilmenge normalerweise als *Zeichenkodierung* und die

Gesamtmenge als *Zeichensatz* bezeichnet. Die Terminologie ist etwas verwirrend, aber Sie haben, was Sie wollten.[1]

> In E-Mail- und http-Headern wird die Zeichenkodierung im Feld `charset` deklariert. Diese unglückliche Bezeichnung geht auf die Zeit zurück, als es zwischen Kodierungen und Zeichensätzen keinen Unterschied gab. Seien Sie also, wann immer jemand über Zeichensätze und -kodierungen spricht, auf Verwirrung vorbereitet.

Das Kodierungsschema, das Sie wahrscheinlich am häufigsten in XML sehen werden, ist UTF-8 – ein effizienter Weg, Dokumente zu kodieren, die hauptsächlich aus ASCII-Zeichen bestehen. Die Allerweltszeichen verbrauchen nur jeweils ein Byte, und die weniger häufigen Unicode-Zeichen können durch Aneinanderreihung von drei Bytes ausgedrückt werden. Eigentlich ist dies eine Art von Komprimierung, die jedoch von 8-Bit-Software gelesen werden kann.

UTF-8 ist die Standard-Zeichenkodierung in XML: Sofern es keine anderen Informationen gibt, nimmt eine Anwendung an, daß die Kodierung UTF-8 ist. Bei althergebrachter Software, die nichts über Kodierungen weiß, läuft dies reibungslos. Mit anderen Kodierungen müssen Sie sorgsam darauf achten, daß Ihre Software mit Ihrem Dokument auch zurechtkommt.

In einer vollkommenen Welt bräuchten Sie von all diesen Dingen nichts zu wissen. Ihr Text-Editor würde eine Kodierung benutzen, die für Ihr Dokument geeignet ist und dieses mit einem entsprechenden Label versehen, Ihr Webserver würde den korrekten `charset`-Parameter für Ihr Dokument generieren, und die Empfänger-Anwendung würde ihn korrekt interpretieren. Doch die Welt ist nicht vollkommen. Anwendungen überprüfen nicht immer die Kodierung und haben nicht in jedem Fall alle Kodierungen implementiert. Wenn die Kodierung Ihres Dokuments falsch gekennzeichnet ist, wird dieses in einem XML-Editor oder -Betrachter sehr merkwürdig aussehen. Versuchen Sie möglichst, bei UTF-8 zu bleiben. Ihre Ergebnisse werden dadurch besser vorhersehbar, und Ihr Leben sehr viel leichter.

Deklarieren einer Kodierung

Um für Ihr Dokument eine Kodierung festzulegen, so daß andere Anwendungen es (hoffentlich) korrekt lesen können, müssen Sie der XML-Deklaration das Attribut `encoding` hinzufügen:

```
<?xml version="1.0" encoding="ISO-8859-6"?>
```

1 Wenn Sie sich wirklich die technischen Details antun wollen, lesen Sie den Beitrag *Character Set Considered Harmful* von Dan Connolly, den Sie unter *http://www.w3.org/MarkUp/html-spec/charset-harmful.html* finden können.

Einige verbreitete Zeichenkodierungen sind:

`US-ASCII`
: Wenn Sie nur ein westeuropäisches Alphabet benutzen, ist diese altehrwürdige Kodierung eine sichere Wette.

`ISO-8859-1`
: Die westeuropäische Kodierung für UNIX.

`ISO-8859-`*`n`*
: Weitere, wahrscheinlich unter UNIX und vielleicht auch auf einem Macintosh gültige europäische Kodierungen. Die Kodierungs- und Sprach-Korrelationsseite beim W3C (*http://www.w3.org/International/O-charset-lang.html*) wird Ihnen helfen herauszufinden, was davon benutzt wird.

`ISO-8859-1-Windows-3.1-Latin-1`
: Das ist die Kodierung, die von den US-amerikanischen und westeuropäischen Versionen von Microsoft Windows verwendet wird. Die Kodierung ist fast identisch mit der ISO-8859-1, zusätzlich gibt es jedoch einige nützliche Interpunktionszeichen in einem Bereich, der in ISO-Zeichensätzen für Steuerzeichen reserviert ist. Diese Kodierung ist auch bekannt als Codeseite 1252, doch dabei handelt es sich um keinen registrierten Kodierungsnamen.

`windows-125`*`n`*
: Weitere Windows-Kodierungen. Auch hier wird Ihnen die Kodierungs- und Sprach-Website helfen herauszufinden, welche Kodierung für eine bestimmte Sprache gültig ist.

`UTF-7`
: Eine seltsame 7-Bit-Unicode-Kodierung, die Sie wahrscheinlich nicht brauchen werden. Wenn Sie Ihr Dokument in einem einfachen Text-Editor betrachten und an Stelle der Nicht-ASCII-Zeichen Plus- und Minus-Zeichen sehen, benutzen Sie vielleicht diese Kodierung.

`UTF-8`
: Eine 8-Bit-Unicode-Kodierung. Die Anbieter von Betriebssystemen versprechen, Unicode schon bald zu unterstützen. Einige Betriebssysteme unterstützen es in der Theorie, doch tatsächliche Software-Implementierungen für diese Betriebssysteme gibt es kaum. Wenn Sie das Glück haben, einen Unicode-Editor zu besitzen, speichert dieser vielleicht in UTF-8. Wenn ein solches Dokument in einem Text-Editor geöffnet wird, der kein Unicode versteht, sehen lateinische Zeichen ohne Diakritika ganz normal aus, während andere Zeichen als Folge von zwei oder mehr Zeichen erscheinen.

`UTF-16`
: Eine 16-Bit-Unicode-Kodierung, in der die Nummern genau die gleichen sind wie die Nummern im Unicode-Zeichensatz. Wenn Sie einen Unicode-Editor haben, ist dies die beste Option.

`ISO-10646-UCS-4`
: Unicode ist eigentlich der erste Teil der ISO/IEC 10646, eines größeren Zeichensatzes mit über vier Milliarden Plätzen für Zeichen. Diese Kodierung ist die unveränderte 32-Bit-Repräsentation dieses Zeichensatzes.

`ISO-10646-UCS-2`
: Dies ist eine 16-Bit-Kodierung des größeren 32 Bit breiten ISO/IEC 10646-Zeichensatzes. Sie ist mit der Unicode UTF-16-Kodierung identisch.

`Shift_JIS`
: Dies ist die vorherrschende Kodierung für japanischsprachige Informationen unter Windows. Sie wird auch von einigen UNIX-Systemen verwendet.

`EUC-JP`
: Die von vielen UNIX-Systemen verwendete Japanisch-Kodierung.

Jeder XML-Prozessor muß UTF-8 und UTF-16 verstehen. Der Standard ist UTF-8. Wenn Sie also die Kodierungsdeklaration weglassen, wird UTF-8 unterstellt.

Dies sind die bekanntesten Kodierungen. Es gibt weitere, und anhand der Dokumentation Ihres Editors und Ihres Betriebssystems sowie der Ressourcen im Web sollten eigentlich in der Lage sein, für Ihre Dokumente das am besten Geeignete herauszufinden.

Verwendung von nicht zu Ihrer Kodierung gehörenden Zeichen

Wenn Sie wagemutig genug sind oder in einer ausreichend kontrollierten Umgebung arbeiten, können Sie versuchen, andere Kodierungen zu verwenden. Das erste Problem, das sich dabei stellt, ist die Dateneingabe: Wie schreiben Sie die Zeichen auf der Tastatur? Dies hängt von dem von Ihnen benutzten Editor ab. Um é zu erhalten, können Sie in Emacs Strg-Q und dann eine nicht eben intuitive Taste wie Meta-i drücken. In vi erhalten Sie das gleiche Zeichen, indem Sie Strg-V und anschließend Meta-i eingeben. In Windows halten Sie die Alt-Taste gedrückt und geben eine é entsprechende vierstellige Dezimalzahl (in US-/westeuropäischen Kodierungen 0233) in das System ein. Schauen Sie auf einem Macintosh das Programmchen »Tastatur« in der aktuellen Schriftart an und finden Sie heraus, welche Verrenkungen das gewünschte Ergebnis liefern (bei US-Systemen Option-e und dann e). Die Eingabe von Daten auf Systemen, die andere Zeichen als die westeuropäischen benutzen, mag dem Leser als Übung dienen.

Das nächste Problem besteht darin herauszufinden, welche Kodierung Ihr Editor eigentlich benutzt, wenn er Dateien abspeichert, so daß Sie Ihrem Dokument einen korrekten Namen geben können. Wenn Sie in UNIX arbeiten, benutzt Ihr Editor wahrscheinlich eine der ISO-8859-Kodierungen. Welche genau hängt davon ab, welche Zeichen Sie benutzen. In gleicher Weise wird unter Windows wahrscheinlich eine der Microsoft Windows-Codeseiten benutzt, doch welche genau, hängt von der Sprache ab. Das W3C hat unter *http://www.w3.org/International/O-charset-lang.html* eine nicht ganz vollständige Liste der Sprachen und Kodierungen veröffentlicht. Der Macintosh verwendet seine eigenen Codeseiten. Für die meisten westeuropäischen Benutzer (mit Ausnahme der in

Island) ist die Kodierung einfach `macintosh`. Andere Sprachkodierungen sind bei der Internet Assigned Numbers Authority (*http://www.iana.org*) nicht registriert. Somit bleibt zu hoffen, daß Ihr Macintosh eine der ISO-8859-Kodierungen benutzt.

Der Standard-Zeichensatz für XML ist Unicode, was, wie zuvor erwähnt, gleichbedeutend mit einem Teil des internationalen Standards ISO/IEC 10646 ist. Unicode umfaßt eine gewaltige Menge an Zeichen, von denen es die meisten auf einer deutschen Tastatur nicht gibt. Was machen Sie, wenn Sie ein c mit einer Cedille (ç) oder ein uu in Malayalam brauchen?

Sie können das Zeichen vielleicht irgendwie direkt in die Datei einfügen, doch es ist auch immer möglich, in einem beliebigen Text-Inhalt oder Attribut-Wert eine numerische Zeichen-Referenz zu benutzen.

Die neuere und bequemere Methode besteht darin, eine *hexadezimale Zeichen-Referenz* zu benutzen, die sich aus der Zeichenkette `&#x` , gefolgt von einer Hexadezimalzahl und einem Semikolon (`;`), zusammensetzt. Wir sagen, daß dies bequemer ist, weil Sie wahrscheinlich den Code für den von Ihnen verwendeten Buchstaben nachschlagen müssen, und in den Unicode-Referenzen finden Sie die Hexadezimalwerte für Zeichen-Codes. Der Malayalam-Buchstabe uu beispielsweise ist als Hexadezimalzahl 0d0a dargestellt, so daß die hexadezimale Zeichen-Referenz `ഊ` wäre. Sie können die Zeichen-Werte auf der Unicode-Website unter *http://www.unicode.org* nachschlagen oder unter der Adresse *ftp://ftp.unicode.org/Public/UNIDATA/UNIDATA.TXT* direkt auf die große und etwas verwirrende Liste der Zeichen und Zahlen gehen.

Die ältere und umständlichere Technik besteht darin, eine *dezimale Zeichen-Referenz* zu benutzen. Bei dieser wird die Zeichenkette `&#` zur Kennzeichnung ihres Anfangs verwendet (beachten Sie, daß ihr das `x` der hexadezimalen Zeichen-Referenz fehlt), der eine Dezimalzahl und ein Semikolon folgen. Um den Malayalam-Buchstaben uu zu benutzen, würden Sie die Hexadezimalzahl 0d0a in die Dezimalzahl 3338 übertragen und in Ihrem Dokument darauf als `ഊ` verweisen. Es ist jedoch leichter, bei den hexadezimalen Referenzen zu bleiben.

Leider gibt es in XML keine Möglichkeit, in die Namen von Elementen und Attributen Zeichen einzubinden, die nicht zu Ihrer aktuellen Kodierung gehören. Wenn Sie daher in Namen andere Zeichen als lateinische Buchstaben ohne Diakritika, Zahlen und Interpunktionen verwenden, laufen Sie Gefahr, daß Ihr Dokument unterwegs in die Brüche geht. Wenn Sie natürlich in einer kontrollierten Umgebung wie einem sorgfältig aufgebauten Intranet arbeiten, können Sie tun, was Sie wollen. Wenn die zu erwartenden Verteiler und die Kodierung so aufeinander abgestimmt sind, daß Sie berechtigt davon ausgehen können, daß jede Maschine, die sich an Ihrem Dokument zu schaffen macht, in der Lage ist, richtig damit umzugehen (wie etwa ein primär in Japan verteiltes ISO-2022-JP-Dokument), nur zu. Andernfalls ist es jedoch sicherer, wenn Sie in Namen nur lateinische Buchstaben ohne diakritische Zeichen verwenden und für alle anderen Zeichen, die in Ihren Daten auftauchen, Zeichen-Referenzen verwenden.

Berücksichtigung der Sprache

Die Wahl einer Zeichenkodierung für Ihr Dokument sagt nichts über die von Ihrem Dokument verwendete Sprache (oder Sprachen) aus. Mehrere Sprachen können den gleichen Zeichensatz benutzen, und wenn Sie Unicode pur verwenden, gibt es keine Möglichkeit herauszufinden, ob Sie Vietnamesisch oder Italienisch sprechen. Es wäre schön, wenn das Dokument dem Webserver oder der Anwendung seine Sprache kundtun würde, so daß Leser sofort wissen, ob sie es verstehen.

Das Attribut xml:lang

In XML ist das Attribut `xml:lang` als Sprach-Kennzeichnung für ein beliebiges Element definiert. Offiziell gibt es keine Vorschriften dafür, was ein XML-Prozessor tun muß, wenn er auf dieses Attribut stößt, doch wir können uns einige Anwendungen für die Zukunft vorstellen. Es könnten zum Beispiel Suchmaschinen entworfen werden, welche die Sprache eines Dokuments beachten und diese benutzen, um die Einträge zu kategorisieren. Die Suchoberfläche könnte dann ein Menü enthalten, das festlegt, welche Sprachen in einen Suchlauf einbezogen und welche ausgeschlossen werden sollen. Eine andere Verwendungsmöglichkeit für `xml:lang` könnte darin bestehen, mehrere Versionen eines Textes in einem Dokument miteinander zu kombinieren, wobei jede Version durch eine andere Sprache gekennzeichnet ist. Ein Webbrowser könnte so eingestellt werden, daß er alle Sprachen bis auf eine ganz bestimmte ignoriert und das Dokument so filtert, daß nur das dargestellt wird, was der Leser haben möchte. Oder Sie könnten, wenn Sie ein Buch schreiben, das Text in verschiedenen Sprachen enthält, Ihre Rechtschreibprüfung so konfigurieren, daß für jede Version ein anderes Wörterbuch benutzt wird.

Der Wert des Attributs ist eine Zeichenkette mit einem Sprach-Code aus zwei Buchstaben, etwa so:

```
xml:lang="en"
```

Der Code `"en"` steht für Englisch. Bei den in der ISO-639 standardisierten Sprach-Codes wird die Groß- und Kleinschreibung beachtet, so daß es $26^2 = 676$ mögliche Codes gibt. Spezifikationen für Codes aus drei Buchstaben gibt es ebenfalls, doch XML erkennt nur Codes aus zwei Buchstaben. In einer Welt mit Tausenden von verschiedenen Sprachen, Dialekten und Mundarten könnte sich daraus ein Problem ergeben.

Glücklicherweise können wir mit einem *Qualifier* auch eine Sprach-Variante spezifizieren, etwa so:

```
xml:lang="en-US"
```

Dies bezieht sich auf die amerikanische Variante von Englisch. Vereinbarungsgemäß schreiben wir den Sprach-Code für gewöhnlich in Kleinbuchstaben und den Qualifier in Großbuchstaben. Nun können wir in folgender Weise verschiedene Arten von Englisch unterscheiden:

```
<para xml:lang="en-US">Please consult the program.</para>
<para xml:lang="en-GB">Please consult the programme.</para>
```

Wenn Sie aus irgendeinem Grund Ihre eigene Sprache definieren müssen, können Sie dies mit dem Sprach-Code `x` tun. Beispiele könnten etwa sein: `x-pascal`, `x-java`, `x-intergalaktisch` und `x-babysprache`.

Sprach-Unterstützung in Stylesheets

Sowohl CSS als auch XSLT verfügen über Tests, mit denen Sie in Abhängigkeit von der Sprache Ihres Publikums ein jeweils anderes Verhalten spezifizieren können. Es könnte in Ihrem Dokument beispielsweise ein Element geben, das als Hinweis mit einem Stylesheet-generierten Titel »VORSICHT« wiedergegeben wird. In einer englischen Übersetzung wollen Sie vielleicht statt dessen »CAUTION« sagen. In den folgenden Abschnitten wird beschrieben, wie Sie dieses bedingte Verhalten implementieren können.

CSS und die Pseudo-Klasse :lang()

CSS2 enthält eine Pseudo-Klasse, mit der dem Stylesheet Sprach-Optionen hinzugefügt werden können. Diese ermittelt die Sprache aus dem Attribut `xml:lang` oder aus dem Attribut `encoding` in der XML-Deklaration. Zum Beispiel ändert die folgende Regel die Farbe von französischsprachigen `<Phrase>`-Elementen in rot:

```
phrase:lang(fr) { color: 'red'; ; }
```

XSLT und die Funktion lang()

XSLT schenkt der Sprache ebenfalls Aufmerksamkeit. In Kapitel 6, *Transformation: Ein Dokument, viele Verwendungszwecke*, haben wir Boolesche Funktionen und ihre Rollen in bedingten Template-Regeln diskutiert. Eine wichtige Funktion ist `lang()`, deren Wert `wahr` ist, wenn die Sprache des aktuellen Knotens die gleiche wie die des Arguments ist. Sehen Sie sich die folgende Template-Regel an:

```
<xsl:template match="Absatz">
  <xsl:choose>
    <xsl:when test="lang('de')">
      <h1>ACHTUNG</h1>
      <xsl:apply-templates/>
    </if>
    <xsl:otherwise>
      <h1>ATTENTION</h1>
      <xsl:apply-templates/>
    </xsl:otherwise>
</xsl:template>
```

Die XSLT-Template-Regel gibt, wenn die Sprache `de` ist, das Wort `ACHTUNG` aus, andernfalls `ATTENTION`. Lassen Sie uns diese Regel auf den folgenden Eingabe-Baum anwenden:

```
<Warnung xml:lang="de">
  <Absatz>Bitte nicht rauchen!</Absatz>
</Warnung>
```

Das Element `<Absatz>` erbt seine Sprach-Eigenschaft vom Element `<Warnung>`, in dem es enthalten ist. Die erste Auswahl in der Template-Regel wird verwendet.

8

Programmieren für XML

Gehen wir es an. Sie können nicht immer auf jemanden warten, der die perfekte Software für Ihren Bedarf entwickelt: Es wird Situationen geben, in denen Sie Ihre Ärmel hochkrempeln und sich selbst an die Arbeit machen müssen. Mit diesem Kapitel soll jedoch nicht versucht werden, Ihnen alles über das Schreiben von Programmen für XML beizubringen. Die Absicht besteht vielmehr darin, eine Einführung in Programmiertechnologien zu geben, die es Ihnen ermöglicht, das beste aus XML zu machen. Wir werden uns bei der Diskussion auf kurze und allgemeine Ausführungen beschränken, anhand derer Sie selbst die beste Methode wählen können, und überlassen die Einzelheiten anderen Autoren.

Es gibt keine beste Programmiersprache, ebensowenig wie es einen besten Programmierstil gibt. Es führen vielmehr viele Wege nicht nur nach Rom, sondern auch an das Ziel, das Sie mit der Programmierung erreichen wollen. Mancher macht am liebsten alles in Perl, dem »Lochstreifen des Internets«, während andere die kompakte und geordnete Philosophie von Java bevorzugen und deshalb lieber in dieser Sprache codieren. Doch auch wenn die Programmierer sich nicht auf einen Schauplatz für ihre Codier-Ambitionen einigen können, unterstützen zumindest die gebräuchlichsten der heute verwendeten Programmiersprachen XML. Welche Werkzeuge Sie wählen, ist wiederum Ihre Sache. Wir konzentrieren uns in diesem Kapitel auf die Theorie.

Wir diskutieren zunächst die Analyse und Verarbeitung von XML im allgemeinen und umreißen die Vor- und Nachteile der Verwendung von XML als Daten-Speichermedium. Dann sprechen wir über Techniken zur Verarbeitung von XML und stellen ein Beispiel für eine in Perl geschriebene Anwendung zur Syntax-Prüfung vor. Und schließlich zeigen wir Ihnen einige Komponenten von der Stange, die Sie in Ihren Programmen einsetzen können, und beschreiben zwei moderne Technologien zur XML-Verarbeitung: SAX und DOM.

XML-Programmierung im Überblick

Immer mehr Menschen benutzen XML, um ihre Daten zu speichern. Software-Anwendungen können XML benutzen, um Voreinstellungen und praktisch jede Art von Informationen von chemischen Formeln bis hin zu Dateiarchiv-Verzeichnissen zu speichern. Die Entwickler sollten ernsthaft die Vorteile der Verwendung von XML erwägen, doch es gibt auch Grenzen, die man kennen muß.

XML ist nicht das Allheilmittel für jedes Datenspeicherungsproblem. Der erste Nachteil besteht darin, daß die Zeit, die für den Zugriff auf Informationen in einem Dokument erforderlich ist, im Vergleich zu anderen Lösungen recht hoch sein kann. Relationale Datenbanken sind mit Indices und Hash-Tabellen auf eine unschlagbare Geschwindigkeit hin optimiert worden. XML verfügt über keine solchen Optimierungen für einen schnellen Zugriff.[1] Für Anwendungen, die eine häufige und schnelle Suche nach Informationen erfordern, ist eine relationale Datenbank daher besser geeignet als XML.

Ein weiteres Problem besteht darin, daß XML im Vergleich zu manch anderen Formaten sehr viel Platz beansprucht. XML verfügt über kein integriertes Komprimierungssystem. Das bedeutet, daß Sie – obwohl es dafür keinen vernünftigen Grund gibt – ein XML-Dokument nicht komprimieren können, denn mit einem komprimierten Dokument können Sie kein einziges XML-Werkzeug benutzen. Wenn Sie große Mengen an Informationen, aber nur beschränkten Speicherplatz (bzw. Bandbreite für die Datenübertragung) haben, ist XML möglicherweise nicht die beste Wahl.

Schließlich brauchen einige Daten einfach nicht den Rahmen von XML. Am besten ist XML für Text-Dokumente geeignet. Die Handhabung anderer Datentypen ist über Notationen und NDATA-Entities möglich, doch sind diese nicht ausreichend standardisiert und auch nicht unbedingt effizient. Zum Beispiel wird eine Rastergraphik üblicherweise als lange Kette von Binärziffern gespeichert. Sie ist monolithisch, nicht analysierbar und riesig. Sofern also ein Dokument nichts anderes als Binärdaten enthält, gibt es keine allzu große Notwendigkeit für irgendeine Art von XML-Markup.

Trotz all diesen Einschränkungen bietet XML für Programmierer hervorragende Möglichkeiten. Es ist gut dafür geeignet, von Software gelesen, geschrieben und verändert zu werden. Seine Syntax ist unkompliziert und leicht zu analysieren. Es hat Wohlgeformtheitsregeln, die den Umfang der von der Software auszuführenden Fehler-Überprüfungen und Ausnahme-Behandlungen reduzieren. Es ist gut dokumentiert, und Programmierern stehen viele Werkzeuge und Code-Bibliotheken zur Verfügung. Und als offener Standard, der gleichermaßen von Finanzinstituten und Open-Source-Hackern akzeptiert und von nahezu jeder populären Programmiersprache unterstützt wird, hat XML eine gute Chance, zur Lingua franca der Computer-Kommunikation zu werden.

1 XML kennt lediglich ID- und `IDREF`-Attribute, die Elemente eindeutig identifizieren. Über diese ist in den meisten Parsern ein schneller Zugriff auf entsprechende Knoten im XML-Baum möglich.

Analyse eines XML-Prozessors

In den Kapiteln zuvor wurden XML-Prozessoren als Blackbox behandelt, in die XML-Dokumente durch einen Schlitz hineingesteckt werden und auf der anderen Seite irgendetwas (vielleicht ein interpretiertes Druckexemplar oder eine Webseiten-Darstellung) herauskommt. Offensichtlich ist dies eine stark vereinfachende Betrachtungsweise, die Ihr Verständnis dafür, wie XML-Prozessoren funktionieren, nicht voranbringt. Lassen Sie uns also diese Blackbox aufreißen und in ihrem Innenleben herumstöbern.

Ein typischer XML-Prozessor ist aus Komponenten aufgebaut, die jeweils einen wichtigen Schritt am Montageband ausführen. Jeder Schritt verfeinert die Daten weiter in Richtung der endgültigen Form. Der Vorgang beginnt mit der Analyse des Dokuments, die den rohen Text in kleine Informationspakete verwandelt, die für die Verarbeitung durch die nächste Komponente, den Event-Switcher, geeignet sind. Der Event-Switcher leitet die Pakete an Event-Verarbeitungsroutinen weiter, wo der größte Teil der Arbeit erfolgt. In mächtigeren Programmen bauen die Handler-Routinen im Speicher eine Baum-Struktur auf, so daß ein Baum-Prozessor diese weiterverarbeiten und die endgültige Ausgabe im gewünschten Format erzeugen kann.

Ein Wort vorweg: Die begriffliche Unterscheidung zwischen »XML-Prozessor« und »XML-Parser« ist im täglichen Gebrauch oft etwas schwammig. In der XML-Spezifikation wird der Begriff »Prozessor« für das Programm verwendet, das die lexikalische und syntaktische Analyse vornimmt. Das Ergebnis wird von einer »XML-Applikation« weiterverarbeitet. »Parser« ist ganz allgemein ein Programm zur Syntaxanalyse, weswegen bei XML »Parser« und »Prozessor« oft mehr oder minder synomym verwendet werden. »XML-Prozessor« betont hierbei aber stärker die Ausgabeform der erkannten Zeichen (Events, Baum). Wie hier bezeichnet »Parser« häufig die erste Analysekomponente des Prozessors.

Lassen Sie uns nun die Komponenten etwas ausführlicher besprechen:

Parser

Jeder XML-Prozessor basiert auf einem Parser. Die Aufgabe des Parsers besteht darin, das XML-Markup und Daten in einen Strom von für die Verarbeitung benutzten, handlichen Brocken (sogenannten *Token*) zu übertragen. Ein Token kann das Start-Tag eines Elements, eine Zeichenkette, der Anfangsbegrenzer einer Steueranweisung oder irgendeine Auszeichnung sein, die einen Wechsel zwischen Bereichen des Dokuments kennzeichnet. Auf dieser Stufe werden sämtliche Entity-Verweise aufgelöst. Dieser vorverdaute Informationsstrom speist die nächste Komponente, den Event-Switcher.

Event-Switcher

Der Event-Switcher nimmt vom Parser einen Strom von Token entgegen und verteilt diese genau wie früher die Schaltzentrale in einer Telefon-Vermittlung entsprechend ihrer Funktion im XML-Dokument. Einige Token signalisieren, daß eine Änderung im Verhalten notwendig ist. Diese werden als *Events* oder Ereignisse bezeichnet. Ein Event könnte sein, daß eine Steueranweisung für den XML-Prozessor selbst gefunden wurde. Ein anderes könnte sein, daß ein `<Titel>`-Element empfangen wurde, wodurch der XML-Applikation die Notwendigkeit eines Schriftart-Wechsels signalisiert wird. Was Events sind, entscheidet der Prozessor, wie sie zu behandeln sind, ist überwiegend Sache der XML-Applikation. Erkennt der Prozessor Events im Eingabestrom, werden diese der XML-Applikation über Callbacks zugestellt. Die entsprechenden Event-Handler müssen zuvor dem Prozessor mitgeteilt worden sein. Manchmal ist eine komplexere Repräsentation des Dokuments in Form eines Baum-Modells erforderlich; auch das kann ein XML-Prozessor leisten.

Baum-Repräsentation

Der Event-Handler ist ein einfacher Mechanismus, der Events wieder vergißt, nachdem er sie gefunden hat. Einige Aufgaben erfordern jedoch, daß die Struktur des Dokuments als Modell für nicht-sequentielle Operationen wie etwa die Verschiebung von Knoten oder die Auflösung von Querverweisen über das ganze Dokument hinweg im Speicher verbleibt. Für diesen Typ der Verarbeitung muß das Programm eine interne Baum-Repräsentation aufbauen. Die durch Events im Event-Handler ausgelösten Callback-Prozeduren fügen dem Baum einfach Knoten hinzu, bis es keine weiteren Events mehr gibt. Dann verarbeitet das Programm statt des Event-Stroms den Baum weiter. Dieser Verarbeitungsschritt wird durch den Regel-Prozessor übernommen.

Die Baum-Repräsentation kann viele Formen annehmen, doch es gibt zwei Haupttypen. Der erste ist eine einfache Struktur, die aus einer Hierarchie von Knoten-Listen besteht. Dies ist die Art von Struktur, die Sie – wie wir in Beispiel 8-1 sehen werden – in einem nicht objektorientierten Ansatz finden würden. Die andere Art wird als *Objekt-Modell* bezeichnet, in dem jeder Knoten als Objekt abgebildet wird. In der Sprache der Programmierer ist ein *Objekt* ein Paket von Daten und Routinen in einer starren, von außen nicht einsehbaren Struktur. Bei großen Programmen wird dieser Stil bevorzugt, denn durch ihn lassen sich bestimmte Arten von Fehlern minimieren, und er ist für gewöhnlich leichter zu überblicken. Objekt-Bäume stellen hohe Ansprüche an Geschwindigkeit und Speicher, doch für viele Anwendungen ist dies ein Kompromiß, der zugunsten einer komfortablen Entwicklung eingegangen werden kann.

Baum-Prozessor

Der Baum-Prozessor ist der Teil eines Programms, in dem das Baum-Modell weiterverarbeitet wird. Er kann alles von einem erweiterten Syntaxprüfer bis hin zu einer ausgewachsenen Transformations-Engine sein. Er traversiert den Baum für gewöhnlich in einer methodischen *erst-in-die-Tiefe*-Reihenfolge, wobei er zum Ende eines Zweiges geht und diesen zurückverfolgt, um auch den letzten nicht überprüften Knoten zu finden. Oft werden seine Aktionen durch eine Liste von Regeln gesteuert, wobei eine *Regel* eine Beschreibung ist, wie ein bestimmtes Stück des Baums behandelt werden soll. Beispielsweise kann der Baum-Prozessor die Regeln aus einem Stylesheet benutzen, um XML-Markup in formatierten Text zu übertragen.

Schauen wir uns nun ein konkretes Beispiel an. Der nächste Abschnitt enthält ein Beispiel für einen rudimentären, in der Skript-Sprache Perl geschriebenen XML-Prozessor.

Beispiel: Ein XML-Syntax-Prüfer

Entsprechend unserem Überblick über die Komponenten eines XML-Prozessors im vorigen Abschnitt läßt sich mit einem Parser und einem Event-Switcher bereits viel anfangen. Mit diesen beiden Komponenten läßt sich jedoch bereits sehr viel anfangen. Beispiel 8-1 ist ein einfacher XML-Syntax-Prüfer, elementarer Bestandteil eines jeden XML-Prozessors. Wenn ein Dokument nicht wohlgeformt ist, meldet der Syntax-Prüfer Ihnen dies und weist Sie genau darauf hin, an welcher Stelle der Fehler aufgetreten ist.

Das Programm ist in Perl geschrieben, einer guten Text-Manipulationssprache für kleine Anwendungen. Perl verwendet Zeichenketten-analysierende Operatoren, die als *reguläre Ausdrücke* bezeichnet werden. Obwohl ihre Syntax anfangs vielleicht schwer zu lesen ist, lassen sich mit regulären Ausdrücken bei minimalem Aufwand komplexe Parsing-Aufgaben erledigen.[2] Dieses Beispiel ist weder effizient noch elegant im Aufbau, doch für Lehrzwecke sollte es ausreichen. Natürlich würden Sie normalerweise keinen eigenen Parser schreiben, sondern würden sich statt dessen eines Parsers bedienen, den jemand anders entwickelt hat. In allen Sprachen, darunter auch Perl, stehen für Ihren Bedarf XML-Parser aus dem Public-Domain-Bereich zur Verfügung. Durch die vielen Leute, die ständig an ihrer Optimierung arbeiten, sind diese wahrscheinlich sehr viel schneller und haben weit weniger Fehler als irgendetwas, was Sie selbst schreiben könnten.

Das Programm ist um einen XML-Parser herum angeordnet. Das Befehlszeilen-Argument für das Programm muß eine XML-Datei sein, die das Dokument-Element enthält. Externe Entity-Deklarationen werden beachtet, so daß Verweise auf externe Entities aufgelöst werden können. Der Parser stellt die Inhalte aller Dateien in einen Puffer und geht dann den Puffer Zeile für Zeile durch, um die Syntax zu prüfen. Eine Anzahl von `if`-Anweisungen überprüft den Puffer auf das Vorhandensein von bekannten Begrenzern. Bei jedem erfolgreichen Treffer wird das gesamte Markup-Objekt aus dem Puffer entfernt, und der Zyklus beginnt von neuem, bis der Puffer leer ist.

Alles, was der Parser nicht erkennt, ist ein Parser-Fehler. Basierend darauf, wo in der Reihe der `if`-Anweisungen der Fehler entdeckt wurde, meldet der Parser, welche Art von Problem den Fehler seiner Meinung nach verursacht hat. Er gibt auch den Namen der Datei sowie die Zeilennummer aus, in denen der Fehler aufgetreten ist. Diese Informationen werden durch den Teil des Programms, der die Dateien einliest, an den Anfang der jeweiligen Zeile gestellt.

Weiter zählt das Programm die Knoten und gibt, wenn das Dokument wohlgeformt ist, am Ende eine Häufigkeitsverteilung der Knotentypen und Elementtypen aus. Dies demonstriert die Fähigkeit des Programms, zwischen verschiedenen Events zu unterscheiden.

Beispiel 8-1 ist ein Listing des Programms mit dem Namen *dbstat*. Wenn Sie es ausprobieren wollen, passen Sie die erste Zeile so an, daß sie die korrekte Adresse des Perl-Interpreters auf Ihrem System wiedergibt.

---

2 Ein gutes Buch zu diesem Thema ist *Reguläre Ausdrücke* von Jeffrey Friedl (O'Reilly).

Beispiel 8-1: Code-Listing des XML-Syntax-Prüfers dbstat

```
#!/usr/local/bin/perl -w
#

use strict;

# Global variables
#
my %frefs;               # file Entities declared in internal subset
my %element_frequency;   # element frequency list
my $lastline = "";       # the last line parsed
my $allnodecount = 0;    # total number of nodes parsed
my %nodecount =          # how many nodes have been parsed
                             (
                              'attribute'    => 0,
                              'CDMS'         => 0,
                              'comment'      => 0,
                              'element'      => 0,
                              'PI'           => 0,
                              'text'         => 0,
                              );

# start the process
&main();

# main
# ----
# parse XML document and print out statistics
#
sub main {
    # read document, starting at top-level file
    my $file = shift @ARGV;
    unless( $file && -e $file ) {
        print "File '$file' not found.\n";
        exit(1);
    }
    my $text = &process_file( $file );

    # parse the document entity
    &parse_document( $text );

    # print node stats
    print "\nNode frequency:\n";
    my $type;
    foreach $type (keys %nodecount) {
        print "   " . $nodecount{ $type } . "\t" . $type . " nodes\n";
    }
    print "\n   " . $allnodecount . "\ttotal nodes\n";

    # print element stats
    print "\nElement frequency:\n";
    foreach $type (sort keys %element_frequency) {
```

Beispiel 8-1: Code-Listing des XML-Syntax-Prüfers dbstat (Fortsetzung)

```
        print "  " . $element_frequency{ $type } . "\t<" . $type . ">\n";
    }
}


# process_file
# ------------
# Get text from all XML files in document.
#
sub process_file {
    my( $file ) = @_;
    unless( open( F, $file )) {
        print STDERR "Can't open \"$file\" for reading.\n";
        return "";
    }
    my @lines = <F>;
    close F;
    my $line;
    my $buf = "";
    my $linenumber = 0;
    foreach $line (@lines) {

        # Tack on line number and filename information
        $linenumber ++;
        $buf .= "%$file:$linenumber%";
        # Replace external entity references with file contents
        if( $line =~ /\&([^;]+);/ && $frefs{$1} ) {
            my( $pre, $ent, $post ) = ($`, $&, $' );
            my $newfile = $frefs{$1};
            $buf .= $pre . $ent . "\n<?xml-file startfile: $newfile ?>" .
                &process_file( $frefs{$1} ) . "<?xml-file endfile ?>" .
                    $post;
        } else {
            $buf .= $line;
        }

        # Add declared external Entities to the list.
        # NOTE: we do not handle PUBLIC identifiers!
        $frefs{ $1 } = $2
            if( $line =~ /<!ENTITY\s+(\S+)\s+SYSTEM\s+\"([^\"]+)/ );
    }
    return $buf;
}


# parse_document
# --------------
# Read nodes at top level of document.
#
sub parse_document {
    my( $text ) = @_;
```

Beispiel 8-1: Code-Listing des XML-Syntax-Prüfers dbstat (Fortsetzung)

```
    while( $text ) {
        $text = &get_node( $text );
    }
}


# get_node
# --------
# Given a piece of XML text, return the first node found
# and return the rest of the text string.
#
sub get_node {
    my( $text ) = @_;

    # text
    if( $text =~ /^[^<]+/ ) {
        $text = $';
        $nodecount{ 'text' } ++;

    # imperative markup: comment, marked section, declaration
    } elsif( $text =~ /^\s*<\!/ ) {

        # comment
        if( $text =~ /^\s*<\!--(.*?)-->/s ) {
            $text = $';
            $nodecount{ 'comment' } ++;
            my $data = $1;
            if( $data =~ /--/ ) {
                &parse_error( "comment contains partial delimiter (--)" );
            }

        # CDATA marked section (treat this like a node)
        } elsif( $text =~ /^\s*<\!\[\s*CDATA\s*\[/ ) {
            $text = $';
            if( $text =~ /\]\]>/ ) {
                $text = $';
            } else {
                &parse_error( "CDMS syntax" );
            }
            $nodecount{ 'CDMS' } ++;

        # document type declaration
        } elsif( $text =~ /^\s*<!DOCTYPE.*?\]>\s*/s ||
                 $text =~ /^\s*<!DOCTYPE.*?>\s*/s ) {
            $text = $';

        # parse error
        } else {
            &parse_error( "declaration syntax" );
        }
```

Beispiel 8-1: Code-Listing des XML-Syntax-Prüfers dbstat (Fortsetzung)

```
    # processing instruction
    } elsif( $text =~ /^\s*<\?/ ) {
        if( $text =~ /^\s*<\?\s*[^\s\?]+\s*.*?\s*\?>\s*/s ) {
            $text = $';
            $nodecount{ 'PI' } ++;
        } else {
            &parse_error( "PI syntax" );
        }

    # element
    } elsif( $text =~ /\s*</ ) {

        # empty element with atts
        if( $text =~ /^\s*<([^\/\s>]+)\s+([^\s>][^>]+)\/>/) {
            $text = $';
            $element_frequency{ $1 } ++;
            my $atts = $2;
            &parse_atts( $atts );

        # empty element, no atts
        } elsif( $text =~ /^\s*<([^\/\s>]+)\s*\/>/) {
            $text = $';
            $element_frequency{ $1 } ++;

        # container element
        } elsif( $text =~ /^\s*<([^\/\s>]+)[^<>]*>/) {
            my $name = $1;
            $element_frequency{ $name } ++;

            # process attributes
            my $atts = "";
            $atts = $1 if( $text =~ /^\s*<[^\/\s>]+\s+([^\s>][^>]+)>/);
            $text = $';
            &parse_atts( $atts ) if $atts;
            # process child nodes
            while( $text !~ /^<\/$name\s*>/ ) {
                $text = &get_node( $text );
            }
            # check for end tag
            if( $text =~ /^<\/$name\s*>/ ) {
                $text = $';
            } else {
                &parse_error( "end tag for element <$name>" );
            }
            $nodecount{ 'element' } ++;

        # some kind of parse error
        } else {
            if( $text =~ /^\s*<\/([^>]+)/ ) {
                &parse_error( "missing start tag for element <$1>" );
            } else {
```

Beispiel 8-1: Code-Listing des XML-Syntax-Prüfers dbstat (Fortsetzung)

```
                &parse_error( "reserved character (<) in text" );
            }
        }

    } else {
        &parse_error( "unidentified text" );
    }

    # update running info
    $allnodecount ++;
    $lastline = $& if( $text =~ /%[:]+:[:]+/ );
    return $text;
}


# parse_atts
# ----------
# verify syntax of attributes
#
sub parse_atts {
    my( $text ) = @_;
    $text =~ s/%.*?%//sg;
    while( $text ) {
        if( $text =~ /\s*([^\s=]+)\s*=\s*([\"][^\"]*[\"])/ ||
            $text =~ /\s*([^\s=]+)\s*=\s*([\'][^\']*[\'])/) {
            $text = $';
            $nodecount{'attribute'} ++;
            $allnodecount ++;
        } elsif( $text =~ /^\s+/ ) {
            $text = $';
        } else {
            &parse_error( "attribute syntax" );
        }
    }
}

# parse_error
# -----------
# abort parsing and print error message with line number and file name
# where error occured
#
sub parse_error {
    my( $reason ) = @_;
    my $line = 0;
    my $file = "unknown file";
    if( $lastline =~ /%([^:]+):([^%]+)/ ) {
        $file = $1;
        $line = $2 - 1;
    }
    die( "Parse error on line $line in $file: $reason.\n" );
}
```

Das Programm geht das Dokument zweimal durch – während der Verarbeitung wird der Text also zweimal geprüft. Im ersten Durchlauf werden die externen Entities aufgelöst, und aus den Einzeldateien wird das Dokument aufgebaut. Im zweiten Durchlauf erfolgt das eigentliche Parsing, das den Text in Token verwandelt. Es wäre möglich, all dies in einem Durchlauf zu erledigen, doch dadurch würde das Programm komplizierter werden, denn bei jedem externen Entity-Verweis müßte der Parser die Analyse unterbrechen, damit der Text geladen werden kann. Mit zwei Durchläufen kann der Parser davon ausgehen, daß beim zweiten Durchgang der gesamte Text bereits geladen ist.

Im Zusammenhang mit dieser Subroutine gibt es zwei Probleme. Erstens bleiben allgemeine Entities unaufgelöst, was für reinen Text in Ordnung ist, jedoch schlecht, wenn die Entities Markup enthalten. Knoten innerhalb allgemeiner Entities würden nicht überprüft oder gezählt werden, wodurch diese aus der Statistik fallen und möglicherweise Syntax-Fehler übersehen werden. Zweitens weiß die Subroutine nicht mit Public-Identifiern in externen Entities umzugehen und nimmt stets an, daß es sich bei ihnen um System-Identifier handelt. Dies könnte dazu führen, daß Markup ausgelassen wird.

Die Subroutine `process_file` beginnt die Verarbeitung damit, daß das gesamte XML-Dokument einschließlich des Markups in der Hauptdatei und in den externen Entities eingelesen wird. Jede Zeile wird beim Lesen einem Speicher-Puffer hinzugefügt. Wenn die Subroutine die einzelnen Zeilen liest, sucht sie nach externen Entity-Deklarationen und trägt die Entity-Namen und ihre zugehörigen Dateinamen jeweils in eine Hash-Tabelle ein. Später, wenn die Subroutine auf einen externen Entity-Verweis stößt, findet sie die Datei und verarbeitet sie auf die gleiche Weise, indem die Zeilen dem Text-Puffer hinzugefügt werden.

Wenn der Puffer komplett ist, beginnt die Subroutine `parse_document`, ihn zu analysieren. Mit Hilfe der Subroutine `get_node` liest sie die einzelnen Knoten aus. Da keine andere Verarbeitung erforderlich ist, als die Knoten auszuzählen, müssen die Knoten nicht als Token weitergeleitet oder einem Objekt-Baum hinzugefügt werden. Die Subroutine entnimmt dem Puffer beim Parsing den Text für die einzelnen Knoten, bis der Puffer leer ist.[3]

`get_node` sucht dann nach dem nächsten Knoten im Text-Puffer. Die ersten Zeichen werden unter Zuhilfenahme von regulären Ausdrücken überprüft, um festzustellen, ob es sich bei ihnen um XML-Markup-Begrenzer handelt. Wenn die ersten Zeichen keine linke spitze Klammer (<) enthalten, geht die Subroutine von einem Text-Knoten aus und sucht weiter nach dem nächsten Begrenzer. Wenn die Subroutine eine spitze Klammer findet, prüft sie weiter, um den Typ des Tags einzugrenzen: Kommentar, `CDATA`-Abschnitt oder Deklaration, wenn das nächste Zeichen ein Ausrufungszeichen ist, eine Steueranweisung (PI), wenn es ein Fragezeichen ist, andernfalls ein Element. Anschließend versucht die Subroutine, das Ende des Tags zu finden, oder sie setzt im Fall eines Elements die Prüfung bis zum Ende des Tags fort.

3 Durch Umschaufeln eines Verweises auf den Text-Puffer statt der Zeichenkette selbst würde das Programm wahrscheinlich sehr viel schneller werden.

Ein Auszeichnungsobjekt, das ein Element ist, stellt ein besonderes Problem dar: Das Abschluß-Tag ist schwer zu finden, wenn sich im Element ein gemischter Inhalt befindet. Stellen Sie sich eine Situation vor, in der ein Element sich innerhalb eines anderen Elements vom gleichen Typ befindet. Einen Parser, der nur nach dem Abschluß-Tag weitersuchen würde, brächte dies in Verlegenheit. Die Lösung besteht darin, nochmals rekursiv so viele Male `get_node` aufzurufen, wie notwendig ist, um alle Kinder des Elements zu finden. Wenn der Parser statt eines vollständigen Knotens ein Abschluß-Tag findet, ist das gesamte Element gefunden.

Hier sehen Sie die Ausgabe, wenn *dbstat* auf die Datei *Kontoauszug.xml*, unser Beispiel aus Kapitel 5, *Dokumentenmodelle: Eine höhere Stufe der Steuerung*, angewendet wird. Da *dbstat* die Statistik ausgegeben hat, wissen wir, daß das Dokument wohlgeformt ist:

```
> dbstat Kontoauszug.xml

Node frequency:
  17        attribute nodes
  73        text nodes
  0         comment nodes
  1         PI nodes
  35        element nodes
  0         CDMS nodes

  127       total nodes

Element frequency:
  7         <Betrag>
  1         <Kontoauszug>
  7         <Datum>
  1         <Gutschrift>
  7         <Beschreibung>
  5         <Zahlungsempfänger>
  6         <Bezahlung>
  1         <Auftraggeber>
```

Wenn das Dokument nicht wohlgeformt wäre, würden wir statt der Statistik-Liste eine Fehlermeldung sehen. Zum Beispiel:

```
> dbstat baddoc.xml
Parse error on line 172 in baddoc.xml: missing start tag for
element <entry>.
```

Damit steht fest, daß es in dieser Datei mit Zeile 172 ein Problem gab:

```
<entry>42</entry><entry>*</entry>              line 170
<entry>74</entry><entry>J</entry>              line 171
entry>106</entry><entry>j</entry></row>        line 172
```

Verwendung von vorgefertigten Komponenten

Zum Glück müssen Sie sich nicht all den Schwierigkeiten aussetzen, die mit dem Schreiben Ihres eigenen Parsers verbunden sind. Welche Sprache Sie auch immer benutzen – die Chancen stehen gut, daß ein Public-Domain-Parser verfügbar ist. Einige verbreitete Parser sind in Tabelle 8-1 aufgeführt.

Tabelle 8-1: XML-Parser

Sprache	Bibliothek	Bezugsquelle
Perl	XML::Parser	*http://www.cpan.org/modules/by-module/XML/perl-xml-modules.html*
Java	Xerces	*http://xml.apache.org/dist/xerces-j*
	XP von James Clark	*http://www.jclark.com/xml/xp/index.html*
	Java API for XML Parsing (JAXP)	*http://www.javasoft.com/xml/download.html*
Python	PyXML	*http://www.python.org/doc/howto/xml/*
JavaScript	Xparse	*http://www.jeremie.com/Dev/XML/*
C/C++	IBM Alphaworks XML for C	*http://www.alphaworks.ibm.com/tech/xml4c*
	Microsoft XML-Parser in C++	*http://msdn.microsoft.com/xml/IE4/cparser.asp*

SAX: Ein Event-orientiertes API

Seit XML die Bühne betrat, sind Hunderte von XML-Produkten erschienen, von Parsern über Editoren bis hin zu digitalen Systemen zur Vermögensverwaltung. Alle diese Produkte haben eine Reihe von gemeinsamen Merkmalen: Sie befassen sich mit Dateien, analysieren XML und verarbeiten XML-Markup. Die Entwickler wissen, daß es eine kostspielige Angelegenheit ist, mit Software das Rad jedesmal neu zu erfinden, doch genau das tun sie mit XML-Produkten. Bald wurde klar, daß eine *Programmier-Schnittstelle* bzw. ein API für die Verarbeitung von XML her mußte.

Ein API ist ein Fundament für das Schreiben von Programmen, das für die auf Systemebene ablaufenden Prozesse verantwortlich ist, so daß Sie sich getrost auf die tatsächliche Substanz Ihres Programms konzentrieren können. Ein XML-API kümmert sich um Dinge wie das Lesen aus Dateien, das Parsing und die Übergabe der Daten an Event-Handler, wohingegen Sie nur die Routinen zur Event-Verarbeitung schreiben.

Das Simple API for XML (SAX) ist ein Versuch, ein Event-orientiertes XML-Standard-API (siehe Anhang B, *Klassifikation der Standards*) zu definieren. In dieses Projekt waren einige der ersten Pioniere auf dem Gebiet von XML einbezogen. Die Mitstreiter kommunizierten über die Mailing-Liste XML-DEV, und das letztliche Ergebnis war ein Java-

Paket mit dem Namen *org.xml.sax*. Dies ist ein gutes Beispiel dafür, wie eine Gruppe von Menschen effizient zusammenarbeiten und ein System entwickeln kann. Das gesamte Projekt war innerhalb von fünf Monaten abgeschlossen.

SAX ist um ein Event-orientiertes Modell herum angeordnet, das für die Verarbeitung Callbacks benutzt. Es gibt keine Baum-Repräsentation, so daß die Verarbeitung des Dokuments in einem einzigen Durchlauf erfolgt. Stellen Sie sich dies als »seriellen Zugriff« auf XML vor. Das Programm kann nicht zu wahlfreien Stellen im Dokument hin- und herspringen. Einerseits büßen Sie dadurch die Flexibilität des Arbeitens mit einer persistenten Abbildung im Speicher ein, was die Anwendungsgebiete einschränkt. Andererseits jedoch haben Sie einen enormen Geschwindigkeitsgewinn und brauchen sehr wenig Speicher.

Der Geschwindigkeitsaspekt von SAX macht es ideal für die serverseitige Verarbeitung von XML – beispielsweise um ein XML-Dokument auf einfache Art in HTML zu übertragen, damit es in einem herkömmlichen Webbrowser betrachtet werden kann. Ein Event-orientiertes Programm kann auch:

- ein Dokument nach einem Element durchsuchen, in dessen Inhalt sich ein Schlüsselwort befindet;
- formatierte Inhalte in der Reihenfolge ihres Erscheinens ausgeben;
- ein XML-Dokument durch kleine Veränderungen wie etwa Fehlerkorrekturen oder Umbenennung von Elementen modifizieren;
- Daten einlesen, um eine interne Repräsentation oder eine komplexe Datenstruktur aufzubauen. Mit anderen Worten kann SAX als Grundlage für ein komplexeres API wie DOM benutzt werden, über das wir im Abschnitt »Das Document Object Model« sprechen werden.

Der geringe Speicherverbrauch ist jedoch auch eine Belastung, denn so schnell wie SAX Events generiert, vergißt es diese auch wieder. Zu den Dingen, die ein Event-orientiertes Programm nicht so ohne weiteres tun kann, gehören:

- die Neuordnung der Elemente in einem Dokument;
- die Auflösung von Querverweisen zwischen Elementen;
- die Prüfung von `ID-IDREF`-Links und
- die Validierung eines XML-Dokuments.

Trotz seiner Grenzen ist das Event-orientierte API ein leistungsstarkes Werkzeug zur Verarbeitung von XML-Dokumenten. Damit noch klarer wird, was ein Event eigentlich ist, sehen Sie sich bitte das folgende Beispiel-Dokument an:

```
<?xml version="1.0"?>
<Datensatz id="44456">
 <Name>Fred Mbogo</Name>
 <Titel>Doktor</Titel>
</Datensatz>
```

Eine Event-gesteuertes Interface analysiert die Datei einmal und meldet die folgenden Events in linearer Folge:

1. `found start element: Datensatz`
2. `found attribute: id = "44456"`
3. `found start element: Name`
4. `found text`
5. `found end element: Name`
6. `found start element: Titel`
7. `found text`
8. `found end element: Titel`
9. `found end element: Datensatz`

Bei jedem Event ruft das Programm den entsprechenden Event-Handler auf. Die Event-Handler arbeiten wie die Funktionen einer graphischen Schnittstelle, die insofern ebenfalls Event-gesteuert ist, als daß eine Funktion auf einen Mausklick mit einer bestimmten Taste reagiert, eine andere auf einen Tastendruck auf der Tastatur usw. Im Falle von SAX verarbeitet jeder Event-Handler ein bestimmtes Ereignis wie etwa den Beginn eines Elements oder das Auftreten einer Steueranweisung (PI).

Die Java-Implementierung von SAX ist in Abbildung 8-1 veranschaulicht.

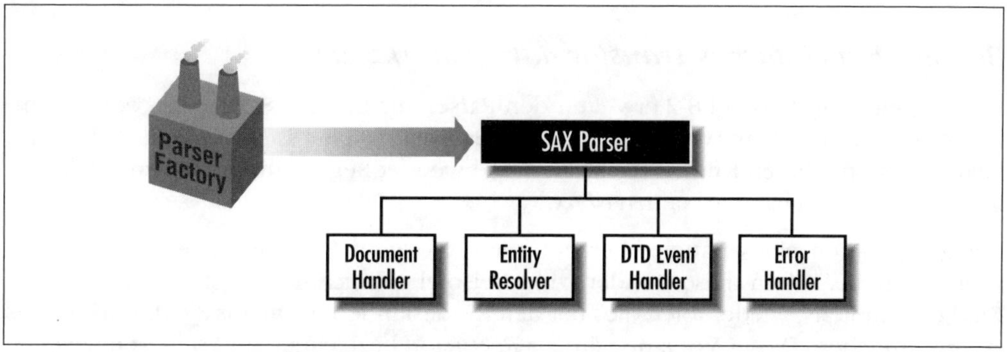

Abbildung 8-1: Das SAX-API in Java

Das Objekt *ParserFactory* erzeugt ein Gerüst um den Parser Ihrer Wahl (in SAX können Sie Ihren bevorzugten Java-Parser benutzen, gleich ob es sich dabei um XP, Xerces oder JAXP handelt). Es analysiert das Dokument und ruft je nach Erfordernis die Interfaces *Document Handler*, *Entity Resolver*, *DTD Handler* und *Error Handler* auf. In Java ist ein *Interface* eine Sammlung von Funktionsroutinen, sogenannten *Methoden*, in einer Klasse. Den Code für Ihr Programm legen Sie im Interface Document Handler ab. Innerhalb des Dokument-Handlers müssen Sie Methoden zur Verarbeitung von Elementen, Attributen und allen anderen Events implementieren, die sich aus der Parser-Analyse eines XML-Dokuments ergeben.

Wie wir im nächsten Abschnitt sehen werden, kann ein Event-Interface benutzt werden, um ein Baum-orientiertes API aufzubauen. Dies erweitert die Mächtigkeit von SAX um ein persistentes Modell des Dokuments im Speicher, das eine flexiblere Verarbeitung ermöglicht.

Baum-orientierte Verarbeitung

Wenn ein oder zwei Dokument-Durchläufe für Ihr Programm nicht genug sind, müssen Sie vielleicht eine Baum-Repräsentation des Dokuments aufbauen, die im Speicher gehalten wird, bis die Verarbeitung beendet ist. Wenn die Event-orientierte Verarbeitung einen sequentiellen Zugriff auf XML repräsentiert, so repräsentiert die Baum-orientierte Verarbeitung einen wahlfreien Zugriff. Ihr Programm kann im Dokument umherspringen, denn es ist nun nicht mehr an den linearen, einmal zu durchlaufenden Pfad gebunden.

Beispiel: Ein einfaches Transformationswerkzeug

Das Programm in Beispiel 8-2 erweitert den Parser aus Beispiel 8-1 so, daß eine Baum-Datenstruktur aufgebaut wird. Nachdem der Baum aufgebaut ist, traversiert eine Verarbeitungsroutine diesen Knoten für Knoten und wendet Regeln an, um ihn zu modifizieren. Diese Version hat den Namen *dbfix*.

Das Traversieren eines Baumes bereitet keine größeren Probleme. Für jeden Knoten verarbeiten Sie, sofern dieser Kinder (zum Beispiel ein nicht-leeres Element) hat, jedes Kind des Knotens, wiederholen dies mit den Kindeskindern usw., bis Sie die Blätter des Baums erreichen. Dieser Vorgang wird als *Rekursion* bezeichnet, und sein Kennzeichen ist eine Routine, die sich selbst aufruft. Die Subroutine `process_tree()` ist rekursiv, denn sie ruft sich bei jedem der Kinder eines nicht leeren Elements selbst auf. `serialize_tree()`, die Routine, die den Baum in eine Datei ausgibt, arbeitet ebenfalls mit einer solchen Rekursion.

Dieses Programm führt an Elementen eine Reihe von Transformationen durch, die in Regeln kodiert sind. Die Hash-Tabelle `%unwrap_element` enthält Regeln für das »Entpakken« von Elementen in einem bestimmten Kontext. Ein Element zu *entpacken* bedeutet, Start- und Abschluß-Tags zu löschen, wobei der Inhalt an Ort und Stelle bleibt. Die Entpackungsregeln sind durch die nachfolgend zu sehende Zuweisung vorgegeben.

```
my %unwrap_element =      # nodes to unwrap: context => [node]
                                (
                                 'screen' => ['literal'],
                                 'programlisting' => ['literal'],
                                 );
```

Der Schlüssel der Hash-Tabelle ist das Kontext-Element, d.h. das Eltern-Element des zu entpackenden Elements. Der Wert des Schlüssels ist eine Liste von zu entpackenden Elementen. Die Hauptaussage dieser Regel-Liste besteht darin, alle `<literal>`-Elemente innerhalb von `<screen>`- und `<programlisting>`-Elementen zu entpacken.

`%raise_and_move_backward` ist eine Tabelle mit Elementen, die ihren jeweiligen Eltern-Elementen entnommen und direkt vor diesen positioniert werden sollen. `%raise_in_place` ist eine Tabelle mit Elementen, die auf die gleiche Ebene wie ihre Eltern-Elemente gehoben werden sollen, indem die sie umgebenden Eltern-Elemente jeweils in zwei Hälften aufgespalten werden.

Beispiel 8-2: Code-Listing für den XML-Syntax-Prüfer dbfix

```
#!/usr/local/bin/perl -w
#
# Fixes structural problems:
#   - when list occurs inside paragraph, split paragraph around list
#   - unwrap <literal> if occurs in <screen> or <programlisting>
#   - move <indexterm>s out of titles.
#
# Works by parsing XML document to build an object tree,
# processing nodes in order,
# and serializing the tree back to XML.
#
# Usage: dbfix <top-xml-file>
#

use strict;

# ------------------------------------------------------------------------
# GLOBAL DATA
# ------------------------------------------------------------------------

# XML Object Tree Structure:
#
# node --> type
#      --> name
#      --> data
#      --> parent
#      --> [children]
```

Beispiel 8-2: Code-Listing für den XML-Syntax-Prüfer dbfix (Fortsetzung)

```
#
# where type is one of: element, attribute,
# PI, declaration, comment, cdms, text, or root;
# name further specifies the node variant;
# data is the content of the node;
# and [children] is a list of nodes.
#

my %unwrap_element =      # nodes to unwrap: context => [node]
                              (
                               'screen' => ['literal'],
                               'programlisting' => ['literal'],
                               );
my %raise_and_move_backward = # nodes to raise in front: context => [node]
                              (
                               'title' => [ 'indexterm', 'icon' ],
                               'refname' => [ 'indexterm', 'icon' ],
                               'refentrytitle' => [ 'indexterm', 'icon' ]
                               );
my %raise_in_place =      # nodes to raise in place: context => [node]
                              (
                               'para' => [
                                          'variablelist',
                                          'orderedlist',
                                          'itemizedlist',
                                          'simplelist',
                                          ],
                               );
my %frefs;                # file Entities declared in internal subset
my $rootnode;             # root of XML object tree


# get the top-level file for processing
my $file = shift @ARGV;
if( $file && -e $file ) {
    &main();
    exit(0);
} else {
    print STDERR "\nUsage: $0 <top-xml-file>\n\n";
    exit(1);
}


# ---------------------------------------------------------------------
# SUBROUTINES
# ---------------------------------------------------------------------

# main
# ----
# Top level subroutine.
#
```

Beispiel 8-2: Code-Listing für den XML-Syntax-Prüfer dbfix (Fortsetzung)

```
sub main {
    # 1. Input XML files, construct text buffer of document entity
    my $text = &process_file( $file );

    # 2. Build object tree of XML nodes
    $rootnode = &make_node( 'root', undef, undef, &parse_document( $text ));

    # 3. Process nodes, adding number atts, etc.
    &process_tree( $rootnode );

    # 4. Translate the tree back into text
    $text = &serialize_tree( $rootnode );

    # 5. Output text to separate files again
    &output_text( $file, $text );
}


# process_file
# ------------
# Get text from all XML files in document.
#
sub process_file {
    my( $file ) = @_;
    unless( open( F, $file )) {
        print STDERR "Can't open \"$file\" for reading.\n";
        return "";
    }
    my @lines = <F>;
    close F;
    my $line;
    my $buf = "";
    foreach $line (@lines) {

        # Replace external entity references with file contents
        if( $line =~ /\&([^;]+);/ && $frefs{$1} ) {
            my( $pre, $ent, $post ) = ($`, $&, $' );
            my $newfile = $frefs{$1};
            $buf .= $pre . $ent . "\n<?xml-file startfile: $newfile ?>" .
                &process_file( $frefs{$1} ) . "<?xml-file endfile ?>" .
                    $post;
        } else {
            $buf .= $line;
        }

        # Add declared external Entities to the list.
        # NOTE: we do not handle PUBLIC identifiers!
        $frefs{ $1 } = $2
            if( $line =~ /<!ENTITY\s+(\S+)\s+SYSTEM\s+\"([^\"]+)/ );
    }
    return $buf;
```

Beispiel 8-2: Code-Listing für den XML-Syntax-Prüfer dbfix (Fortsetzung)

```
}


# parse_document
# --------------
# Read nodes at top level of document.
#
sub parse_document {
    my( $text ) = @_;
    my @nodes = ();
    while( $text ) {
        my $node;
        ( $node, $text ) = &get_node( $text );
        push( @nodes, $node );
        sleep(1);
    }
    return @nodes;
}


# get_node
# --------
# Given a piece of XML text, return the first node found
# and the rest of the text string.
#
sub get_node {
    my( $text ) = @_;
    my $node;
    my( $type, $name, $data ) = ('','','');
    my @children = ();

    # text
    if( $text =~ /^[^<]+/ ) {
        $text = $';
        $type = 'text';
        $data = $&;

    # comment, marked section, declaration
    } elsif( $text =~ /^\s*<\!/ ) {
        if( $text =~ /^\s*<\!--(.*?)-->/s ) {
            $text = $';
            $type = 'comment';
            $data = $1;
            if( $data =~ /--/ ) {
                &parse_error( "comment contains partial delimiter (--)" );
            }
        } elsif( $text =~ /^\s*<\!\[\s*CDATA\s*\[/ ) {
            $text = $';
            $type = 'CDMS';
            if( $text =~ /\]\]>/ ) {
                $text = $';
```

Beispiel 8-2: Code-Listing für den XML-Syntax-Prüfer dbfix (Fortsetzung)

```
                $data = $`;
            } else {
                &parse_error( "CDMS" );
            }
        } elsif( $text =~ /^\s*<!DOCTYPE(.*?\])>\s*/s ) {
            $text = $';
            $name = 'DOCTYPE';
            $type = 'declaration';
            $data = $1;
        } else {
            &parse_error( "declaration syntax" );
        }

    # processing instruction
    } elsif( $text =~ /^\s*<\?/ ) {
        if( $text =~ /^\s*<\?\s*([^\s\?]+)\s*(.*?)\s*\?>\s*/s ) {
            $text = $';
            $name = $1;
            $type = 'PI';
            $data = $2;
        } else {
            &parse_error( "PI syntax" );
        }

    # element
    } elsif( $text =~ /\s*</ ) {

        # empty element with atts
        if( $text =~ /^\s*<([^\/\s>]+)\s+([^\s>][^>]+)\/>/) {
            $text = $';
            $name = $1;
            $type = 'empty-element';
            my $atts = $2;
            push( @children, &parse_atts( $atts ));

        # empty element, no atts
        } elsif( $text =~ /^\s*<([^\/\s>]+)\s*\/>/) {
            $text = $';
            $name = $1;
            $type = 'empty-element';

        # container element
        } elsif( $text =~ /^\s*<([^\/\s>]+)([^<>]*)>/) {
            $text = $';
            $name = $1;
            $type = 'element';
            my $atts = $2;
            $atts =~ s/^\s+//;
            push( @children, &parse_atts( $atts )) if $atts;

            # process child nodes
```

Beispiel 8-2: Code-Listing für den XML-Syntax-Prüfer dbfix (Fortsetzung)

```
            while( $text !~ /^<\/$name\s*>/ ) {
                my $newnode;
                ($newnode, $text) = &get_node( $text );
                push( @children, $newnode );
            }

            # remove end tag
            if( $text =~ /^<\/$name\s*>/ ) {
                $text = $';
            } else {
                &parse_error( "end tag for element <$name>" );
            }
        } else {
            if( $text =~ /^\s*<\/(\S+)/ ) {
                &parse_error( "missing start tag: $1" );
            } else {
                &parse_error( "reserved character (<) in text" );
            }
        }

    } else {
        &parse_error( "unidentified text" );
    }

    # create node
    $node = &make_node( $type, $name, $data, @children );
    my $n;
    foreach $n (@children) {
        $n->{'parent'} = $node;
    }

    return( $node, $text );
}


# parse_atts
# ----------
#
sub parse_atts {
    my( $text ) = @_;
    my @nodes = ();
    while( $text ) {
        if( $text =~ /\s*([^\s=]+)\s*=\s*([\"][^\"]*[\"])/ ||
            $text =~ /\s*([^\s=]+)\s*=\s*([\'][^\']*[\'])/) {
            $text = $';
            my( $name, $data ) = ($1, $2);
            push( @nodes, &make_node( 'attribute', $name, $data ));
        } elsif( $text =~ /^\s+/ ) {
            $text = $';
        } else {
            &parse_error( "attribute syntax" );
```

Beispiel 8-2: Code-Listing für den XML-Syntax-Prüfer dbfix (Fortsetzung)

```
        }
    }
    return @nodes;
}


# make_node
# ---------
#
sub make_node {
    my( $type, $name, $data, @children ) = @_;
    my %newnode = (
                   'type' => $type,
                   'name' => $name,
                   'data' => $data,
                   'children' => \@children
                   );
    return \%newnode;
}


# parse_error
# -----------
#
sub parse_error {
    my( $reason ) = @_;
    die( "Parse error: $reason.\n" );
}


# process_tree
# ------------
#
sub process_tree {
    my( $node ) = @_;

    # root
    if( $node->{'type'} eq 'root' ) {
        # recurse over the children to traverse the tree
        my $child;
        foreach $child (@{$node->{'children'}}) {
            &process_tree( $child );
        }

    # element
    } elsif( $node->{'type'} =~ /element$/ ) {

        # move/delete elements if they're in bad places
        &restructure_elements( $node );

        # recurse over the children to traverse the tree
```

Beispiel 8-2: Code-Listing für den XML-Syntax-Prüfer dbfix (Fortsetzung)

```
        my $child;
        foreach $child (@{$node->{'children'}}) {
            &process_tree( $child );
        }
    }
}


# get_descendants
# ---------------
# Find all matches of a descendant's name in a subtree at a
# specified depth.
#
sub get_descendants {
    my( $node, $descendant_name, $descendant_type, $depth ) = @_;
    my @results = ();
    # if result found, add to results list
    if(( $descendant_name && $node->{'name'} eq $descendant_name ) ||
       ( $descendant_type && $node->{'type'} eq $descendant_type )) {
        push( @results, $node );
    }
    # recurse if possible
    if( $node->{'type'} eq 'element' &&
       ((defined( $depth ) && $depth > 0) || !defined( $depth ))) {
        my $child;
        foreach $child (@{$node->{'children'}}) {
            if( defined( $depth )) {
                push( @results,
                     &get_descendants( $child, $descendant_name,
                                      $descendant_type, $depth - 1 ));
            } else {
                push( @results,
                     &get_descendants( $child, $descendant_name,
                                      $descendant_type ));
            }
        }
    }
    return @results;
}


# serialize_tree
# --------------
# Print an object tree as XML text
#
sub serialize_tree {
    my( $node ) = @_;
    my $buf = "";

    # root node
    if( $node->{'type'} eq 'root' ) {
```

Beispiel 8-2: Code-Listing für den XML-Syntax-Prüfer dbfix (Fortsetzung)

```
        my $n;
        foreach $n (@{$node->{'children'}}) {
            $buf .= &serialize_tree( $n );
        }

    # element and empty-element
    } elsif( $node->{'type'} eq 'element' ||
             $node->{'type'} eq 'empty-element' ) {
        $buf .= "<" . $node->{'name'};
        my $n;
        foreach $n (@{$node->{'children'}}) {
            if( $n->{'type'} eq 'attribute' ) {
                $buf .= &serialize_tree( $n );
            }
        }
        $buf .= ">";
        if( $node->{'type'} eq 'element' ) {
            foreach $n (@{$node->{'children'}}) {
                if( $n->{'type'} ne 'attribute' ) {
                    $buf .= &serialize_tree( $n );
                }
            }
            $buf .= "</" . $node->{'name'} . ">";
        } else {
            $buf .= "/>";
        }

    # attribute
    } elsif( $node->{'type'} eq 'attribute' ) {
        $buf .= " " . $node->{'name'} . "=" . $node->{'data'};

    # comment
    } elsif( $node->{'type'} eq 'comment' ) {
        $buf .= "<!--" . $node->{'data'} . "-->";

    # declaration
    } elsif( $node->{'type'} eq 'declaration' ) {
        $buf .= "<!" . $node->{'name'} . $node->{'data'} . ">" .
            &space_after_start( "decl:" . $node->{'name'} );

    # CDMS
    } elsif( $node->{'type'} eq 'CDMS' ) {
        $buf .= "<![CDATA[" . $node->{'data'} . "]]>";

    # PI
    } elsif( $node->{'type'} eq 'PI' ) {
        $buf .= "<?" . $node->{'name'} . " " . $node->{'data'} . "?>" .
            &space_after_start( "pi:" . $node->{'name'} );

    # text
    } elsif( $node->{'type'} eq 'text' ) {
```

Beispiel 8-2: Code-Listing für den XML-Syntax-Prüfer dbfix (Fortsetzung)

```
        $buf .= $node->{'data'};
    }
    return $buf;
}


# output_text
# -----------
# Find the special processing instructions in the text that denote
# file boundaries, chop up the file into those regions, then save
# them out to files again.
#
sub output_text {
    my( $file, $text ) = @_;
    $text = "<?xml-file startfile: $file ?>" . $text .
        "<?xml-file endfile ?>\n";
    my @filestack = ($file);
    my %data = ();
    while( $text ) {
        if( $text =~ /<\?xml-file\s+([^\s\?]+)\s*([^\?>]*)\?>/){
            $data{ $filestack[ $#filestack ]} .= $`;
            my( $mode, $rest ) = ($1, $2);
            $text = $';
            if( $mode eq 'startfile:' && $rest =~ /\s*(\S+)/ ) {
                push( @filestack, $1 );
            } elsif( $mode eq 'endfile' ) {
                pop( @filestack );
            } else {
                die( "Error with xml-file PIs: $mode, $rest" );
            }
        } else {
            $data{ $filestack[ $#filestack ]} .= $text;
            $text = "";
        }
    }
    foreach $file (sort keys %data) {
        print "updated file: $file\n";
        if( open( F, ">$file" )) {
            print F $data{ $file };
            close F;
        } else {
            print STDOUT "Warning: can't write to \"$file\"\n";
        }
    }
}

# restructure_elements
# --------------------
#
sub restructure_elements {
    my( $node ) = @_;
```

Beispiel 8-2: Code-Listing für den XML-Syntax-Prüfer dbfix (Fortsetzung)

```
    # unwrap elements
    if( defined( $node->{'name'} ) &&
        defined( $unwrap_element{ $node->{'name'} })) {
        my $elem;
        foreach $elem (@{$unwrap_element{ $node->{'name'} }}) {
            my $n;
            foreach $n (&get_descendants( $node, $elem )) {
                &unwrap_element( $n ) if( $n->{'name'} eq $elem );
            }
        }
    }
    # raise elements
    if( defined( $node->{'name'} ) &&
        defined( $raise_in_place{ $node->{'name'} })) {
        my $elem;
        foreach $elem (@{$raise_in_place{ $node->{'name'} }}) {
            my $n;
            foreach $n (&get_descendants( $node, $elem, undef, 1 )) {
                &raise_in_place( $n ) if( $n->{'name'} eq $elem );
            }
        }
    }
    # raise elements and move backward
    if( defined( $node->{'name'} ) &&
        defined( $raise_and_move_backward{ $node->{'name'} })) {
        my $elem;
        foreach $elem (@{$raise_and_move_backward{ $node->{'name'} }}) {
            my $n;
            foreach $n (&get_descendants( $node, $elem, undef, 1 )) {
                &raise_and_move_backward( $n ) if( $n->{'name'} eq $elem );
            }
        }
    }
}

# unwrap_element
# --------------
# delete an element, leaving its children (minus attributes) in its place
#
sub unwrap_element {
    my( $node ) = @_;
    # get list of children to save
    my @children_to_save = ();
    my $child;
    foreach $child (@{$node->{'children'}}) {
        push( @children_to_save, $child )
            if( $child->{'type'} ne 'attribute' );
    }
    # delete node from parent's list
    my $count = &count_older_siblings( $node );
    # insert children in its place
```

Beispiel 8-2: Code-Listing für den XML-Syntax-Prüfer dbfix (Fortsetzung)

```
    my $parent = $node->{'parent'};
    while( $child = pop @children_to_save ) {
        &insert_node( $child, $parent, $count );
    }
    # lose the node
    &delete_node( $node );
}

# count_older_siblings
# --------------------
# count the number of nodes that come before the selected node in the
# attribute {'children'}
#
sub count_older_siblings {
    my( $node ) = @_;
    my $n;
    my $count = 0;
    foreach $n (@{$node->{'parent'}->{'children'}}) {
        last if( $n eq $node );
        $count ++;
    }
    return $count;
}

# delete_node
# -----------
# remove a node from the hierarchy by erasing its parent's
# reference to it, and its reference to its parents
#
sub delete_node {
    my( $node ) = @_;
    # if node has a parent...
    if( defined( $node->{'parent'} )) {
        my $parent = $node->{'parent'};
        my @siblings = ();
        my $sib;
        # get list of siblings (not including the node to delete)
        foreach $sib (@{$parent->{'children'}}) {
            push( @siblings, $sib ) unless( $node eq $sib );
        }
        # assign siblings back to parent, sans node
        $parent->{'children'} = \@siblings;
        # sever familial ties
        undef( $node->{'parent'} );
    }
}

# insert_node
# -----------
# place a node in a selected location, specified by its new
# parent node and the number of older siblings it will have
```

Beispiel 8-2: Code-Listing für den XML-Syntax-Prüfer dbfix (Fortsetzung)

```
# (i.e., its index number in the array $parent->{'children'})
#
sub insert_node {
    my ( $new_node, $parent, $pos ) = @_; # $n = number of older siblings
    # sever old ties if necessary
    if( defined( $new_node->{'parent'} )) {
        &delete_node( $new_node );
    }
    # create new list of children
    my @siblings = ();
    my $n;
    my $count = 0;
    foreach $n (@{$parent->{'children'}}) {
        if( $count == $pos ) {
            push( @siblings, $new_node );
        }
        push( @siblings, $n );
        $count++;
    }
    # assign children to parent
    $parent->{'children'} = \@siblings;
    # assign parent to new node
    $new_node->{'parent'} = $parent;
}

# raise_and_move_backward
# -----------------------
# raise a child to sibling level, directly before the parent
#
sub raise_and_move_backward {
    my( $node ) = @_;
    if( defined( $node->{'parent'} )) {
        my $parent = $node->{'parent'};
        my $count = &count_older_siblings( $parent );
        &insert_node( $node, $parent->{'parent'}, $count );
    }
}

# raise_and_move_forward
# ----------------------
# raise a child to sibling level, directly after the parent
#
sub raise_and_move_forward {
    my( $node ) = @_;
    if( defined( $node->{'parent'} )) {
        my $count = &count_older_siblings( $node->{'parent'} );
        &insert_node( $node, $node->{'parent'}->{'parent'}, $count +1 );
    }
}

# raise_in_place
```

Beispiel 8-2: Code-Listing für den XML-Syntax-Prüfer dbfix (Fortsetzung)

```
# --------------
# split an element around a child and raise it to same level
#
# before: <a>xxx<b>yyy</b>zzz</a>
# after:  <a>xxx</a><b>yyy</b><a>zzz</a>
#
sub raise_in_place {
    my( $node ) = @_;
    if( defined( $node->{'parent'} ) &&
        defined( $node->{'parent'}->{'parent'} )) {
        # get lists of older and younger siblings
        my $parent = $node->{'parent'};
        my $n;
        my @older_sibs = ();
        my @younger_sibs = ();
        my $nodeseen = 0;
        foreach $n (@{$parent->{'children'}}) {
            if( $node eq $n ) {
                $nodeseen = 1;
            } else {
                push( @older_sibs, $n ) unless( $nodeseen );
                push( @younger_sibs, $n ) if( $nodeseen );
            }
        }
        # reassign children for old parent
        $parent->{'children'} = \@older_sibs;
        # delete and insert node just after parent
        &delete_node( $node );
        my $count = &count_older_siblings( $parent );
        &insert_node( $node, $parent->{'parent'}, $count+1, );
        # make a new node to hold the younger siblings
        my $new_node =
            &make_node( 'element', $parent->{'name'}, undef,
                        @younger_sibs );
        &insert_node( $new_node, $parent->{'parent'}, $count+2, );
        foreach $n (@{$new_node->{'children'}}) {
            $n->{'parent'} = $new_node;
        }
    }
}
```

Das Document Object Model

Das Document Object Model (DOM) ist eine Empfehlung des W3C für eine standardisierte Baum-orientierte Programmier-Schnittstelle für XML-Dokumente. Ursprünglich als Methode zur einheitlichen Browser-übergreifenden Implementierung von Java- und JavaScript-Programmen gedacht, hat es sich zu einem Allzweck-XML-API für beliebige Anwendungen von Editoren bis hin zu Datei-Verwaltungssystemen entwickelt.

Wie SAX ist DOM ein Satz von Java- (und JavaScript)-Interfaces, die vom Entwickler zu erstellende Methoden deklarieren. Anders als bei SAX definieren die Interfaces jedoch keine Callbacks für Events, sondern Methoden, die das Anlegen und Modifizieren von Objekten ermöglichen, weil es sich bei dem Baum, der das Dokument im Speicher repräsentiert, um einen Baum aus *Programmier-Objekten* handelt, also Paketen von Daten und Methoden mit nur wenigen zulässigen Möglichkeiten zur Modifizierung der Daten. Deshalb sagen wir in Bezug auf die Sichtbarkeit der Daten, daß diese »versteckt« sind. Dies ist eine weit sauberere und organisiertere Art der Aufnahme von Daten als die, die wir in Beispiel 8-2 gesehen haben.

Im Grunde ist DOM für Programme das, was XML für Dokumente ist. Es ist hochgradig organisiert, strukturiert, gegen Fehler geschützt und anpaßbar. Das DOM-Kernmodul beschreibt die Container für Elemente, Attribute und andere grundlegende Typen von Knoten. Außerdem beinhaltet DOM eine Vielzahl von anderen Modulen, um zu Benutzer-Events und Stylesheets Spezialfunktionen zur HTML-Verarbeitung hinzuzufügen. Einige der DOM-Grundmodule sind im folgenden aufgeführt.

Core-Modul
: Definiert die wesentlichen Objekttypen für Elemente, Attribute usw.

XML-Modul
: Umfaßt ausgefallenere XML-Komponenten wie etwa CDATA-Abschnitte, die für HTML und einfachere XML-Dokumente nicht notwendig sind.

HTML-Modul
: Ein Spezial-Interface für HTML-Dokumente, das Elemente wie `<p>` und `<body>` kennt.

Views-Modul
: Nachdem CSS-Regeln angewendet worden sind, kann ein Dokument eine oder mehrere *Views* (d.h. formatierte Ansichten) haben. Dieses Interface beschreibt die Interaktion zwischen dem Dokument und seinen Ansichten.

Stylesheet-Modul
: Ein grundlegendes Interface, von dem Stylesheet-Objekte abgeleitet werden können.

CSS-Modul
: Das vom Stylesheet-Interface abgeleitete CSS-Interface ist für Dokumente gedacht, die anhand von CSS-Regeln formatierte Dokumente wiedergeben.

Event-Modul
: Die Grundlage für ein Event-Modell, das Benutzer-Events wie das Anklicken eines Links oder Transformations-Events wie das Verändern der Eigenschaften von Elementen handhabt.

Das Kern-Interface-Modul beschreibt, wie die einzelnen Knoten in einem XML-Dokumentebaum als Objekt im DOM-Baum abgebildet werden können. So wie XML-Knoten Kinder haben können, ist dies auch bei DOM-Knoten der Fall. Die Struktur sollte im wesentlichen der Abstammungsstruktur des XML-Baums entsprechen, obwohl der

DOM-Baum ein paar Objekttypen als Knotentypen hat. Beispielsweise gelten Entity-Verweise für sich genommen in XML nicht als Knoten, in DOM werden sie jedoch als gesonderte Objekttypen behandelt. Die Knotentypen sind in Tabelle 8-2 aufgeführt.

Tabelle 8-2: DOM-Knotentypen

Name	Kinder
`Document`	`Element` (nur eines), `ProcessingInstruction`, `Comment`, `DocumentType` (nur eines)
`DocumentFragment`	`Element`, `ProcessingInstruction`, `Comment`, `Text`, `CDATASection`, `EntityReference`
`DocumentType`	Keine
`EntityReference`	`Element`, `ProcessingInstruction`, `Comment`, `Text`, `CDATASection`, `EntityReference`
`Element`	`Element`, `Text`, `Comment`, `ProcessingInstruction`, `CDATASection`, `EntityReference`
`Attr`	`Text`, `EntityReference`
`ProcessingInstruction`	Keine
`Comment`	Keine
`Text`	Keine
`CDATASection`	Keine
`Entity`	`Element`, `ProcessingInstruction`, `Comment`, `Text`, `CDATASection`, `EntityReference`
`Notation`	Keine

Die Methoden `set()` und `get()` interagieren mit den Daten in einem Knoten. Andere Methoden sind in Abhängigkeit vom Knotentyp beispielsweise für das Vergleichen von Namen, das Analysieren von Inhalten, das Erstellen von Attributen usw. definiert.

Da DOM eigentlich keine Klassen, sondern Schnittstellen definiert, bleibt die Implementierung eines brauchbaren DOM-Paketes anderen Entwicklern überlassen. Sie können die Klassen selbst schreiben oder nach einer Implementierung von jemand anderem suchen. DOM erfordert auch einen darunterliegenden Event-orientierten Prozessor. SAX ist eine gute Wahl, und einige Implementierungen von DOM setzen tatsächlich auf SAX auf.

Schlußwort

Damit ist unser Rundgang durch die Welt der XML-Entwicklung zu Ende. Er läßt vieles notwendigerweise im Dunkeln, denn wir wollten nicht ein ganzes Buch über das Thema schreiben – das können andere übernehmen und haben es bereits getan. Sie haben nun eine Grundvorstellung von der Programmierung für XML, die vielleicht ein guter Ausgangspunkt bei der Entscheidung ist, wie es nun weitergehen soll. Anhang A, *Ressourcen*, und Anhang B, *Klassifikation der Standards*, enthalten Ressourcen zur XML-Programmierung, die Sie auf Ihrem eingeschlagenen Weg leiten können.

A

Ressourcen

Die in diesem Anhang aufgeführten Ressourcen waren von unschätzbarem Wert bei der Erstellung dieses Buchs und können Ihnen helfen, noch mehr über XML zu lernen.

Online

XML.com
: Die Website *http://www.xml.com* ist eine der umfassendsten und aktuellsten Quellen für Informationen und neueste Nachrichten über XML. Wenn Sie XML lernen oder nutzen, sollte sich diese in Ihrem regelmäßigen Wochenprogramm befinden.

XML.org
: *http://www.xml.org* wird von OASIS gepflegt und bietet Nachrichten und Ressourcen zu XML, darunter den XML-Katalog, einen Leitfaden für XML-Produkte und -Dienste.

XMLHack
: Für Programmierer, die es reizt, mit XML zu arbeiten, ist *http://www.xmlhack.com* die richtige Adresse.

The XML Cover Pages
: *http://www.oasis-open.org/cover/* wird redaktionell von Robin Cover betreut und ist eines der größten und aktuellsten Verzeichnisse von XML-Ressourcen.

DocBook
: OASIS, die Wartungsgruppe von DocBook, hat unter *http://www.oasis-open.org/docbook/* eine Webseite, die dieser XML-Anwendung gewidmet ist. Sie können dort die neueste Version und jede Menge Dokumentationsmaterial finden.

A Tutorial on Character Code Issues
: Jukka Korpela hat unter *http://www.malibutelecom.com/yucca/chars.html* eine riesige Anzahl von Informationen in Zusammenhang mit Zeichensätzen zusammengetragen. Das Tutorial ist gut geschrieben und eine sehr interessante Lektüre.

XSL mailing list

Sich bei der XSL-Mailing-Liste einzutragen, ist eine hervorragende Methode, über die neuesten Entwicklungen bei XSL- und XSLT-Werkzeugen und -Techniken auf dem laufenden zu bleiben. Es ist auch ein Forum, wo man Fragen stellen und Ratschläge erhalten kann. Der Traffic ist recht hoch, Sie sollten also Ihren Bedarf und das hohe Nachrichten-Aufkommen in Ihrer Mailbox gegeneinander abwägen. Wenn Sie sich eintragen wollen, gehen Sie auf *http://www.mulberrytech.com/xsl/* und folgen Sie den Anweisungen.

Apache XML Project

Dieser Teil des Apache-Projekts konzentriert sich auf XML-Technologien und ist unter *http://xml.apache.org* zu finden. Es werden Werkzeuge und Technologien für die Verwendung von XML mit Apache entwickelt und Feedback an Standard-Organisationen zu XML-Implementierungen geboten.

XML Developers Guide

Der Online-Workshop des Microsoft Developers Network für XML und Informationen über die Verwendung von XML mit Microsoft-Anwendungen ist unter *http://msdn.microsoft.com/xml/XMLGuide/ zu finden.*

Dr. Dobb's Journal

Diese Zeitschrift enthält Artikel, Ressourcen, Meinungen, Nachrichten und Besprechungen zu allen Aspekten der Programmierung. Online-Inhalte finden Sie unter *http://www.ddj.com*, wo Sie die Zeitschrift auch abonnieren können.

Perl.com

Perl ist eine interpretierte Programmiersprache für jede Art von Textverarbeitung, darunter auch XML. Die beste Online-Adresse für Informationen oder zum Herunterladen von Code und Modulen ist *http://www.perl.com*.

Javasoft

Die beste Quelle für Nachrichten und Informationen über Java ist *http://www.javasoft.com*. Java ist eine Programmiersprache, die für die meisten Systeme zur Verfügung steht und die reichlich XML-Unterstützung enthält, darunter Implementierungen von SAX und DOM sowie mehrere hervorragende Parser.

Bücher

DocBook, the Definitive Guide, Norman Walsh und Leonard Muellner (O'Reilly & Associates)

DocBook ist eine verbreitete und flexible Auszeichnungssprache für technische Dokumentationen mit Versionen für SGML und XML. Das Buch ist in der Art eines Glossars geschrieben und sehr ausführlich. Jedes Element wird detailliert beschrieben. Darüber hinaus enthält es reichlich praktische Informationen als Einführung in die Benutzung von XML und Stylesheets.

The XML Bible, Elliotte Rusty Harold, (Hungry Minds)
: Eine solide Einführung in XML, die einen umfassenden Überblick über das Umfeld von XML bietet.

XML in a Nutshell, Elliotte Rusty Harold und W. Scott Means (O'Reilly Verlag)
: Eine umfassende Schreibtisch-Referenz für alle Belange von und um XML.

HTML und XHTML – Das umfassende Referenzwerk, Chuck Musciano und Bill Kennedy (O'Reilly Verlag)
: Eine aktuelle und umfassende Ressource zum Lernen von HTML.

Developing SGML DTDs: From Text to Model to Markup, Eve Maler und Jeanne El Andaloussi (Prentice Hall)
: Eine Schritt-für-Schritt-Anleitung für den Entwurf und die Implementierung von DTDs.

The SGML Handbook, Charles F. Goldfarb (Oxford University Press)
: Ein vollständige Referenz für SGML einschließlich einer kommentierten Spezifikation. Das Buch ist wie sein Titel sehr komplex und umfangreich, so daß es für Anfänger möglicherweise keine gute Einführung ist.

Java und XML, Brett McLaughlin (O'Reilly Verlag)
: Ein Leitfaden, der XML und Java zusammenbringt, um Anwendungen für die Praxis zu entwickeln.

Building Oracle XML Applications, Steve Muench (O'Reilly & Associates)
: Eine ausführliche Untersuchung, die sich mit Oracle-Werkzeugen für die XML-Entwicklung sowie mit der Frage beschäftigt, wie die Mächtigkeit von XML und XSLT mit der Funktionalität der Oracle-Datenbank kombiniert werden kann.

Standard-Organisationen

ISO
: Besuchen Sie die International Organization for Standardization, einen weltweiten Zusammenschluß von nationalen Standard-Organisationen, unter der Adresse *http://www.iso.ch*.

W3C
: Das World Wide Web Consortium unter der Adresse *http://www.w3.org* überwacht die Spezifikationen und Richtlinien für die Technologie des World Wide Web. Suchen Sie dort nach Informationen über CSS, DOM, (X)HTML, MathML, XLink, XML, XPath, XPointer, XSL und andere Web-Technologien.

Unicode Consortium
: Die für die Definition des Unicode-Zeichensatzes verantwortliche Organisation kann unter der Adresse *http://www.unicode.org* besucht werden.

OASIS
: Die Organization for the Advancement of Structured Information Standards ist ein internationales Konsortium, das auf öffentlichen Standards wie XML und SGML basierende, System-übergreifende Industrie-Spezifikationen erstellt. Die Website finden Sie unter *http://www.oasis-open.org*.

Werkzeuge

GNU Emacs
: Ein außerordentlich mächtiger Text-Editor und vieles mehr. Unter *http://www.gnu.org/software/emacs/emacs.html* erfahren Sie alles darüber.

psgml
: Ein wichtiger Emacs-Abkömmling zur Bearbeitung von XML- und SGML-Dokumenten, der unter *http://www.lysator.liu.se/~lenst/* verfügbar ist.

SAX
: Megginson Technologies hat unter *http://www.megginson.com/SAX/* eine SAX, dem Simple API for XML gewidmete Seite veröffentlicht. Hier finden Sie den Java-Quellcode und einige hilfreiche Dokumentationen.

Xalan
: Ein sehr leistungsfähiger XSLT-Stylesheet-Prozessor, der XSLT and XLinks vollständig implementiert. Mehr darüber erfahren Sie auf der Website des Apache XML-Projekts unter *http://xml.apache.org*.

Xerces
: Ein vollständig validierender Parser, der XML, DOM Level 1 und 2 sowie SAX2 implementiert. Mehr darüber erfahren Sie unter der Adresse des Apache XML-Projekts, *http://xml.apache.org*.

XT
: Eine Java-Implementierung von XSLT unter *http://www.jclark.com/xml/xt.html*.

Verschiedenes

User Friendly, Illiad
: Mit dem ganz reizenden »Dust Puppy« und einer Horde inkompetenter Computer-»Fachleute« in den Hauptrollen muntert Sie dieser Comicstrip nach einem langen Tag des XML-Kodierens mit einem gehörigen Schuß Witz wieder auf. Das gesamte Archiv gibt es online auch in Deutsch unter *http://www.userfriendly.org* sowie in den beiden von O'Reilly veröffentlichten Büchern *User Friendly, the Comic Strip* und *Evil Geniuses in a Nutshell*.

The Cathedral and the Bazaar, Eric S. Raymond (O'Reilly & Associates)
: In dieser philosophischen Analyse und Moralpredigt über die Basis-Bewegung der Open-Source-Computer-Programmierung preist Raymond die Tugenden der Gemeinschaft und des Teilens und beschreibt, wie warm es Ihnen ums Herz werden kann, wenn Sie für das Gemeinwohl arbeiten.

B

Klassifikation der Standards

Die Erweiterbarkeit von XML wird deutlich, wenn Sie sich all die Standards und Spezifikationen vor Augen führen, die aus der XML-Grundidee hervorgegangen sind. Dieser Anhang stellt eine praktische Referenz der verschiedenen, mit XML in Zusammenhang stehenden Aktivitäten dar.

Markup und Struktur

XML – Die sogenannte erweiterbare Auszeichnungsssprache (Extensible Markup Language - XML) besteht aus Grundregeln für Auszeichnungen.

Status

XML 1.0 (Second Edition) erlangte im Oktober 2000 den Status einer offiziellen Empfehlung (Recommendation). Sie können die Spezifikation unter *http://www.w3.org/TR/REC-xml* nachlesen.

Beschreibung

XML ist eine Teilmenge von SGML, die dazu gedacht ist, im Web auf die gleiche Weise zur Verfügung gestellt, entgegengenommen und verarbeitet zu werden, die heute mit HTML möglich ist. Der Vorteil von XML besteht darin, daß es einerseits leicht zu implementieren und andererseits sowohl mit SGML als auch mit HTML kompatibel ist.

Namensräume in XML – Namensräume werden benutzt, um Elemente und Attribute in verschiedene Gruppen zu unterteilen.

Status

Namensräume erlangten im Januar 1999 den Status einer offiziellen Empfehlung. Die entsprechende Spezifikation ist unter *http://www.w3.org/TR/REC-xml-names/* veröffentlicht.

Beschreibung

XML-Namensräume stellen eine einfache Methode zur Charakterisierung von in XML-Dokumenten verwendeten Element- und Attribut-Namen zur Verfügung, indem diese mit durch URI-Verweise gekennzeichneten Namensräumen assoziiert werden.

XML Schema – Die XML Schema-Sprache erzwingt in einem Dokument Strukturen.

Status

XML Schema erlangte im Mai 2001 den Status einer offiziellen Empfehlung. Die Empfehlung besteht aus zwei Teilen und einer nicht-normativen Einführung:

XML Schema Part 0: Primer (nicht normativ)
http://www.w3.org/TR/2001/REC-xmlschema-0-20010502/

XML Schema Part 1: Structures
http://www.w3.org/TR/2001/REC-xmlschema-1-20010502/

XML Schema Part 2: Datatypes
http://www.w3.org/TR/2001/REC-xmlschema-2-20010502/

Beschreibung

Die XML Schema-Sprache wird verwendet, um beliebige Datentypen und -strukturen nicht nur deskriptiv wie in DTDs, sondern typsicher zu definieren. Dazu verwendet Schema im Gegensatz zu DTDs gültiges XML als Beschreibungssprache.

Verknüpfungen

XLink – Die XML Linking Language schafft Verknüpfungen zwischen Ressourcen.

Status

XLink erlangte am 27. Juni 2001 den Status einer offiziellen W3C-Empfehlung. Die entsprechende Spezifikation ist unter *http://www.w3.org/TR/2001/REC-xlink-20010627/* veröffentlicht.

Beschreibung

Mit XLink können Elemente in XML-Dokumente eingefügt werden, die Verknüpfungen zwischen Ressourcen schaffen und beschreiben. Um die Strukturen zur Beschreibung von Verknüpfungen – angefangen von den einfachen, nur in eine Richtung funktionierenden Hyperlinks des heutigen HTML bis hin zu anspruchsvolleren Verknüpfungen – zu erzeugen, verwendet XLink die Syntax von XML.

XBase – XML Base bietet eine Möglichkeit zum Definieren von Datenbank-URIs für Teile von XML-Dokumenten.

Status

XBase ist ebenfalls seit Juni 2001 eine W3C Recommendation. Die entsprechende Spezifikation ist unter *http://www.w3.org/TR/2001/REC-xmlbase-20010627/* veröffentlicht.

Beschreibung

XBase beschreibt einen Mechanismus zur Bereitstellung von grundlegenden URI-Diensten für XLink. Die Spezifikation ist modular, so daß auch andere XML-Anwendungen sie nutzen können.

XInclude – XML Inclusions ist ein Standard für die Einbettung von XML-Dokumenten

Status

Die neueste Arbeitsvorlage (Working Draft) von XInclude datiert vom 16. Mai 2001 und ist unter *http://www.w3.org/TR/xinclude/* veröffentlicht.

Beschreibung

XInclude spezifiziert ein Verarbeitungsmodell und eine Syntax für Allzweck-Inklusionen. Die Inklusion wird realisiert, indem eine Reihe von XML-Infosets miteinander in einem einzigen zusammengesetzten Infoset verschmolzen werden. Die Spezifikation der zu verschmelzenden XML-Dokumente (Infosets) und die Steuerung des Verschmelzungsvorgangs wird mit einer XML-freundlichen Syntax (Elemente, Attribute, URI-Verweise) ausgedrückt.

Suchfunktionen

XPath – Die XML Path Language wird für die Lokalisierung von XML-Objekten benutzt.

Status

XPath erlangte im November 1999 den Status einer offiziellen W3C-Empfehlung. Die entsprechende Spezifikation ist unter *http://www.w3.org/TR/xpath/* veröffentlicht.

Beschreibung

XPath ist eine Sprache zur Adressierung von Teilen eines XML-Dokuments, die für die Benutzung sowohl von XSLT als auch von XPointer konzipiert ist.

XPointer – Die XML Pointer Language ist ein Standard zur Spezifizierung von Pfaden in URIs.

Status

XPointer erlangte im Juni 2000 den Status einer W3C Candidate Recommendation, die aktuelle Arbeitsversion datiert vom 8. Januar 2001. Die entsprechende Spezifikation ist unter *http://www.w3.org/TR/xptr/* veröffentlicht.

Beschreibung

XPointer wird als Basis für einen Fragment-Identifier eines URI-Verweises verwendet, der eine Ressource vom Internet-Medientyp text/xml oder application/xml lokalisiert. XPointer basiert auf der XML Path Language (XPath) und unterstützt Adressierungen bis in die internen Strukturen von XML-Dokumenten hinein. XPointer ermöglicht die Untersuchung einer hierarchischen Dokument-Struktur und eine Auswahl ihrer internen Komponenten auf der Grundlage von Eigenschaften wie Elementtypen, Attribut-Werten, Zeichen-Inhalten und relativen Positionen.

XQL – Die XML Query Language bietet für den Zugriff auf Web-Dokumente Datenbank-ähnliche Abfragemöglichkeiten.

Status

XQL wird gegenwärtig von Jonathan Robie gepflegt. Die vollständigen Informationen sind unter *http://www.ibiblio.org/xql/* verfügbar. Die letzte Spezifikation wurde der W3C XSL-Arbeitsgruppe 1998 vorgelegt (*http://www.w3.org/TandS/QL/QL98/pp/xql.html*). Diese Spezifikation ist mit nur kleineren Veränderungen auch heute noch in Gebrauch.

Beschreibung

XQL ist eine Abfragesprache, die als Datenmodell XML benutzt und XSL Patterns ähnelt. XQL-Ausdrücke lassen sich problemlos analysieren und eingeben und können in einer Vielzahl von Software-Umgebungen verwendet werden: als Teil einer URL, in XML- oder HTML-Attributen, in Programmiersprachen-Strings usw.

Formatierung und Transformation

CSS – Die Cascading Style Sheets-Spezifikation stellt eine Sprache zur Verfügung, mit der sich Elementen eines Dokuments Formate zuweisen lassen.

Status

CSS2 erlangte im Mai 1998 den Status einer offiziellen W3C-Empfehlung und ist unter *http://www.w3.org/TR/REC-CSS2/* veröffentlicht. CSS1 erlangte den Status einer W3C-Empfehlung im Jahre 1996, eine Revision erfolgte im Januar 1999. Dieser Standard ist unter *http://www.w3.org/TR/REC-CSS1* veröffentlicht.

Beschreibung

CSS2 ist eine Stylesheet-Sprache, mit der Autoren und Benutzer strukturierte Dokumente wie HTML-Dokumente und XML-Anwendungen mit Formaten (z.B. Schriftarten, Zeilenabständen und Sounds) versehen können. Dadurch, daß die Darstellungsformate vom Inhalt eines Dokuments getrennt werden, vereinfacht CSS2 die Erstellung und Wartung von Websites.

CSS2 setzt auf CSS1 auf, und von ein paar Ausnahmen abgesehen, sind alle Stylesheets, die in CSS1 gültig sind, auch in CSS2 gültig. CSS2 unterstützt Medien-spezifische Stylesheets, so daß die Autoren die Präsentation ihrer Dokumente auf visuelle Browser, akustische Geräte, Drucker, Blindenschrift-Geräte, Handheld-Geräte usw. zuschneiden können. Diese Spezifikation unterstützt weiterhin Content-Positionierung, herunterladbare Schriftarten, Tabellen-Layouts, Funktionen für die Internationalisierung, automatische Zähler und Numerierungen sowie einige Eigenschaften für Benutzerschnittstellen.

XSL – Die Extensible Stylesheet Language ist eine Stylesheet-Sprache für XML.

Status

XSL erlangte im November 2000 den Status einer W3C Candidate Recommendation. Die entsprechende Spezifikation ist unter *http://www.w3.org/TR/xsl/* veröffentlicht.

Beschreibung

XSL ist eine Sprache zum Transformieren von XML-Dokumenten und besteht aus einem XML-Vokabular mit semantischen Formatierungsregeln. Ein XSL-Stylesheet spezifiziert die Präsentation einer Klasse von XML-Dokumenten, indem es beschreibt, wie eine Instanz der Klasse in ein das Formatierungsvokabular verwendendes XML-Dokument transformiert wird.

XSLT – XSL Transformations ist eine Sprache zum Transformieren von XML-Dokumenten.

Status

XSLT erlangte im November 1999 den Status einer offiziellen W3C-Empfehlung. Die entsprechende Spezifikation ist unter *http://www.w3.org/TR/xslt/* veröffentlicht.

Beschreibung

XSLT ist eine Sprache zum Transformieren von XML-Dokumenten in andere XML-Dokumente. Es ist für die Verwendung als Teil von XSL gedacht, das eine Stylesheet-Sprache für XML ist. XSL enthält auch ein XML-Vokabular zum Spezifizieren der Formatierung und benutzt XSLT, um zu beschreiben, wie das Dokument in ein anderes, das Formatierungsvokabular benutzende XML-Dokument transformiert wird.

Programmierung

DOM – Das Document Object Model ist ein allgemein gehaltenes API für die Analyse von XML mit einem Parser.

Status

DOM2 erlangte im November 2000 den Status einer offiziellen W3C-Empfehlung und setzt sich aus fünf Spezifikationen zusammen:

DOM2 Core Specification
http://www.w3.org/TR/DOM-Level-2-Core/

DOM2 Views Specification
http://www.w3.org/TR/DOM-Level-2-Views/

DOM2 Events Specification
http://www.w3.org/TR/DOM-Level-2-Events/

DOM2 Style Specification
http://www.w3.org/TR/DOM-Level-2-Style/

DOM2 Traversal and Range Specification
http://www.w3.org/TR/DOM-Level-2-Traversal-Range/

Beschreibung

DOM2 ist ein plattform- und sprachneutrales Interface, das Programmen und Skripten ermöglicht, dynamisch auf den Inhalt und die Struktur von Dokumenten zuzugreifen und diese zu aktualisieren. Das Core-Modul von DOM2 setzt auf das Core-Modul von DOM1 auf und besteht aus einem Satz von die Struktur und die Inhalte eines Dokuments erzeugenden und manipulierenden Core-Interfaces. Das Core-Modul enthält auch spezielle Interfaces für XML.

SAX – Das Simple API for XML ist ein kostenloses API für das Event-orientierte Parsing von XML.

Status

SAX wurde gemeinschaftlich von der (von OASIS gehosteten) XML-DEV-Mailingliste entwickelt. Die aktuelle Ausgabe ist SAX 2.0 vom Mai 2000. SAX wird unter *http://www.megginson.com/SAX/* von David Megginson gepflegt.

Beschreibung

SAX2 ist eine neue, auf Java beruhende Ausgabe von SAX. Mit SAX2 werden konfigurierbare Leistungsmerkmale und Eigenschaften eingeführt, außerdem kommt eine Unterstützung für XML-Namensräume hinzu. Enthalten sind ferner Adapter, die die Zusammenarbeit mit SAX1-Parsern und -Anwendungen ermöglichen.

Publishing

DocBook – DocBook ist eine DTD für technische Publikationen und Software-Dokumentationen.

Status

Die neueste SGML-Version von DocBook ist 4.1 vom Juli 2000, die neueste XML-Version von DocBook ist 4.1.2 vom August 2000. DocBook wird offiziell vom DocBook Technical Committee von OASIS gepflegt. Die offizielle Homepage finden Sie unter der Adresse *http://www.oasis-open.org/docbook/index.html.*

Beschreibung

DocBook ist eine große und robuste DTD, die für technische Publikationen wie Dokumente zu Computer-Hardware und -Software konzipiert ist.

Hypertext

XHTML – Die Extensible Hypertext Markup Language ist eine Neuformulierung von HTML 4 in XML 1.

Status

XHTML 1.0 erlangte im Januar 2000 den Status einer offiziellen W3C-Empfehlung. Die entsprechende Spezifikation ist unter *http://www.w3.org/TR/xhtml1/* veröffentlicht.

Beschreibung

XHTML 1.0 ist eine Neuformulierung von HTML 4 als XML 1.0-Anwendung. Die Spezifikation definiert drei DTDs, die den in HTML 4 definierten entsprechen. Die Semantik der Elemente und ihrer Attribute ist in der W3C-Empfehlung für HTML 4 definiert und bietet die Grundlage für die Erweiterbarkeit von XHTML in der Zukunft. Kompatibilität mit den vorhandenen HTML-Werkzeugen der Benutzer kann erreicht werden, wenn einige wenige Richtlinien beachtet werden.

HTML – Die Hypertext Markup Language ist die Auszeichnungssprache für World Wide Web-Dokumente.

Status

Die neueste Version der W3C-Empfehlung ist HTML 4.01 vom Dezember 1999. Die entsprechende Spezifikation ist unter *http://www.w3.org/TR/html401/* veröffentlicht.

Beschreibung

Zusätzlich zu den Text-, Multimedia- und Hyperlink-Funktionen der Vorgänger-Versionen unterstützt HTML 4 mehr Multimedia-Optionen, Skript-Sprachen und Stylesheets sowie bessere Ausgabe-Möglichkeiten und auch Dokumente, die sich Benutzern mit Behinderungen besser erschließen. Mit HTML 4 wurden auch große Schritte in Richtung Internationalisierung von Dokumenten unternommen.

Deskriptiv/Prozedural

SOAP – Das Simple Object Access Protocol ist ein Protokoll zum Austausch von Informationen.

Status

Die SOAP-Spezifikation ist als W3C-Arbeitsnotiz vorgelegt worden und sieht die Bildung einer Arbeitsgruppe vor. Die Notiz ist unter *http://www.w3.org/TR/SOAP/* veröffentlicht.

SOAP wird von einer von Microsoft angeführten Gruppe von Unternehmen aus der Computerindustrie entwickelt. Die SOAP-Seite des Microsoft Developer's Network ist unter *http://msdn.microsoft.com/xml/general/soapspec.asp* zu finden.

Beschreibung

SOAP ist ein einfaches, XML-basiertes Protokoll für den Austausch von Informationen in einer dezentralen, verteilten Umgebung. Es besteht aus drei Teilen: einer Hülle (Envelope), die ein

Regelwerk definiert, mit dem beschrieben wird, was in einer Nachricht enthalten ist und wie diese verarbeitet werden soll, einem Satz von Kodierungsregeln, mit dem Instanzen von anwendungsspezifischen Datentypen ausgedrückt werden, und einer Konvention zur Abbildung von Remote Procedure Calls und etwaigen Antworten auf diese.

RDF – Das Resource Description Framework stellt eine Standardmethode zur Abbildung von Metadaten zur Verfügung.

Status

Die RDF Model and Syntax Specification erlangte im Februar 1999 den Status einer offiziellen W3C-Empfehlung und ist unter *http://www.w3.org/TR/REC-rdf-syntax/* veröffentlicht. Die RDF Schema Specification erlangte im März 2000 den Status einer W3C Candidate Recommendation und ist unter *http://www.w3.org/TR/rdf-schema/* veröffentlicht.

Beschreibung

RDF ist ein Fundament für die Verwendung von XML zur Verarbeitung von Metadaten. Es sichert die Zusammenarbeit zwischen Anwendungen, die maschinenlesbare Informationen im Internet austauschen. Die Leistungsmerkmale von RDF sind schwerpunktmäßig darauf gerichtet, eine automatisierte Verarbeitung von Web-Ressourcen zu ermöglichen.

Multimedia

SVG – Die Scalable Vector Graphics-Spezifikation ist eine Sprache, die 2D-Vektorgraphiken beschreibt.

Status

Die SVG 1.0-Spezifikation erlangte im November 2000 den Status einer W3C Candidate Recommendation. Die Spezifikation ist unter *http://www.w3.org/TR/SVG/* veröffentlicht.

Beschreibung

SVG ist eine Sprache zur Beschreibung von zweidimensionalen Vektor- sowie gemischten Vektor-/Raster-Graphiken in XML.

SMIL – Die Synchronized Multimedia Integration Language ist eine HTML-ähnliche Sprache zum Erstellen von Multimedia-Präsentationen.

Status

Die SMIL 1.0-Spezifikation erlangte im Juni 1998 den Status einer offiziellen W3C-Empfehlung. Sie ist unter *http://www.w3.org/TR/REC-smil/* veröffentlicht.

Beschreibung

Mit SMIL ist es möglich, einen Satz von unabhängigen Multimedia-Objekten in eine synchronisierte Multimedia-Präsentation zu integrieren.

Naturwissenschaften

MathML – Die Mathematical Markup Language für XML beschreibt mathematische Formeln.

Status

MathML 1.01 erlangte im Juli 1999 den Status einer offiziellen W3C-Empfehlung. Die entsprechende Spezifikation ist unter *http://www.w3.org/TR/REC-MathML/* veröffentlicht.

Beschreibung

MathML ist eine XML-Anwendung zur Beschreibung von mathematischen Formeln und zur Erfassung ihrer Strukturen und Inhalte. Das Ziel von MathML besteht darin, Mathematik über das Web bereitzustellen, entgegenzunehmen und zu verarbeiten, so wie es mit HTML bei Text geschieht.

CML – Die Chemical Markup Language beschreibt chemische Information.

Status

CML 1.0 spezifiziert eine DTD und frühe Versionen eines CML-Schemas. Die Informationen über die Entwicklung von CML werden unter *http://www.xml-cml.org/* gepflegt.

Beschreibung

CML ist ein Satz von XML-Werkzeugen, der den Austausch von chemischen Informationen über das World Wide Web und andere Netzwerk-Ressourcen ermöglicht.

Glossar

Absoluter Lokalisierungsausdruck
Ein Ausdruck, der die Adresse einer Ressource mit XPointer vollständig kennzeichnet. Als absoluter Lokalisierungsausdruck kann ein einem Element zugewiesenes eindeutiges ID-Attribut benutzt werden. Siehe auch **Relativer Lokalisierungsausdruck, XPath, XPointer.**

activity
Die Arbeiten, um in einem Bereich von Interesse einen Standard zu begründen. Siehe auch **Standard-Organisation.**

Aktuation
Art und Weise der Auslösung eines Links in einem Dokument. Beispielsweise fügt ein Link auf eine importierte Graphik diese automatisch in das Dokument ein, ein Link auf eine URL-Ressource dagegen erfordert ein Signal vom Benutzer.

Aktueller Knoten
Der Knoten, in dem ein Ausdruck evaluiert wird. Siehe auch **Aktueller Knotensatz, Knoten, XSLT.**

Aktueller Knotensatz
Der Satz von selektierten Knoten, der den unmittelbaren Kontext für einen Ausdruck zur Verfügung stellt. Siehe auch **Aktueller Knoten, Knoten, XSLT.**

Anwendung
Dieses Wort hat in unterschiedlichen Zusammenhängen eine jeweils andere Bedeutung (was im Computer-Jargon leider eine häufig zu beobachtende Erscheinung ist). Im Zusammenhang mit XML ist eine Anwendung üblicherweise eine spezielle Auszeichnungssprache auf der Grundlage von XML-Regeln. Ein Beispiel für eine XML-Anwendung ist DocBook.
Ist von Computer-Software im allgemeineren Sinne die Rede, ist eine Anwendung ein High-Level-Programm für Benutzer, beispielsweise ein Webbrowser, eine Textverarbeitung oder eine Tabellenkalkulation. Sie ist mit anderen Worten eine Anwendung des Computersystems.

Arc
Ein auch als Kante bezeichneter abstrakter Begriff für die Beziehung zwischen einem Link in einem Dokument und seinem Ziel. Siehe auch **Ressource, Einfacher Link.**

ASCII (American Standard Code for Information Interchange)
Dieser »ASK-ie« ausgesprochen altehrwürdige Standard beschreibt einen Satz von 128 Zeichen, der für die Darstellung von Text verwendet wird. In den Zeiten, als die meisten Entwicklungen für Computer in den USA erfolgten, reichte dies für alle Belange im Zusammenhang mit Text. Heute sind an dessen Stelle jedoch größere Zeichensätze wie etwa Unicode getreten, die Buchstaben, Symbole und Ideogramme für praktisch alle Sprachen der Welt enthalten. Dennoch wird uns ASCII noch für eine lange Zeit begleiten. UTF-8 ist ein neuer, auf ASCII; beruhender Zeichensatz, der Methoden enthält, mit denen beliebige Unicode-Zeichen referenziert werden können. Siehe auch **Zeichenkodierung, Zeichensatz.**

Attribut
Eine Variable oder ein Ausdruck, der eine spezielle Einstellung definiert oder zusätzliche Informationen über ein Element zur Verfügung stellt. Attribute stehen als Name-Wert-Paare im Start-Tag eines Elements. Siehe auch **Element, Markup.**

Auszeichnungssprache
Ein die Daten umgebender, auch Markup-Sprache genannter Satz an formalen Regeln für die Abbildung der Daten und Code-Strukturen. Ein Dokument, das die Regeln der Auszeichnungssprache einhält, wird als wohlgeformt bezeich-

net. XML selbst ist keine Auszeichnungssprache, sondern eine Menge von Regeln für die Schaffung von Auszeichnungssprachen. (Wird es dadurch vielleicht zu einer Meta-Auszeichnungssprache?) Eine Auszeichnungssprache stellt Methoden zur Verfügung, um Komponenten mit Hilfe von Elementen zu benennen, um mittels einer DTD Strukturen zu erzwingen und um mit Hilfe von Entity-Verweisen Daten zu importieren. Siehe auch **Anwendung, DTD, Markup.**

Begrenzer

Zeichen oder Gruppen von Zeichen, die Daten oder Markup abgrenzen. Die spitzen Klammern in XML-Tags (< >) sind Begrenzer. `CDATA`-Abschnitte haben drei Begrenzer: `<![`, `[` und `]]>`. Siehe auch **Markup.**

Block-Element

Ein Text- oder Content-Block wie etwa ein Absatz, ein Titel oder ein Abschnitt, der von anderen Text-Komponenten durch einen Leerraum (Freizeichen, Tabulator, Zeilenumbruch) getrennt ist. Siehe auch **Inline-Element.**

Candidate Recommendation

Im Prozess der Ausarbeitung von Standards ist eine Candidate Recommendation bzw. ein Empfehlungsanwärter eine Spezifikation, über die in ihrer jeweiligen Arbeitsgruppe soviel Übereinstimmung erzielt worden ist, daß sie der Öffentlichkeit zur Austestung übergeben werden kann. Siehe auch **Empfehlung, Standard-Organisation.**

CDATA (Character Data)

CDATA ist ein Entity-Datentyp, der aus vom Parser nicht bearbeiteten Zeichen besteht. In diesen Daten enthaltene Entity-Verweise werden nicht aufgelöst. Ein als CDATA markierter Abschnitt sieht folgendermaßen aus:

```
<![CDATA ungeparster Inhalt]]>
```

Siehe auch **PCDATA.**

Container-Element

Ein Element, das Zeichen-Daten oder andere Elemente enthält, wird als Container bezeichnet. Seine Eigenschaften kennzeichnen ihn als Wurzel seines eigenen Unterbaums im Dokument. Siehe auch **Content, Content-Modell, Element.**

Content

Der Content oder Inhalt eines Dokuments ist alles, was kein Markup ist. Entfernen Sie die Tags, Kommentare und Steueranweisungen, und was übrigbleibt, ist der Content bzw. Zeichendaten. Mit Markup ist es möglich, Content auf vielfältige Weise wiederzuverwenden. Siehe auch **Container-Element, Content-Modell.**

Content-Modell

Die technische Spezifikation einer DTD, die die Inhalte eines Elements beschreibt. Das Content-Modell spezifiziert, welche Arten von Elementen und Daten sich in einem Element befinden können, wieviele davon es geben kann und in welcher Reihenfolge sie stehen müssen. Siehe auch **Element, Content.**

CSS (Cascading Style Sheets)

Diese Spezifikation bietet durch Anwenden von Formatierungsregeln auf Elemente eine Standardmethode zum Definieren der Darstellung eines Dokuments. Der Begriff »cascading« (deutsch: gestaffelt) bezieht sich darauf, wie ein Element formatiert wird, wenn es mehrere sich überlagernde Regeln gibt, beispielsweise eine lokal angewendete Regel und eine globale Regel. Siehe auch **Präsentation, Stylesheet.**

Deklaration

Ein spezielles Objekt, das die Umwelt des Dokuments einrichtet. Es kann ein neues Element einführen, ein Entity anlegen oder den Typ des Dokuments benennen. Durch Verwendung eines besonderen Begrenzers, einer öffnenden spitzen Klammer mit einem Ausrufungszeichen, werden Deklarationen von Elementen abgegrenzt:

```
<!Name Anweisung>
```

wobei *`Name`* der Typ der Deklaration ist und *`Anweisung`* den Rest der Informationen enthält, die erforderlich sind, um eine Deklaration zu erstellen. Siehe auch **Markup.**

Dokument

In XML ist ein Dokument ein vollständiges Wurzel-Element, nachdem alle externen Entity-Verweise aufgelöst worden sind. Meistens hat es eine optionale XML-Deklaration und eine Dokumenttyp-Definition. Das Dokument kann über viele Dateien verteilt sein, die sich vielleicht auf verschiedenen Systemen befinden. Siehe auch **Dokument-Element, Wurzel-Element.**

Dokument-Element

Das auch als Wurzel-Element bezeichnete Dokument-Element ist das äußerste Element in einem Dokument. Es enthält alles mit Ausnahme des Dokument-Prologs und etwaigen, nicht in ihm enthaltenen Kommentaren oder Steueranweisungen. Siehe auch **Dokument, Wurzel-Element.**

Dokumentenbaum
Jedes XML-Dokument kann durch eine besondere Struktur abgebildet werden, die als Baum bezeichnet wird. Deren Baum-ähnliche Form ergibt sich daraus, daß sie von einem Punkt (der Wurzel) ausgeht und sich von dort bis in die Blätter verzweigt. Jeder Punkt des Baums mit einer Verzweigung wird als Knoten bezeichnet. Ein Baum besteht aus einem Wurzel-Knoten, vielen Zweig-Knoten und ein paar Blatt-Knoten. Merkwürdigerweise wachsen die meisten Dokumentenbäume von oben nach unten, wobei die Wurzel in den Himmel ragt.
Dokumentenbäume können in kleinere Bäume unterteilt werden, wobei jeder Knoten als Wurzel seines eigenen Unterbaums betrachtet wird. Dieser Umstand ist wichtig für das Verständnis von XML-Transformationen mit XSLT, bei denen ein Baum in immer kleinere Unterbäume zerhackt und anschließend in umgekehrter Reihenfolge ein Ergebnisbaum zusammengebaut wird. Siehe auch **Dokument**, **Knoten-Baum**.

Dokumenteninstanz
Ein tatsächliches Dokument, das mit einem allgemeinen Dokumentenmodell übereinstimmt. Siehe auch **Dokument**, **DTD**.

Dokumentenmodell
Eine Vorlage für ein Dokument, die Elemente und ihre Content-Modelle definiert. Eine DTD oder ein Schema ist ein Dokumentenmodell. Siehe auch **DTD**, **Schema**.

Dokument-Prolog
Ein Abschnitt am Anfang eines Dokuments, der das Dokument als XML deklariert und die Version von XML spezifiziert, der es entspricht (zum Beispiel `<?xml version="1.0"?>`). Es können weitere Informationen über das Dokument deklariert werden, in vielen Fällen die Dokumenttyp-Deklaration. Der Dokument-Prolog geht dem Dokument-Element oder Wurzel-Element voran, das den gesamten Inhalt des Dokuments enthält. Siehe auch **Dokument**, **Dokumenttyp-Deklaration**, **XML-Deklaration**.

Dokumenttyp-Deklaration
Der DOCTYPE-Abschnitt des Dokument-Prologs. Dieser Abschnitt deklariert die Struktur, der das Dokument entsprechen muß. Er kann benutzt werden, um eine DTD zu spezifizieren, indem deren Public-Identifier und URI-Adresse angegeben und eine interne Teilmenge von im Dokument verwendeten Entity-Deklarationen aufgelistet wird. Siehe auch **Dokument**, **DTD**.

DOM (Document Object Model)
Eine Spezifikation, die die Struktur eines Dokuments als Sammlung von Objekten definiert und festlegt, wie auf das Dokument zugegriffen und wie es manipuliert werden kann. DOM ist ein API (Application Programming Interface), das beschreibt, wie Programme die Struktur und die Inhalte eines Dokuments tatsächlich interpretieren.

DTD (Dokumenttyp-Definition)
Ein Satz von Deklarationen, der die Namen der Elemente und deren Attribute definiert und Regeln für deren Zusammenstellung und Reihenfolge vorgibt. Siehe auch **Dokument**, **Dokumenttyp-Deklaration**.

Editor
Um auf einem Computer einen Text zu verfassen, ist ein Editor vonnöten – ein Software-Programm, das Ihre Tastenanschläge in Dateien verpackt. Einige Editoren sind raffinierter als andere. Der einfachste ist *vi*, ein alter Unix-Editor, der jedoch noch immer Biß hat. Emacs ist ein ganz guter Editor mit zahlreichen Konfigurationsmöglichkeiten, der aber etwas Lernaufwand erfordert und keine formierte Darstellung bietet. Beide Editoren zeigen Ihnen den Text und das Markup zusammen an, was die Arbeit für diejenigen erschweren kann, die es nicht gewohnt sind, all die Tags im Inhalt zu überblicken. Siehe auch **Dokument**, **Markup**.

Eigenschaftsdeklaration
Der Teil einer Stylesheet-Regel, mit dem die Formatierung für das ausgewählte Element eingestellt wird. Siehe auch **CSS**, **Regel**, **Stylesheet**.

Einfacher Link
Die einfachste Form eines Links, die aus einem Element in einem Dokument (der lokalen Ressource) besteht, das ein Ziel bzw. die Adresse der entfernten Ressource vorgibt. Siehe auch **Lokale Ressource**, **Entfernte Ressource**.

Element
Eine definierte Komponente eines XML-Dokuments. XML-Elemente werden mit Start- und Abschluß-Tags gekennzeichnet und können Daten und andere Elemente in einer bestimmten Hierarchie enthalten. Siehe auch **Attribut**, **Content**, **Markup**.

Empfehlung
Im Prozess der Weiterentwicklung von Standards ist eine offizielle Empfehlung oder Recommendation eine Spezifikation, die innerhalb ihrer

jeweiligen Arbeitsgruppe mehrheitlich gebilligt und zur Bewertung nach außen gegeben worden ist.

Entfernte Ressource
Eine Ressource, auf die ein einfacher Link zeigt. Siehe auch **Lokale Ressource**, **Ressource**.

Entity
Ein Name, der mittels einer Deklaration einer bestimmten Daten-Komponente zugewiesen wird. Für Sonderzeichen wie etwa <, > und &, die nicht direkt im Inhalt eines XML-Dokuments benutzt werden können, weil sie zu Konflikten mit dem Markup führen würden, sind einige Entities vordefiniert worden. Siehe auch **Entity-Verweis**, **Markup**.

Entity-Verweis
Eine spezielle Zeichenkette, die auf ein Entity verweist und durch ein Anfangs-& sowie ein abschließendes Semikolon gekennzeichnet ist. Entity-Verweise stehen im Text und werden vom XML-Prozessor analysiert und ersetzt. Siehe auch **Entity**.

Externes Entity
Ein Entity, das auf ein anderes Dokument verweist. Siehe auch **Entity**, **URL**.

Externe Teilmenge
Eine die gesamte oder einen Teil einer Dokumenttyp-Definition umfassende Gruppe von Deklarationen, die in einem externen Entity gespeichert ist und auf die von der DTD eines Dokuments mit einem Public- oder einem System-Identifier verwiesen wird. Siehe auch **Dokument**, **DTD**.

FPI (Formal Public Identifier)
Ein Public-Identifier, der der Spezifikation von Public-Identifiern in der ISO 8879 entspricht. Ein FPI enthält Informationen wie etwa die Klasse der Ressource (d.h. eine DTD), ihren Autor und ihre Sprache. Siehe auch **Katalog**, **Externes Entity**.

Fragment-Identifier
Eine Erweiterung einer URL, die eine Adresse innerhalb eines HTML-Dokuments durch ein mit einem Namen versehenes Element kennzeichnet. Siehe auch **URL**.

Gemischter Inhalt
Eine Mischung von Elementen und Zeichendaten, die für ein Element über dessen Content-Modell als gültiger Inhalt gekennzeichnet werden kann. Siehe auch **CDATA**, **Content**, **Content-Modell**, **Element**.

HTML (Hypertext Markup Language)
Die zur Erstellung von Dokumenten für das World Wide Web verwendete Auszeichnungssprache. Siehe auch **Hypertext**, **Markup**, **XHTML**.

Hypertext
Eine Methode zur Verknüpfung von Text oder Objekten in Dokumenten, die einen wahlfreien Zugriff auf den Inhalt gestattet. Siehe auch **HTML**, **Markup**, **XHTML**.

Inline-Element
Ein Element, das innerhalb des Text-Inhalts eines anderen Elements steht, zum Beispiel ein hervorgehobener Ausdruck innerhalb eines Absatzes. Siehe auch **Block-Element**.

Interne Teilmenge
Elemente, Attribute und andere Deklarationen, die zumindest einen Teil einer DTD bilden und in der Dokumenttyp-Deklaration enthalten sind. Siehe auch **Dokumenttyp-Deklaration**, **Externe Teilmenge**.

ISO (International Standards Organization)
Diese Organisation wurde 1947 gegründet, um offene technische Spezifikationen zu erstellen. Siehe auch **Offener Standard**, **Empfehlung**, **Standard-Institution**.

Kastenmodell
Ein CSS (Stylesheet)-Konzept, das für die Formatierung von Block-Elementen benutzt wird. Beim Kastenmodell ist ein Element von einer Begrenzung umgeben, die definierbare Eigenschaften wie etwa Innen- und Außenabstände zum Inhalt hat. Siehe auch **Darstellung**, **Stylesheet**.

Katalog
Eine speziell formatierte (für gewöhnlich lokale) Text-Datei, deren Informationen benutzt werden, um Public-Identifier in System-Identifier umzuwandeln. Formal spezifiziert wurde das Katalog-Dateiformat durch die OASIS Technical Resolution 9401:1997. Siehe auch **Formaler Public-Identifier**, **URI**.

Knoten
Dieser Begriff stammt aus dem Reich der Computer-Wissenschaft, wo er benutzt wird, um einen Punkt in einem abstrakten Netz miteinander verbundener Elemente zu beschreiben. In

XML bezieht er sich entweder auf einen Verzweigungspunkt in einem Dokumentenbaum oder auf ein Blatt des Baums. Zu den von XPath erkannten Knoten gehören Elemente, Attribute, Steueranweisungen, Kommentare, fortlaufende Passagen von Zeichendaten (Text), Namensraum-Deklarationen und der Wurzel-Knoten. Siehe auch **Knoten-Baum**.

Knoten-Baum

Die hierarchische Ansicht der Knoten in einem Dokument. Beginnend mit dem Wurzel-Knoten, macht der Knoten-Baum sichtbar, welche Knoten andere Knoten enthalten. Siehe auch **Dokumentenbaum, Knoten**.

Kommentar

Speziell gekennzeichneter Bestandteil des Quelltextes eines Dokuments, der vom Parser nicht interpretiert wird. XML-Kommentare sind von den Begrenzern `<!--` und `-->` umgeben. Alles, was sich innerhalb eines Kommentars befindet, wird vom Parser ignoriert, darunter auch Elemente in Tags. Kommentare können zusätzliche Informationen über die Auszeichnung und den Inhalt eines Dokuments zur Verfügung stellen und sind eine brauchbare Methode, Inhalte aus der Ausgabe eines Dokuments zu entfernen, ohne sie ganz zu löschen. Siehe auch **Markup**.

Leeres Element

Ein Element, das aus einem einzelnen Tag besteht und keine Content-Daten enthält. Ein leeres Element beginnt mit einer öffnenden spitzen Klammer (<), gefolgt vom Namen des Elements sowie etwa vorhandenen Attributen und ihren Werten. Abgeschlossen wird es mit einem Schrägstrich und einer schließenden spitzen Klammer (`/>`). Siehe auch **Attribut, Content, Element**.

Logische Struktur

Die Knoten- oder hierarchische Anordnung von Elementen und Inhalten in einem Dokument – im Gegensatz zur physischen Adresse von Elementen und Daten. Siehe auch **Dokument, Physische Struktur**.

Lokale Ressource

Eine Ressource, die einen Link enthält. Siehe auch **Entfernte Ressource, Ressource**.

Markup

Eine auch Auszeichnung genannte Sammlung von Zeichen, welche die Content-Komponenten in einem Dokument gruppiert, organisiert und mit Namen versieht. Markup-Tags sind als Anweisungen für den Parser in den Inhalt eingestreut und werden entfernt, wenn der Parser im Speicher einen Daten-Struktur des Dokuments aufbaut. Das Markup umfaßt Start- und Abschluß-Tags für Elemente, Entity-Verweise, Deklarationen, Kommentare, Steueranweisungen (PIs) und markierte Abschnitte. Siehe auch **Element, Tag**.

Metadaten

Deskriptive Daten, die nicht direkt zum Inhalt eines Dokuments gehören. Metadaten sind zum Beispiel das Erstellungsdatum oder die Autorenangabe eines Dokuments. Siehe auch **Dokument, Markup**.

Modulare DTD

Eine DTD, die in logische Komponenten unterteilt ist. Dies ermöglicht eine leichte Wartung und die Auswahl nur der Module, die in einem Dokument benötigt werden. Die Module einer modularen DTD werden häufig in externen Dateien untergebracht und als externe Entities deklariert. Siehe auch **DTD**.

Name

In XML hat jedes Objekt einen Typ-Specifier, der als Name bezeichnet wird. Ein Element, das den Titel eines Buches beschreibt, könnte zum Beispiel den Namen »Buchtitel« erhalten. Die Repräsentation des Elements muß den Namen sowohl im Start- als auch im Abschluß-Tag enthalten, etwa in folgender Weise:

```
<Buchtitel>Hühneraugen-Entfernung
</Buchtitel>
```

Namen müssen in XML bestimmte Regeln der Zeichen-Zusammensetzung befolgen. Namen von Elementen müssen zum Beispiel entweder mit einem Unterstrich oder einem Buchstaben beginnen. Siehe auch **Attribut, Element, Markup**.

Namensraum

Beliebige aus einer Gruppe von vorgegebenen Elementen und Attributen, die in einem Dokument benutzt werden können, indem dem Namen eines Elements ein Namensraum-Identifier vorangestellt wird, z.B. `<Namensraum:Element>`. Namensräume müssen mit Hilfe der `xmlns`-Deklaration deklariert werden. Für eine Namensraum-Deklaration wird die folgende Syntax verwendet:

```
<xmlns:Name=uri>
```

Der Name des Namensraumes wird durch *`Name`* angegeben, und die Adresse des Inhabers des

Namensraumes oder dessen Version wird durch `uri` angegeben (obwohl Parser mit diesen Informationen für gewöhnlich nichts anfangen können). Namensräume ermöglichen die Kombination von unterschiedlichen Sätzen von Element-Definitionen in einem Dokument, beispielsweise bei der Verwendung von mathematischen Gleichungen in einem HTML-Dokument. Siehe auch **Element, Qualifizierter Element-Name.**

Namensraum-Präfix
Der dem Namen eines Elements vorangehende Identifier, der den Namensraum kennzeichnet, zu dem er gehört, zum Beispiel `<Namensraum: Element>`. Siehe auch **Element, Qualifizierter Element-Name, Namensraum.**

Notation
Daten, die vom Parser nicht analysiert werden sollen oder die auf besondere Art und Weise verarbeitet werden müssen, werden mit einem Attribut oder einem externen Entity als Notationstyp gekennzeichnet. Eine Notationsdeklaration in einer DTD definiert vom XML-Prozessor benutzte Notationstypen, um die Daten einem speziellen Handler zu übergeben.

Offener Standard
Eine technische Spezifikation, die der Öffentlichkeit zur uneingeschränkten Benutzung überlassen wird.

Parser-analysierte Zeichendaten
Alle Zeichendaten, die vom XML-Prozessor auf Entity-Verweise überprüft werden sollen. Diese Verweise werden aufgelöst und ihr Ersatztext vom Parser rekursiv anlysiert, um sämtliche Entity-Verweise zu ersetzen. Siehe auch **PCDATA.**

Parser
Ein Softwareprogramm, das XML liest, validiert und zur nachfolgenden Verarbeitung weiterleitet. Wenn ein Dokument nicht wohlgeformt ist, d.h. wenn sich im Markup ein Fehler befindet, findet der Parser ihn und meldet das Problem. Siehe auch **Markup, XML-Prozessor.**

PCDATA
PCDATA (Akronym für parsed-character data – Parser-analysierte Zeichendaten) ist ein Content-Typ für Elemente, der aus vom Parser analysierten Zeichen, jedoch keinen Elementen besteht. In diesen Daten enthaltene Entity-Verweise werden aufgelöst. Siehe auch **CDATA, Parser-analysierte Zeichendaten.**

Physische Struktur
Die physische Organisation der Daten in einer Datei – im Gegensatz zu deren Dokument- oder logischer Struktur. Eine objektorientierte Datenbank beispielsweise ist eine physische Struktur, die nicht ihrer logischen Struktur entspricht. Siehe auch **Dokument, Logische Struktur.**

Präsentation
oder Darstellung. Das Erscheinungsbild eines Dokuments, das für einen menschlichen Benutzer formatiert worden ist. Siehe auch **Stylesheet.**

Proposed Recommendation
Eine Proposed Recommendation bzw. ein Empfehlungsvorschlag ist eine Spezifikation, die von der Öffentlichkeit bewertet worden ist und von einer Standard-Institution für würdig erachtet wird, eine offizielle Empfehlung zu werden.

Pseudo-Klasse
Ein CSS-Selektor, der statt aller Fundstellen eines Elements eine bestimmte Instanz dieses Elements spezifiziert. Beispielsweise könnte der erste Absatz jedes Abschnitts als Pseudo-Klasse spezifiziert werden. Siehe auch **CSS, Regel, Selektor.**

Public-Identifier
Der Identifier im Prolog des Dokuments, der den Namen einer DTD oder eines externen Entity angibt.

Qualifizierter Element-Name
Ein für einen speziellen Namensraum gekennzeichnetes Element. Ein qualifizierter Element-Name verwendet im Tag-Namen ein Namensraum-Präfix. Siehe auch **Element, Namensraum, Namensraum-Präfix.**

Regel
Der Grundbaustein eines Stylesheets, der vorgibt, für welches Element bzw. welche Elemente ein Format festlegt werden soll (den Selektor) und welche Formatierung angewendet werden soll (die Eigenschaftsdeklaration). Siehe auch **Stylesheet.**

Relativer Lokalisierungsausdruck
Eine XPointer-Adresse, die durch Bezugnahme auf eine andere Adresse wie etwa einen absoluten Lokalisierungsausdruck oder den aktuellen Knoten gekennzeichnet ist. Siehe auch **Absoluter Lokalisierungsausdruck, XPath, XPointer.**

Relative URL
Eine URL, die eine partielle Adresse ausdrückt. Diese Adresse ist als relativ zur aktuellen, als Basis-URL bezeichneten Adresse des Verweises zu verstehen.

Ressource
Eine Quelle von Informationen. In XML ist eine Ressource etwas, mit dem eine Verknüpfung erstellt werden kann, beispielsweise ein XML-Dokument, eine Graphik-Datei oder ein Programm.

SAX (Simple API for XML)
Eine Event-orientierte Programmier-Schnittstelle für Anwendungen zum Manipulieren von XML-Dokumenten mit Java. Das API beschreibt ein flaches Dokumentenmodell (ohne Objekt-Hierarchie und Vererbung), das dann eine schnelle Dokument-Verarbeitung ermöglicht.

Schema
Ein Präfix für eine URL, mit dem das zu verwendende Adreßmuster und Protokoll festgelegt wird. Beispielsweise gibt das Präfix `http` vor, daß so wie in der folgenden URL das Hypertext Transfer Protocol verwendet werden soll:

```
http://www.oreilly.de/
```

Siehe auch **URL**.

Selektor
Der als Suchmuster fungierende Teil einer CSS-Stylesheet-Regel, der bestimmt, auf welche Elemente die Formatierung angewendet wird. Siehe auch **CSS**, **Regel**, **Stylesheet**.

SGML (Standard Generalized Markup Language)
Ein internationaler Standard (ISO-8879), der Regeln für die Schaffung von plattformunabhängigen Auszeichnungssprachen für elektronische Texte vorgibt.

Standard-Institution
Eine Organisation, die sich mit der Ausarbeitung von technischen Industrie-Standards befaßt.

Steueranweisung (PI)
Ein Auszeichnungsobjekt, das Informationen für einen bestimmten XML-Prozessor übermittelt. Es hat die Form:

```
<?Name Daten?>
```

`Name` ist dabei ein Schlüsselwort, mit der ein bestimmter Prozessor angesprochen wird, und *`Daten`* ist ein Text-String, der die jeweilige Information enthält. Ein Prozessor, der die Steueranweisung nicht erkennt, ignoriert diese einfach.

Stylesheet
Eine Menge von Formatierungsanweisungen entweder in einer gesonderten Datei oder innerhalb eines Dokuments, der das Erscheinungsbild eines Dokuments spezifiziert. Es gibt mehrere Standards für Stylesheets, darunter CSS, XSLT und XSL-FO.

System-Identifier
Ein lokaler, systemabhängiger Identifier für ein Dokument, eine DTD oder ein externes Entity. In XML muß ein System-Identifier ein URI sein.

Tag
Ein von spitzen Klammern umschlossener Element-Name, der verwendet wird, um die Semantik oder die Struktur eines Dokuments auszuzeichnen.

Unicode
Ein Zeichensatz-Standard mit 16-Bit-Kodierung, mit dem versucht wurde, die Zeichen aller wichtigen Schriftsysteme der Welt zu erfassen.

URI (Uniform Resource Identifier)
Die W3C-Kodifizierung der Namen- und Adressen-Syntax gegenwärtiger und zukünftiger Objekte im Internet. In einer Grundform besteht ein URI aus dem Namen des Schemas (http, ftp, mailto o. ä.), gefolgt von einem Doppelpunkt und dann dem Pfad entsprechend der durch das vorangehende Schema vorgegebenen Definition. URI ist ein Oberbegriff, der URLs und alle sonstigen Formen für Uniform Resource Identifier erfaßt.

URL (Uniform Resource Locator)
Der Name und die Adresse eines bestehenden Objekts, auf das über das Internet zugegriffen werden kann.

UTF-8
Das UCS Transformation Format für 8-Bit-Plattformen. UTF-8 ist eine Transformationskodierung zur Konvertierung von Unicode-Zeichenkodierungen, so daß diese auf 8-Bit-Systemen benutzt werden können.

Vererbung
Die Methode, durch die ein Objekt eine Einstellung beibehält, die an seinem Eltern-Objekt vorgenommen wurde. Siehe auch **CSS**, **Regel**.

Verweis
Etwas zu referenzieren oder darauf zu verweisen bedeutet, eine Beziehung zwischen dem aktuellen Kontext und einer externen Ressource zu kennzeichnen. Für gewöhnlich soll ein Wert in eine Sammlung von Daten importiert werden. Beispielsweise ist ein Entity-Verweis ein Text-Fragment, das einen XML-Parser anweist, den Wert eines im Speicher befindlichen und in einer DTD definierten Entity einzufügen. Ein ID-Verweis ist eine Notation, die eine Beziehung zu einem Element mit einer eindeutigen ID an einer anderen Stelle im Dokument kennzeichnet. Der Begriff *Verweis* wird benutzt, wenn eine Unterscheidung zwischen einem Objekt oder Wert und der Sache zu treffen ist, die es benutzen will. Siehe auch **Entity**, **Entity-Verweis**.

wohlgeformt
Ein Begriff, der ein Dokument beschreibt, das den Syntax-Regeln von XML entspricht. In einem wohlgeformten Dokument haben beispielsweise Tags korrekte Begrenzer, einem Start-Tag folgt in jedem Falle ein Abschluß-Tag, und Elemente dürfen sich nicht überschneiden.

Working Draft
Eine von einer Arbeitsgruppe innerhalb einer Standard-Institution erstellte interne Version einer Spezifikation. Ein solcher Arbeitsentwurf ist vor der Empfehlungsphase häufig wesentlichen Veränderungen unterworfen.

Wurzel-Element
Das Basis-Element eines Dokuments, das alle anderen Elemente im Dokument enthält. (Gleichbedeutend mit Dokument-Element.)
Siehe auch **Dokument**, **Dokument-Element**, **Element**.

Wurzel-Knoten
Der Basis-Knoten eines Dokuments, der alle Knoten enthält, aus denen das Dokument besteht. Siehe auch **Knoten**.

XHTML
XHTML ist eine Neuformulierung von HTML 4 als XML-Anwendung. Die XHTML-DTDs definieren Elemente und Attribute so wie in HTML 4.01. Siehe auch **HTML**, **Hypertext**, **Markup**.

XLink (XML Linking Language)
Spezifiziert Elemente, die in XML-Dokumenten verwendet werden können, um Verknüpfungen zwischen Ressourcen zu erstellen und zu beschreiben. XLink stellt robustere Link-Beziehungen zur Verfügung, als dies die einfachen Hyperlinks in HTML tun.

XML-Deklaration
Das erste Element eines Dokument-Prologs, mit dem das Dokument gemeinsam mit XML-Version, der es entspricht, als XML-Dokument deklariert wird. In den meisten Dokumenten steht in der ersten Zeile die folgende XML-Deklaration:

```
<?xml version="1.0"?>
```

XML-Prozessor
Ein generischer Begriff für ein Programm, das ein XML-Dokument als Input entgegennimmt und etwas damit tut. Ein XML-Prozessor liest ein XML-Dokument ein, analysiert es und erstellt daraus eine formatierte Ausgabe.
Siehe auch **Parser**.

XML Schema
Schemas stellen bei der Dokumentenmodellierung eine Alternative zu DTDs dar, sind als XML geschrieben und definieren wie DTDs die Elemente, Entities und Content-Modelle von Dokumenten. Schemas verfügen über viele zusätzliche Funktionen wie etwa Datentyp-Kontrolle und Content-Beschränkungen.

XPath (XML Path Language)
Eine Sprache, die verwendet wird, um Teile eines XML-Dokuments anzusprechen. Um ein zu adressierendes Objekt zu bestimmen, verwendet die XPath-Adreß-Syntax Kernfunktionen, die auf der Knoten-Hierarchie eines Dokuments beruhen und wertet Ausdrücke aus. XPath-Adressen werden von XSLT und XPointer benutzt.

XPointer (XML Pointer Language)
Ein spezielles Schema auf der Grundlage von XPath, das Adressen mit Hilfe von besonderen Erweiterungen zu URLs kennzeichnet. Um bestimmte Elemente zu finden, verwenden die XPointer-Adressen ID-Attribute für absolute Adreß-Verweise in einem XML-Dokument und Schritte durch die Knoten-Hierarchie.

XSL (Extensible Stylesheet Language)
Eine Sprache, die es möglich macht, Stylesheets mit XML-Dokumenten zu verknüpfen. Ein XSL-Stylesheet ist selbst ein XML-Dokument.

XSLT (XSL Transformations)
Eine Transformation funktioniert so ähnlich wie ein Stylesheet, nur mit der Ausnahme, daß diese,

statt einfach Formatierungsregeln auf Elemente anzuwenden, die Struktur eines Dokuments verändern kann, um so ein Dokument mit einer neuen Struktur zu erzeugen.

Zeichenkodierung
Die Abbildung von Zeichen in einem Zeichensatz als eindeutige Zahlen. Siehe auch **Zeichensatz.**

Zeichen-Entity
Eine Notation für ein Zeichen oder Symbol, die dessen Abkürzung oder Nummer im Zeichensatz verwendet. Die übliche Syntax für eine Zeichenkodierung ist ein Kaufmanns-Und (&), dem der Name oder ein #-Zeichen und eine Zahl folgt und das mit einem Semikolon abgeschlossen wird. Durch Verwenden von entweder `©` oder `©` läßt sich in einem Dokument zum Beispiel das Copyright-Symbol © ausgeben.

Zeichensatz
Eine Sammlung von Buchstaben, Zahlen und Symbolen, die eine Sprache oder eine Gruppe von Sprachen repräsentieren und die bestimmten Zahlen zugeordnet sind, die von Computerprogrammen verstanden werden können. Siehe auch **Zeichenkodierung**.

Index

B

C

F

L

T

Über den Autor

Erik Ray ist Software-Bändiger und XML-Guru bei O'Reilly & Associates. Er lebt mit seiner Frau Jeannine und 5 Papageien in Saugus, Massachusetts. Wenn er nicht mit Schreiben beschäftigt ist, sammelt er alte Bücher, spielt Strategiespiele, praktiziert Kendo und verfolgt die Unternehmungen zur Entdeckung des Weltraums.

Über den Übersetzer

Olaf Brodacki ist mindestens so international und portabel wie XML. Nach seiner Berufsausbildung in Meß- und Regeltechnik, wo er in ersten Kontakt mit der Computertechnik kam, studierte er Arabistik und Volkswirtschaft und bereiste die verschiedensten Weltgegenden von den zentralafrikanischen Seen bis zum südlichen Oman. Anschließend ließ er sich für mehrere Jahre in den Vereinigten Arabischen Emiraten nieder, wo er für eine Rechtsberatungskanzlei arbeitete. Seit 1997 ist er freiberuflicher Übersetzer in Deutschland und gibt Unterricht u.a. für Internet-, Netzwerk- und Oracle-Spezialisten. Sein Engagement besonders für die Schnittstellen von Technik und Wirtschaft treibt ihn immer wieder zu neuen Ufern. Sofern es sein Terminkalender erlaubt, gehören dazu noch immer auch exotische Projekte wie etwa die Zusammenstellung eines Wörterbuchs von lokalen afrikanischen Sprachen.

Kolophon

Das Tier auf dem Cover von *Einführung in XML* ist ein schlüpfendes Küken. Hühner werden seit mindestens 3000 Jahren vom Menschen gehalten. Eine Henne legt normalerweise nur jeweils ein Ei, das sie bebrütet, bis das Küken schlüpft. Die Bebrütungszeit von der Befruchtung bis zum Schlupf beträgt etwa 21 Tage. In dieser Zeit nimmt das Küken das Eigelb auf, was für die Versorgung innerhalb der ersten drei Tage nach dem Schlüpfen ausreicht. Das beliebteste Legehuhn in Nordamerika ist das »Leghorn«, das ab dem fünften Lebensmonat bis zum Alter von anderthalb Jahren Eier produzieren kann.

Der Umschlagsentwurf dieses Buches basiert auf dem Reihenlayout von Edie Freedman und stammt von Ellie Volckhausen, die hierfür einen Stich des *Dover Pictorial Archive* aus dem 19. Jahrhundert verwendet hat. Das Coverlayout der deutschen Ausgabe wurde von Pam Spremulli und Risa Graziano mit Quark XPress 3.33 unter Verwendung der Schriftart ITC Garamond von Adobe erstellt. Das Innenlayout, basierend auf einem Seriendesign von Nancy Priest, wurde von David Futato gestaltet. Die in diesem Buch enthaltenen Abbildungen wurden von Robert Romano mit Adobe Photoshop 5 und Macromedia Freehand 8 erstellt. Für den Einband wurde die Spezialbindung »Freier Rücken« verwendet. Das Kolophon wurde von Joachim Kurtz übersetzt.

World Wide Web

JavaScript – Das umfassende Referenzwerk

David Flanagan
720 Seiten, 1997, 69,- DM
ISBN 3-930673-56-8

David Flanagan dokumentiert ausführlich die Programmiersprache JavaScript und liefert viele ausgefeilte Programmbeispiele. Er beschreibt außerdem in einem vollständigen Referenzteil detailliert alle Funktionen, Objekte, Methoden, Eigenschaften und Event-Handler von JavaScript. Die deutsche Übersetzung behandelt die Versionen 1.0, 1.1 und 1.2 von JavaScript, die von Netscape Navigator 2.0, 3.0 und 4.0 und Microsoft Internet Explorer 3.0 unterstützt werden.

JavaScript Kochbuch für Web-Anwendungen

Jerry Bradenbaugh
512 Seiten, 2000, 74,- DM
ISBN 3-89721-162-9

Das Kochbuch stellt zehn gebräuchliche Web-Anwendungen vor. JavaScript-Interessierte vertiefen mit Hilfe dieser Beispiele ihre Programmierkenntnisse und können die Lösungen rasch anpassen und für eigene Webprojekte nutzen.

JavaScript – kurz & gut

David Flanagan
98 Seiten, 1998, 14,80 DM
ISBN 3-89721-208-0

Eine kompakte Referenz aller Funktionen, Objekte, Methoden, Eigenschaften und Event-Handler von JavaScript in der Version 1.2. Der Referenz ist eine Beschreibung des clientseitigen Einsatzes der beliebten Skriptsprache u.a. mit Blick auf die Gestaltung von Fenstern, Frames, Formularen und Events vorangestellt.

Apache – Das umfassende Referenzwerk

Ben Laurie & Peter Laurie
408 Seiten, 1999, 74,- DM
ISBN 3-89721-127-0

Apache ist der weltweit meistgenutzte Server. Dieses Buch ist ein komplettes Nachschlagewerk zu Apache 1.3 und enthält umfassende Beschreibungen zur Installation des Web-Servers, zur Konfiguration für Unix und Windows, zu Apache-Modulen und zum Thema Sicherheit.

HTML & XHTML – Das umfassende Referenzwerk, 3. Auflage

Chuck Musciano & Bill Kennedy
710 Seiten, 2001, 79,- DM
ISBN 3-89721-168-8

HTML & XHTML – Das umfassende Referenzwerk erklärt die Syntax, die Semantik und den Einsatz von Stilelementen von HTML und XHTML. Es behandelt die Standards HTML 4.01 und XHTML 1.0, einschließlich aller gängigen Erweiterungen von Netscape und Microsoft.

HTML – kurz & gut

Jennifer Niederst
96 Seiten, 2000, 14,80 DM
ISBN 3-89721-214-5

Eine umfassende Referenz aller HTML-Tags von HTML 4.0, Navigator und Internet Explorer, ergänzt um Übersichten über Tag-Gruppen, Tag-Strukturen, Zahlenkonvertierung, Zeichenbeschreibungen (Character Entities) sowie Farbnamen und -werte.

CGI-Programmierung mit Perl

Scott Guelich, Shishir Gundavaram & Gunther Birznieks
500 Seiten, 2001, 74,- DM
ISBN 3-89721-167-X

Dieses Buch beschreibt, wie CGI und das zugrundeliegende Protokoll HTTP funktionieren, und widmet sich dann den Details beim Schreiben von CGI-Skripten. Berücksichtigt in der neuen Auflage sind die aktuellen Versionen von Perl und CGI.pm sowie JavaScript, HTML-Templates, XML und Sicherheitsfragen.

CGI – kurz & gut

Linda Mui
104 Seiten, 1999, 14,80 DM
ISBN 3-89721-218-8

CGI – kurz & gut ist eine separate Veröffentlichung des CGI-Teils aus *Perl in a Nutshell*. Nach einer kurzen Einführung in CGI und einem Überblick über die Umgebungsvariablen für CGI werden im Referenzteil ausführlich das Perl-Modul CGI.pm und das Apache-Modul mod_perl sowie das Einbetten von Perl in HTML behandelt.

O'REILLY®

anfragen@oreilly.de • http://www.oreilly.de • +49 (0)221-97 31 60-0

O'Reillys Taschenbibliothek

kurz & gut

Perl 5, 3. Auflage

Johan Vromans, 110 Seiten, 2000, 14,80 DM
ISBN 3-89721-227-7

Überblick über Perl 5.6, u.a. über Syntaxregeln, Quotierung, Variablen, Operatoren, Funktionen, I/O, Debugging, Formate, Standardmodule und reguläre Ausdrücke.

Perl/Tk

Stephen O. Lidie, 120 Seiten, 1998, 14,80 DM
ISBN 3-89721-200-5

Referenz zu Perl/Tk, die sämtliche Widgets von Perl/Tk einschließlich deren Methoden und Variablen u.v.a.m. beschreibt.

Tcl/Tk

Paul Raines, 96 Seiten, 1998, 14,80 DM
ISBN 3-89721-210-2

Kompaktes Nachschlagewerk aller wichtigen Tcl-Sprachelemente, Tcl- und Tk-Befehle sowie der Tk-Widgets.

Python

Mark Lutz, 82 Seiten, 1999, 14,80 DM
ISBN 3-89721-216-1

Diese Sprachreferenz gibt einen Überblick über Python-Statements, Datentypen, eingebaute Funktionen, häufig verwendete Module und andere wichtige Sprachmerkmale.

PHP

Rasmus Lerdorf, 111 Seiten, 2000, 14,80 DM
ISBN 3-89721-225-0

Eine ideale Kurzeinführung in Syntax und Struktur der Skriptsprache sowie eine Schnellreferenz für die Vielzahl der Funktionen.

CVS

Gregor N. Purdy, 84 Seiten, 2001, 14,80 DM
ISBN 3-89721-229-3

Behandelt die zentralen Konzepte der CVS-Versionskontrolle und enthält eine vollständige Befehlsreferenz sowie eine Anleitung für die Konfiguration und Installation von CVS.

vi-Editor

Arnold Robbins, 63 Seiten, 1999, 14,80 DM
ISBN 3-89721-213-7

Zum Nachschlagen für die wenig intuitiven vi und ex: Optionen und Befehle, Shortcuts, reguläre Ausdrücke sowie Optionen der Klone nvi, elvis, vim und vile.

GNU Emacs

Debra Cameron, 64 Seiten, 1999, 14,80 DM
ISBN 3-89721-211-0

Referenz zu den Optionen und Befehlen des Editors GNU Emacs 20.2: von den Grundlagen der Textverarbeitung bis zu speziellen Befehlen für Programmierer.

GNU-Tools

M. K. Dalheimer, 88 Seiten, 1998, 14,80 DM
ISBN 3-89721-209-9

Zum Nachschlagen der Optionen und Befehle des Compilers gcc, des Debuggers gdb, des Makefile-Prozessors GNUmake und der Versionskontrollwerkzeuge RCS und CVS.

LaTeX

M. K. Dalheimer, 72 Seiten, 1998, 14,80 DM
ISBN 3-89721-204-8

LaTeX-Befehle und ihre Optionen, die jeder immer wieder benötigt. Behandelt auch Zusatzpakete zur Grafikanbindung und für die Anpassung an den deutschen Sprachraum.

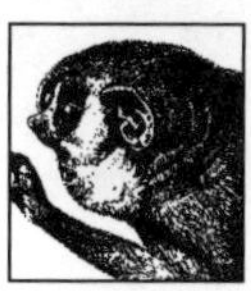

sed & awk

Arnold Robbins, 49 Seiten, 2000, 14,80 DM
ISBN 3-89721-226-9

Kompaktes Nachschlagewerk zu den Unix-Tools sed und awk und zur Mustererkennung mit allen notwendigen Informationen, um die Bearbeitung von Textdateien unter Unix zu automatisieren.

O'REILLY®

anfragen@oreilly.de • http://www.oreilly.de • +49 (0)221-97 31 60-0

O'Reillys Taschenbibliothek

kurz & gut

JavaScript

David Flanagan, 98 Seiten, 1998, 14,80 DM
ISBN 3-89721-208-0

Eine kompakte Referenz aller Funktionen, Objekte, Methoden, Eigenschaften und Event-Handler von JavaScript in der Version 1.2. Der Referenz ist eine Beschreibung des client-seitigen Einsatzes der beliebten Skriptsprache u.a. mit Blick auf die Gestaltung von Fenstern, Frames, Formularen und Events vorangestellt.

HTML

Jennifer Niederst, 96 Seiten, 2000, 14,80 DM
ISBN 3-89721-214-5

Diese Referenz bietet einen schnell zugänglichen Überblick über alle HTML-Tags und deren wichtigste Attribute. Berücksichtigt sind HTML 4.0 sowie die Erweiterungen von Netscape und Internet Explorer.

XML

Robert Eckstein, 112 Seiten, 2000, 14,80 DM
ISBN 3-89721-219-6

Eine kurze Einführung in Terminologie und Syntax von XML, ein Überblick über seine Elemente und Attribute sowie eine kompakte Vorstellung der DTD, der XSL, XPointer und XPath.

Gimp, 2. Auflage

Sven Neumann, 106 Seiten, 2000, 14,80 DM
ISBN 3-89721-223-4

Umfassende Referenz zu den komplexen Menüs von Gimp 1.2, mit vielen Tips für die praktische Anwendung.

PHP

Rasmus Lerdorf, 111 Seiten, 2000, 14,80 DM
ISBN 3-89721-225-0

Eine ideale Kurzeinführung in Syntax und Struktur der Skriptsprache sowie eine Schnellreferenz für die Vielzahl der Funktionen.

Apache

Andrew Ford, 120 Seiten, 2001, 14,80 DM
ISBN 3-89721-224-2

Behandelt werden Kommandozeilen-Optionen, Module, Hilfsprogramme, Betrieb und Konfiguration, Performance Tuning, Request-Verarbeitung, Zeitformate, CGI-Umgebungsvariablen und Sicherheitsfragen für Apache 1.3.12.

mod_perl

Andrew Ford, 92 Seiten, 2001, 14,80 DM
ISBN 3-89721-231-5

Übersicht über die wichtigsten Features des Apache-Moduls mod_perl. Behandelt werden sowohl Funktionen als auch Konfigurationsanweisungen.

CGI

Linda Mui, 108 Seiten, 1999, 14,80 DM
ISBN 3-89721-218-8

Eine Referenz der CGI-Technologie sowie der bei der CGI-Programmierung verbreitetsten Verfahren und Tools wie CGI.pm, mod_perl, SSI und Embperl.

HTTP

Clinton Wong, 86 Seiten, 2000, 14,80 DM
ISBN 3-89721-230-7

Nach einem konzeptionellen Überblick über HTTP ausführliche Referenz zu HTTP-Transaktionen, Client-Methoden, Statuscodes, Header, URL-Codierung, Medientypen, Cookies, Authentifizierung, Persistenz und Caching.

sendmail

Bryan Costales & Eric Allman
80 Seiten, 1997, 14,80 DM
ISBN 3-89721-202-1

Komprimiertes Nachschlagewerk, das alle Befehle, Optionen, Makro-Definitionen und vieles mehr zu sendmail (V8.8) auflistet und knapp erklärt.

O'REILLY®

anfragen@oreilly.de • http://www.oreilly.de • +49 (0)221-97 31 60-0

Kontaktieren Sie uns

1. Besuchen Sie uns auf unserer Homepage

http://www.oreilly.de/

- Ankündigungen von Neuerscheinungen
- Gesamtkatalog der englischen und deutschen Titel
- Probekapitel und Inhaltsverzeichnisse unserer Bücher

2. Tragen Sie sich in unsere Mailingliste ein

Neuerscheinungen

Wenn Sie automatisch per E-Mail über Neuerscheinungen informiert werden möchten, schicken Sie eine E-Mail an: ***majordomo@oreilly.de***

Setzen Sie die folgende Information in die erste Zeile Ihrer Nachricht (nicht in die Subject-Zeile):

- für Informationen über neue englische Titel: *subscribe ora-news* + Ihre E-Mail-Adresse
- für Informationen über neue deutsche Titel: *subscribe oreilly-aktuell* + Ihre E-Mail-Adresse

Oder füllen Sie einfach das entsprechende Formular auf unserem Web-Server aus:

- http://www.oreilly.de/oreilly/majordomo.form.html

3. Bestellen Sie unseren gedruckten Katalog

- über unseren Web-Server: ***http://www.oreilly.de/oreilly/katalog.html***
- oder per Post, telefonisch oder per Fax

4. Beziehen Sie die Beispiele aus unseren Büchern (per FTP)

- ftp an:
  ftp.oreilly.de
  (login: *anonymous*
  password: Ihre E-Mail-Adresse)
- oder mit Ihrem Web-Browser über:
  ftp://ftp.oreilly.de/

5. Treten Sie mit uns per E-Mail in Kontakt

- ***anfragen@oreilly.de***
  für generelle Anfragen und Informationen
- ***order@oreilly.de***
  für Bestellungen
- ***kommentar@oreilly.de***
  für Anmerkungen zu unseren Büchern
- ***proposals@oreilly.de***
  um Manuskripte und Buchvorschläge an uns zu senden
- ***presse@oreilly.de***
  für Journalisten, die mehr über uns oder unsere Bücher erfahren möchten

O'Reilly Verlag GmbH & Co. KG
Balthasarstraße 81, 50670 Köln
Tel. 49 (0)221/973160-0 • (9 bis 18 Uhr)
Fax 49(0)221/973160-8